인구학 방법

인구학 방법

인구동태의 측정과 모형

지은이 박경숙
펴낸곳 서울대학교출판문화원
펴낸이 성낙인

초판 1쇄 인쇄 2017년 3월 1일
초판 1쇄 발행 2017년 3월 5일

책임편집 정성숙
디자인 최선아

출판등록 제15-3호

주소 (08826) 서울시 관악구 관악로 1
대표전화 02-880-5252 | 팩스 02-888-4148
출판관리팀(주문상담) 02-889-4424, 02-880-7995
이메일 snubook@snu.ac.kr
홈페이지 www.snupress.com

ISBN 978-89-521-1865-3 93330

인구학 방법

인구동태의 측정과 모형

박경숙 지음

서울대학교출판문화원

Methods of Demography

Measurement and Modelling of Population Dynamics

Park, Keong-Suk

Seoul National University Press

머리말

21세기에 들어서면서 우리는 커다란 시대변동을 목격하고 있다. 자본의 무한성장 전략이 몰고 오는 경제의 불안과 불평등, 국제분쟁과 난민문제의 심화, 지구 전체를 위협할 수 있는 기후변화와 자연재해의 위험, 과학기술의 급진전 속에서 기존의 경계가 와해되고 삶의 양식이 총체적으로 변화되고 있는 것 등이다. 그리고 이런 거대변동의 한가운데 인구가 변하고 있다. 지구 곳곳에서 전개되고 있는 저출산, 고령화, 인구감소, 인구이동의 양상과 원인이 매우 복잡해지고 있다. 불확실성과 불안정은 지금의 인구변동을 상징하는 핵심어이다. 그리고 인구변동이 함축하는 거대한 시대변동의 의미를 찾아야 할 때이다.

거대한 인구변동의 실체를 설명하고 적절한 대응과제를 구체화하는 데 있어 과학적 활동의 중요성은 더욱 커지고 있다. 출산과 재생산 행위의 변화, 사망과 건강, 질병에 대한 태도와 실천, 국제이동과 난민의 동학 등을 전문적으로 연구하는 기관과 인력의 수요가 늘어나고 있다. 저출산과 고령화가 급속히 전개되고 있는 국내에서도 인구현상에 대한 사회·정책적 관심이 커지고 있다. 그럼에도 불구하고 대부분의 인구현상에 대한 논의와 연구는 인구현상이 인간환경에 작용하는 근원적인 영향과 인간환경과의 복잡한 연계성(connectedness)에 비해 매우 피상적이고 일편적이다. 인구연구가 인구와 경제·사회·정치·인문·지리·보건·환경·생물학 등 여러 과학 분야와의 관련을 종합하고 체계화할 때, 인구동학의 근저에 작용하고 있는 인간과 생명활동의 조건이 어떻게 변하고 있는가라는 질문에 보다 분명한 대답을 구할 수 있다.

인구연구는 인구현상을 정확하게 측정, 기술, 설명할 수 있는 이론과 모형을 개발하는 과학적 활동이다. 인구변동을 이해하고 인구변동과 관련된 여러 문제를 설명하기 위해서는 인구현상을 측정, 기술, 설명하는 기본적인 원리와 방법이 필요하다. 특히 인구현상 자체가 크게 변하고 있고 자료와 측정의 환경도 크게 변하고 있는 상황에서 인구연구의 방법은 지속적으로 혁신되고 보완되어야 하는 지식체계이다. 이러한 창의적인 탐구활동을 실천하는 데 '기본'의 충실은 매우 중요한 길잡이가 된다.

한편 국내에서 출간된 인구방법론 저술들은 그 수에서도 제한될 뿐만 아니라 간단한 소개서 수준이어서 인구방법의 주요한 원리들을 이해하고 실제로 현상을 분석하는 데 좋은 길잡이가 되기에는 아쉬움이 크다. 한국의 인구학 연구에 선구적인 활동을 한 권태환 교수님과 김두섭 교수님의 『인구의 이해』(2002)는 오랜 동안 인구학의 기본 개론서로 활용되었지만 인구학 연구의 기본 원리와 방법을 정리하고 있지는 않다. 좀 더 체계적으로 인구현상을 분석하고자 할 때 필요한 방법을 알기 위해 영문으로 쓰인 여러 방법론 책자와 논문에 의존하게 되는데, 그때 언어와 수식의 난해함에 부딪혀 이해의 노력을 포기하는 경우도 많다. 필자 스스로도 인구현상을 분석할 때 필요한 방법들을 이해하고 활용하는 데 많은 시간 인내와 노력이 필요하였다. 따라서 앎의 깊이가 보잘것없지만 그동안의 익힘과 연구와 교육의 경험을 바탕으로 인구현상을 분석하는 데 활용할 수 있는 인구학 방법론을 작성해야겠다고 생각하였다. 오랜 시간의 묵힘을 거쳐 인구연구의 방법과 모형들을 정리하게 되었다.

이 책은 인구현상을 연구하는 방법론의 입문서이다. 인구연구의 기본적인 방법론을 집필하는 데 필자는 세 가지 목표 또는 관심을 가졌다.

첫째, 인구분석의 기본원리를 개념적으로 그리고 경험적으로 보다 충실하게 이해하도록 돕는 데 초점을 두었다. 따라서 출산율, 사망률, 이동률, 연령구조 변화의 동학을 측정하고 설명하는 다양한 방법의 원리들을 이해하고, 나아가 실제로 경험적 연구에 적용한 방식을 이해하고 해석하는 방식으로 구성하였다.

둘째, 인구분석방법이 인구현상뿐만 아니라 중요한 사회적 주제들을 분석하는 데 활용될 수 있도록 하였다. 빅데이터 시대가 열리기 이전, 아마도 국가수준의 가장 큰 자료는 인구조사와 등록자료였을 것이다. 생명동학과 인구구조 변동의 연관을 분석하는 인구학의 기본 방법들과 원리들은 빅데이터 분석 방법과 융합될 수 있는 지점이 많다. 인구분석의 기본방법 중 하나인 생명표 원리는 생존, 결혼, 노동, 지역이동과 같은 다양한 동태분석에 활용될 수 있는 방법이다. 인구의 변화를 추정하는 다양한 방법은 경제·사회적 현상의 변화를 예측하는 방법과 긴밀히 연결될 수 있다. 인구변동을 설명하는 데 유용하게 활용할 수 있는 표준화와 요인분해 역시 다양한 사회변동현상을 이해하는 방법으로 활용될 수 있다. 이렇게 한편으로는 인구학 방법의 기본원리를 이해하고, 다른 한편으로는 인구학 방법의 원리를 연관 사회현상을 분석하는 방법으로 확대할 수 있도록 중점을 두었다.

셋째, 인구연구방법을 익히고 활용하기를 원하는 학생 및 독자와 소통하는 방식으로 집필하고자 하였다. 학생 혹은 독자가 이 책을 효과적으로 활용하는 방법은 책에 제시한 인구학 방법들을 이해하고, 원리이해를 위해 책에서 활용한 자료들을 엑셀에 입력하여 직접 분석하고 해석해 보는 것이다. 인구연구의 기본적인 원리들을 이해하고, 자료들을 이용하여 실제 활용하는 방법과 절차를 실습함으로써 보다 적극적으로 인구현상과 사회현상을 만나게 될 것이다.

각 장의 구성은 다음과 같다.

제1장에서는 인구현상을 이해하고 측정하고 분석하는 데 중요한 길잡이가 되는 인구현상의 주요 개념들에 대해 정리하고 있다. 인구현상은 출생/출산, 사망, 이동, 인구구조와 인구분포가 상호작용하여 나타나는 정태적, 동태적인 특성이다. 따라서 출생, 사망, 이동, 인구구조와 인구분포는 인구현상의 주요 차원들로 이해할 수 있다. 그리고 이런 인구현상의 변화는 사람들이 추구하는 삶의 가치의 거대한 변동, 생산양식과 생활방식의 커다란 변동, 국가, 민족, 시민, 가족, 그리고 젠더와 같은 기본적인 사회적 범주의 변동, 새로운 발명을 함축한 거대한 사회변동과 함께 진행되었다. 그리고 인구의 동태가 크게 변화되어 인구현상과 인구를 파악하는 방식이 조응하지 않아 인구의 범주를 재구성하는 문제가 불거지는 것도 새로운 인구현

상이다. 이 장에서는 주요 인구현상인 인구구조와 인구분포, 출생과 출산, 사망, 이동의 개념과 주요 지표들을 정리하고 있다.

제2장에서는 인구현상을 파악할 수 있는 자료에 대해 정리하고 있다. 인구자료는 다양하고 방대하지만 가장 권위적인 자료는 국가단위에서 체계적으로 집계하고 생산하는 등록자료와 인구총조사(센서스)를 꼽을 수 있다. 인구통계의 기반이 되고 있는 대부분의 지표나 범주들은 법적인 개념을 지니고 있는데, 인구범주들이 국가의 신분등록체계에서 정의되기 때문이다. 주된 등록자료는 국적과 거주권을 규정하는 자료와 주민의 출생/출산, 혼인, 이혼, 사망, 이동사건을 등록하는 자료들을 포함한다. 한편 외국인과 국제이동 관련 자료들은 일관성과 비교 가능성 등이 문제로 지적된다. 최근에는 행정통계의 통합시스템과 빅데이터를 활용하는 기법들이 융합되면서 기존 인구자료의 집계, 분류, 통계, 생산의 방식이 크게 전환되고 있는데, 이와 관련된 이슈들에 대해서도 살펴보고 있다.

제3장에서는 표준화와 요인분해의 기본원리를 설명하고 실제 활용하는 예와 방법을 제시하고 있다. 표준화와 요인분해는 복합적인 관계를 설명하기 위해 각 요인들의 효과를 분해하는 방법으로서 사회통계에 널리 활용되는 방법이다. 표준화 방법은 인구현상을 분석하는 데도 다양하게 활용되는데, 인구의 동태를 나타내는 비율들은 여러 요인의 조합으로 구성된 집합적 요약치인 경우가 많기 때문이다. 조사망률은 연령별사망률과 연령별구성비의 가중합의 통계치이다. 출산율은 혼인, 피임, 유산, 수유 등 출산을 통제하는 일련의 행위요인들의 조합으로 구성된다. 만일 집단 간 사망률의 차이를 비교하거나 출산율이 감소된 요인을 분석하고자 할 때 표준화 방법을 이용할 수 있다. 여기서는 표준화 요인분해의 원리를 정리하고 구체적으로 경제활동, 가구변화, 출산율 변화 요인을 분해하는 데 활용하는 예와 방법을 제시하고 있다.

제4장에서는 출산/출생과 관련된 다양한 비율들의 측정방법을 정리하고 있다. 출산은 인구구조를 결정짓는 가장 기본적인 인구동태 요소 중 하나이다. 출산을 측정하는 지표들은 크게 인구성장을 나타내는 지표들과 가족크기를 나타내는 지표들로 구분할 수 있다. 출산 지표들은 연령별출산율처럼 출산동태자료를 통해 직접

측정할 수도 있고, 센서스의 연령구조나 일반조사의 가족크기 정보, 생명표상의 정지인구를 이용하여 측정할 수도 있다. 이러한 다양한 출산 지표들의 상호연관성을 이해하고 다양한 자료를 이용하여 출산율 지표를 측정하는 방법을 정리하고 있다.

제5장에서는 생명표의 원리를 정리하고 있다. 생명표 분석에서 기본이 되는 개념인 전환확률(${}_nq_x$)의 의미를 명확히 하고, 렉시스 다이어그램을 통해 코호트비율과 기간비율의 차이를 확인하고 정지인구 생명표의 여러 함수의 관계를 정리하고 있다. 또한 한국인의 생명표를 작성하는 과정을 제시하고 있다. 생명표는 인구동태와 인구구조의 상호연관을 살필 수 있는 방법이다. 정지인구(stationary population)는 폐쇄인구로서 출산율과 사망률, 인구크기와 연령구조의 항상성을 가정한다. 한편 생명표는 정지인구의 가정을 수정하여 출산, 결혼, 이동, 노동력, 다지역의 인구분포 및 장래인구와 같은 다양한 동태와 구조를 추정하는 데에도 활용될 수 있다.

제6~9장에서는 생명표의 원리를 혼인동태, 노동, 지역인구 분포와 인구의 동태를 추정하는 데 활용하는 원리와 실제분석의 예와 방법을 정리하고 있다. 먼저 제6장에서는 점차적으로 다양해지고 있는 혼인력을 분석할 수 있는 방법을 정리하고 있다. 우선 평균초혼연령을 구하는 방법을 정리한다. 평균초혼연령을 구하는 방법은 횡단적으로 관찰되는 연령별미혼율의 기간비율을 이용하여 가상 코호트의 미혼잔존연수를 측정하는 방법이다. 그리고 비교적 최근 기간의 미혼율 변화를 반영하여 평균초혼연령을 구하는 방법과 예를 정리하고 있다. 다음에는 단순 생명표의 원리를 적용하여 초혼이행의 생명표를 작성하는 방법, 다중감소 생명표(multiple decremental life tables)와 다중상태 생명표(multi-state life table)의 원리를 이용하여 유배우상태의 지속/중단 과정을 측정하고 미혼, 결혼, 이혼, 사별, 재혼 등의 다중적인 혼인동학과 그 결과를 측정, 분석하는 방법을 정리하고 있다.

제7장에서는 취업상태의 전환을 분석하는 데 다중상태 생명표를 활용하고 있다. 어떤 시점의 취업률은 노동 진입·지속·이탈 과정의 복합적인 동학의 결과로 구조화된다. 따라서 취업률의 변화는 생존율, 취업률의 코호트 효과, 노동 이탈률 및 재진입률의 변환 효과의 복합적인 영향으로서 마르코브 전환확률을 구하여 각 요소들의 영향이 취업률 변환에 미치는 영향을 분석할 수 있다. 여기서는 다중상태

생명표를 이용하여 1998~2004년까지 55세 이상 한국 남녀 고령층의 노동 진입과 이탈 과정이 어떻게 변화되었으며, 이것이 취업률 변화에 어떠한 영향을 미쳤는가를 추정하였다.

제8장과 제9장에서는 인구추계방법과 점차적으로 다양화되고 그 사회적 영향이 중요해지고 있는 인구이동과 지역수준의 인구분포동학을 추정하는 방법을 정리하고 있다. 제8장에서는 인구를 추계하는 방법을 크게 단일지역 추정과 다지역 인구추정방법(multi-regional population projection)으로 구분하여 정리하고 있다. 먼저 단일지역의 인구변화를 추정하는 방법으로 성장률을 이용하는 방법, 코호트의 인구변동요인에 따라 장래인구를 추정하는 방법, 소지역의 인구를 추정하는 방법의 기본원리를 살펴본다. 다음으로 인구동태가 서로 연결된 두 지역 이상에서 인구분포를 추정하는 방법으로서 다지역 인구추정방법을 정리하고 있다. 단일지역과 다지역 분석은 인구의 속성과 흐름을 상이하게 정의한다. 단일지역의 인구추정은 다른 지역의 인구분포에 영향을 받지 않는다고 가정하면서 출산율과 사망률, 순이동률에 기초하여 각 지역의 인구를 추정하는 방법이라면 다지역의 인구추정은 출산, 사망, 이동률이 다른 지역의 인구분포에 영향을 받는 것을 고려하여 여러 지역의 인구를 추정하는 방법이다. 이 장에서는 서로 연결된 두 지역 이상에서 인구분포를 추정하는 방법으로 출산율과 사망률, 유출률에 기초하여 인구를 추정하는 방법과 생명표를 이용하여 지역인구를 추정하는 방법을 정리하고 있다. 제9장에서는 한국의 도시화와 인구이동의 장기추이, 인구의 지리적 분포의 변화를 설명하는 개념적 모형들을 정리하고 있다.

제10장에서는 인구동태의 변화가 인구구조에 미치는 영향을 분석하는 중요한 방법으로서 안정인구 모형의 원리를 이해하고, 안정인구 모형을 통해 출산율, 사망률, 인구증가, 연령구조 사이의 관계를 이해하고자 한다. 안정인구는 항상적인 출산율과 사망률의 특정한 조합 상태에서 이루어진 인구구조를 가리킨다. 오랜 기간 출산율과 사망률이 변하지 않고 인구이동이 없다고 가정할 때 인구는 연령구조와 증가율이 변하지 않는데, 이러한 특성을 띤 인구를 안정인구라 정의한다. 이렇게 출산율과 사망률의 상이한 조합 상태에서 구성되는 안정인구의 특성을 비교

함으로써 인구동학과 인구구조의 관계를 파악할 수 있다. 이 장에서는 안정인구 모형의 원리를 이해하고 안정인구 모형에 기초하여 연령구성과 인구동태요인(출산율, 사망률, 증가율) 사이의 관계를 정리하고 있다. 이론적으로 안정인구 모형에서 출산율과 사망률의 변화가 연령구성을 어떻게 나이 들게 혹은 젊게 만드는가를 수리적으로 정리한다. 그리고 1960~2000년 동안 한국의 출산율과 사망률 패턴에 기초하여 출산율과 사망률, 증가율이 연령구조에 미치는 영향을 분석하고 있다. 또한 연령구조가 어떻게 인구모멘텀 현상을 일으키는지를 정리하고 있다. 안정인구의 항상성 가정을 완화하면서 최근의 연령별증가율과 현재의 출산율 및 사망률이 인구구조에 미치는 영향을 추정하는 방법을 소개하고 있다.

이 책의 집필을 기획하여 출간하기까지는 많은 시간이 걸렸다. 출간이 늦어진 데에는 한군데 정진하지 못한 방만함과 게으름의 이유가 크다. 다행스럽게 출간까지 마무리를 지을 수 있었던 데에는 지난 10여 년 동안 인구학 대학원 수업에 참여했던 학생들의 호기심과 열띤 지지가 큰 원동력이 되었다. 동아대학교 사회학과 대학원과 서울대학교 사회학과 대학원에서 개설하였던 인구학 방법 수업에 열심히 참여해 준 최정욱, 조승화, 이진석, 김미수, 민은주, 서병철, 원경숙, 황혜정, 박우, 김미선, 우혜경, 황명주, 정령, 오하나, 김도균, 박정현, 제나, 진선선, 권오재, 조현정, 이선재, 김이선 님과 여러분께 감사드린다. 통계개발원의 〈인구 통계 프레임워크〉 연구지원과 한국연구재단의 지원(NRF-2016S1A3A2925399)은 원고를 마무리하는 데 많은 도움을 주었다. 원고를 세심하게 읽어 주시고, 또 귀중한 제언을 해 주신 심사자 선생님께도 진심으로 감사의 말씀을 전하고 싶다. 좋은 책으로 만들어 주신 서울대학교출판문화원 정성숙 선생님과 여러 선생님께도 감사드린다.

2017년 2월
박경숙

차례

표 차례

그림 차례

제1장

인구의 개념과 지표*

1. 인구현상의 범위

모든 육신은 생로병사(生老病死)하고 모든 만물은 생주이멸(生住異滅)하는 이치를 깨닫는 것이 큰 지혜라고 하였다. 인구야말로 인간개체와 인간집단의 생로병사와 생주이멸의 과정에 다름 아니고 인구학이란 생명현상의 구조적 요인과 변화를 연구하는 학문이다.

인구현상은 출생/출산, 사망, 이동, 인구구조와 인구분포가 상호작용하여 나타나는 정태적, 동태적인 특성이다(〈그림 1-1〉). 출생은 새롭게 개인이나 집단의 성원이 태어나는 것을 의미한다. 사망은 반대로 개인이나 집단의 성원이 사망하는 것을, 이동은 거주, 생활, 서비스 이용 등의 목적으로 사람들이 지리적으로 이동하는 현상을 가리킨다. 인구구조와 인구분포는 어떤 주어진 시점과 경계 안의 사람의 규모와 성, 연령, 인종과 같은 다양한 구성과 지리적 분포를 나타낸다.

주요 인구현상인 인구구조와 인구분포, 출생, 사망, 그리고 이동은 서로 분리된 현상이 아니라 상호 연관되어 있다. 일반적으로 출생률이 높은 사회에서 사망률도 높다. 이는 높은 사망률 조건에서는, 특히 영아 및 유아 사망률이 높은 조건에서는

---

* 이 장은 2015년 통계청 통계개발원 용역보고서로 제출한 『인구 통계 프레임워크 작성』(연구책임자 박경숙)의 내용 일부를 수정, 보완하여 작성하였다.

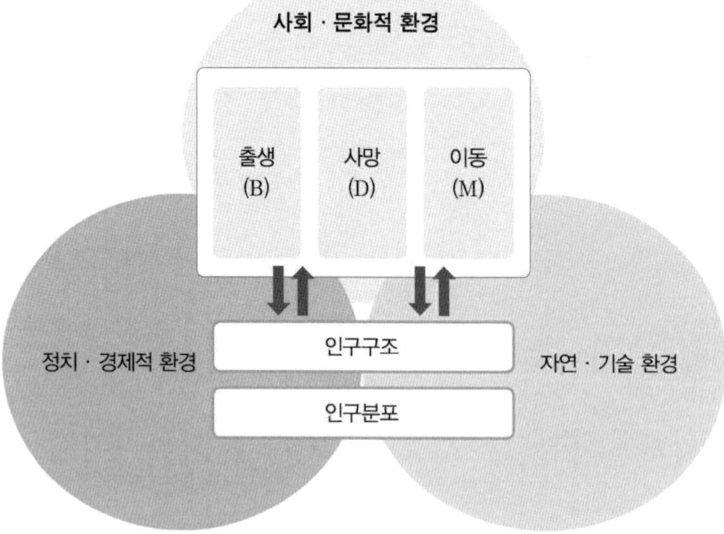

〈그림 1-1〉 인구현상의 범위

출생률이 높은 것이 인구를 보전하는 데 이로울 수 있기 때문이다(한국인구학회 편, 2006: 158-159). 대부분의 사회에서 인구의 증가는 출산력의 상승보다는 빠른 사망력 감소 때문에 발생하였다. 기대수명의 증가는 장기적으로 저출산 현상을 조성한다. 그리고 출산력과 사망력의 감소 정도와 양상은 인구증가의 속도와 연령구조를 변화시키고 연령구조는 다시 출산력과 사망에 영향을 미친다. 과거출산율이 높았던 인구집단은 비록 출산율이 인구재생산 수준 이하로 낮아지더라도 일정기간 인구가 성장하는데, 이는 과거의 출산력이 만든 인구타성(인구모멘텀)의 영향 때문이다(한국인구학회 편, 2006: 344).

인구현상은 정태 및 동태 현상으로 구분하여 이해할 수 있다. 정태현상은 어느 한 시점과 공간 경계 안에서의 인구의 규모, 구성, 지리적 분포의 특성을 나타낸다. 그런데 인구의 규모, 구성, 지리적 분포는 사실은 매 순간 변하고 있다. 마치 멀리서 보면 움직이지 않는 것처럼 보이지만 가까이에서 보면 끊임없는 움직임으로 구조가 형성되듯이 인구의 정태적 특성은 항상적인 생명동태에 의해 구성된 것이다. 요컨대 매 순간 출생, 사망, 이동의 사건에 의해 인구크기가 늘거나 줄고 연령 구조가 변하고 있다.

광의의 인구동태는 인구규모, 구성, 분포의 변화와 이런 변화를 야기하는 출생, 사망, 지역적 이동 사건들을 포함한다. 한편 인구동태를 정의하는 방식이 나라마다 약간의 차이가 있다. UN의 공식적 인구통계지침에서 "생명사건(vital events)은 개인과 가족, 그리고 시민적 지위의 탄생 및 소멸과 관련된 사건으로 출생/출산, 사망, 태아 사망, 혼인, 이혼, 혼인 무효, 입양, 입적, 자녀 인지를 포함한다." 라고 정하고 있다(UN, 2014: 4-5). 한편 우리나라에서는 출생/출산, 사망, 혼인, 이혼 등의 생명사건의 통계를 인구동태통계와 인구동향통계로 번역하여 왔다.[1] UN의 정의에 기초하면 인구동태통계와 인구동향통계 용어보다는 생명통계로 번역하는 것이 적합하다고 여겨진다. 그리고 인구규모, 인구구성, 인구분포의 변화와 그것을 조성하는 출생/출산, 사망, 이동사건을 인구의 동태적 특성으로 이해하는 것이 적합할 수 있다.

2. 인구와 생태

1) 인구와 환경

인구현상은 개인과 인간 집단이 태어나고 서식하고 변하고 멸하는 생명현상이다. 개인과 인간집단의 생명현상은 그를 둘러싼 제도, 문화, 사회, 정치, 자연, 기술

1 한국에서 '인구동태'라는 용어를 사용하게 된 것은 일본 통계의 한자 표기를 원용한 데서 기원한다. 일본 인구통계에서는 출생, 사망, 혼인, 이혼을 동태통계로 정의하고 있다(일본 총무성 통계국, e-Stat). 한편 대만 행정원에서 생산하고 있는 인구통계는 인구정태통계, 생명통계, 인구전이통계, 기타 인구통계로 구분하고 있다. 여기서 생명통계는 출생, 사망, 혼인, 이혼, 생명표 통계를 포함한다(National Statistics, R.O.C(Taiwan)).

환경과의 상호작용에서 적응하고 선택되고 변화된다. 인구현상은 한편으로 자연적 속성을 띠고 있다. 인구과정은 어느 정도 자기조절작용을 가지고 있다. 다시 말하여 주어져 있는 환경에서 생존과 지속가능성을 최적화하는 방향으로 움직인다. 인구크기는 매 순간 변하지만 특정 환경 안에서 적정한 인구크기를 유지하는 성향이 있다. 갑작스럽게 인구가 크게 증가하거나 감소하는 경우는 예외적일 수 있다. 적정한 수준의 인구성장을 유지하는 것은 환경에 적응하는 기본적인 생명전략일 수 있다.

그런데 환경이 자연적인 이유나 인간 활동에 의해서 크게 변화되면 새로운 변화에 적응해야 하는 압력이 커진다. 생물학적 관점에서 선택압력에 적응하는 방식은 크게 세 가지로 구분할 수 있다(전중환, 2011). 하나는 적당한 서식처로 이주함으로써 변화된 환경조건을 피하는 방법이다. 두 번째 방법은 일단 적응할 수 있는 전략들을 개발하는 것이다. 세 번째는 유전적 진화를 통해 변화된 조건에 적응하는 방법이다. 세 가지의 적응방법 중 어느 것이 더 중요한가는 생명체의 생활사, 환경변화의 파급력, 다른 서식처의 존재유무, 생물종의 이주능력 등 여러 요인에 달려 있다(전중환, 2011: 81). 이런 환경변화에 대한 생물의 적응방식은 인구변천에도 상당히 관련성이 클 수 있다. 20세기 이후 세계 인구가 무려 4배 가까이 증가하였고, 과반수가 도시에서 살고, 커다란 인구이동이 이어지는 과정에서 인간은 인간을 둘러싼 환경에 커다란 영향을 미쳤을 뿐 아니라 변화된 환경에 적응하기 위해 유전적 변화를 겪지 않았을까? 생태는 개체적 생명, 생명의 무리, 그리고 그 무리가 살아가는 여러 생물·물리적인 환경 전체를 가리킨다. 생태는 개체와 무리의 활동에 영향을 미칠 뿐만 아니라 개체와 무리의 행동에 의해 변화된다.

인구현상은 계속해서 움직이고 변한다. 그런데 항상 변한다는 것은 변화가 생명을 지속하는 데 매우 중요하다는 것을 의미한다. 살아있는 개체와 무리는 어떤 환경적 조건에도 적응하여 생명을 유지하려고 한다. 인구의 경계, 구성, 분포는 개체의 생로병사와 인간집단 내부의 분화와 환경 변화에 대한 끊임없는 적응과정에서 지속적으로 변화된다. 그리고 이런 생태과정에서 개체, 무리, 그리고 환경이 진화하는 것일 수 있다.

인구는 생활터전을 만들고 점유하는 집단이다. 어떤 공간이 생활터전이 되는 것은 오랜 시간의 노력을 통해 이룰 수 있다. 아주 작은 집단 단위에서부터 생활터전의 보호를 위해 다양한 경계와 통치 방법이 만들어진다. 생활터전에는 새로 들어오는 자가 있다. 아무리 강하게 폐쇄하더라도 이방인의 흐름을 저지하기 어렵다. 이주민들과 원주민의 관계는 경쟁, 갈등, 협력, 동화, 공생의 관계로 다양하게 구성될 수 있다. 결국 한 지역에는 아주 오래전 조상 때부터 그 지역에 산 사람들과 부모나 조상 때 혹은 자신 세대에서 이주해 온 사람이 함께 어울린다. 새로운 주민과 오래된 주민 사이에서 새로운 문화와 기존 문화가 상호작용하면서 지역의 문화가 새롭게 변화된다.

개인과 인간집단이 환경에 적응하는 과정은 인구와 자원 사이의 지속적인 균형·조정 작용으로 나타난다. 자원이 빈약한 사회에서 생존을 위해서 신체가 작게 조정되고, 기근과 기아 상황에서 출산이 통제되고 사망률이 높아지고 인구유출이 일어나는 것도 제한된 자원 조건에서 개체가 생존하고 전체 무리가 생존할 수 있기 위해 환경에 적응하는 방식이라고 이해할 수 있다. 그리고 어떤 조건에서 적응적으로 선택되는 생존방식과 성향이 진화의 속성일 수 있다.

그런데 어떤 종은 멸종하고 어떤 종은 변화에 적응하는 차이에는 매우 복합적인 유전적 요인과 개체와 집단의 특성이 개입된다. 생물학에서는 위험스런 환경변화에 대한 개체군의 진화적 적응이 유전적 변이, 유전자 흐름, 개체군의 통계학적 특성(인구) 등에 의해 크게 좌우된다고 한다(전중환, 2011). 유전적 변이가 개체군 내에 많이 존재한다면 그 개체군이 적응적으로 진화할 잠재력이 크다. 상대적으로 안정된 환경에서 자연 선택은 최적치가 아닌 형질을 만드는 유전자를 제거함으로써 개체군 내에 유지되는 해로운 유전자들의 수를 감소시킨다고 한다. 상대적으로 안정된 환경에서는 유전적 변이가 적은 개체군이 최적치에 밀집될 수 있기 때문에 유전적 변이가 높은 개체군에 비해 적응도가 더 높게 나타날 수 있다. 그러나 변화된 조건에서 최적치가 새로운 값으로 이동한다면 국지적으로 단단하게 적응한 개체군은 새로운 변화에 적응하는 유전형이 적을 수 있다.

생물학에서는 변화된 조건에서 어떤 개체나 종이 적응할 수 있는 중요한 요소가 개체와 종이 다양성을 재생산하는 능력이라고 강조한다. 그리고 다른 조건이 같다면 많이 번식할수록 개체의 유전적 다양성은 증가한다. 대체로 일년생 개체군이 다년생 개체군보다 더 빠르게 변화된 환경에 적응할 수 있다고 한다. 물론 생물계에서도 오래 사는 생물이 모두 변화에 적응하기 어려운 것은 아니다. 오히려 생물학적 수명보다 번식이 최초로 이루어지는 시점과 번식노력이 생애에 걸쳐 어떻게 분포하느냐가 더 중요하다고 한다. 만약 어떤 나무 종에서 번식이 생애 초반에 주로 일어난다면 이 종은 새로운 선택 압력에 비교적 빨리 반응할 수 있다. 그리고 어떤 개체군의 성장률이 높으면 새로운 선택압력에 처해 절멸될 가능성은 낮아진다. 높은 성장률은 유전적 변이의 폭을 넓혀 주고 변화된 환경에서의 해로운 영향을 감소시켜 준다. 그뿐만 아니라 무작위적인 사건에 의해 갑작스럽게 개체군 전체가 절멸할 가능성도 낮추어 준다. 이렇게 생물군, 개체군, 암수, 유전자 각각 수준에서 나타날 수 있는 생물의 다양성은 엄청나다(전중환, 2011).

수많은 생물 개체와 종의 선택적 진화과정은 수많은 인간집단의 성쇠과정을 이해하는 데도 중요한 함의를 제공한다. 문화와 생활방식이 다른 민족들이 접촉할 때, 다른 문화의 영향이 일방적으로 크거나 동화가 강제되면 자민족의 문화를 잃어버리기 쉽다. 그리고 어떤 사회가 존속하기 힘든 것은 기존의 관습이 도그마가 되어 변화된 조건에 적응할 수 있는 다양성이 보장되지 못한 결과일 수 있다. 인류 발전의 커다란 성공으로 자부하는 인간의 장수현상과 기술발전도 역설적으로 인류의 재생산속도를 늦추고 문화적 다양성을 약화시켜 변화에 대한 인간의 적응능력을 약화시킬 수 있다. 오래 사는 것을 가능하게 한 삶의 여러 조건은 재생산을 통제하고 지연시키는 조건이기도 하였다. 그리고 재생산에 대한 선택압력이 심화된 것은 새로운 개체와 종의 출현 가능성을 제한할 수 있다. 오래 살게 되면서 개인은 생애단계마다 다양한 적응적 능력을 계발할 수 있지만 이것은 새로운 세대가 일구어 내는 변화 잠재력에 비해 제한될 수 있다. 한편 고령화와 인구 감소 조건과는 대조적으로 경제·기술 환경은 급속도로 변하고 있다. 고령화·저출산 시대 중요한 도전 중의 하나는 급속하게 변화되는 환경에 적응하고 창의력을 발휘할 수 있는 지속가능한 인구이다.

인구현상은 이처럼 모든 생물집단의 성쇠과정과 마찬가지로 유전적 요인, 개체, 종의 복합적인 특성과 인간·자연·물리적 환경이 상호 영향을 주고받는 생물현상일 수 있다. 인구현상은 매우 다양하고 많은 개인과 인간집단이 복합적인 환경에 적응하면서 출생하고, 생존하고, 소멸하는 과정이라 정의할 수 있다.

2) 인구와 생명관리장치

그렇다면 인구현상이 다른 생물이나 자연의 생태와 다른 지점은 무엇인가. 아마도 인구현상이 다른 생물과 자연의 생태와 구분되는 중요한 점은 자연적 생명작용과 인위적 생명작용이 강하게 결합되어 인구현상에 작용하였다는 점일 것이다. 사실 인간의 생로병사와 인구동태를 물리적인 자연현상으로 파악하고 객관적으로 관찰하고 과학적으로 통제하려는 관심은 기술과 물질의 축적을 본격화한 근대적 사고의 혁신이었다. 유럽의 교구에서 정리하였던 출생, 혼인, 사망의 기록을 가지고 생명표의 초기 형태를 고안한 것으로 알려진 그라운트의 시선은 그때까지 종교, 철학의 관점에서 생명을 바라보았던 틀을 깨고 인간 생명과 자연을 통치의 관점에서 재해석한 의의가 컸다. 그라운트는 사망자료를 관찰하면서 자연과 사회적 환경과의 연관, 공기 청정정도, 음식물의 상태, 종교적 분쟁, 정치적 혼란, 역병의 영향, 남녀성비와 일처일부제의 관계, 새롭게 증가하는 병과 환경과의 관계 등을 고찰하였다(Graunt, 1676[1977]).

근대 인구학의 과학적이면서 동시에 정치적인 관점을 정초하였다고 평가할 수 있는 맬서스도 인구현상을 가장 기본적인 생물학적 원리로 파악하고, 인구현상에 대한 자연과학적인 접근이 인간과 사회 발전을 위해 중요한 도구가 될 수 있다고 강조하였다(Malthus, 1798[1966]). 맬서스 이후 인구학적 지식과 통계는 인구의 동태에 영향을 미치는 수많은 복합적인 조건들을 실증적으로 밝히고 관리함으로써 인구의 잠재성을 개발하고 사회를 효율적으로 통치할 수 있는 학문으로서 발전되어 왔다. 신맬서스주의 학자와 정책가들이 인구현상을 사회공학의 중요한 대

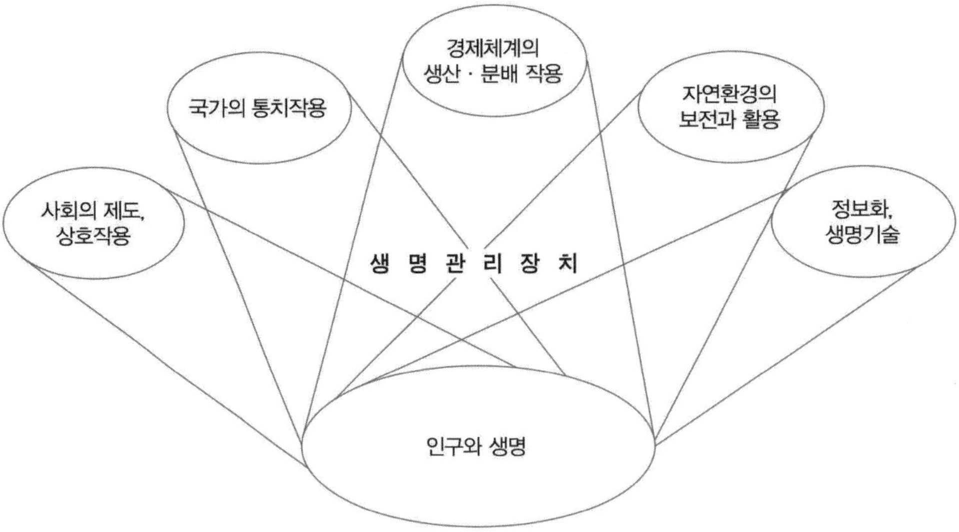

〈그림 1-2〉 인구와 생명, 생명관리장치

상으로 다루었듯이 인구학은 세상과 인간을 이롭게 할 수 있지만 동시에 인간생명을 적극적으로 통치할 수 있는 기술과 관리지식으로 발전되었다(Foucault, 2010). 이와 같은 인구에 대한 자연과학적 관심과 통치 관심의 확장을 푸코는 생명관리장치의 확대로 이해하였다. 보다 좋은 신체, 보다 좋은 삶, 보다 좋은 인구로 조정하기 위해 인구동태를 정확하게 관찰하고 자료를 수집하여 각종 행정을 시행하고 노동을 관리하고 자본을 축적할 수 있는 환경들을 만들면서 인구의 동태는 변화, 진화되어 왔다. 자본축적의 논리와 과학기술이 더욱 밀접해진 현재는 생명과 노동, 인간 활동을 관리하기 위한 장치들이 더욱 촘촘하게 만들어지고 있다(〈그림 1-2〉).

3. 인구학적 번역

1) 인구현상의 번역

인구현상을 측정하는 방법들은 인구학 고유의 개념과 방법에 기초한 특정한 번역 작업을 일반적으로 공유한다. 일찍이 라이더는 그것을 인구학적 번역이라고 통찰적으로 개념화하였다(Ryder, 1964a, 1964b, 1965).[2] 인구현상의 특성과 방법에서 고유하게 관철되는 번역은 인구현상의 핵심적인 특징인 생명과정과 밀접히 연관된다. 시간과 공간으로 경계 지워진 무리로서 인구는 새롭게 태어난 인구, 생존한 인구, 사망한 인구와 전출, 전입한 인구의 변화로 이루어진다. 전자는 어떤 공간적 경계 안에 소속된 인구로부터 발생하는 생명과정이고 후자는 공간 경계 사이에 이루어진 변화이다. 그리고 인구동태는 집단의 출생, 생존, 사망의 생명과정과 공간 경계 사이의 이탈, 이입 과정의 결과로 형성된 집단의 구조와 구성의 변화로 이해된다. 인구는 시간과 공간 속에서 이루어진 집단적인 생명동학의 결과이다. 출생과 사망이 시간의 경계 사이에 진행되는 생명동학이라면 이동은 공간의 경계 사이에 진행되는 생명동학일 수 있다.

이런 인구 특징 때문에 인구 구조와 동태에는 두 가지 차원에서의 긴밀한 연결과 전환이 특징적이다. 하나는 생명과정의 미시와 거시 차원의 연결과 전환이고 다른 하나는 인구구조와 동태 사이의 연결이다. 그리고 미시와 거시 차원의 생명현상의 연결과 전환은 인구구조의 안정성과 변화과정으로 다시 전환된다.

시간 차원에서 인구의 동학을 설명하는 모델은 세 함수를 연결함으로써 완성된

---

2 인구의 개념, 인구학적 번역, 코호트의 사회변동적 의미에 대한 라이더(Ryder)의 일련의 논문에서 인구학적 번역의 의미를 폭넓게 상상할 수 있다. 코호트 변화와 기간효과의 관계를 설명하는 수리적 모델과 인구의 구조와 구성에 작용하는 미시-거시적 생명과정의 전환에 대한 통찰적인 논의는 지금도 공감할 수 있고, 인구변동의 요체에 다가가기 위한 학문적 여정의 귀중한 길잡이가 될 수 있는 인구학의 고전이라 꼽을 만하다.

다. 하나는 각 시간 혹은 구간에서 인구의 생존한 인연수이고, 두 번째는 각 시간 혹은 구간에서 생존한 인구에서 발생한 출생수이고, 세 번째는 사망수이다. 그런데 이 세 함수는 개인적인 생명동태, 코호트의 생명동태, 그리고 그것의 시기적 변화의 총합으로 번역할 수 있다. 어떤 인구집단의 출생, 생존, 사망의 과정은 개인들의 출생, 생존, 사망의 과정과 긴밀히 연결되어 있다. 어떤 개인도 출생하여 다양한 생애사건들을 경험하고 죽는 과정을 겪는다. 개인의 생명동태는 그가 놓여 있는 다양한 환경에 대응하여 삶의 방식을 선택하고 적응하고 발전하는 과정이자 쇠퇴와 죽음으로의 여정이다.

개인의 생명과정과 집단의 생명과정이 연결되는 중요한 고리가 코호트이다. 코호트는 동일한 시점에 동일한 연령 위치에 소속된 집단이다. 코호트는 인구와 같이 거시분석단위이지만, 그것을 구성하는 개인과 같이 시간적 위치와 이행적 특성을 가진다. 연령은 흔히 개인적 생애 단계를 가리킨다고 인식되지만 연령은 동시에 개인들의 코호트로서의 소속을 가리킨다. 어느 시점에서 개인이 속한 연령은 언제 출생한 코호트인지 그리고 그 소속 안에서 생존한 시간을 가리킨다. 개인이 경험하는 출생과 사망은 코호트의 연령별 위치에 하나의 출생과 사망 사건과 노출건수로 위치한다. 그리고 동일한 시점과 동일한 연령에 있는 집단에서 나타나는 일련의 생명 사건들과 이행들이 그 코호트의 생명과정을 특징짓게 된다. 그리고 수많은 코호트의 생명과정이 종합되어 어느 시점의 연령구조를 구성하게 된다.

이것이 미시-거시적 생명과정을 잇는 인구의 전환이자 번역현상이다. 개인의 출생과 사망이 코호트의 출생과 사망 경험으로 번역되고, 다시 코호트의 연령구조로 연결되고, 이것이 기간연령구조로 번역되고, 코호트 동태와 기간동태로 번역되고, 궁극에 인구의 크기를 변화시키는 출생과 사망으로 이어진다. 이렇게 기간연령구조는 일련의 코호트의 연령구조를 번역한 것이고, 기간의 출산율과 사망률은 다양한 코호트비율의 횡단적 번역이다.

2) 인구측정의 번역

이렇게 개인단위와 코호트 단위로 이루어지는 일련의 생명사건들이 종합된 결과가 어떤 시점의 인구현상이기 때문에 인구현상을 측정하는 모델이나 방법에도 고유한 번역작업이 작용한다. 앞에서 정리하였듯이 어떤 시점과 공간의 경계에서 현존하는 인구의 크기와 구조가 변하는 것은 출산, 생존, 사망, 이동의 동학 때문이다. 따라서 이런 동학을 파악하기 위한 인구비율은 일반적으로 어떤 시공간의 경계에서 현존하는 인구에 대한 생명사건의 발생(성장, 출산, 사망, 혼인, 이동 등)의 비율로 측정된다.

$$\text{인구비율} = \frac{occurrence}{exposure} = \frac{\text{발생건수(출생, 사망, 혼인, 자연증가)}}{\text{그 기간에 생존한 인연수}}$$

인구비율들은 일반적으로 시공간 경계의 변화에 따라 발생하는 인구집단의 변화를 나타내는 의미를 가진다. 일반적으로 분모는 각 시공간 위치에서 생존하여 사건에 노출될 수 있는 인연수이고 분자는 인구변화와 관련된 사건수(출생, 사망, 결혼, 이동 등)가 된다. 예를 들어 어떤 시점 혹은 구간의 인구성장률은 그 시점 현존하는 인구 중 새롭게 탄생한 인구에 사망한 인구를 빼고 유출한 인구를 빼고 유입한 인구를 더하여 측정한다. 그리고 어느 시점 혹은 구간에서의 인구의 출생률, 사망률, 혼인율도 그 기간 동안 생존한 인구(인연수) 중에서 발생한 사건수의 비율로 측정한다.

이처럼 개인단위의 생애과정과 코호트 단위의 생명과정과 코호트 간 변화의 결과가 어떤 시점의 인구현상으로 나타나므로 인구동태를 코호트의 동학으로 측정하는 것이 이상적일 수 있다. 그런데 어느 시점의 인구현상도 연령과 코호트의 차원이 결합되어 펼쳐진 수많은 시간 위치에서 노출과 사건의 동태이므로 이것을 측정할 수 있는 방법은 쉽지 않다. 이렇게 복합적인 코호트와 연령 차원의 동학을 측정하는 방법으로서 발견된 중요한 인구학적 번역이 가상 코호트이다. 인구현상을 측정하는 비율에서는 기간비율들이 가상의 코호트의 비율로 번역되는 경우가 많이 있다. 예를 들어 합계출산율, 혼인연령, 기대 여명 등은 모두 기간비율을 가상의 코호트의 비율로 번역한 것이다. 기간비율을 가상 코호트비율로 번역하는 것은 횡단적 시점에서 관찰된 연령별 노출과 발생의 패턴을 어떤 가상의 코호트가 생존기간 동안 경험하는 노출과 발생의 패턴으로 파악하는 것이다. 가상의 코호트는 실재하는 코호트가 아니라 횡단적 시점에 현존하는 많은 코호트의 특징을 단편적으로 종합한 가상의 존재이다. 이렇게 인구동태를 가상의 코호트의 비율로 파악할 때 부딪히게 되는 난제가 현실과의 비조응 혹은 차이이다.

3) 코호트비율과 기간비율의 관계

그림에서 표시하였듯이 어느 시점 t에 각 연령집단에 속한 인구는 각각의 고유한 생명과정을 경험한 코호트들로 구성된다(〈그림 1-3〉). 따라서 t 시점의 기간비율은 그 시점에 각 연령집단에 위치한 코호트들의 노출과 발생의 특성을 단편적으로 종합한 횡단적 비율이다. 기간비율은 횡단시점의 인구동태를 결정하는 요인들을 측정하는 지표이다. 그렇지만 기간비율은 실제의 코호트가 경험하는 비율이 아니다. 그림에서 보듯이 t 시점에 측정된 기간비율과 t 시점에 상이한 연령에 위치한 코호트들의 예인 코호트(t-a, t-a년도에 태어난 집단), 코호트(t-b, t-b년도에 태어난 집단), 코호트(t, t년도에 태어난 집단)가 연령별 경험한 노출과 발생의 비율은 차이가 난다.

이처럼 기간비율은 실제 코호트가 경험하는 생명동태의 비율과 정확하게 조응하지 않는다. 시간에 따라 만일 인구동태가 크게 변하지 않았다면 코호트비율과 기간비율의 차이가 크지 않을 수 있다. 그러나 인구동태가 크게 변하는 상황에서 한 코호트의 경험이 이후 코호트의 경험과 차이가 클 수 있고, 기간비율은 나이 든 코호트의 특징과 젊은 코호트의 특징 어디에도 조응하지 않을 수 있다. 만일 출산율이 계속 하락한다면 기간비율은 과거 코호트의 출산율보다는 분명 낮지만,

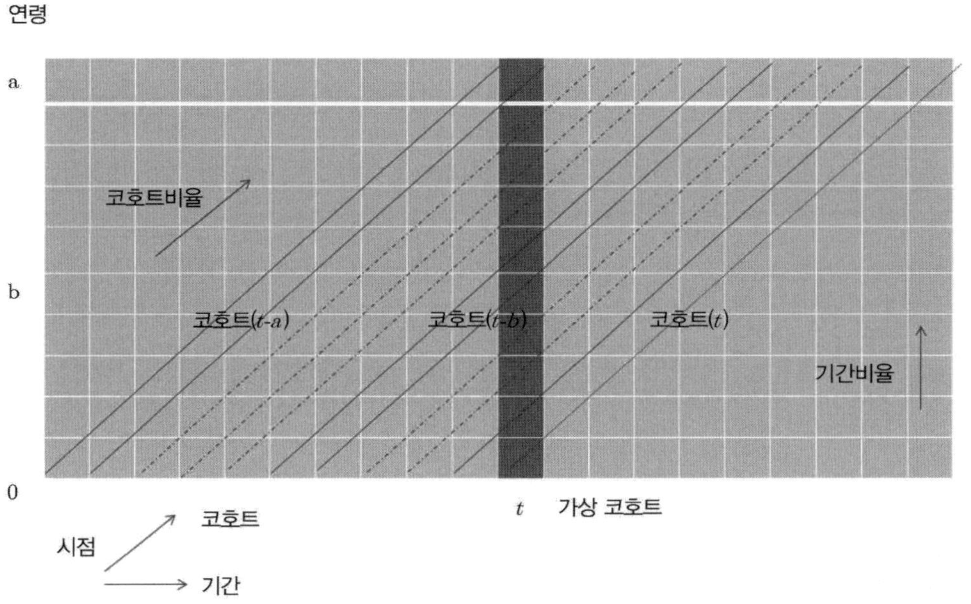

〈그림 1-3〉 코호트비율과 기간비율의 관계

최근 코호트가 경험할 수 있는 출생률보다는 높게 추정될 수 있다. 마찬가지로 사망률이 계속 하락한다면 기간사망률은 과거 코호트의 사망률보다는 낮지만, 최근 코호트의 사망률보다는 높게 추정될 수 있다. 특히 기간비율과 코호트비율의 차이가 문제로 여겨지는 경우가 특정한 기간효과가 예상될 때이다. 경제위기나 전염병의 극성과 같이 갑작스런 외적 충격에 따라 인구동태가 이상하게 변화될 때이다. 위기 상황에서 급작스럽게 출산율이 감소할 수 있지만 그것은 일시적인 현상으로 코호트의 완결출산율에는 영향이 크지 않을 가능성이 제기된다. 코호트의 혼인패턴이 급격하게 변하였을 경우 상이한 코호트의 평균초혼연령을 횡단적으로 종합한 지수는 최근의 변화를 과소 추정하는 경향이 있다. 사망비율에서도 기간비율은 현재의 변동을 과소 반영하는 것으로 평가되고 있다. 그리고 기간비율이 현재의 영향을 과장하거나 과소화할 수 있는 문제를 해결하기 위해 다양한 모델 번역들이 시도되었다.[3] 조정합계출산율을 제시한 봉가르츠와 피니는 기간합계출산율이 출산지

연현상에 상당히 영향을 받는 비율로서 출산지연효과를 조정하는 방법을 제안하였다(Bongaarts and Feeney, 1998). 질로트는 기간기대수명여명이 실제 코호트의 생존율을 부분적으로만 반영하는 점을 지적하면서, 각 연령의 과거 생존율을 고려한 코호트들의 횡단적 평균기대수명(Cross-sectional Average Life Expectancy)이 사망력 변동의 실제를 보다 잘 반영하는 지표일 수 있다고 제안하였다(Guillot, 2003). 계봉오는 질로트의 횡단적 평균기대여명 지표 원리를 출산율에 적용하여 코호트들의 과거출산력을 평균한 횡단적 평균출산율(Cross-sectional Average Fertility)이 기간합계출산율이 포함할 수 있는 기간효과를 보정할 수 있다고 제안한다(Kye, 2015). 횡단적 평균기대연수나 횡단적 평균출산율은 실제 코호트들의 과거시점에서 현재시점에 이르는 출산력을 반영한 지표로서 출산과 사망 동태 정보가 장기간 축적되었을 때 유용하게 활용될 수 있다. 그렇지만 현재에 이르기까지 과거 출산율과 사망률 변동의 영향을 파악할 수 있지만 현재 동태의 영향을 파악하는 데 제약이 있다. 위에서 예로 제시한 연구들이 기간비율과 코호트비율의 차이를 기간비율의 왜곡으로 파악하는 입장이라면 이와 구분되어 골드스타인과 왓쳐(Goldstein and Watcher, 2006)는 기간비율과 코호트비율의 차이를 실제 코호트비율과의 시간적 격차로 파악하고 있다.

또한 장기적인 인구변동을 추계하는 데에서 기간비율보다는 코호트비율이 더 적합하다고 여겨진다. 인구추계는 가장 단순하게 항상적인 출생률과 사망률 혹은 성장률을 가정하는 방법을 이용할 수 있다. 그러나 실제인구는 코호트마다의 상이한 출생, 사망, 그리고 이동률의 결과로 구성된다. 기간비율이나 비율의 항상성을 가정한 인구추계가 현실적이지 못한 한계를 보완하기 위해 실제의 코호트의 변화를 반영한 인구추계의 방법들이 모색되고 있다.[4]

이렇게 인구현상은 일련의 코호트들의 계승과 대체과정에서 이루어지는 생명현상이기 때문에 인구동태를 코호트 현상으로 번역하는 다양한 방법이 있고 각 방

---

3 이와 관련해서는 이 책 제4장과 제6장에서 자세히 검토하고 있다.

4 이와 관련해서는 이 책 제10장에서 더욱 자세히 정리하고 있다.

법들은 나름의 장단점을 갖고 있다. 모든 번역이 그렇듯이 번역은 실재와 다르다는 것을 전제한다. 우리가 경험하는 인구동태는 수많은 코호트의 생명과정의 종합판이다. 이런 복잡한 생명작용을 파악하기 위해 고안된 매우 훌륭한 개념과 방법이 가상 코호트이고 기간비율이다. 그렇지만 가상 코호트의 비율은 코호트비율과 차이가 존재한다. 가상 코호트의 인구 특성으로 번역된 기간비율들은 현실을 왜곡하는가? 아니면 시간적 격차를 둔 현실의 표현인가? 라이더(Ryder, 1964a, 1964b, 1965)가 코호트비율과 기간비율의 차이를 강조할 때 기간비율을 코호트비율의 왜곡된 번역이라고 표현한 적도 있지만, 그가 더 중요하게 고려한 것은 기간비율과 코호트비율 사이의 전환적 관계이다. 그는 수리적 모형을 통해 두 비율의 차이는 코호트의 시간적 변이의 평균으로 설명된다고 증명하기도 하였다. 그는 인구학의 중요한 작업이 다양한 분석 목적에 부합하도록 측정방법을 다양하게 전환하고 번역하는 것이라고 강조한다. 기간비율과 코호트비율의 차이는 실재에 대한 왜곡으로 단정하기보다는 둘 사이의 전환관계를 파악하는 것이 중요하다.

모든 실재하는 것은 번역된 것일 수 있다. 그리고 좋은 번역은 현실과 조응하는 것이라기보다는 현실을 잘 설명할 수 있어야 한다. 번역과 실재의 차이에 주의하는 것도 필요하지만 번역과 실재의 차이를 설명하는 것이 더욱 가치가 있을 수 있다. 좋은 번역으로서 인구학은 인구동태의 과거, 현재, 미래를 잘 설명하는 개념과 방법의 체계이다. 그리고 과거, 현재, 미래의 인구동태를 보다 잘 설명하는 번역은 계속 고안될 것이다.

4) 비(ratio), 비율(rate), 확률(probability)

이 책에서 가장 많이 쓰이고 있는 단어는 비, 비율, 확률일 것이다. 출산, 사망, 이동, 인구변동을 측정하는 다양한 지표들에는 다소 그 성격이 차이가 나는 비, 비율, 확률의 표현이 혼용되어 쓰이고 있다. 비, 비율, 확률은 인문·사회·자연과학을 망라하여 여러 분과에서 활용되는 기본용어로서 인구학에서도 일반적인 정의 기준을 따르고 있다. 그렇지만 인구 현상 및 자료의 특성에서 이들 측정치들이 독특하게 구분되는 부분도 있고 비, 비율, 확률 용어가 다소 통일되지 않고 학자마다 다르게 해석되기도 하여 혼돈스러울 수도 있다. 인구학에서 활용하는 비, 비율, 확률의 개념 구분과 관련해서는 팔모어와 가드너(Palmore and Gardner, 1996), 프레스턴 등(Preston et al., 2001), 힌드(Hinde, 1998)의 논의가 비교적 정리가 잘 되어 있다. 여기서는 이들 논의를 포함하여 인구학에서 다양하게 활용되는 비율들과 확률의 개념적 차이를 간단하게 정리한다.

비(ratio)

인구학에서는 다양한 비의 지표들이 활용된다. 이를테면 부양비(dependency ratio)는 15~64세 인구에 대한 15세 미만 인구와 65세 이상 인구의 비로 측정하고 있다. 성비(sex ratio)는 여성인구 100명에 대한 남성인구의 크기의 비로 정의한다. 인구밀도는 어떤 지역의 1평방킬로미터제곱의 공간 안에 있는 사람의 크기로 측정한다. 출산 지표의 하나인 모아비는 15~19세 여성의 수에 대한 5세 미만의 아동의 수의 비를 나타낸다. 이런 예에서 이해할 수 있듯이 비는 어떤 두 수치의 상대적인 크기를 나타낸다.

$$\text{비}\,(ratio) = \frac{X}{Y}$$

구성비(proportion)는 비의 특수한 형태로서 분모가 분자를 포함하여 전체집단이 된다. 따라서 구성비는 전체인구에 대한 관심이 되는 집단의 상대적인 크기로 측정된다. 예를 들면 미혼율은 전체인구 중에 미혼상태에 있는 사람의 비로 측정된다. 연령구성비는 각 연령 혹은 연령집단이 전체인구에서 차지하는 상대적 크기로 측정된다. 이렇게 분모가 분자가 속한 전체집단이 되는 비를 일반적으로 비율로 일컫기도 한다. 예를 들어 고용률이나 실업률은 전체경제활동인구 중에서 고용을 하고 있는 사람이거나 실업상태에 있는 사람의 상대적인 크기를 나타낸다. 이처럼 구성비는 상대적 크기와 분포를 나타내는 상태비율로도 일컬어질 수 있다.

$$구성비(proportion) = \frac{X}{X+Y}$$

비율(rate)

인구학에서는 변화와 동태를 가리키는 지표들이 다양하다. 일반적인 비나 구성비의 측정치가 비교집단의 상대적인 크기나 전체집단에 대한 어떤 집단의 상대적인 크기를 나타내는 것과 구분되어 인구학의 많은 비율들은 인구변동의 정도를 나타내는 지표들이다. 예를 들어 어느 1년 동안의 조출생률과 조사망률은 그 한 해 생존한 총인구에 대한 그 한 해 출생한 인구와 사망한 인구의 비율로서 얼마나 새롭게 인구가 태어나고 사망하였는가를 나타내는 지표이다. 그 밖에도 연령별 출산율, 연령별사망률, 인구증가율도 인구동태를 나타내는 비율들이다. 이들 인구비율들은 변동사건에 노출된 인구에 대한 변동사건의 비율로 정의된다. 그리고 분모가 되는 변동사건에 노출된 인구로서 생존인연수(person years lived)의 개념이 매우 중요하다. 생존인연수는 각 개인이 주어진 기간 동안 실제 산 수로서 인구수에 실제 생존한 연수를 곱한 값이다. 그리고 1년 동안의 변동률을 구할 때 한 해의 생존인연수를 그해의 연앙인구로 추정하는 것이 일반적이다.

$$비율(rate) = \frac{사건수}{사건노출인구} = \frac{사건수}{생존인연수}$$

이렇게 인구비율 중 동태를 나타내는 비율들이 많지만 분모인 생존인연수가 항상 분자의 사건을 포함하지 않을 수 있다. 요컨대 분모가 정확히 사건 발생에 노출된 인구와 조응하지 않을 수 있다. 한 해의 조사망률을 예로 들어 보자면 분자가 되는 사망자 중에는 7월 이전에 사망한 인구도 포함되는데, 분모는 7월 1일자의 인구크기로 측정된다. 조사망률과 조출생률처럼 정확히 분모가 사건노출인구와 조응하지 않는 것은 이들 비율들이 기간비율로 측정되었기 때문이다. 동태비율이 정확히 사건이 일어나는 모집단의 비율로 측정되려면 코호트비율로 측정하는 것이 필요하다. 그리고 코호트비율을 인구학에서는 사건확률로 구분하고 있다.

확률(probability)

확률의 정의와 정리는 복잡한 이론을 포함하고 있지만 일반적으로 확률은 이론적, 경험적으로 어떤 사건이 발생할 것으로 기대되는 비율로 정의한다. 이론적으로 시행의 결과 일어날 수 있는 모든 경우의 수가 N이고 그중에서 관심이 되는 사건 A가 일어날 수 있는 경우의 수가 n이라 할 때, 사건 A가 일어나는 확률은 $p(\frac{n}{N})$이라고 한다. 그리고 경험적으로 많은 시행을 통해서 사건이 나타나는 상대빈도를 경험적 확률로 정의하고 있다. 이렇게 확률이란 이론적, 경험적으로 모든 가능한 경우의 수에서 기대되는 사건의 가능성을 가리킨다. 이런 확률의 개념이 인구의 사건/노출 비율에 적용되는 것은 분모가 정확히 사건이 일어나는 모집단인 경우이다. 사망률에서는 연령별사망확률(q_x)이 해당된다. 연령별사망확률(q_x)은 연령별사망률(m_x)과 구분되는데, 두 비율의 분자는 같지만 분모가 다르다. 연령별사망률(m_x)에서는 분모가 연령구간의 연앙인구라면, 후자는 분모가 정확히 연령이 x세 초기시점인 인구를 가리킨다. q_x는 정확히 사망사건에 노출된 모집단에서의 사망사건의 비율이므로 코호트비율의 예라고 볼 수 있다. q_x와 같이 정확히 사건에 노출된 모집단에서의 사건/노출의 비율은 다양한 형태의 전환율(transition rate) 혹은 전환확률(transition probability)과 생존율(survival ratio), 출산진도비(Parity Progression Ratio)를 포함하고 있다.

$$\text{확률}(probability) = \frac{\text{사건의 수}}{\text{모든 경우의 수}} \simeq \frac{\text{사건의 수}}{\text{무수히 많은 시행}}$$

$$\text{인구사건확률} = \frac{\text{사건의 수}}{\text{사건노출인구(코호트)}} \simeq \frac{\text{사건의 수}}{\text{초기시점의 인구}}$$

비, 비율, 확률의 관계를 〈그림 1-4〉와 같이 정리할 수 있다. 광의의 비는 어떤 두 집단의 상대적인 크기를 나타내는 측정치이고 이는 다시 협의의 비와 비율로 나눌 수 있다. 협의의 비와 구분된 비율은 전체 모집단에 대한 상대적 크기, 분포, 구성 혹은 사건을 나타내는데, 정태적 특성과 동태적 특성을 나누어 상태비율과 동태비율로 구분할 수 있다. 또한 동일한 모집단을 대상으로 상이한 시점에서 측정하였는지, 아니면 다른 모집단을 동일한 시점에서 측정하였는지에 따라 코호트비율과 기간비율이 구분될 수 있다. 이런 구분이 꼭 명확한 것은 아닐 수 있지만, 인구학에서 활용되는 다양한 비 혹은 비율들의 성격을 이해하는 데 참조할 수 있을 것이다.

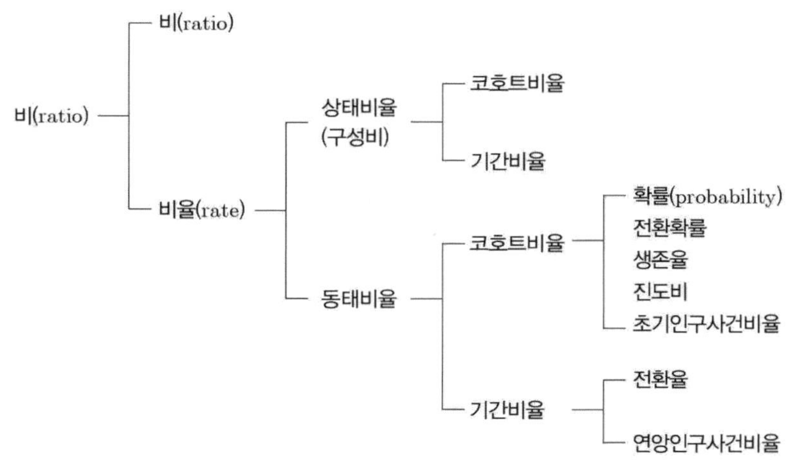

〈그림 1-4〉 비, 비율, 확률의 관계

4. 인구구조와 인구분포

인구연구가 단단하고 명확한 개념에 기초하고 있다고 생각되지만, 사실 그 개념의 근원에 대해서 질문하게 되는 부분이 많다. 지금 생각하는 인구의 경계가 어떻게 만들어졌을까? 그리고 그 의미는 무엇인가? 예를 들어 인구구조의 성격을 파악하는 표준화된 범주들이 있다. 어떤 한 시점의 인구는 규모, 구성, 분포의 성격을 가지고 있다. 그런데 인구의 규모가 얼마가 되는가를 어떻게 알 수 있는가?

인구를 파악하기 위해 전제되는 것이 경계이다. 인구는 시점, 공간, 그리고 성원의 3요소로 그 경계가 이루어진다. 그리고 현재에 이르는 어느 시간 동안 국가라는 통치공간에서 인구의 경계가 단단하고 안정되게 보여졌다. 대한민국 헌법 제3조에서는 "대한민국의 영토는 한반도와 그 부속도서로 한다."라고 명시하고 있다. 그렇다면 2015년 시점에서 대한민국의 영토에 상주(常主)하고 있는 인구는 누구를 가리키는가. 가장 큰 범주는 상주하는 내국인과 외국인일 것이다. 내국인은 한국국적을 가진 자이고 외국인은 한국국적을 가지지 않은 자로 구분된다. 다시 한국국적을 가진 자는 태어날 때 한국인 부모에게서 태어나거나, 한국인 부모에게 입양, 인지되거나 결혼이나 다른 이유로 한국적으로 귀화하거나 입양된 사람이다. 여기서 좀 더 세분하면 부모는 생물학적인 부모와 법적으로 인지되는 부모로 구분될 수 있다. 이렇게 인구의 수 하나를 집계하기 위해서도 수많은 범주들이 작용하고 있고, 그 범주들이 국민이나 가족 등의 성원권을 구분하고 있다는 것을 확인할 수 있다. 요컨대 인구는 그 성원으로 파악되는 사람이 누구인가를 가리키는 기준에 의해 경계가 구분되고 정의된다.

인구를 정의하는 가장 기본적인 성원권의 기준을 속인주의와 속지주의로 구분할 수 있다. 속지주의는 어떤 공간에서 실제 생활하고 있는 사람을 성원으로 인정하는 관점이다. 실질적 생활에 기초한 성원의식은 이동이 활발하고 다민족으로 구성된 사회에서 여러 이민배경을 가진 사람들을 통합하는 과정에서 구성된 성원인식일 수 있다. 이와 달리 속인주의는 멀리는 오래전부터 살았다고 가상되는 원주민의 조상으로부터, 가깝게는 그 사회의 성원으로 인정된 부모로부터 혈연으로 이어지는가가 성원의 기준이 되는 관점이다. 혈통에 기초한 성원의식은 가족, 친족, 민족정체성이 강한 사회의 특징일 수 있다. 한국인의 가장 근원적인 성원의식에는 혈연에 바탕을 둔 가족과 민족 범주의 영향이 강하고 이는 인구를 정의하는 법적 범주로도 작용하고 있다. 어떤 사회의 성원이 속인주의와 속지주의 기준을 갖는가는 국적, 시민권, 그리고 민족정체성이 형성된 역사적·사회적 맥락을 반영한다.

1) 성원권의 관점에서 인구의 경계: 국적, 시민권, 민족

인구구조를 파악하기 위해서는 경계를 어떻게 정하는가 하는 것이 중요하다. 국가는 인구개념의 가장 기본적인 경계가 되는 공간이자 공동체 범주이다. 지금은 인구범위의 경계로서 국가나 행정단위가 자연스럽게 여기지고 있지만, 국가경계나 행정단위에 기초한 인구의 경계는 국가의 주권과 국민정체성이 형성된 역사적 과정에서 만들어졌다. 국가통치의 경계는 대외적으로 영토의 자치와 확대를 위한 분쟁의 연속과 내적으로는 자율적인 국민정치공동체를 세우려는 시민운동과정에서 형성되었다. 국적은 국가성원이 될 수 있는 법적 자격과 권리, 의무와 더불어 애착이라는 감정적 연결을 기반으로 한 법적 결속이다. 이는 국민에게 참정권을 부여하고, 국가적 의사결정의 민주적 정당성을 부여하며, 재산의 보호와 자유로운 경제활동을 가능케 한다. 일반적으로 시민권은 국적개념과 동일하게 이해되지만 시민권의 발생은 국가의 성원의식과는 독자적으로 형성되었다는 주장도 있다. 시민과 국가의 통치가 접속하게 된 것은 정치적, 경제적으로 자유로운 개인으로서 시민의 부상과 안전한 영토의 통치자로서의 국가의 경계가 결합되면서이며, 이 결합에서 독특하게 국가와 시민 사이의 권리, 의무, 연대의 관념이 구성되었다고 논의된다(De Koning et al., 2015).

이처럼 인구의 경계가 되고 있는 국가공동체 성원의 인식은 항상적이고 안정된 것이 아니라 정치적·경제적 실천의 산물이고 집합적으로 공유한 생활터전의 경험과 기억에서 형성된 것이다. 21세기가 되면서 인구의 경계가 다시 커다랗게 변하고 있다. 국가경계를 넘어서 인구현상이 일어나고 이는 다시 국민국가 중심의 성원권에서의 탈성원화와 재성원화 현상으로 이어진다. 케니히 등(De Koning et al., 2015)은 시민권의 개념을 국가주권을 넘어선 성원권의 규범적 프레임으로 논하기를 주장한다. 시민권은 인정, 가시성, 돌봄, 도덕적 존엄성, 포용, 자기 결정, 법적·정치적 권리, 그리고 사회적 헌신을 상징하고 성원임을 결정하는 데 어떤 가치와 규범, 행위가 적절한가를 담는 개념이라고 주장한다. 인권과 사회적·문화적 권리가 국가 주권과 연결된 법적 개념을 넘어 논의되면서 시민권도 지구적 수준에서부터 지역적 맥락에 걸쳐 다양한 문화적·정치적 의미와 어젠다를 담는 개념이 되고 있다(Gordon and Stack, 2007; Hansen, 2015). 이렇게 시민권 개념이 확장되는 데는 다양한 시민사회조직과 행위자의 역할이 크다. 국가의 역할을 보조하고 대행하는 역할을 하고, 또한 적극적으로 시민권의 어젠다를 형성하고, 국가의 시민권 어젠다를 비판하고 대안의 어젠다를 발전시킬 수 있다. 비국가적 행위자들에 의해 자발적인 커뮤니티가 형성되고 지구적으로 네트워크 되기도 한다.

2) 생활의 관점에서 인구의 경계: 상주인구, 등록인구, 현재인구

인구를 정의하는 또 다른 중요한 기준이 생활공간이다. 한 공간에서 생활하는 주민은 그곳에서 태어나 지속적으로 살아온 사람이 있고, 다른 곳에서 태어나 그곳에 이주해 온 사람이 있다. 생활거주자의 관점에서 인구를 경험적으로 조작한 개념으로서 상주인구 개념이 일반적으로 활용된다. 상주인구란 어떤 공간 안에서 경제활동을 포함하여 통상적으로 생활하고 있는 인구이다. 상주인구는 또한 법적 의미(de jure)와 사실상의 의미(de facto)로 접근된다. 법적 상주인구란 어떤 공간에서 합법적 인정에 기초하여 생활터전을 잡은 일상의 생활거주자를 의미한다. 법적 상주인구는 거주자가 되기 위한 여러 법적 조건을 충족할 때 인정될 수 있다. 법적 상주인구는 지방세를 내고 지역의 투표에 참여하고 지역의 복지서비스를 이용하는 등 거주자의 의무와 혜택을 가지고 있다(Bilsborrow, 1997). 그런데 등록체계의 불안정과 빈번한 인구이동 때문에 법적 인구와 사실상의 거주인구 사이의 불일치가 발생한다. 이동이 제한된 상태에서는 한 번 등록된 주소지가 일상의 거주지가 될 확률이 크지만 빈번히 이동하는 경우 주된 생활근거지와 출생지가 차이가 날 경우가 많아진다. 한편 사실상의 상주인구란 법적인 성원권과 관계없이 통상적으로 일정기간 이상을 거주하는 사람들을 의미한다. 통상적 거주지로 간주하는 기간은 나라마다의 상황에 따라 3개월에서 1년 사이로 정하고 있다. 우리나라 인구총조사에서 집계하고 있는 상주인구는 법적인 주민이 아니라 통상의 거주민을 의미한다.

주민등록인구는 법적인 상주인구 의미에 가깝다고 볼 수 있다. 주민등록법상 거주지를 바꾸는 사람은 거주지 이전을 신고하도록 되어 있다. 그러나 거주이전 신고를 하지 않은 해외 취업자 및 유학생 등이 주민등록인구에 포함되어 있어 주민등록인구는 실제 우리나라에 살고 있는 인구보다 더 많을 수 있다. 또한 지역 수준에서는 학군선택이나 주택청약 등을 위해 주민등록과 전출입을 위장 신고하는 경우가 있기 때문에 주민등록인구와 실제 거주인구와 상이하게 나타날 경우도 있다.

등록인구나 상주인구와 구분되어 현재인구의 의미도 중요해지고 있다. 현재인구는 통상적 거주지나 법적 체류지와 관계없이 어느 시점에 현재하거나 임시체류하거나 방문하여 존재하는 인구이다. 이동이 전반적으로 많지 않은 상황에서는 일시적으로 이동하는 인구에 대한 관심은 별로 크지 않을 수 있다. 한편 이동의 증가로 인해 사람들의 생활공간이 크게 다양해지고 있다. 실제 생활이 여러 장소에서 이루어지듯이 거주형태가 변하고 있다. 이동이 생활의 일상이 되면서 일이나 교육을 위해 거리가 먼 행정권역 사이를 이동하는 경우도 흔하다. 이동이 일회적이지 않고 단거리, 장거리 이동이 빈번하게 이루어진다. 이동의 목적도 교육, 출근, 관광, 서비스 이용, 가족방문 등 다양해지고 있다. 다양한 욕구가 공간을 변화시키고 있고 생활공간의 의미가 바뀌고 있다. 중앙정부나 지방정부도 지역을 발전시키기 위해 인구의 유동에 관심을 가진다. 관할하는 공간에 보다 많은 자본이 투입되고 보다 많은 인구가 서비스를 소비할 수 있도록 하는 데 관심이 커지고 있다.

이렇게 생활방식과 생활공간의 의미가 변화되어 인구를 파악하는 전통적인 방식과 실제 공간을 이용하고 있는 인구 사이에 차이가 커지면서 인구를 새롭게 범주화해야 하는 과제도 제기되고 있다. 법적 성원권과 통상적인 거주지 중심의 인구뿐만 아니라 점점 다양화되는 거주형태, 생활형태, 그리고 서비스 이용 형태를 반영할 수 있는 새로운 인구정의가 모색될 필요가 있다. 〈그림 1-5〉는 상주지, 등록지, 현재지의 기준에서 구분되는 인구집단을 유형화해 본 것이다. 먼저 상주인구는 어떤 지역에 통상적으로 거주하는 인구로 정의한다. 등록인구는 어떤 지역에 법적인 성원권을 인정받는 인구로서 정의한다. 그리고 현재인구는 통상적인 거주 상태나 법적 성원권에 관계없이 어떤 지역에 현재 있는 인구로 정의한다. 어떤 시점과 어떤 공간에 존재하는 인구의 일부는 통상적인 거주자로서 법적 성원권도 가질 수 있지만 일부는 그렇지 않을 수 있다.

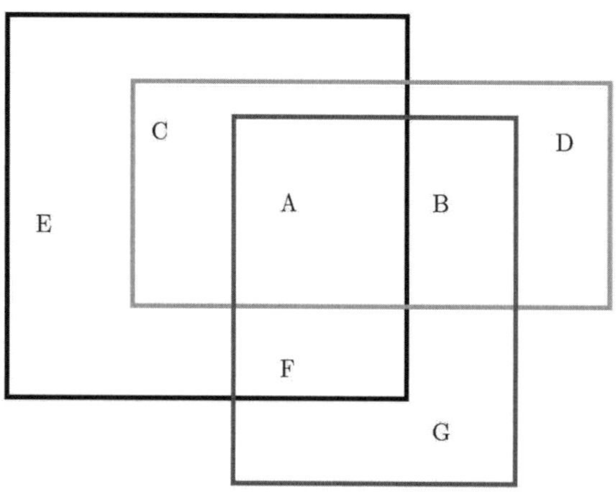

A: 거주 & 등록 & 현재
예: 보통 한 나라에 국적, 시민권이나 영주권을 갖고 일상적으로 살고 있는 국민, 한 지역에 등록하고 일상적으로 생활하고 있는 주민

B: 거주 & 등록 & not 현재
예: 거주권을 갖고 일상적으로 거주하고 있지만 잠시 다른 지역에 있는 국민이나 주민

C: 거주 & not 등록 & 현재
예: 비합법체류외국인, 미등록주민

D: 거주 & not 등록 & not 현재
예: 왕래가 빈번한 비합법체류외국인, 미등록주민

E: not 거주 & not 등록 & 현재
예: 보통의 단기-방문자

F: not 거주 & 등록 & 현재
예: 단기합법방문자

G: not 거주 & 등록 & not 현재
예: 행정적 오류, 위장주민

상주인구 = A + B + C + D
등록인구 = A + B + F + G
현재인구 = A + C + E + F

〈그림 1-5〉 상주지, 등록지, 현재지 기준에 따른 인구집단의 유형

상주지, 등록지, 현재지 기준을 교차할 때 어떤 한 공간에 연계된 인구는 〈그림 1-5〉에서와 같이 총 7개 집단으로 구분될 수 있다. 먼저 상주인구의 경계 안에는 등록지와 현재지가 상이한 A · B · C · D의 집단이 구분된다. 집단 A는 상주지, 등록지, 현재지가 동일한 인구이다. 통상 거주하면서 법적 성원권을 갖고 있고 현재하는 인구이다. 보통 한 나라에서 국적이나 시민권, 영주권을 갖고 일상적으로 살고 있는 국민, 시민이거나 한 지역에 일상적으로 생활하고 있는 주민이 여기에 속한다. 집단 B는 상주지와 등록지가 동일하지만 일시 부재한 인구이다. 통상적으로 거주하면서 법적으로 등록되어 있지만, 일시적으로 현재하지 않는 사람들을 가리킨다. 합법적 거주권을 갖고 일상적으로 거주하고 있지만 잠시 다른 나라(혹은 지역)에 나가 있는 국민이거나 주민이 포함될 수 있다. 집단 C는 상주지와 현재지가 동일하지만 등록지가 다른 인구이다. 통상적으로 거주하고 현재하지만 합법적 성원이 아닌 사람들이다. 체류자격을 넘어 체류하고 있는 외국인이거나, 주민등록과는 다른 거주지에서 생활하고 있는 사람들이 포함될 수 있다. 집단 D는 상주지와 등록지와 현재지가 모두 상이한데, 어떤 곳에 통상적으로 거주하지만 등록되지 않고 현재하지 않는 사람들을 가리킨다. 왕래가 빈번한 비합법 체류 외국인이나 비등록주민이 포함될 수 있다.

등록인구의 경계 안에는 통상 거주지와 현재지가 다른 A · B · F · G의 집단이 포함된다. 집단 A와 B는 위에서 언급하였듯이 등록지와 통상거주지가 동일하지만, 현재지에서 차이가 난다. 요컨대 집단 A는 등록지, 통상거주지, 현재지가 다 동일하지만 집단 B는 등록지와 통상거주지는 동일하지만 등록지와 통상거주지에서 현재 부재한 인구이다. 집단 F는 등록지와 현재지가 동일하지만 상주인구가 아닌 인구이다. 통상적으로 거주하지 않지만 합법적인 성원권을 갖고 현재하는 사람들을 가리킨다. 예를 들어 통상적인 거주지는 아니지만 합법적인 성원권을 갖고 자주 방문하는 특별 체류자격을 가진 사람들이 포함될 수 있다. 집단 G는 등록지, 상주지, 현재지가 모두 다른 인구이다. 통상적으로 거주하지 않지만, 합법적 성원으로 등록되어 있고, 현재하지 않는 인구이다. 예를 들어 특별체류자격을 갖고 있지만 자주 방문은 하지 않는 외국인이거나 인구등록상의 오류이거나 위장 주민이 포함될 수 있다.

현재인구의 경계 안에는 등록지와 통상거주지가 상이한 A·C·E·F의 집단이 포함되어 있다. 집단 A는 현재지가 등록지와 통상거주지와 동일한 인구이고, 집단 C는 현재지와 통상거주지가 동일하지만 등록지는 다른 곳인 인구이다. 집단 E는 등록지, 현재지, 통상거주지가 모두 상이한 집단이다. 집단 E는 통상적으로 거주하지 않고 성원으로 등록되지 않았지만 현재하는 인구를 가리킨다. 예를 들어 단기적인 방문을 목적으로 입국하고 임시 체류하는 외국인이거나 관광객, 여행객이 포함될 수 있다. 집단 F는 현재지와 동록지가 동일하지만 통상거주지는 아닌 인구이다.

이렇게 7개 집단 중 집단 A는 통상거주지, 등록지, 현재지가 모두 일치하는 인구이고, 집단 B, 집단 C, 집단 F는 세 기준 중 두 기준이 일치하는 인구로서 각각 상주지와 등록지가, 상주지와 현재지가, 등록지와 현재지가 일치한다. 집단 D,

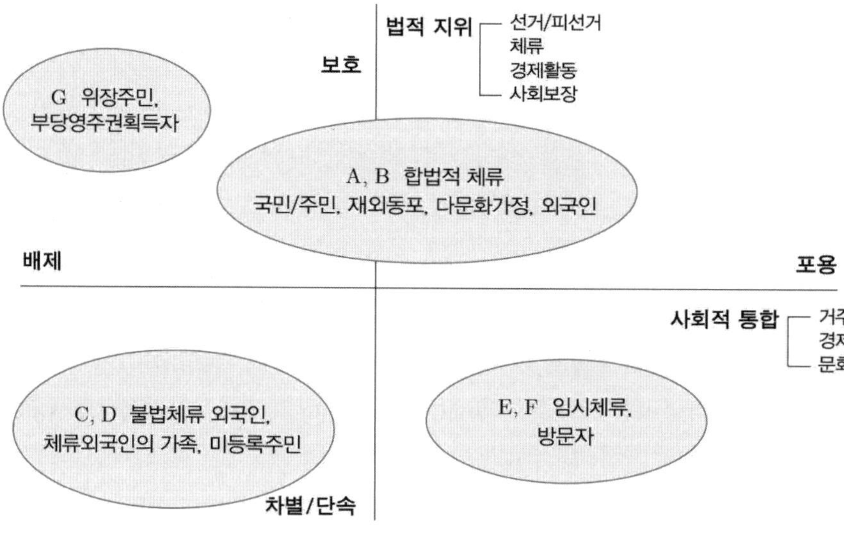

〈그림 1-6〉 법적 지위와 사회적 통합에 따른 인구의 범주

집단 E, 집단 G는 상주지, 등록지, 현재지가 모두 다른 인구이다.

상주지, 등록지, 현재지 기준에서 구분된 이들 집단은 성원으로서의 법적 지위와 사회적 통합 정도에 차이가 클 수 있다(〈그림 1-6〉). 성원의 법적 지위에는 선거/피선거, 체류, 경제활동, 사회보장의 권리 등이 포함된다. 사회적 통합은 법적인 체류자격과는 독립적으로 같은 사회성원으로 받아들여지는 정도로서 거주지, 경제활동, 문화적 통합 정도를 구분할 수 있다. 가설적으로 집단 A와 B는 법적 성원권과 사회적 통합 정도가 가장 큰 집단일 수 있고, 등록되지 않으면서 체류하고 있는 사람들(집단 C와 D)은 법적으로도 차별을 받으며 사회구성원으로도 배제될 위험이 클 수 있다.

3) 인구구성의 다양화

인구는 성, 연령, 가족형태, 직업집단, 교육수준 등 다양한 속성을 가진 사람들로 구성된다. 고령화는 나이가 많은 사람이 젊은 사람에 비해 많아지는 현상이다. 젊은 세대가 주를 이루는 사회와 노인 세대가 주를 이루는 사회는 생산과 소비, 문화, 정치 활동에서 차이가 크다. 노인인구의 증가는 노인복지 부담 문제를 증가시킨다. 고령화에 따른 경제활동의 감소가 경제성장에 미치는 영향이 우려되고 있고, 노동인력을 재구조화하거나 대체할 수 있는 기술개발에 대한 관심도 크다. 65세 이상 인구 모두를 피부양인구로 파악하는 관점에서 노동과 복지제도를 만드는 것이 아니라, 생애를 통해 주체적인 역능과 사회적인 활력을 유지할 수 있도록 노동과 복지제도가 재구조화되어야 하는 과제도 중요해지고 있다.

일상생활을 공유하는 가족의 형태도 점점 다양화되고 있다. 미혼율의 증가, 혼외 파트너십과 이혼의 증가, 재혼의 증가, 혼외 출산 등 출산과 양육의 기초라고 여겨졌던 가족의 의미가 달라지고 있다. 만혼화와 단독거주 현상이 증가하는 데는 일자리 문제, 교육비, 집값 등 경제적 요인이 중요하게 작용하고 있다. 가족 응집성과 성역할 분리 관념도 많이 약화되고 있다. 기존의 사회적 관념에서 이탈하여 살아가는 삶의 형태도 많이 늘어나고 있다. 그리고 생활수준의 향상과 여가생활, 다양한 서비스 이용에 대한 욕구의 증가, 빠른 속도로 이동할 수 있는 교통통신 수단의 발달, 그리고 부동산·서비스 산업의 개발 속에서 거주형태와 인구의 지리적 분포도 변하고 있다.

지구 단위로 시장이 확대되면서 보다 나은 삶을 위한 이동의 흐름이 강화되고 다양한 이민배경을 가진 사람들의 구성이 늘어난다. 한국에서도 다양한 체류 자격 및 조건 속에서 이주민들이 늘어나고 있고, 이주민들의 인구·사회·경제적 영향이 커지고 있다. 외국인노동자, 유학생, 결혼이민여성, 해외동포, 북한 주민들의 복잡하고 다양한 한국사회 내의 접속은 경제·정치·문화·사회 통합의 측면에서 많은 영향을 미칠 것이다.

이처럼 인구의 내부구성이 다양해지고 있는 것은 현대사회의 중요한 특징인 기능적 분화, 공동체의 약화와 다양화, 개인화, 기술 환경의 급속한 발전, 자본주의의 고도화와 지구화와 밀접히 연관된다. 그리고 현대의 문명 속에서 인구동태는 인간과 지구의 지속가능성을 질문하게 하는 핵심적인 주제가 되고 있다.

4) 인구구조와 인구분포의 지표

〈표 1-1〉에서는 인구구조와 인구분포를 구체적으로 측정할 수 있는 지표들을 정리하고 있다. 인구구조와 인구분포는 어떤 한 시점과 공간에서의 인구의 규모, 구성과 지리적 분포의 성격을 가리킨다. 인구규모는 전체인구집단의 크기로서 국내에서는 인구총조사의 상주인구, 주민등록인구, 장래추계인구가 다양한 행정의 목적에 따라 활용되고 있다.

〈표 1-1〉 인구구조와 인구분포의 지표

하위영역		지표	측정
인구구조	인구규모	총인구	일정시점에 일정한 지역 내에 살고 있는 모든 인구. 우리나라에서 총인구에 관한 통계는 주민등록인구, 총조사인구, 추계인구가 있음. 이 중 추계인구가 우리나라 공식통계에 해당됨. 주민등록인구는 행정자치부의 주민등록신고에 기반을 두어 작성한 통계로서 매월 말일을 기준으로 집계함. 총조사인구는 5년마다 실시하는 통계청의 〈인구주택총조사〉를 통해 조사원이 직접 가구를 방문하여 작성한 것을 집계한 통계임. 추계인구는 통계청이 총조사인구를 토대로 출생, 사망, 인구이동 등 여러 가지 변수를 고려해 추정한 인구임.
	성연령구성	연령별 인구	연령은 조사기준시점 호적이나 주민등록과는 관계없이 사실상의 만 나이. 만 연령은 조사기준시점으로 계산함.
		성비	여자 100명당 남자의 수, 인구의 성별구조를 나타내는 지표로 여자 100명당 남자의 수. 성비=(남자인구/여자인구)×100
		인구피라미드	성별·연령별 인구분포를 보여 주는 도표로 일반적으로 피라미드 형태임. 연령이 높은 순으로 위에서 아래로 분포하고, 보통 남성은 세로축의 왼쪽, 여성은 오른쪽에 분포함.
	부양비	유소년부양비	15세 미만 인구/15~64세 인구×100
			20세 미만 인구/20~64세 인구×100
			20세 미만 인구/총인구(연앙인구)×100
		노년부양비	65세 이상 인구/15~64세 인구×100
			65세 이상 인구/20~64세 인구×100
		총부양비	(15세 미만+65세 이상 인구)/15~65세 인구×100
			(20세 미만+65세 이상 인구)/20~64세 인구×100
			(15세 미만+65세 이상인구)/총인구(연앙인구)×100
			(20세 미만+65세 이상인구)/총인구(연앙인구)×100
	고령화	고령화 지수	65세 이상 인구/총인구(연앙인구)×100
		초고령자의 비중	80세 이상 인구/총인구(연앙인구)×100
		고령인구증감지수	해당연도 65세 이상 인구/기준연도 65세 이상 인구×100
		Greying Index	80세 이상 인구/60~79세 인구×100

<table>
<tr><td rowspan="13">인구성장</td><td rowspan="2">총증가</td><td>총증가</td><td>(해당연도 1월 1일 총인구) - (해당연도 12월 31일 총인구)</td></tr>
<tr><td>총증가율</td><td>총증가/해당연도 연앙인구×1,000</td></tr>
<tr><td rowspan="6">자연증가</td><td>자연증가</td><td>1년간 출생수 - 1년간 사망수</td></tr>
<tr><td>자연증가율</td><td>{(1년간 출생수) - (1년간 사망수)}/연앙인구×1,000</td></tr>
<tr><td>출생건수</td><td>1년간 출생수</td></tr>
<tr><td>조출생률</td><td>1년간 출생수/연앙인구×1,000</td></tr>
<tr><td>사망건수</td><td>1년간 사망수</td></tr>
<tr><td>조사망률</td><td>1년간 사망수/연앙인구×1,000</td></tr>
<tr><td rowspan="5">사회적 증가</td><td>총이동</td><td>1년간 입국자수+1년간 출국자수</td></tr>
<tr><td>순국제이동</td><td>1년간 입국자수 - 1년간 출국자수</td></tr>
<tr><td>순국제이동률</td><td>(1년간 입국자수-출국자수)/연앙인구×1,000</td></tr>
<tr><td>입국자</td><td>1년간 입국자수</td></tr>
<tr><td>출국자</td><td>1년간 출국자수</td></tr>
<tr><td rowspan="3">인구분포</td><td rowspan="2">도시화</td><td>도시화율</td><td>도시거주인구/총인구×100</td></tr>
<tr><td>지역별
인구분포</td><td>지역별 인구</td></tr>
<tr><td>인구밀도</td><td>인구밀도</td><td>일정지역 내의 인구를 해당 지역의 면적으로 나눈 수치로서 지역 내에 거주하는 인구의 과밀한 정도(통상 ㎢당 인구수로 표시). 인구밀도=총인구(명)/총면적(㎢)×100</td></tr>
</table>

인구구성은 성, 연령, 민족 구성 등 사회적으로 의미 있는 하위집단의 구성을 나타낸다. 성비가 변화하고 연령구조가 변하는 것에 따른 사회변화는 매우 포괄적일 수 있다. 성과 연령이 인구구성에서 중요한 의미를 갖는 것은 인구의 출생, 생존, 사망과 같은 기본적인 동태와 부양, 경제활동과 밀접히 연관되기 때문이다. 남녀의 구성이 어떻게 되는가는 가족관계, 생산활동, 서비스 수요 등 다양한 정책적·사회적 관심과 연관된 주제이다. 부양비와 고령화와 같이 연령구조와 관련하여 다양한 지표가 만들어지는 것은 한 사회의 생산수준이 일을 할 수 있는 인구의 규모에 의해 크게 영향을 받으며, 피부양인구의 규모는 다양한 복지욕구 및 서비스 수요와 연관되기 때문이다. 고령화는 생산, 소비, 의료·복지 서비스, 국가재정, 사회 불평등, 정치, 정보기술 등의 이슈와 연결되어 포괄적인 사회·문화적

현상을 수반한다. 그 밖에도 인구의 교육수준, 혼인상태, 가구구성 등은 인구의 경제·사회·정치 활동과 욕구를 판단하는 중요한 지표가 된다. 또한 국제이동의 증가에 따라 인구구성에서 외국인과 이민배경을 가진 사람들의 비중이 커지고 있다. 다양한 이민배경을 가진 사람들이 함께 살아가면서 사회·문화적 통합의 과제도 커지고 있다.

인구분포는 인구규모와 구성의 지리적 분포로 이해할 수 있다. 한 지역의 인구가 얼마나 되고 어떻게 분포되어 있는가는 국가수준에서부터 가장 작은 행정단위에 이르기까지 행정자원을 분배하고 서비스 욕구를 판단하는 데 중요한 기준이 될 수 있다. 인구의 지리적 분포는 도시화, 역도시화, 교외화, 재도시화와 같이 다양하게 변화되어 왔다. 인구의 지리적 분포는 산업구조의 특성과 주민들의 경제활동, 소득수준, 계층구조, 가족관계, 생활양식 등의 변화와 밀접히 연관된다.

인구성장은 인구구조와 인구분포의 중요한 동태적 특성이다. 인구성장은 출산과 사망, 이동의 결과로서 나타나는데, 크게 출생과 사망 요인에 의한 자연증가와 유입 및 유출 인구의 차이에 따른 사회적 증가로 구분하고 있다.

인구구조와 인구분포의 하위 지표들과 관련하여 국가인구통계는 UN이 제시하는 국제적 표준 지표들의 대부분을 생산하고 있다. 제안한다면 고령화와 부양비와 관련하여 연령구분을 좀 더 다양하게 세분화한 지표들을 보완할 수 있다. 만 15세 이상 65세 미만으로 구분되는 일반적인 경제활동인구의 정의와 더불어 경제활동인구를 만 20세 이상 65세 미만으로 구분한 새로운 기준을 부가적으로 사용할 수 있다. 그 밖에도 총인구 대비 65세 이상 인구의 비율을 가리키는 고령화 비율과 더불어 80세 이상 초고령인구의 비율을 가리키는 지표(greying index), 특정시점을 기준으로 65세 이상 인구의 변화를 측정하는 고령인구증감지수(growth/shrinking index of the elderly population)도 유용한 지표가 될 수 있다. 또한 피부양인구를 학생, 어린이, 노인, 비경제활동인구로 구분하여 측정하는 것이 유용할 수 있다. 그리고 다양한 이민배경을 가진 인구의 크기, 구성, 지리적 분포를 파악하는 것이 점점 중요해질 것이다.

5. 출생과 출산

1) 출생과 출산의 생물 · 사회적 요인

출생과 출산은 궁극적으로 생물학적인 현상이다. 유엔(UN, 2014)의 「생명통계에 대한 권고」에 따르면 출생은 "임신주수에 관계없이 임신의 결과물이 엄마의 몸으로부터 완벽히 분리되며 생명의 증거(예: 심장박동, 호흡, 맥박, 수의근의 움직임)를 보여 주어야 한다."라고 정의하고 있다. 이는 WHO(World Health Organization)에서 정의하는 방식과 동일하다. 출생(birth)은 엄밀한 의미에서 출산(fertility)과는 구분된다. 출생은 출생자의 입장에서 정의되는 것이라면 출산은 산모의 관점에서 파악된다.

출산은 복합적인 사회·문화적 요인과 생물학적인 요인에 영향을 받는다(〈그림 1-7〉). 가임력(fecundity)은 임신 가능한 여성이 피임, 유산, 금욕을 하지 않을 때 가임기간 동안 임신할 수 있는 생물학적 능력을 의미한다(한국인구학회 편, 2006: 1, 4, 665). 생리적 과정만을 고려하였을 때에도 인간의 최대 가임력은 그리 크지 않다고 논의된다(Davis and Blake, 1956). 생물학적 조건에서 가임의 어려움, 임신 중 유산, 불임 등에 따라 최대 가임력은 약 15명으로 제한된다고 한다. 또한 다산의 전통사회에서도 가임력에 비해 실제 출산율은 크게 작았다. 성교, 임신, 출생에 이르는 행위 과정은 유전과 질환적 요인, 모유수유의 영향, 모의 영양상태, 사회심리적 스트레스 등에 영향을 받는다. 출산의 직접 요인인 혼인, 성교빈도, 피임, 유산은 도시화, 소득, 실업, 자녀가치, 가족구조, 젠더관계, 개인화, 사회보장, 일과 양육환경, 보건의료기술(생식보건), 사망수준 등 복잡한 사회문화적 요인에 의해 영향을 받는다(Bongaarts, 1978). 산업화와 도시화 현상은 생활양식의 변화, 부모로부터의 독립, 자녀에 대한 가치관을 바꾸는 출산력 변천의 중요한 조건으로 이해된다(Caldwell, 1982). 소득수준이나 실업, 경제적 삶의 조건도 출산을 연기하거나 앞당기는 중요한 요인이 된다(Easterlin, 1969). 출산에 직접적인 영

〈그림 1-7〉 출산의 요인

주: 출산의 사회문화적 요인과 근접요인(proximate determinants)의 구분은 봉가르츠(Bongaarts, 1978)의 논의를 참조함.

향을 미치는 혼인상태는 각 사회의 가족제도와 가족 관념에 영향을 받는다. 출산 수준의 변화는 자녀 가치의 변화와 밀접히 연관된다고 논의되었다(Becker, 1960). 가부장사회에서 남아가 선호되는 이유는 가문계승과 노후보장의 의미가 크다(보건사회부 편, 1965~1966). 남아선호사상은 출산 저하에 장애물로 인식되기도 하였다(Cain, 1982; Mason, 1987). 그러나 중국, 인도, 한국, 대만에서와 같이 태아의 성에 대한 선별과 선택이 기술적으로 법적으로 가능한 조건에서 소자녀에 대한 개인적·사회적 기대가 클 때 남아선호사상은 소자녀의 실천을 강화할 수도 있다(Guilmoto, 2009). 젠더불평등한 가족구조와 사회문화에서는 모성의 건강이 훼손되고 출산과 양육에 대한 모성의 권리가 제약된다. 한편 여성들의 독립적인 삶이 늘어나고 개인적 가치가 중요시되면서 파트너십이 다양화되고 있다. 서유럽에서 제2의 인구변천이라고 논의되는 저출산은 동거, 혼외출산, 이혼, 개인주의 등의 새로운 가치관과 생활방식의 등장과 관련된 현상으로 이해된다(van de Kaa, 1987). 한편 1990년대 후반 이후 탈사회주의 국가에서의 급격한 저출산은 사회주의 체제에서 자본주의 체제로 이행하는 과정에서 발생한 경제구조와 삶의 불안정요인이 컸다고 비교된다(Sobotka, 2003). 한국, 대만, 일본, 중국과 싱가포르도 매우 낮은 출산수준을 나타내고 있다. 이들 국가는 아시아 지역에서는 압축적으로 경제성장을 이룬 사회이며 또한 가족계획운동이 활발하게 전개된 사회이다.

또한 원치 않는 출산의 예방, 건강한 출산, 불임의 예방과 치료, 임신조절과 생식보건을 위해 다양한 의료기술이 개발되고 활용되고 있다(한국인구학회 편, 2006: 128). 생식보건과 생식의료는 한편으로 만족스럽고 안전한 성생활을 돕고 출산상태에 대한 과학적인 정보를 제공하고 출산의 자기결정권을 도울 수 있다(한국인구학회 편, 2006: 186). 그렇지만 원치 않는 임신의 사후적인 조치와 선호하는 태아의 성선택의 방법으로 인공심신중절이 성행한 것도 사실이다(한국인구학회 편, 2006: 187). 또한 수정란 난관 내 이식술, 미숙난자추출법, 냉동수정란, 배아복제 등 다양한 인공수정과 체외수정 기술과 산전 유전검사, 유전치료기술이 발전되면서 생명윤리와 인권의 논란도 커지고 있다.

2) 출생 및 출산의 지표

출생 및 출산 지표의 하위영역은 출생, 출산, 혼인, 임신으로 구분할 수 있다(〈표 1-2〉). 출생 및 출산 지표가 구분되는 것은 전자는 인구규모와 성장과 구성과 관련되는 중요한 지표이고, 후자는 가족크기와 재생산과 연관된 중요한 지표이기 때문이다. 출생 관련 자료는 출생신고자료에 기초하는데 신고자료에는 출생지역, 출생지, 다태아, 출생 장소, 성별, 체중, 태어난 달, 출생순위, 혼외출생 여부, 동거기간, 모의 연령, 혼인상태, 교육수준 등의 정보가 포함되어 이들 범주별로 출생수를 집계할 수 있다. 또한 다문화가족 출신의 출생이 증가하면서 2008년 이후에는 모의 국적이 출생신고에 포함되었다. 조출생률은 전체인구에서 한 해 태어난 인구의 구성비로서 인구성장의 주요 요소가 된다.

출산 지표로서는 합계출산율과 모의 연령별출산율이 가장 기본적인 지표가 된다. 그 밖에도 출산이 종결된 시점까지의 완결출산율, 가임여성 전체에 대한 출생아의 비율인 일반출산율과 모의 평균출산연령도 유용한 지표가 될 수 있다. 저출산의 관심에서 가임여성 중 무자녀 비율도 부가적으로 측정할 수 있다. 외국 출신 인구구성의 증가가 출산에 미치는 영향을 파악하는 데에 모의 이전 국적별 출산율을 측정하는 것도 유용할 수 있다.

〈표 1-2〉 출생 및 출산의 지표

하위 영역	지표	측정
출생	출생수 및 출생의 구성	출생은 임신주수와 관계없이 태아가 모체로부터 완전히 배출/만출한 것으로, 모체로부터 분리 후 생명의 증거(호흡, 심장/제대의 박동, 수의근의 명백한 움직임 등)가 있는 경우를 의미함. 출생구성은 출생순위, 모의 혼인상태, 교육 정도, 국적, 경제활동 등에 따른 출생분포를 의미함.
	조출생률 (Crude Birth Rate)	1년간 출생수/연앙인구×1,000
출산	합계출산율 (Total Birth Rate)	가임기(15~49세) 여성이 낳을 것으로 기대되는 평균자녀수. 출산력 수준을 비교하기 위해 대표적으로 활용되는 지표로서 일반적으로 연령별 출산율(*ASFR*)의 합으로 계산됨. 합계출산율(TFR)$=\Sigma(ASFR)$
	연령별출산율 (Age Specific Fertility Rate)	가임기 여성의 연령별 출생아의 비율 모의 연령별 출생아수/연령별 여성인구
	완결출산율 (Completed fertility)	어떤 코호트에 속하는 여성이 가임기가 종결될 시점까지 출산한 평균 자녀수. 어떤 코호트에 속하는 여성이 출산이 종결되기까지 관측된 출산율을 더하여 계산함. 실제로는 이전 세대의 출산율 자료를 활용하여 나이든 여성의 출산율로 추정할 수 있음.
	일반출산율 (General Fertility Rate)	1년간 태어난 출생아수/해당연도의 15~49세 여성인구×1,000
	출산연령	모의 출산연령(세)
		모의 첫아이 출산연령(세)
	가임여성 중 무자녀비율	무자녀 가임여성인구/총가임여성인구×100

<table>
<tr><td rowspan="10">혼인</td><td>평균초혼연령</td><td colspan="2">50세 이전에 결혼한 사람들이 미혼으로 살아온 연수(年數)의 평균(Singulate Mean Age at Marriage).</td></tr>
<tr><td>혼인상태</td><td colspan="2">15세 이상 인구의 혼인상태(미혼, 유배우, 사별, 이혼/별거) 구성비(%). 미혼은 혼인한 사실이 없는 사람. 사실혼주의에서는 사실상의 혼인 또는 동거한 사실이 없는 경우가 이에 해당됨(〈인구주택총조사〉, 〈경제활동인구조사〉 등). 법률혼주의에서는 법적으로 배우자가 없는 경우가 이에 해당됨(〈인구동향조사〉).</td></tr>
<tr><td>혼인건수</td><td colspan="2">연도별 법률혼신고건수</td></tr>
<tr><td>유배우이혼율</td><td colspan="2">연간이혼건수/유배우인구(연앙인구)×1,000</td></tr>
<tr><td>연령별이혼율</td><td colspan="2">연령별 발생한 이혼건수/해당 연령층의 남자 또는 여자의 수×1,000</td></tr>
<tr><td>연령별혼인율</td><td colspan="2">연령별 발생한 혼인건수/해당연령층의 남자 또는 여자의 수×1,000</td></tr>
<tr><td>일반혼인율</td><td colspan="2">1년간의 총혼인건수/당해연도 15세 이상 남자(여자)의 연앙인구×1,000</td></tr>
<tr><td>조혼인율</td><td colspan="2">1년간의 총혼인건수/당해연도의 연앙인구×1,000</td></tr>
<tr><td>조이혼율</td><td colspan="2">1년간의 총이혼건수/당해연도의 연앙인구×1,000</td></tr>
<tr><td>생애미혼율</td><td colspan="2">(45~49세 미혼율+50~54세 미혼율)/2</td></tr>
<tr><td rowspan="6">임신</td><td>총임신횟수</td><td colspan="2">총임신횟수</td></tr>
<tr><td>피임실천율</td><td colspan="2">피임을 실천하는 15~44세 유배우인구/15~44세 유배우인구×100</td></tr>
<tr><td rowspan="4">임신종결
형태별 구성비</td><td rowspan="2">유산은 임신을 했지만 출산하기 전에 자연적 혹은 인위적으로 임신상태가 중단된 것. 자연유산과 인공유산이 구분됨.
유산횟수, 구성비(%)</td><td>자연유산은 자연적으로 태아가 사망하는 것.</td></tr>
<tr><td>인공유산은 모체 밖에서는 생명을 유지할 수 없는 시기에 그 부속물을 인공적으로 모체 밖으로 배출하여 임신이 출산에 이르지 못하도록 하는 것.</td></tr>
<tr><td rowspan="2">출산횟수, 구성비(%)</td><td>사산(태아사망)
태아사망의 기준이 다양함. 임신기간에 상관없이 임신결과가 모체에서 완전히 분리되어 나오기 이전에 태중에서 사망한 경우 혹은 분만 전이나 분만 도중에 발생하는 태아사망으로 국제질병분류에서는 그 기준을 임신 22주 또는 체중 500g 이상으로 규정하고 있음.</td></tr>
<tr><td>출생</td></tr>
</table>

혼인 지표가 중요한 것은 혼인이 출산율에 상당히 큰 영향을 주기 때문이다. 다양한 유형의 혼인을 인정하고 집계에 포함하는 방식은 나라마다 차이가 있다. 국내에서는 혼인과 관련하여 이혼율, 연령별이혼율, 연령별혼인율, 일반혼인율, 조혼인율, 조이혼율과 같은 지표들을 생산하고 있다. 다양화되는 혼인상태를 파악하기 위해 성별, 연령별, 모의 이전 국적과 같은 하위범주별 혼인상태의 지표가 측정되는 것이 유용할 수 있다.

임신 중 자연적인 유산, 피임 또는 인위적인 중절에 의해 출산이 조절된다. 그래서 임신과정과 임신종결양상은 출산크기에 영향을 미치는 직접적인 요인에 속한다. 특히 저출산의 원인을 분석하는 데 임신과정과 임신종결양상에 관한 지표를 부가적인 출산율 지표로 측정할 수 있다.

6. 사망

1) 건강, 질환, 사망의 생물 · 사회적 과정

UN의 사망에 대한 정의에 따르면 사망은 "출생 후 생명의 증거가 영구히 사라진 상태로 소생의 가능성이 없이 생명 기능이 정지된 상태(postnatal cessation of vital functions without capability of resuscitation)"를 뜻한다(UN, 2014). 사망에 대한 인구학적 관심은 주로 사망수준(사망률)에 주어진다. 단기적으로 사망수준은 돌발적인 자연재해와 사회경제체제의 위기 등에 따라 다시 늘어날 수 있다(한국인구학회 편, 2006: 151). 그러나 장기적으로 볼 때 사망력과 질병양상은 역병과 기근의 시대와 유행병의 감축시대를 거쳐 퇴행성 만성질환의 시대로 변천하였다고 이해된다(한국인구학회 편, 2006: 151, 260). 역병과 기근의 시대에 사망의 주요 원인은 자연재해와 기아이다. 그 후 영양수준이 좋아지고 유행병이 감소하면서 기대수명이 점점 늘어나게 된다. 기대수명이 크게 늘어난 것은 비교적 최근 시기에 해당된다. 기대수명이 70세 이상이 된 사회는 1960년대까지 서구사회와 일본에 제한되었지만 급속한 인구변동을 경험한 동아시아 여러 나라에서 기대수명이 매우 빠르게 증가하였다. 한국은 1980년대 말 이후 기대수명이 70세 이상으로 증가하였고, 2015년 현재는 80세를 넘어서고 있다. 평균 100세 기대수명도 멀지 않을 것으로 기대하고 있다.

사망위험은 성, 연령과 같은 생물학적 요인과 혼인상태와 교육수준, 생활습관 등 개인이 갖고 있는 행위적 요인에 따라 차이가 크다(〈그림 1-8〉). 또한 건강, 질환, 사망의 수준에 영향을 미치는 생리·행위적 요인은 크게 경제발전, 보건의료기술, 시민사회의 영향이 중요하다고 논의된다. 경제발전에 따라 영양상태가 개선되고, 개인의 소득수준의 증가와 건강에 대한 관심과 실천이 질환발생과 사망의 수준을 낮추는 데 기여하였다고 논의된다(한국인구학회 편, 2006: 349). 한편 제2차 세계대전 이후 여러 신생국에서 사망률이 크게 감소한 것은 경제발전의 효과보다는 백신과 항생제의 적용과 식수, 위생, 의료의 확대가 중요한 요인이었다고 논의된다(한국인구학회 편, 2006: 350). 또한 건강수준에는 집단적인 보건환경의

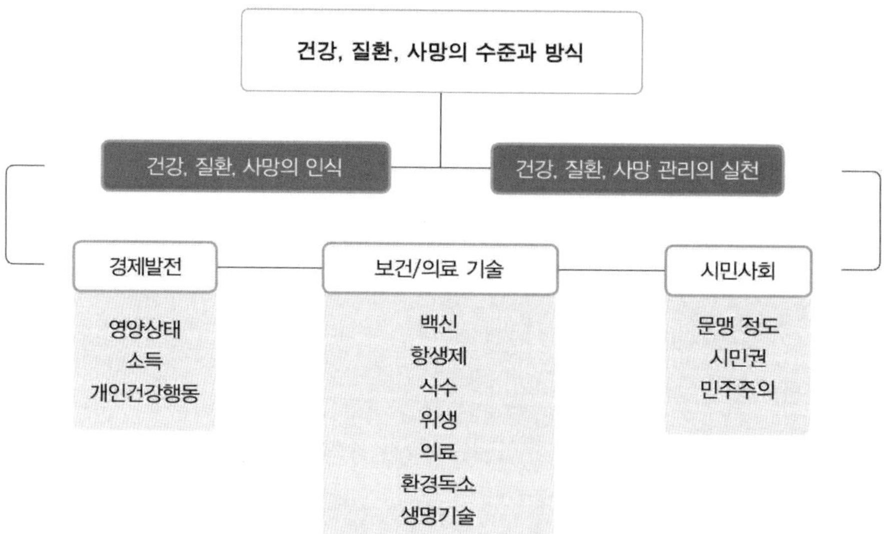

〈그림 1-8〉 건강, 질환, 사망의 사회적 구성

영향이 크다고 지적된다. 사회성원들의 민주적인 사회참여와 소득안정과 문맹퇴치 정도가 건강에 직접적인 영향을 미친다는 연구들도 있다. 건강과 생명연장에 대한 관심과 실천은 이제는 노화의 관리와 예방으로 확대되고 있다. 질병, 노화, 쇠퇴를 관리하기 위해 수많은 유전적 정보와 생활습관의 정보를 분석하는 연구들이 진행되고 있다. 건강하게 오래 살기 위해 생애 마지막 시점까지 노화, 쇠퇴의 다양한 전이 메커니즘을 발견하고 관리하는 관심과 노력들이 확대되면서 노화에 대한 인식과 행위도 변화되고 있다(서이종 편, 2015).

2) 사망 지표

사망 지표는 조사망률과 성별·연령, 지역별, 사망원인별 사망건수와 사망률이 기본 지표가 될 수 있다(〈표 1-3〉). 조사망률은 한 인구집단의 사망수준을 나타내는 기본적인 지표로서 특정연도의 연간 사망자수를 당해연도의 연앙인구로 나눈 수치로 측정한다. 조사망률의 크기는 사망률뿐만 아니라 연령구조에도 민감하게 영향을 받기 때문에 연령구조를 표준화한 사망률을 비교하는 것도 일반적이다. 연령별사망률은 생명표를 작성하는 데 기본 지표가 되기도 한다. 생명표는 현재의 연령별 사망수준이 그대로 지속된다는 가정 하에 가상 코호트가 연령이 많아짐에 따라 소멸되어 가는 과정을 정리한 표이다. 생명표는 일반적으로 전체인구집단과 성별에 따라 작성되지만 외국인 등록자료가 개선되면 국적별 생명표를 작성하는 것도 유용할 수 있다. 모성건강을 점검하는 데 모성사망률과 영아사망률이 중요한 지표가 될 수 있다. 국적별 사망률을 제외하면 국내에서는 이들 핵심적인 사망통계가 대부분 생산되고 있다.

〈표 1-3〉 사망 지표

<table>
<tr><th>하위영역</th><th colspan="2">지표</th><th>측정</th></tr>
<tr><td rowspan="9">사망</td><td colspan="2">사망자 수 및 구성</td><td>사망은 출생 후 생명의 증거(호흡, 심장/제대의 박동, 수의근의 명백한 움직임 등)가 영구적으로 전혀 나타나지 않는 경우. 즉 인공호흡의 가능성도 없는 생명력의 정지 상태를 가리킴. 사망자 구성은 연령, 성, 출생지역, 거주지역, 사망원인, 교육, 직업 등에 따라 집계하고 있음.</td></tr>
<tr><td colspan="2">조사망률
(Crude Birth Rate)</td><td>한 인구집단의 사망수준을 나타내는 기본적인 지표로서 특정연도의 연간 사망자수를 당해연도의 연앙인구로 나눈 수치를 1,000분비로 나타낸 것.
조사망률=1년간 총사망자수/연앙인구×1,000</td></tr>
<tr><td colspan="2">연령표준화
사망률</td><td>인구구조가 다른 집단들 간의 사망수준을 비교하기 위해 연령구조가 사망률에 미치는 영향을 제거한 사망률임.
연령표준화사망률=Σ(연령별사망률×표준인구의 연령별 인구)÷표준인구×1,000</td></tr>
<tr><td colspan="2">연령별사망률</td><td>연령별로 사망수준을 나타내는 지표임. 남녀의 연령별사망률이 서로 상이하므로 보통의 경우 남녀 구분하여 작성함.
연령별사망률=연령집단별 연간 총사망자수)/연령집단별 연앙인구×100,000</td></tr>
<tr><td rowspan="3">모성사망력</td><td>모성
사망자수</td><td>모성사망은 임신 또는 그 관리에 관련되거나, 그것에 의해 악화된 어떤 원인으로 인하여 임신 중 또는 분만 후 42일 이내에 발생한 사망을 가리킴.</td></tr>
<tr><td>모성사망률</td><td>모성사망수/총가임여성인구×1,000</td></tr>
<tr><td>모성사망비</td><td>모성사망수/총출생아수×100,000</td></tr>
<tr><td colspan="2">영아사망률</td><td>1세 미만에 사망한 영아수를 그해 1년 동안 태어난 총출생아수로 나눈 비율로서 보통 1,000분비로 나타냄.
영아사망률=출생 후 1년 이내 사망한 아이의 수/총출생아수×1,000</td></tr>
<tr><td colspan="2">태아사망률</td><td>태아사망수/(총출생아수+태아사망수)×1,000</td></tr>
<tr><td colspan="3">생명표</td><td>생명표란 현재의 연령별 사망수준이 그대로 지속된다는 가정 하에 가상 코호트가 연령이 많아짐에 따라 소멸되어 가는 과정을 정리한 표임. 각 세별로 작성한 생명표를 완전 생명표(Complete life table), 5세 계급별로 작성한 생명표는 간이 생명표(Abridged life table)라 함. 생명표 함수는 ${}_nq_x$(사망확률), ${}_nm_x$(사망률), l_x(생존인구), ${}_nL_x$(생존인연수), T_x(총인연수), e_x(기대여명) 등으로 구성됨. ${}_nq_x$(사망확률)은 정확한 연령 x세의 사람이 $x+n$세에 도달하지 못하고 사망할 확률을 가리킴. ${}_nm_x$(사망률)은 x세에서 x+n세 구간 생존인구에 대한 구간 사망발생의 비율을 가리킴. l_x(생존인구)는 정</td></tr>
</table>

생명표	확한 연령 x세까지 생존한 인구를 가리키며, ${}_{n}L_{x}$(생존인연수)는 정확한 연령 x세에서 생존한 인구가 구간 n년 동안 생존할 것으로 기대되는 인연수를 가리키며, T_x(총인연수)는 정확한 연령 x세 이후 총 생존한 인연수를, e_x(기대여명)은 정확 연령 x세의 사람이 앞으로 생존할 것으로 기대되는 평균생존연수를 가리킴.

7. 이동

1) 이동의 원인, 과정, 결과

인구이동과 관련하여 이동(movement)이라는 개념과 이주(migration)라는 개념을 구분하는 것이 중요하다. 이동은 두 시점에서의 지리적 위치의 변화로 정의할 수 있는 개념이며 매우 다양한 유형을 포함할 수 있다. 예를 들어 아침에 회사로 출근하였다가 저녁에 귀가하는 것도 이동이며 주말에 영화를 보거나 쇼핑을 하기 위해 다른 시·도나 광역시 내의 다른 구를 방문하였다 오는 것도 이동이라고 할 수 있다. 물론 해외로 여행을 가거나 유학을 갔다 돌아오는 것도 이동의 사례로 볼 수 있다. 이런 면에서 이동은 일반의 지리적인 위치변화를 일컫는 개념일 수 있다. 이에 반해 이주는 거주지의 공간적 이동으로 정의되고 있다(UN, 2014). 국제기구나 여러 나라에서 이주는 항구적이거나 장기적인 거주를 목적으로 한 지리적 이동으로 파악하고 있다. 한편 우리나라 국가통계에서는 이동과 이주를 명확하게 구분하지 않고 있다.[5]

이동/이주의 원인, 과정, 결과도 복합적인 요인에 의해 설명된다. 인구이동의 거

5 『국내이동통계』에서는 인구이동을 "일정한 지역에 살던 사람이 특정지역경계를 벗어나 다른 지역으로 옮겨 사는 것을 말하며, 국가 안에서 거주지를 옮기는 것을 국내이동(Internal Migration), 국가 밖으로 거주지를 옮기는 것을 국제이동(International Migration)으로 정의하고 있다. 이 정의에 따르면 관광이나 임시체류를 목적으로 한 이동을 포함되지 않는다.

시요인을 가장 단순하게 설명하는 중력이론(gravity theory)은 지역 간의 인구이동의 양은 목적지와 기원지의 인구크기에 비례하고 거리에 반비례한다고 정리한다(Zipf, 1946). 한편 지역 간 이동의 물리적인 영향은 사회적으로 동일하지 않으며 두 지역의 경제적·사회적·문화적 요인이 중요하게 개입될 수 있다(한국인구학회 편, 2006: 423). 지역 간 인구이동을 설명하는 중요한 지역조건이 경제적 기회의 차이이다. 취업기회와 임금의 차이가 지역 간 인구이동의 중요한 요인으로 지적되고 있다(Todaro, 1971; Hicks, 1957; 한국인구학회 편, 2006: 49). 지역 간 인구이동의 대표적인 유형으로 도시화가 주목된다. 도시화는 한 사회의 자원과 인력이 도시로 집중되는 현상으로서 주로 도시로의 인구이동에 기인하며 비농업구조로의 변화와 공동체의 약화와 개인주의 심화 등의 사회문화적인 변화 등과 밀접히 연관된다(한국인구학회 편, 2006: 81). 한편 도시화 이후에도 거주형태와 지리적 인구분포가 다양하게 변화되는데 교외화, 역도시화, 젠트리피케이션(gentrification), 재도시화 등의 현상으로 논의되고 있다(Davidson and Lees, 2010). 다양한 유형의 인구이동은 국가의 공간정책, 산업구조의 변화, 부동산시장, 인구구성의 변화, 삶의 방식의 변화와 연관되어 지리적 공간의 특성을 변화시키고 있다.

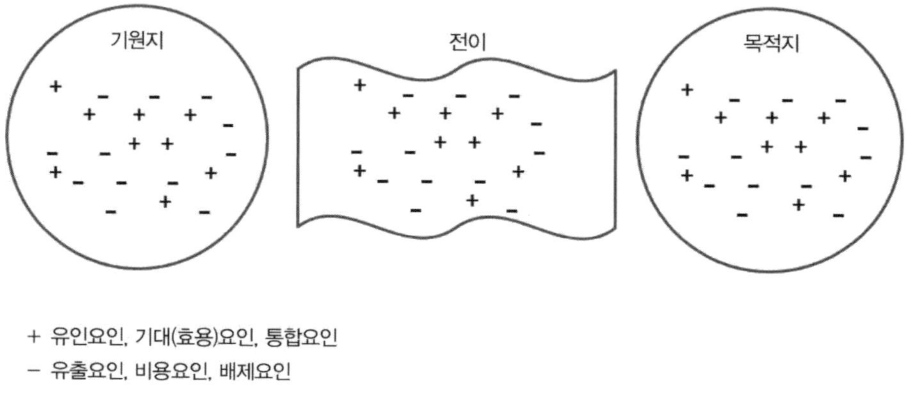

〈그림 1-9〉 이동/이주의 원인, 과정, 결과

오늘날 이동의 원인, 과정, 결과는 지구적 수준과 로컬한 수준의 정치경제 조건과 개인의 합리적 선택 행위가 결합되어 다양한 양상으로 전개되고 있다(〈그림 1-9〉). 국제이동에는 국가 간 경제발전 정도의 차이, 기원지와 목적지에서의 일자리 기회, 노동의 수요와 공급 조건의 조응, 이주정책 등의 요인이 중요하게 작용할 수 있다. 노동시장 요인이 직접 원인이 아닌 국제이주의 영향도 증가하고 있다. 국제결혼이 늘어나면서 다문화가정의 사회통합 문제가 커지고 있고 난민과 유학생의 관리 문제도 커지고 있다. 관광, 업무, 여행 등 단기적인 체류와 방문의 흐름도 늘어나고 있다. 이동자들을 연결하는 데 작용하는 다국적 중개업의 영향이 커지고 있고 국적이나 시민권을 관리하는 국가체계와 지역체계가 논의되고 있다(김현미, 2006).

개인의 관점에서 이동은 개인의 이동에 따라 얻을 수 있는 효용가치, 비용, 심리적 요인을 고려한 합리적 선택으로 설명된다(De Jong, 2000). 일자리, 주택, 환경, 가족, 교육, 건강 등은 이동에서 기대하는 중요한 효용가치이다. 인구이동의 조건으로 개인이 합리적으로 고려하는 유출요인과 유인요인은 성, 연령, 가족 특성, 직업, 교육수준 등 개인적 특성에 따라 차이가 있다고 논의된다(Lee, 1966: 416).

2) 국내이동과 국제이동의 지표

이동이 생활의 일상이 되면서 생활공간이 크게 변하고 있다. 실제 생활거주지가 여러 곳에 연결될 수 있다. 하루에도 업무나 교육을 위해서 정기적으로 이동하는 것이 일반적이다. 일회적인 장기적인 이동뿐 아니라 빈번한 중·단거리 이동이 일어난다. 교육, 출근, 관광, 서비스 이용 등 다양한 목적을 위해 사람들이 이동한다.

이렇게 활발한 이동으로 생활공간이 바뀌면서 중앙정부나 지방정부의 수준에서 관심을 갖는 인구도 다원화되고 있다. 주민등록인구를 중심으로 유입요인과 유출요인을 파악하고 인구집단별 이동의 특징을 파악하는 데 관심을 가질 뿐만 아니라 지역 간 교통이 신속해지고 지리적 경계를 넘어 서비스 욕구를 충족할 수 있는 기회가 확장되면서 생활권의 새로운 구성에도 관심이 커지고 있다.

이처럼 이동의 증가와 생활공간의 변화, 이에 따른 행정서비스의 변화 등을 고려할 때 국내이동 지표는 거주지 이동, 다양한 상주인구 형태와 현재인구 영역을 포함하는 것이 유용할 수 있다(〈표 1-4〉). 이동이 두 시점에서의 지리적 위치의 변화라면 거주지 이동은 거주지의 이전을 목적으로 한 이동으로 정의할 수 있다.

〈표 1-4〉 국내이동의 지표

<table>
<tr><th>하위
영역</th><th colspan="3">지표</th><th>측정</th></tr>
<tr><td rowspan="6">거주지 이동</td><td rowspan="4">전입·전출 인구</td><td colspan="2">이동자수</td><td>인구이동이란 일정한 지역에 살던 사람이 특정지역경계를 벗어나 다른 지역으로 옮겨 사는 것을 말하며, 국가 안에서 거주지를 옮기는 것을 국내이동(Internal Migration), 국가 밖으로 거주지를 옮기는 것을 국제이동(International Migration)이라 함(『국내이동통계』 정의).</td></tr>
<tr><td rowspan="3">이동률</td><td>전입률</td><td>전입자는 행정구역(읍·면·동) 경계를 넘어 다른 지역에서 특정지역으로 이동해 온 인구. 전입률은 특정지역 총인구에 대한 일정 기간 동안의 전입자 비율로 나타냄.
전입률=1년간 전입자수/연앙인구×1,000</td></tr>
<tr><td>전출률</td><td>전출자는 행정 읍·면·동 경계를 넘어 특정지역에서 다른 지역으로 이동해 간 인구. 전출률은 특정지역 총인구에 대한 일정 기간 동안의 전출자 비율로 나타냄.
전출률=1년간 전출자수/연앙인구×1,000</td></tr>
<tr><td>순이동률</td><td>순이동률은 특정지역의 총인구 대비 전입자수와 전출자수의 차이인 순이동자의 비율로 나타냄.
순이동률=(1년간 전입자수-1년간 전출자수)/연앙인구×1,000</td></tr>
<tr><td colspan="3">이전 거주지와 현재거주지</td><td>거주지 이동의 기원지와 목적지의 교차표로서 출생지, 최종학교 졸업지, 1년 전 거주지, 5년 전 거주지별 현재 거주지의 분포를 나타냄.</td></tr>
<tr><td colspan="3">귀농·귀촌 인구</td><td>통계작성 기준일 현재(매년 11월 1일) 1년 전 주소가 동(洞) 지역이고 현주소가 읍·면(邑·面) 지역인 자 중에서 농업경영체, 축산업등록명부, 농지원부에서 농업인으로 신규등록한 자. 귀농인은 도시에서 농어촌으로 이주하여 농어업에 종사하는 사람을 말하며, 귀촌인이란 전원생활 등을 목적으로 도시에서 농어촌으로 이주한 사람을 말함.</td></tr>
</table>

상주인구	통근통학인구	통근인구	상주인구란 통상 거주지에서 집계된 인구를 가리킴. 통근인구란 통상 살고 있는 거주지 이외에 위치한 직장(일터, 근무지)에 정기적으로 다니는 사람. 〈인구주택총조사〉에서는 통근·통학 인구를 만 12세 이상인 사람을 대상으로 집계함.
		통학인구	통학인구란 통상 거주지 이외에 위치한 학교(학원)에 정기적으로 다니는 사람을 가리킴.
	주간인구	주간인구 수 및 구성	해당 지역의 야간인구(상주인구)에 타지역으로부터 유입된 통근·통학 인구(주간유입인구)를 더하고 타지역으로 유출되는 통근·통학 인구(주간유출인구)를 뺀 인구로 정의됨. 유입·유출 인구는 통근·통학 인구를 포함하고 물건을 사거나 오락, 기타 일시적인 용무로 유입·유출하는 인구는 포함되지 않음. 주간인구=야간(상주)인구+[(주간)유입인구-(주간)유출인구]
		주간인구지수	주간인구/(야간)상주인구×100
현재인구	서비스인구		현재인구는 조사시점에 현재하는 인구. 서비스인구는 상주인구 및 비상주인구를 모두 포함하는 인구로 관광, 쇼핑, 의료, 교육 등의 서비스를 이용하는 인구.
	관광인구		레저, 휴양, 친지방문, 건강·의료 서비스 이용, 종교적 순례 등의 목적으로 그 지역 숙소에 최소 하루 이상 묵은 인구.
생활권인구	소생활권		읍·면·동 단위 2~3개의 행정동 단위를 묶은 생활권.
	중생활권		인구규모, 주요 기능, 행정구역 등을 반영한 지역권역. 예: 수도권 남부, 북부, 동부, 서부, 시·군·구 단위
	광역생활권(행복생활권)		기존의 2~4개 시·군(市·郡)을 하나로 묶어 해당 지역주민들이 각종 인프라와 일자리, 교육·문화·체육·복지서비스 등을 이용할 수 있는 생활권.

거주지 이동의 순규모가 어떻게 되고, 어느 지역으로 이동하고, 어느 지역에서 이동하였고, 이동의 사유가 무엇이고, 이동을 하는 사람들의 주된 인구·사회적 특성이 무엇인가는 지역행정계획을 세우는 데 중요하다. 최근에는 농촌으로 움직이는 현상도 부각되고 있으므로 귀농, 귀촌의 실태를 파악하는 것도 중요할 수 있다.

이동의 증가로 인한 거주형태와 생활권의 변화, 다양한 상주형태에 따라 행정수요도 다원화되고 있다. 거주지와 다른 지역으로 정기적으로 통근·통학하는 인구의 규모와 그 사회·인구학적 특성이 주목된다. 지방자치단체는 행정구역에 주간 동안 상주하는 인구의 규모를 파악하기 위해 야간인구에 통근·통학 인구의 변화를 가감하여 주간인구를 측정하고 있다. 또한 다양한 인구이동이 지역의 산업과 서비스 소비에 미치는 영향이 커지면서 현재인구를 파악하는 데 관심도 커지고 있다. 최근에는 인구이동으로 발생하는 서비스 수요를 파악하고 관리하기 위한 개념으로 서비스인구를 정의하는 경향도 보인다(ABS, 2001; Statistics New Zealand, 2012; 변미리 · 서우석, 2011; 한국문화관광연구원, 2015). 주간인구(daytime population), 작업장인구(workplace population), 방문인구(visitor population) 등이 그 대표적 사례라고 할 수 있다(UN, 2008). 그리고 행정구역 구분이 아니라 실제 문화, 교육, 서비스를 이용할 수 있는 생활공간으로서 생활권을 파악하는 데 관심도 커지고 있다.

국제이동의 인구사회적 영향이 커지고 있다. 국내로 유입되고 있는 외국인 이주민의 특징은 무엇이며, 이주민 유입은 한국사회 전반에 어떠한 영향을 미치는지, 노동시장과 경제발전, 사회통합에 어떤 영향을 미치는지에 대한 관심과 정책적 과제들이 커지고 있다. 2000년 이후 UN과 OECD에서는 국제이동과 관련하여 비교 가능한 통계 생산을 위한 지침과 통계체계를 체계적으로 만들어 가고 있다(정기선 · 김혜진, 2015). UN과 OECD는 국제이동의 통계가 각 나라의 정책적 관심에 따라 다를 수 있고 주권적인 사항이므로 법과 자료 체계의 표준화는 어렵기 때문에 이미 수집, 가공된 자료를 기초로 해서 가능한 국제적으로 비교할 수 있는 국제이동 통계를 생산할 것을 제안하고 있다.

한국의 경우 국제이동과 관련된 자료와 통계들은 다양한 정부부처에서 생산되고 있지만, 관심이 되는 모집단, 범주의 정의, 등록방식, 그리고 통계집계 양식이 체계적이지 않은 상태이다. 중 · 장기적으로 혼돈된 법적 범주들의 조정과 등록체계의 개선 및 지표와 통계의 일관성 제고가 필요하다.

국제이동의 지표와 관련하여 먼저 이동의 유량(flow)과 저량(stock)의 통계 지표가 체계적으로 구분될 필요가 있다(〈표 1-5〉). 국제이동의 유량(flow)은 기본적으로 두 시점 사이에 국내로 들어오거나 국내에서 나간 인구의 크기를 나타내며 국제이동의 저량(stock)은 국내에 입국하여 어떤 시점에 체류하거나 거주하고 있는 인구의 총수라고 파악할 수 있다. 국내에서 전자는 입국시의 심사와 등록한 체류자격에 기초하여 집계하고, 후자는 등록외국인과 외국인주민자료를 통해 집계하고 있는데 유량과 저량의 지표가 혼용되어 집계되고 있다.

UN과 OECD에서는 국제이동을 거주지의 이동을 목적으로 한 국제이주와 일시 방문을 목적으로 한 일시이동으로 구분하고, 국제이주는 체류기간과 체류목적에 따라 구분할 것을 제안하고 있다. UN 지침에서는 국제이주로 정의되는 데 필

〈표 1-5〉 국제이동의 지표

하위 영역	지표		하위 지표 및 측정
이동 유량 (flow)	국제이주	입국자	- UN 제안에 따르면 국제이주란 출입국자료를 기초로 상주개념에 따라 체류기간이 90일을 초과한 국제이동으로 입국과 출국으로 구분됨. - 국제이주는 상주의 시기에 따라 장기이주와 단기이주가 구분됨. - UN 제안에 따르면 장기이주자는 상주지 외의 국가로 이주한 지 최소 1년(12개월) 이상이 되어, 목적지인 국가가 새로운 상주국이 된 사람을 의미함. 단기이주자는 이전 상주지 이외의 국가로 상주지 이동을 목적으로 최소 3개월에서 1년(12개월) 이내 기간으로 이동한 사람을 의미함. - 한국에서는 91일 이상 체류를 목적으로 이주한 사람을 장기체류자, 90일 이하의 체류 비자를 갖고 들어온 사람을 단기체류자로 구분함. - 장기이주자와 단기이주자는 또한 체류목적에 따라 유학, 연수/고용, 가족, 인도주의, 자유이동 등으로 구분함.
		출국자	장기이주와 단기이주, 체류목적 — 위의 정의와 동일함.
		국제순이동(명, 비율)	(입국자-출국자)/연앙인구×1,000
	일시이동	입국자	해당국으로의 상주지 이동이 아닌 휴식, 휴양, 친지방문, 사업, 의료서비스 이용, 종교적 순례, 국경노동자, 경유자, 관광방문자, 외교관가족, 외국체류군인, 유목민 등의 이동인 경우는 국제이주 범주에서 제외하여 일시이동으로 구분함.
		출국자	

이동 저량 (stock)	이민배경을 가진 사람	외국인 (외국국적을 가진 사람)	체류외국인	연말 기준으로 불법체류자를 포함하여 장기 및 단기로 국내에 체류하는 외국인(출입국자료).
			단기체류자	체류기간이 90일 이하인 사증으로 입국하여 외국인등록을 하지 않은 자(출입국자료).
			장기체류자/ 등록외국인	91일 이상 국내에 체류할 목적으로 외국인등록을 한 자. 외국국적동포 거소신고자 또한 장기체류자에 속함(출입국자료).
			결혼이민자	「재한외국인 처우 기본법」상 "대한민국 국민과 혼인한 적이 있거나 혼인관계에 있는 재한외국인"을 말함.
			외국국적동포	「재외동포의 출입국과 법적 지위에 관한 법률」 제2조에 따라 외국국적동포는 대한민국의 국적을 보유하였던 자(대한민국 정부수립 이전에 국외로 이주한 동포를 포함) 또는 그 직계비속으로서 외국국적을 취득한 자 중 대통령령으로 정하는 자를 의미함(국내체류 시 거소신고를 할 수 있음).
			외국인주민	「출입국관리법」상 등록대상외국인인 90일 초과 장기체류자와 한국국적을 취득한 외국인(혼인귀화자 및 국제결혼가정 자녀 포함)를 포함함.
			외국인주민 자녀	'한국국적을 가지지 않은 자' 중 '결혼이민자'와 '한국국적 취득자의 자녀'(지방자치단체외국인주민현황).
		한국국적을 취득한 사람	귀화자	「국적법」에 의거하여, 대한민국 국적을 취득한 사실이 없는 외국인이 법무부장관의 귀화허가(歸化許可)를 받아 대한민국 국적을 취득한 자.
			국적회복자	「국적법」에 의거하여, 대한민국의 국민이었던 외국인이 법무부장관의 국적회복허가(國籍回復許可)를 받아 대한민국 국적을 취득한 자.
			혼인귀화자	외국인 중 한국인과의 혼인으로 국적을 취득한 자.
			입양	양친과 양자가 법률적으로 친부모와 친자식의 관계를 맺는 신분행위.
			북한이탈주민	북한에 주소, 직계가족, 배우자, 직장 등을 두고 있는 자로서 북한을 벗어난 후 외국의 국적을 취득하지 아니한 자.

인구이동효과	인구구성효과	이민배경을 가진 사람/총인구×100
		외국인/총인구×100
	인구성장효과	순인구이동/총증가×100

요한 최소한의 체류기간요건을 제안하였는데, 3개월 이상 1년 미만의 상주국 변경은 단기 이주, 1년 이상의 상주국 변경은 장기이주로 구분하고, 국제이주에 포함되지 않는 국제이동을 제외 집단으로 정의하였다. 한편 이주자를 정의하는 체류기간은 나라마다 다른데 일본과 한국은 3개월을 기준으로 하고, 스웨덴이나 핀란드, 프랑스는 1년을 기준으로 한다. 미국이나 호주, 뉴질랜드, 캐나다 등 이민국가에서는 영주권자만을 이주자로 구분하고 있다. 또한 이주의 목적에 따라 유학, 훈련, 노동이주, 국제조직 근무, 정착을 위한 국제이동, 가족을 위한 국제이동, 난민신청과 비호추구목적의 이동을 구분하고 있다. 대부분의 나라에서 국제이주통계는 외국인의 관리와 관련하여 집계되므로 외국인 중심의 통계이지만, UN에서는 내국인의 이동 및 이주 상황에 대한 통계의 중요성도 강조하고 있다.

국내에 체류하고 있는 외국인 혹은 이민배경을 가진 사람들에 대한 범주는 국적, 출생, 동포 등의 다양한 기준이 혼용되어 있는데, 이를 보다 체계적으로 구분하고 분류하는 것이 필요하다. 그 하나의 방법으로 이민배경을 가진 사람을 분류하는 방법을 고려할 수 있다. 다시 말해 이민배경을 가진 사람을 국내에 거주하고 있으며 외국국적을 가진 경험이 있는 사람과 그 자녀로 정의하고, 그 하위범주로 외국국적을 가진 자와 한국국적을 취득한 자로 구분할 수 있다. 또한 다양한 이민배경을 가지고 있는 성원에 대한 통합, 경제, 복지의 요구를 반영할 수 있는 인구사회학적인 하위범주들을 집계하고 통계를 생산하는 것이 중요할 수 있다. 현재 행정자치부에서는 외국인 주민과 외국인 주민 자녀를 "외국인과 결혼이민자 가정"으로 정의하고 있는데, 이 정의는 명료하지 않고 포괄적이지 않은 범주라서 변경될 필요가 있다.

8. 다양화되고 복잡해지는 인구변천

인구변천은 시대변동과 같은 거대흐름이라고 여겨진다. 인구변천은 사람들이 추구하는 삶의 가치와 생활방식의 거대한 변동, 생산, 소유, 분배구조의 커다란 변동, 국가, 민족, 시민, 가족, 그리고 젠더와 같은 기본적인 사회적 경계의 변동, 그리고 새로운 발명을 포함한 거대한 기술변동과 함께 진행되었다. 인구변천은 인간이 만든 환경, 자연, 그리고 인간이 서로 밀접히 연결되어 진화된 모습 그 자체이다. 이처럼 가치, 경제, 정치, 사회, 자연, 그리고 기술의 거대한 변동 속에서 인간과 인구의 시대적 변동이 이루어졌다.

인구변천의 시기와 양상은 지역과 나라별로 차이가 크다. 유럽의 인구는 18세기 중엽에서부터 거의 2세기에 걸쳐 크게 성장한 것으로 추정된다. 이러한 인구성장의 주된 요인은 사망률의 급격한 감소인데 스웨덴, 영국, 프랑스의 기대수명은 1740~1940년 동안 만 25~35세에서 만 55~65세로 증가하였다(Vallin, 2006). 프랑스에서 출산율은 18세기 중엽부터 지속적으로 감소한 반면 영국과 스웨덴에서는 출산율 감소가 19세기 후반 이후에 이루어졌고 다른 유럽 나라에서도 19세기 후반에서 20세기 초에 출산율 감소가 본격적으로 진행되었다(Vallin, 2006). 거의 2세기에 걸친 인구변천과정에서 유럽의 인구는 거의 4배 이상 증가하였다. 그리고 유럽인의 인구증가와 지리적 이동의 결과 유럽과 아메리카, 오세아니아 지역이 전체 대륙에서 차지하는 인구의 비중이 크게 늘어났다. 한편 유럽인이 무역과 식민지 개발로 진출한 아프리카, 아메리카, 오세아니아 지역의 원주민들은 유럽인의 진출에서 비롯된 쇼크(전쟁과 전염병)로 그 수가 크게 감소하였다.

인구변천이 일어날 수 있었던 여러 요인은 이처럼 북서유럽에서 처음 개발되었다고 볼 수 있지만, 이런 개발은 유럽인들의 유럽 밖으로의 영토 및 시장 확장과 식민지 지배 과정에서 촉발되었다. 전쟁과 식민지 개척 과정에서 다른 문명과의 만남과 거기서 비롯된 토질병과 사망위험에 대응하면서 인간생명에 대한 과학적 연구는 한층 활발하게 발전하였다. 이런 맥락에서 유럽의 인구변천과 다른 지역의 인구변천은 동시대적으로 밀접하게 연관되었다. 그리고 20세기 초반부터 신흥개발국에서 인구변천이 급속하게 진행된 것은 식민지와 영토 확장에 경쟁적이었던 유럽 국가들과 새롭게 세계 패권에 참여한 미국과 일본에 의해 주도된 식민지의 토지 소유구조의 변화, 상품 작물의 개발, 우생정책의 영향이 크다.

20세기 중반을 거쳐 국제적으로 커다란 정치적 쟁점이 되었던 인구현상은 신흥개발국에서의 높은 인구성장과 빈곤의 관계였을 것이다. 특히 20세기는 '인구 폭발' 용어가 탄생한 시기이다. 이 한 세기에 걸쳐 지구상의 인구는 16억에서 60억으로, 거의 4배 가까이 증가하였다. 폭발적인 인구증가는 주로 빈곤한 신흥개발국, 특히 아시아 지역에서 일어났다.[6] 19세기와 20세기 초반에 걸쳐 자본주의에 편입되어 식민 지배를 받고 제2차 세계대전 이후 냉전체제로 이르기까지 자본주의, 민족주의, 사회주의적 이데올로기가 각축하였던 신생독립국가 지역의 빈곤과 인구증가는 사회 갈등과 혼돈을 증폭시키고 발전과 안전을 위협하는 국제적 쟁점으로 인식되기에 이른다.

이후 인구조절의 중요한 조건들이라고 여겨지는 경제적·문화적·기술적 요인들이 빠르고 적극적으로 신흥개발국에 수용되었다. 국제적인 지원 속에서 여러 신생국가들은 인구통제정책과 인간 개발 및 발전 정책을 전개해 나갔다. 제2차 세계대전 이후 신흥독립국으로 탄생한 싱가포르, 대만, 한국, 중국, 인도 등은 인구과잉과 빈곤의 문제를 해결하기 위해 적극적인 인구통제와 인간개발에 총력을 기울였던 대표적인 나라들이다. 그리고 매우 빠르게 경제가 성장하였던 만큼 인구의 변천도 매우 압축적으로 전개되었다.

경제성장과 압축적인 인구변천은 인류사회의 커다란 혁신이고, 보다 효율적인 수준에서 인구가 균형 상태로 이행하는 것이라고 인식되었다. 리비바찌(Livi-Bacci, 1989[2009])의 표현대로 인구변천은 낭비에서 효율로, 혼돈에서 질서로 생명현상

---

6 사실 인구폭증은 18세기에서 20세기 초반에 걸쳐 유럽에서 시작되었다. 그러나 인구증가에 대한 국제사회의 심각한 우려는 20세기 중반 신흥개발국의 인구증가에 대한 구미선진국의 입장이 일반화되어 굳어진 시선이었다. 이후 인구폭증에 대한 적극적 대응이 국제정치와 안보의 중요한 주제로 등장하게 되었다.

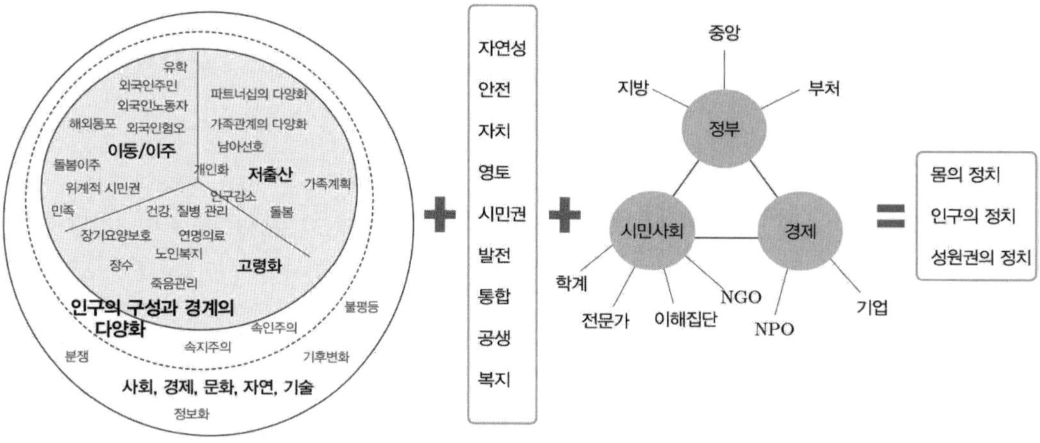

인구현상 사회 · 정책적 관심 정치주체 생명정치

〈그림 1-10〉 인구현상의 거대흐름과 인구 · 생명 정치

이 체계적으로 관리되는 것 같았다. 그러나 사실 인구변천의 양상은 훨씬 다중적인 의미를 가진다.

20세기는 국가단위의 생활터전의 경계가 가장 뚜렷하게 완성되는 시기였지만 21세기로 이행하면서 그 경계에서 탈출하거나 경계 자체가 융해되고, 대체되는 힘이 점점 커지고 있다. 그에 따라 현재의 인구현상에는 국가단위에서 조직된 생활양식으로부터의 재경계, 탈출, 이탈 등의 현상이 점점 크게 부각되고 있다. 그 변화는 유럽, 구사회주의 지역, 아시아, 아프리카 지역에서 독특하게 진행되고 있지만 서로 밀접히 연관되어 있다. 특히 저출산, 장수, 이동 현상과 그에 수반된 사회변동에서 인구의 구성과 경계가 변화, 다양화되고 있다(〈그림 1-10〉). 혈연중심, 국가중심, 상주인구중심으로 편제되었던 인구의 경계가 다양한 문화적 배경과 생활양식을 가진 사람을 포함하는 보다 유동적인 경계로 변화되고 있다. 그러나 그 변화과정은 많은 갈등과 혼돈과 배제를 수반하고 있다. 더불어 기술의 발전과 소비확대, 그리고 인구증가가 지구 생태계에 미치는 커다란 위험을 경계하면서 지구가 가장 근원적인 인간의 조건이라는 자각도 일어나고 있다. 인간 삶의 조건을 개선하기 위해 자연이 변형되고 자원을 무제한으로 활용하면서 기후변화와 식량위기, 자연재해가 다양한 지역에서 나타나고 있다. 생태의 순환은 탄소의 순환이라고 한다. 한편 기대수명이 늘어나면서 인간 종(種) 안에서의 순환도 늦어지고 있고 자연생태계의 순환도 늦어지고 있다. 인류가 더 나은 생활을 추구함으로써 발생한 충격은 다음과 같은 수식으로도 설명된다(오재호, 2011).

$$I = PAT$$

여기서 I는 환경충격이고, P는 인구, A는 영향력, T는 사용한 기술로 정의한다. 인구는 인간이 만든 기술들과 함께 자연생태계에 커다란 영향을 미친 요인이다. 산업혁명 이후 인류는 보다 나은 생활을 위해 수많은 기술을 개발해 왔고 엄청난 화석연료를 사용해 왔다. 그리고 인구의 크기도 어마하게 증가하였다. 현대과학은 인구성장과 자연개발의 영향이 지구환경에 어떤 영향을 미칠 것인가에 대해 명확한 답변을 제공하지 못하고 있지만, 기후변화를 관리하지 못하면 수많은 생명이 멸종하거나 변형되고 지구 여러 지역에서의 재해·기근·식량부족 위험이 클 것이라고 예측하고 있다.

각 나라의 인구변천은 자본과 자국의 이해로 촘촘하게 얽혀 있는 세계 정치적·경제적 위계구조에서 서로 밀접히 연결되어 이루어지고 있다. 인구변천은 보다 효율적이고 질서 있게 이루어졌기보다는 상당한 갈등과 정치적 문제를 안으면서 이루어졌다. 인구문제는 단일국가 차원에 국한되지 않고 국가수준을 넘어 서로 연결되어 파급력이 크지만, 인구문제에 대한 글로벌한 파트너십을 갖는 것은 아직까지 제한적이다. 다국적기업과 자본은 지구적으로 시민들의 삶과 인구동태에 커다란 영향을 미치고 있지만 위험관리에 있어서는 적극적으로 행위를 하지 않고 있다. 국가경계와 자본의 논리 속에서 간과되거나 심화되고 있는 지구 전체의 어젠다를 실천하는 데 시민사회가 중요한 역할을 할 수 있다.

이처럼 인구현상은 개인, 사회집단, 국가, 기업이 자신의 이해와 권력을 생명에 개입하고 확대하는 실천이다. 그리고 그 실천은 크게 생명을 변화시키는 몸의 정치, 인구를 변화시키는 인구의 정치, 성원권을 변화시키는 성원권의 정치로 작용한다. 몸의 정치란 출생, 생존, 사망의 과정을 조정하는 행위와 관심, 그로부터 파생되는 사회적인 문제에 대한 비판적인 관심과 실천을 포함한다. 몸에 대한 통치적 관점과 의료과학적 기술은 산아제한, 노화예방, 항노화, 장수, 연명의료, 생명돌봄장치까지 확대일로에 있고, 생명의 자연적 의미와 정치적 의미의 경계가 허물어지고 있다. 인구의 정치란 인구의 구조에 대응하고 조정하는 행위와 관심, 그로부터 파생된 사회문제에 대한 비판적인 관심과 행동을 아우르는 실천이다. 자원과 인구 사이의 관계는 자본축적의 전략과 발전정책, 그리고 계층구조와 계층전략 속에서 경쟁, 선택, 배제와 도태 현상으로 나타나고 있다. 성원권의 정치는 인구구성의 변화와 관련된 성원권의 갈등, 그로부터 파생된 다양한 사회문제에 대한 비판적 관심과 실천이다. 이동이 증가하고, 가족관계가 다양화되고, 생애주기가 변화되고, 삶의 양식과 가치관이 개인화되고, 소유구조가 변하고, 다양한 생명기술들이 개입하면서 인구의 구성과 경계가 변하고 있다.

제2장

인구자료*

1. 인구자료의 생산체계

인구현상을 파악할 수 있는 자료는 종류가 다양하고 방대하지만 가장 권위적인 자료는 국가단위에서 체계적으로 집계하고 생산하는 등록자료와 인구총조사(센서스)를 꼽을 수 있다. 인구통계의 기반이 되고 있는 대부분의 지표나 범주들이 법적인 개념을 갖고 있는 것은 인구범주들이 국가의 신분등록체계에서 정의되기 때문이다. 주된 등록자료는 국적과 거주권을 규정하는 자료와 주민의 출생·출산, 혼인, 이혼, 사망, 이동 사건을 등록하는 자료들을 포함한다. 나라마다 등록의 대상이 누구인가를 정하는 기준은 차이가 있다. 유럽국가에서는 국적과 시민권의 기준이 속지주의 속성이 강하고 국적이나 시민권과 더불어 영주, 상주의 개념이 발전되었다. 반면 중국·한국·일본·대만 사회에서는 오랜 동안 혈통과 가족을 단위로 한 호적/호구제도의 역사를 가지고 있고, 근대 인구통계에서도 호구제도에 기초하여 성원이 정의되고 생명사건(vital events)이 등록되는 특성을 가진다. 한국의 인구자료는 기본적으로 대한민국 국민의 신분과 가족관계를 규정한 등록체계와 외국인에 대한 다양한 정책 관심에서 만들어진 법적 기준과 등록조사체계에 기초하

---

* 이 장은 2015년 통계청 통계개발원 용역보고서로 제출한 『인구 통계 프레임워크 작성』(연구책임자 박경숙)의 내용 일부를 수정, 보완하여 작성하였다.

여 생산되고 있다(〈그림 2-1〉).

가족관계등록과 주민등록은 기본적으로 대한민국 국민의 신분등록이다. 따라서 개인의 신분관계뿐 아니라 국적부로서의 역할을 한다(신영호, 2009: 188). 한국은 중국, 대만, 일본과 비슷하게 호적/가족등록에 기초하여 주요 인구동태가 신고, 등록되고 인구통계가 생산되는 특징을 가지고 있다. 한국에서 호구조사의 역사는 신라시기까지 거슬러 올라간다. 조선시대에는 3년마다 한 번씩 호구조사를 하였는데 지방마다 정해진 군역과 조세부담을 고려하여 일부 주호가 기록되었다. 조선시대에도 호적 기록의 방식과 목적은 당시의 통치상황에 따라 변하였지만 양천신분, 직역, 부계와 모계적 성향(주호부부 모두 4조 기록)이 기록되었고, 19세기 이후 부계계승 원리가 강화되었다. 대한제국시기에 광무호적(1897~1907) 조사가 실시되었고, 일제통치하에서는 모든 호를 중심으로 가족관계의 신분을 공증하는 호적제도가 만들어지고 등록자료에 기초하여 출생·혼인·사망 통계가 작성되었다.

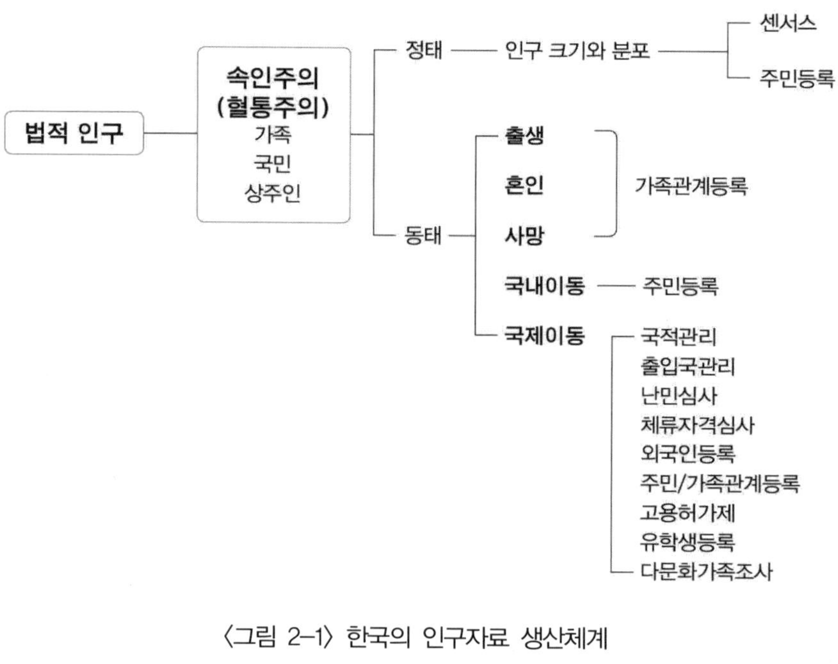

〈그림 2-1〉 한국의 인구자료 생산체계

대한민국 정부가 수립된 1948~1955년까지 공보처 통계국에서 호적신고양식과는 별도의 인구동태 조사표에 의한 통계가 작성되었지만 자료의 질은 크게 좋지 않았다. 1960년 「호적법」이 제정되면서 국민 개개인의 신분관계를 등록하여, 국적을 공시, 증명하는 인구동태 통계의 기초자료가 만들어졌다. 1962년에 「통계법」 및 「인구동태조사규칙」이 제정되었고 인구동태통계자료가 발간되었다. 1970년에는 호적 신고항목과 인구동태 항목이 통합, 일원화되었고 1980년부터는 『인구동태통계연보』가 발간되었다. 1997년 인구동태신고시스템이 개발되어 인구동태신고서 접수기관에서 신고내용을 현지입력하게 되었고, 1999년 인구동태통계 집계기준이 신고기준으로 바뀌었다(한국인구학회 편, 2006).

2008년 「호적법」이 폐지되고 「가족관계등록법」이 제정되면서 인구등록체계가 다시 크게 변화되었다. 가족관계등록부는 새로운 형태의 신분등록제도로서 국민 개개인의 출생, 혼인, 사망 등의 신분변동사항을 전산정보처리조직에 따라 기록, 관리하는 한편 그 등록정보를 사용목적에 따라 다양한 증명서 형태로 발급하는 제도이다(신영호, 2009: 6). 가족관계등록은 한국국적을 가진 사람만이 가질 수 있으므로 국적을 증명한다. 그리고 출생·출산, 혼인, 사망 등의 생명사건에 대한 신고양식이 가족관계등록 안에 통합되어 있으므로 인구자료의 법적인 기준, 등록, 신고내용이 가족법에 의해 규정되는 특징을 가진다.

가족관계등록과 더불어 주민등록은 정태인구와 이동을 파악하는 등록자료이다. 출생, 사망, 결혼, 이혼은 「가족관계등록법」에 의해, 이동사항은 「주민등록법」에 의해 신고하게 되어 있다. 주민등록은 현재 사는 주소지를 기준으로 등록한다. 주민등록은 혈연을 기준으로 한 가족단위가 아니라 실제 함께 거주하는 집단으로서 가구 개념에 따라 등록된다. 모든 대한민국 국민은 태어나면서 주민등록번호를 갖고 국적변경이나 사망으로 개인자료가 삭제된다.

한국의 인구자료 생산체계는 매우 빠르게 발전되어 왔다. 1960년대에서 1980년대가 인구등록제도를 정비하는 단계였다면 1990년대에는 전산화를 통해 주요 인구등록자료와 인구동태통계를 전산화하였고, 2000년대에는 온라인을 통해 신속하고 정확하게 인구등록을 완료할 수 있게 되었다. 2015년에는 21개의 행정자료를 결합하여 총조사의 기본항목을 생산하는 등록센서스로 전환하게 되었다. UN이 발표하는 e-government development에서 한국은 2010년 이후 행정서비스의 정보화가 가장 발전된 나라로 평가되고 있다. 개별적으로 분산되었던 행정자료들이 연결되어 통합되고, 더욱 결점이 없게 관리되고, 안전을 보장할 수 있는 장치로 자료체계가 만들어질 수 있다고 기대된다. 행정통계는 다양한 통계 이용자들에게 언제, 어디서나 사용될 수 있으리라 여겨진다.

행정통계의 통합시스템과 빅데이터를 활용하는 기법들의 발전은 기존 인구자료의 집계·분류 방법과 통계 생산의 방식에 커다란 변화를 예고한다. 한편으로 편의성과 통계 활용의 시의성도 매우 커질 수 있지만 개인의 출생, 사망, 거주지, 경력, 관심 등 개인을 전체적으로 식별하고 관리할 수 있는 체계가 갖춰진다는 의미이기도 하다. 행정서비스의 편의성과 통계활용의 목적 못지않게 개인정보 보호와 통계의 투명성을 보장할 수 있는 제도와 지침을 마련하는 것이 중요하다.

이처럼 내국인의 인구자료가 체계적으로 생산되는 것과는 대조적으로 외국인이나 이민배경을 가진 사람들의 인구동태에 관한 등록·신고 자료는 여러 가지 제한점이 많다. 특히 국제이동과 관련한 자료는 여러 부처에서 그때그때의 행정 필요에 따라 등록대상이 상이하게 정의되어 자료들의 체계적인 비교와 활용이 어렵다. 외국인과 이민배경을 가진 사람들과 관련된 법은 「국적법」, 「출입국관리법」, 「난민법」, 「재한외국인 처우 기본법」, 「다문화가족지원법」, 「결혼중개업의 관리에 관한 법률」, 「재외동포의 출입국과 법적 지위에 관한 법률」, 「외국인근로자의 고용 등에 관한 법률」, 「북한이탈주민의 보호 및 정착지원에 관한 법률」 등이 있다. 이들 법에 기초하여 다양한 등록자료가 산출되고 있지만 부처마다 정의와 대상이 달라 생산하는 통계의 일관성이 떨어진다.

2. 인구총조사의 변천

1) 센서스 시행의 원칙과 한국의 인구총조사

센서스란 한 국가의 영토 안에서 특정시점에 거주하고 있는 모든 사람의 주요 특성에 대한 정보를 모으고, 평가, 공표, 분석하는 전체 과정을 가리킨다. 법령으로 정해진 기간에 조사가 이루어지며 조사원이 현장에 나가 집계하는 방법과 가구원이 자기집계 하는 방법이 있다. 대체로 5년이나 10년 주기로 조사하고 있다.

센서스 내용은 나라마다 차이가 있다. 한 나라 안에서도 가장 기본적인 정보는 센서스가 실시되는 해마다 수집하고, 좀 더 자세한 정보는 시간 간격을 두고 수집한다. 센서스의 주된 장점은 특정시기 모든 인구에 대한 전체적인 상을 제공할 수 있고 상대적으로 소지역의 정보를 제공할 수 있다는 점이다. 그러나 가장 비용이 많이 드는 조사이며 시민들의 참여의식이 중요하다.

인구 전체에 대한 조사인 만큼 조사의 설계·실행·평가 과정을 통해 정확성을 확보하는 것이 매우 중요하다. UN에서는 센서스의 정확성을 확보하기 위해, 다음과 같이 설계과정에서 조사방법을 명확히 하고, 질을 보장할 수 있어야 하며, 잠재적 오류에 대한 통제를 충분히 고려해야 함을 제언하고 있다(UN, 2010).

a) 자료의 정확성, 비용, 시의성, 응답자의 부담 사이의 전반적 균형을 명확하게 고려하는 것이 중요하다.

b) 조사내용의 각 질문은 적절한 사전 검증과 수집 과정을 포함해야 한다.

c) 목표 집단의 포괄성, 지리적 구조의 적합성, 주소목록의 적합성이 충족되어야 한다.

d) 표집방법과 수집과정에서 응답자의 부담과 수집비용을 줄일 수 있도록 표집과 추정방법이 적절하게 고려되어야 한다. 어떤 경우는 표집이 조사 이후에 도입될 수 있다. 처리과정의 비용을 조정하고 시의적절한 결과를 생산할 수 있는 표본크기, 설계, 가중치를 포함한 추정과정이 개발되어야 한다.

e) 적절한 방법으로 정확한 응답을 북돋을 수 있도록 해야 한다.

f) 모든 수집과 처리과정의 질을 보장할 수 있도록 주의해야 한다.

g) 내적·외적 일관성을 판단할 수 있는 지침이 있어야 한다.

그 밖에도 센서스의 질을 확보하기 위해서는 시의성, 접근 가능성, 사생활정보보호, 메타데이터의 충실화 등의 조건이 충분히 고려되어야 한다. UN은 인구센서스의 원칙으로 개별성(각 개인 및 개인의 특성을 개별적으로 조사), 보편성(조사대상을 전수조사), 동시성(일정한 시점을 기준으로 동시에 실시), 주기성(일정한 주기로 실시)을 권고하고 있다(UN, 2007).

우리나라 인구총조사는 일제강점기인 1925년부터 5년 주기로 실시해 오다 1944년 5월 1일 기준으로 전시동원을 위해 「자원조사법」에 의거한 〈조선인구조사〉를 실시하였다(〈표 2-1〉). 해방 후 각종 정책수립을 위해 인구통계가 시급히 필요하다는 요구에 따라 1950년 실시 예정인 인구총조사를 1년 앞당겨 공보처 통계국에서 1949년 5월 1일을 기준으로 정부수립 후 첫 번째 인구총조사를 실시하였다. 그러나 조사결과는 6·25전쟁으로 소실되었다. 정부수립 후 두 번째 인구총조사는 1955년 9월 1일을 기준으로 내무부 통계국에서 실시하였다. 당시 사회적 혼란기임에도 전국 인구를 어느 정도 정확하게 파악할 수 있었고, 또 이 결과를 이용하여 처음으로 장래인구추계가 작성되었다. 인구총조사 발전의 분수령이 된 1960년 총조사는 1960년 12월 1일을 기준으로 실시하였다. 그때까지 인구총조사에서 기준이 되었던 현재인구 대신 처음으로 상주(常住)인구 개념[1]을 적용하였고, 처음으로 주택부문을 포함하였다.

1 현재인구는 조사시점에 발견된 장소에서 조사하는 인구이고, 상주인구는 주로 거주하고 있는 장소를 기준으로 조사하는 인구이다. 국제기구에서는 통상적 거주지(상주지, usual residence) 안에 법적 개념과 사실주의 개념을 모두 고려하고 있다(Bilsborrow, 1997).

〈표 2-1〉 한국의 인구총조사 변천, 1925~2015

기준일	명칭	특징
1925. 10. 1.	간이 국세조사	최초의 인구센서스(현주인구조사).
1930. 10. 1.	조선 국세조사	최초로 직업항목 조사.
1935. 10. 1.	간이 조선 국세조사	상주지항목 추가 조사.
1940. 10. 1.	조선 국세조사	병역 관련 항목, 3년 전 직업·산업 항목 조사.
1944. 5. 1.	조선 인구조사	「자원조사법」에 의거 실시, 일제하의 마지막 조사.
1949. 5. 1.	총인구조사	정부수립 후 제1회 조사, 최초로 인구이동항목 조사.
1955. 9. 1.	간이 총인구조사	가구항목(농가·비농가, 주거점유형태) 처음 조사.
1960. 12. 1.	인구주택국세조사	최초로 주택부문 조사, 상주인구 기준, 노동력 개념 적용, 경제활동 및 출산력 사항에 대해 20% 표본집계, 사후조사 실시.
1966. 10. 1.	인구센서스	10% 표본조사 병행(경제활동, 출산력 항목), 최초로 IBM 전산장비 활용.
1970. 10. 1.	총인구 및 주택 조사	10% 표본조사 병행(경제활동, 출산력, 인구이동, 일부 주택 항목).
1975. 10. 1.	총인구 및 주택 조사	5% 표본조사 병행(경제활동, 출산력, 인구이동, 일부 주택 항목).
1980. 11. 1.	인구 및 주택 센서스	15% 표본조사 병행(경제활동, 출산력, 인구이동, 통근·통학 항목).
1985. 11. 1.	인구 및 주택 센서스	성씨·본관 및 종교 항목조사, 전 항목 전수조사.
1990. 11. 1.	인구주택총조사	처음으로 '총조사' 명칭 사용. 10% 표본조사 병행(경제활동, 출산력, 인구이동, 통근·통학, 일부 가구 항목), 자료입력의 광학판독방식(OMR) 도입.
1995. 11. 1.	인구주택총조사	10% 표본조사 병행(경제활동, 인구이동, 통근·통학, 일부 가구 항목), 빈집조사표 사용, 래스터지도 사용.
2000. 11. 1.	인구주택총조사	10% 표본조사 병행(출산력, 경제활동, 인구이동, 통근·통학, 정보화 및 노령화 관련, 일부 가구 항목), 수치지도 사용, PC 지방분산(12개) 입력 및 심사, 아파트 전수조사구에 대한 응답자 기입방식 도입.
2005. 11. 1.	인구주택총조사	10% 표본조사 병행(출산력, 경제활동, 인구이동, 통근·통학, 노령화, 보육, 활동제약, 일부 가구 항목), 지방분산(시·군·구) 웹기반 현지 입력 및 심사. e-census 시스템 활용 및 인터넷조사 방식 신규 도입.
2010. 11. 1.	인구주택총조사	10% 표본조사 병행(혼인, 출산력, 경제활동, 인구이동, 통근·통학, 사회활동, 보육, 활동제약, 일부 가구 및 주택 항목), 인터넷조사 확대(참여율 47.9% 달성), 인터넷조사 후 방문 면접조사의 2단계 조사체계 운영, ICR 입력 방식 도입, 아파트 주택항목(연면적, 건축연도 등)을 행정자료로 대체함.
2015. 11. 15.	인구등록센서스	행정등록자료(11개 기관 21종)를 결합하여 인구의 기본항목을 추정하고 행정등록으로 파악되지 않은 심층항목과 인구의 기본항목을 20% 표본조사를 병행하여 파악함.

〈표 2-2〉 인구총조사 조사항목 변화, 1925~2015

조사항목	센서스 연도
성명	1925~2015
본관	1985, 2000, 2015
가구주와의 관계	1930, 1940, 1949~2015
성별, 생년월일(연령)	1925~2015
교육정도(학력)	1940~2015
졸업여부	1966~2015
취학여부	1960, 1966, 1970, 1990, 1995~2015
수학연수	1960
전공학과	1966*, 1980*, 2000
문맹여부	1960~1970
읽고 쓰는 능력	1930
혼인상태	1925~2015
본적 또는 국적	1925~1960, 2010, 2015
입국연월일	2010, 2015
남북이산가족	2005
종교	1985, 1995, 2005
상주지	1935
출생지	1930, 1940, 1960, 1970*, 1980*, 1985, 1990, 1995*, 2000*, 2010*, 2015*
특수기능	1944
병역관계	1940, 1944
1945. 8. 15. 거주지	1949
전입시기 및 전 거주지	1955
군사경험, 징용경험	1949
장애상태	1955, 1980
1년 전 거주지	1980*, 1985, 1990*, 2000*, 2010* 2015*
5년 전 거주지	1970*, 1975*, 1980*, 1985, 1990*, 1995*~2015*
통근·통학여부, 통근·통학지	1980*, 1990, 1995*~2015*
출발·도착시간, 이용교통수단	1980*, 1990, 1995*~2015*
초혼연령	1975*, 1980*, 1990*, 2005*, 2010*
총출생자녀수	1960, 1966*~1980*, 1985, 1990*, 2000~2015*
지난 1년간 출생아수	1966*
생존자녀수, 사망자녀수	1975*, 1980*, 1985, 1990*, 2015*

〈표 2-2〉 인구총조사 조사항목 변화, 1925~2015 (계속)

조사항목	센서스 연도
추가계획자녀수	2005*, 2010*, 2015*
경제활동상태	1960, 1970*~1980*, 1985, 1990*, 1995*~2015*
취업여부	1960, 1966*~1980*
취업형태	1975*, 1980*
취업시간	1975*
취업기간(개월 또는 년)	1970*, 2000*
추가 취업희망	1975*
직업	1930, 1940~1960, 1966*~1980*, 1985, 1990*, 1995*~2015*
산업	1940~1960, 1966*~1980*, 1985, 1990*, 1995*~2015*
종사상지위	1940~1960, 1966*~1980*, 1985, 1990*, 1995*~2015*
근로장소	2005*, 2010*, 2015*
현직업근무연수	2010*, 2015*
개인소득	1975*
활동제약	2000*, 2015*
고령자생활비 원천	2005*, 2010*, 2015*
사회활동	2010*, 2015*
아동 보육상태	2000*~2015*
컴퓨터 및 인터넷 활용상태, 개인 휴대용 통신기기	2000*, 2015*

*는 표본조사임.

인구총조사의 항목수는 당시의 사회·경제·행정 분야의 요구를 반영하기 위해 꾸준히 증가하였다(〈표 2-2〉). 대체로 '5'자 연도보다 '0'자 연도에 더 많은 항목을 조사하였다. 가장 많은 항목을 조사한 2000년 조사에서는 총 50개 항목 중에서 인구 관련 항목이 29개 포함되었다. 2005년 총조사에서는 저출산, 고령화, 주거의 질 및 복지 관련 항목을 확대하여 아동보육(낮 동안 보육장소), 활동제약, 근로장소, 혼인연월 및 추가계획자녀수를 처음으로 조사항목에 포함하였다.

한국의 〈인구주택총조사〉는 우리나라의 모든 가구를 직접 방문하여 조사하는 이른바 '현지실사'를 기본으로 하고 있다. 조사의 성공적 수행을 위해서는 조사대상자를 만나는 것이 매우 중요하다. 그러나 현장조사 환경이 지속적으로 악화되어 총조사의 질적 저하가 우려되었다. 1인 가구와 맞벌이 가구, 고령가구 증가로 주간에는 조사대상자를 만나지 못하는 경우가 늘어나고 있다. 또한 주택구조도 외부인의 출입이 통제되는 아파트와 고급주택단지의 증가로 현장 조사원의 가구접근이 점차 어려워지고 있다. 조사대상 가구의 접근이 어려워지는 것과 동시에 사생활 보호의식의 증가로 응답거부도 증가하여 현장조사를 더욱 어렵게 하고 있다. 더불어 조사대상 가구수 증가, 조사원 인건비 상승, 반복 가구방문횟수 증가 등으로 현장조사 사업비가 크게 증가하였다. 또한 5년 주기 조사를 정리하고 배포하는 동안 시간이 많이 지체되어 시의적 분석과 정책 대응이 어렵다고 지적되었다.

통계청에서는 이런 문제들을 인식하고 2010년 총조사에 인터넷조사와 우편조사를 도입하였다. 그리고 장기개선방안으로서 등록센서스 방식을 2015년 인구주택총조사에 도입하였다. 등록센서스란 주민등록부와 건축물대장 등 인구, 가구, 주택과 관련된 가용한 행정자료를 이용하여 현장조사 없이 통계를 생산하는 새로운 총조사 방식이다. 또한 등록센서스를 도입한 2015년 총조사에서 심층조사항목에 대한 20% 표본조사를 실시하여 소지역 통계를 생산할 수 있을 것으로 기대하고 있다.

한편 등록센서스 도입에서 여러 문제점이 제기될 수 있다. 등록센서스란 인구, 가구, 주택과 관련된 가용한 행정자료를 이용하여 현장조사 없이 통계를 생산하는 새로운 인구주택총조사 방식이다. 다양한 행정자료 활용을 위해서는 부처 간의 소통과 협력이 필수적이다. 그러나 행정자료를 병합, 수집하는 과정에서 등록기관의 영향을 크게 받게 되고 협력을 구하기 어려운 경우가 많이 발생할 수 있다.

행정자료를 통해 구성된 인구가 정확히 무엇인가 하는 질문도 제기될 수 있다. 등록센서스는 여러 등록자료를 통합하여 사실상의 상주인구를 파악할 수 있기를 기대하고 있다. 주민등록지와 실제 거주지의 불일치 문제는 학적부나 다른 등록자료를 통합함으로써 상당히 줄일 수 있다. 또 가족관계등록부를 참조하여 가구의 가족형태를 파악할 수 있다고 기대한다. 외국인 조사의 경우 기존 총조사에서 파악률이 매우 낮았는데 외국인등록자료와 결합하면 상당히 정확하게 이주자를 파악할 수 있는 장점도 기대할 수 있다.

그렇지만 여러 정보를 통합하고 표준화하면서 구성된 인구 특성이 통합되기 이전의 상태와 갖는 차이의 의미가 명확하지 않은 경우도 존재할 수 있다. 어떤 목적에서 같은 주소이면서도 세대가 분리되었던 사례가 가족등록정보로 하나의 가구로 통합할 때 통합된 가족구성이 실제 가족관계를 반영한다고 단정할 수 없다. 법적 혼인상태를 미루는 커플들이 늘어나고 있는데 등록은 이런 추이를 반영하지 못하기도 한다. 등록은 법적인 지위에 기반을 둔다. 즉 법적 지위를 갖지 못하면 등록되지 못한다. 등록자료에 기초하여 인구를 집계하는 상황에서 등록이 어떤 목적에서 어떻게 범주화되었는가는 더욱 중요한 쟁점이 될 수 있다. 등록된 인구의 특성과 실재 인구의 특성의 차이 문제를 개선하기 위해 표본조사를 시행한다고 할 때 표본조사를 통해 추정한 모집단의 정체가 묘연해진다. 추정의 정확성도 계속 논란이 될 수 있다.

이처럼 다양한 목적에서 등록된 자료들 간의 차이를 조정하는 수많은 절차를 통해 생산된 자료가 어떤 실재성을 갖는지는 거대한 블랙박스 속에 갇혀질 수 있다. 다양한 등록자료를 결합하여 구성된 항목들 하나하나가 어떤 과정으로 집계, 구성되었는가에 대한 투명성의 문제가 제기된다.

통합행정통계 시스템에 기초한 등록센서스의 또 하나의 매우 중요한 문제는 개인의 사생활 보호와 관련된다. 현행 「통계법」과 각 정부 부처가 통계를 작성하는 과정은 개인의 비밀보호와 관련된 법적 기준을 명시하고 있다. 그러나 오직 통계상의 목적으로 여러 행정자료를 병합하기 위한 개인식별코드가 필요하다는 논리가 과연 통계작성 이외의 어떤 결과를 갖지 않는다는 원칙을 보장하는가는 계속적인 논란의 주제가 될 것이다. 더욱이 인구동태와 관련된 신고서에 가족관계가 자세히 포함되어 있어 개인정보가 행정편의로 남용될 수 있다는 데 주의할 필요가 있다. 1983년 독일연방법원에서 내려진 인구조사가 개인의 권리를 침해한다는 판결은 우리에게도 시사하는 바가 크다(정남철, 2015). 이후 독일에서는 「연방데이터보호법」을 제정하여 개인은 자신의 정보가 수집되고 통계로 이용되는 데 자기결정권을 가진다는 것을 강조하고 있다. 한국에서는 국가뿐만 아니라 일반기업에서 개인정보를 과도하게 수집하고 활용하는 것을 법으로 규제하고 있다. 개인정보보호 관련 주요 법률에는 「개인정보 보호법」, 「정보통신망 이용촉진 및 정보보호 등에 관한 법률」, 「위치정보의 보호 및 이용 등에 관한 법률」, 「신용정보의 이용 및 보호에 관한 법률」, 「교육기본법」, 「생명윤리 및 안전에 관한 법률」 및 「보건의료기본법」 등이 있다. 이들 법령에서는 '필요 최소한의 수집', '민감정보수집 제한', '개인정보 이용·제공 제한', '수집된 개인정보의 안전성 확보 의무', '개인정보 수집·이용·제공·이전 시 정보주체의 동의 획득', '개인정보 수집 목적 달성 시 파기 의무 등'을 규정하고 있다. 「통계법」 제33조(비밀의 보호)에서는 통계작성과정에서 알려진 개인과 단체의 비밀에 관한 사항은 비밀을 보호하고, 통계 목적 외에 사용해서는 안 된다고 명시하고 있다. 통합행정시스템이 전격적으로 도입되면서, 보다 정확하고 풍부한 자료를 생산할 수 있는 효율성과 개인의 사생활을 관찰하는 감시의 양면성은 계속 논란이 될 수 있다.

2) 변화되고 다양해지는 센서스 방법

인구총조사의 가장 중요한 목적은 인구의 전체 현황을 포괄적으로 파악하는 것이다. 그러나 막대한 조사비용과 함께 국민들의 개인정보 유출에 대한 불안감, 조사 협조 의사의 저조 등으로 인해 조사가 쉽지 않은 것이 사실이며 이에 따라 조사의 정확성이 떨어질 수 있다는 점이 우려된다. 전체 조사의 비용과 부담이 커지는 다른 한편 정보화에 따라 다양한 행정자료들을 통합할 수 있는 방법들이 발전되고 있고 다양한 조사방법들이 보완되면서, 전통적인 총조사 방식에서도 변화가 이루어지고 있다. 여기서는 다양화되는 센서스 방식의 예를 개괄해 본다.

(1) 등록센서스

등록센서스는 등록자료로 인구 전체의 기본정보를 파악하는 것이다. 등록센서스를 시행하기 위해서는 기본적인 인구, 시민 등록 정보, 소득 정도 등 다양한 등록자료를 결합할 수 있는 등록번호를 만드는 것이 중요하다. 인구등록에는 건물과 기업조직에 상주하는 모든 거주민을 포함해야 하고 개인, 가구, 거주지, 고용주, 지역 정보가 연결되어야 한다. 등록자료를 통계적으로 이용하는 데 통일화된 식별 시스템의 구축이 필요하다. 현지조사로 물을 때와 가급적 유사한 정보를 모을 수 있는 기준들을 세우는 것이 중요하다. 통계적 목적으로 행정자료를 사용할 수 있는 근거가 법제화되어야 하며, 정보보호에 대한 세세한 정의도 법제화되어야 한다. 요컨대 국민들에게 통계적 목적을 위해 등록자료를 이용하는 효과를 이해시키고 동의를 얻는 것이 필요하다. 국가 등록제도가 보완되고 등록 활동이 공개되고 투명해야 한다.

등록센서스는 비용절감이 가장 큰 장점이다. 또한 등록자료를 통합하면 고용, 건물, 거주 등의 조건에 대한 정보를 매년 파악될 수 있다. 변화된 정보에만 국한하여 자료가 보완되면 되고 자료를 가공 공표하는 비용도 절약된다. 모든 지역단위에서 확보되고 매년 통계 생산이 가능하며 지역 통계 생산의 시의성을 제고할 수 있다. 그러나 등록에 기반을 둔 정보이므로 실재와 차이가 존재할 수 있으며, 가용한 변수가 제한될 수 있고, 행정 목적에서 기본 범주들이 정해졌기 때문에 국내·국가 간 비교 가능한 통계 생산이 어려울 수 있다. 등록정보는 기준시점과 일관성에서 문제점이 발생할 수 있다. 통계적 신뢰성을 위해서는 사건이 정확한 시점에 정확하게 기록되는 것이 중요하다. 출생과 사망의 정보는 등록기관의 확인에 기초하기 때문에 일반적으로 정확하지만, 혼인시기, 고용시기, 실업, 연금기간 등의 정보는 다소 부정확할 수 있다. 거주지의 변화 신고도 다소 부정확할 수 있다. 또한 다양한 등록자료로부터 변수들을 연결하는 과정에서 일관성 문제가 일어날 수 있다. 가구구성, 가족관계, 통신수단, 비정규적인 일 등에 대한 정보가 제한되며 새롭게 요구되는 정보를 파악할 수 없어 조사에 의해 보완되지 않을 때 유연성과 시의성이 상실될 수 있다.

행정자료를 통합하고 등록하는 과정에서 통계기구가 법과 행정체계의 변화에 크게 영향을 받을 수 있으며 등록기관에 대한 의존성이 커지는 것도 부담이 될 수 있다. 따라서 법적·행정적 변화에 대한 정보에 신속히 접근하고 대응할 수 있도록 관련 등록기관과의 협조가 필수적이다.

(2) 등록자료와 표본조사의 결합

필요한 정보가 등록으로 가용하지 않은 경우 표본조사로 정보를 보완하는 방법으로 네덜란드와 이스라엘 등에서 시도하고 있다. 이 방법은 전통적 센서스보다 저렴하며, 조사 저항에 덜 부딪힐 수 있고, 비응답률 문제도 많이 해결할 수 있다. 모집단명부를 체계적으로 관리할 수 있으면 비록 한쪽에서 결측이 되더라도 다른 쪽에서 적절한 표집설계로 보완할 수 있다. 가장 큰 문제는 표집틀의 기준이 되는 등록자료의 완전성과 포괄성 여부에 따라 표본조사를 통해 전체집단을 정확하게 파악할 수 있는지의 여부가 크게 달라질 수 있다는 점이다. 또한 표본설계에서 가중치 문제가 발생할 수 있으며 과소추정의 문제가 제기될 수 있다. 전수조사에 비해 표본조사에 대한 관심과 인식이 약해질 수 있다. 표본조사를 통해 가중치를 생산, 추정하고 결과를 공표하는 과정에서 투명성이 문제가 될 수 있다.

(3) 등록자료와 전수집계의 결합

등록자료와 전수조사 결과를 결합하는 방식도 있다. 이는 인구집계의 정확성을 제고하고 등록자료로 가용하지 않은 변수를 확보하는 방법으로 제안된다. 그러나 전수조사 결과가 인구등록을 보완하는 데 이용된다면, 이것은 통계 기구에 의해 수집된 개인자료는 오직 통계목적으로만 사용할 수 있다는 통계기본원칙을 위반하는 것이다. 표본조사로 등록자료를 보완하는 방법과 이 방법과의 차이는 등록자료에서 가용하지 않은 변수를 표본조사로 확보하는 것이 아니라 센서스를 통해 확보한다는 점이다. 등록인구에 기초한 인구를 최선으로 가정하지 않고 전수집계를 통해 기준인구를 파악한다. 따라서 전수집계는 인구등록의 범위를 총괄적으로 평가하는 도구로서 과소추정 혹은 과다추정의 문제를 개선할 수 있다.

등록자료와 전수집계를 결합하기 위해서는 인구등록이 얼마나 많은 사람이 어디에 분포되어 있는가를 파악할 수 있는 신뢰할 만한 체계이어야 한다. 센서스 목적으로 이용할 수 있는 세금, 사회보험, 실업, 교육 관련 기록 등의 이용이 가능해야 한다.

등록자료와 전수집계를 활용하는 방법은 센서스가 인구등록에 의해 보완되는지, 서로 보완하는지, 인구등록이 센서스 정보를 통해 보완되고 개선될 수 있는지에 따라 다양하다. 후자의 경우 인구등록의 특별한 법제를 마련하여 인구등록을 보완하는 데 센서스를 사용할 수 있음을 규정해야 한다. 센서스 관련 정보의 통계적 신뢰를 보호하고, 인구등록이 점검될 수 있고, 적절하게 사용할 수 있는 기술들이 존재하고, 개인 식별을 포함한 파일을 통계 정보에 포함하지 못하게 하는 일련의 법적, 기술적 기준들이 마련되어야 한다.

이 방법은 인구등록에 비교하여 더 정확하게 정보를 얻을 수 있고 과소추정 문제를 피할 수 있고, 실재와 비교하여 등록자료의 정확성을 제고할 수 있다. 등록에서 확보되지 않은 정보를 포괄적으로 확보할 수 있다면 지리적, 개념적으로 최대한 상세한 정보를 얻을 수 있고 시계열적 비교가 가능하다. 중요한 단점은 등록센서스보다 비용이 많이 든다.

(4) 롤링센서스(등록자료와 롤링서베이를 통한 표본조사의 결합)

등록자료의 시의성을 충분히 살리고 등록에 포함되지 않은 정보를 보완하는 표본조사의 방법으로 롤링서베이가 활용되기도 한다. 한 시점에서 독립된 모집단을 기준으로 표집된 횡단적 표본조사와 비교할 때 롤링서베이는 동일한 모집단의 표본을 여러 시점에서 표집하여 병합하는 것을 목적으로 설계된다. 이 설계에서는 모집단의 변화에 맞추어 표본을 보완할 수 있는 표집틀을 만드는 작업이 중요하다. 횡단적 표본조사에서는 조사시점의 독립된 모집단을 전제로 하여 이를 대표할 수 있는 표본조사를 실시하여 시계열적 비교가 가능하지만, 매 시점의 표본조사는 상이한 모집단에 기초하므로 자료를 병합할 수 없으며 따라서 소지역 통계치 개발이 제한된다. 반면 롤링서베이는 동일한 모집단의 변화를 연속적으로 파악하기 위한 설계로서 특정한 날이 아니라 일정한 기간 동안에 걸쳐 모집단 전체의 변화를 파악하는 방법으로 설계되어야 하므로 설계 자체가 매우 어려운 작업이다. 이론적으로 모집단의 변화를 연속적으로 파악할 수 있다면, 모집단의 변화에 맞추어 표본이 재조정되며 표본의 병합이 가능하여 소지역 통계 생산에 유리한 장점을 가진다.

롤링서베이의 가장 큰 관건은 계속적으로 모집단의 변화를 파악하여 표집틀을 보완하는 것으로 이는 매우 정확한 등록자료의 구축을 전제로 한다. 일단 표집틀의 보완 장치가 체계가 잡힌다면 상시적으로 자료를 보완할 수 있고, 시민들에게 부담을 덜 줄 수 있고, 새로운 기법을 검증할 수 있는 장점이 있다. 단점은 롤링서베이가 전체인구에 대한 상을 더 이상 제공하지 못한다는 점이다. 또한 병합을 목적으로 설계가 되었고 독립적인 시점비교가 목적이 아니기 때문에 동일시점이라도 지역 간 비교가 훨씬 어려워지는 문제점도 있다. 이 조사방법은 등록자료의 완전성, 표집틀 설계의 안전성, 보완과 대체 방법의 체계화 등이 충분히 갖추어진 뒤에 이루어지는 것이 바람직할 수 있다.

3) 기준인구의 다양성

현재 우리나라의 총인구 규모를 나타내는 자료로는 총조사인구, 추계인구, 주민등록인구가 있다. 이들 3종의 인구통계자료는 각각 다른 내용으로 작성되고 있으며 이용분야 역시 상이하다. 먼저 총조사인구는 인구의 세부적인 특성을 실제 상주지에서 조사하기 때문에 인구의 규모뿐만 아니라 구조나 특성에 대해서도 많은 정보를 가지고 있다. 인구총조사 결과는 정부의 정책 수립과 집행, 정당이나 의회에서 입법활동 등의 기초자료로 이용되고, 대학 및 연구소의 사회경제연구 활동과 기업이나 개인의 사업계획 수립 등에 폭넓게 이용된다. 그 밖에도 국제기구와 외국에서 국가 간 비교가 가능하다. 또한 총조사인구는 한 나라의 인구를 정확히 반영하여 각종 표본조사의 모집단이 되고 다른 통계조사와 행정자료의 신뢰성을 평가하는 벤치마크 등으로 이용한다. 인구총조사 결과는 성별·연령별 전국 장래인구와 시·도별 장래인구를 추계하는 기초자료로 활용된다.

그러나 모든 조사대상에 대해 많은 항목을 일시에 조사해야 하므로 누락되는 인구가 생긴다. 우리나라는 인구총조사 자료를 토대로 누락된 인구를 보완한 후 인구를 변동시키는 요인(출생, 사망, 이동)이 어떻게 변할 것이라는 가정하에 매년 7월 1일을 기준으로 성별과 연령별로 인구를 추계하고 있다. 통계청에서는 추계인구를 우리나라 공식적인 인구규모로 발표하고 있다.

그리고 전국 지방자치단체별 주민등록인구 현황이 「주민등록법」에 근거하여 행정자치부에서 매월 작성되고 있다. 주민등록인구는 지방정부에서 무엇보다 중요한 정책적 관심의 대상으로 삼는 인구이다. 지방의 자치단체들은 주민등록인구를 기준으로 성, 연령 구조를 파악하고 행정에 필요한 기본정책을 수립한다. 주민등록자료는 주로 행정수요 파악, 선거인 명부 작성 등 각종 행정 목적으로 사용되고 있다.

이처럼 국가수준과 지방수준에서 다양한 행정의 기초가 되고 있는 기준인구가 상이하다는 데 주의가 필요하다(〈표 2-3〉). 통계청의 입장에서 국가의 총인구수는 장래인구추계가 공식적인 수치라고 정하고 있다. 통계청이 발표하는 출생률, 사망률, 이동률의 모집단도 장래추계인구에 기초하고 있다. 한편 좀 더 자세한 인구집단별 구성이라든지, 지리적 분포, 지역별 인구 특성에 대한 행정조직과 민간의 관심도 큰데 이런 경우에는 총조사나 주민등록인구자료 결과가 많이 활용된다. 특히 지방수준에서는 주민등록인구가 주요 행정의 중요한 기준인구가 되고 있다. 지방자치단체 수준에서도 장래인구를 추계하고 있지만 아직 추정의 신뢰성이나 타

〈표 2-3〉 자료 원천별 우리나라 총인구의 비교, 2000~2010(단위: 천 명)

연도	총조사인구(11. 1.)	추계인구(7. 1.)	주민등록인구(12. 31.)
2000	46,136	47,008	47,733
2005	47,279	48,138	48,782
2010	48,580	49,410	50,526

주: 통계청에서는 세 가지 총인구의 차이가 자료수집 또는 작성방법, 기준시점 등의 차이에서 나타나는 현상으로 설명하고 있다. 추계인구는 2010년도에 추정한 인구이다.

당성에 문제가 남아 있다고 평가된다. 따라서 주민등록인구가 인구규모, 성, 연령, 전입, 전출을 가장 소규모의 기초행정단위까지 파악할 수 있는 중요한 자료가 된다. 물론 주민등록자료의 경우 실제 거주하고 있는 인구와 등록된 인구의 차이가 고질적인 문제로 제기된다. 주민등록인구는 해외 취업자 및 유학생 일부가 포함되어 있어 실제 우리나라에 살고 있는 인구보다 더 많은 경향이 있다. 지역별로는 주중과 주말 거주지의 분리, 학군선택이나 주택청약을 위한 주민등록 위장 전출입 등으로 실제거주인구와 상이하게 나타날 경우도 있다.

기준인구가 자료 생산과 활용의 관심에 따라 여러 종류가 있는 데는 장점과 단점이 모두 있을 수 있다. 물론 기본적으로 인구통계는 상주하는 전체 성원을 정확하게 파악하는 것이 일차적으로 중요하다. 따라서 행정 수요에 활용되는 인구가 주민등록인구, 추계인구, 센서스인구 간에 서로 다른 수치를 나타낼 때 혼돈스러울 수밖에 없는데, 집계방식의 차이나 집계의 목적이 다르다는 설명으로는 혼돈감이 충분히 해소되지 않고 통계에 대한 신뢰가 떨어질 수 있다. 실제 각 정부 부처들이 통계를 생산할 때 기준인구로 추계인구보다 총조사인구를 더 많이 활용할 수 있다.[2] 그렇지만 총조사인구는 총조사를 통해, 등록인구는 등록에 의해, 추계인구는 사후적인 보정을 통해 추계한 인구로서 각자 나름 분명하게 공시된 상이한 방법에 근거하기 때문에 인구집계의 불확실성을 보이게 함으로써 보다 신중하게 자료를 활용할 수 있다.

한편 2015년 등록센서스 이후에는 센서스 인구의 의미가 다시 크게 변화될 것이다. 등록센서스의 장점은 다양한 행정자료를 결합하면 하나의 등록자료를 통해 인구를 파악할 때 보다 더 실제에 가깝게 상주인구를 파악할 수 있다는 것이다. 주민등록지와 실제 거주지가 다른 경우, 대학입적부 자료에 결합하면 실제 거주지를 더 정확하게 파악할 수 있다. 또한 실제조사의 응답거부 부담을 줄이면서 실제조사보다 실재를 더 정확하게 파악할 수 있다고 기대된다. 외국인에 관한 다양

---

2 예를 들어 건강보험공단이 의료급여, 수급자 통계를 집계할 때 기준인구로 총조사인구를 활용하고 있다.

한 등록자료들을 결합하면 기존의 총조사에서의 낮은 파악률 문제를 개선할 수 있는 장점도 기대된다. 또한 민감한 정보에 대한 조사거부율의 부담도 줄이면서 정책에 필요한 항목(예를 들어 한부모가족, 수급자 1인 가구 노인 등)에 대한 파악도 가능하다.

그러나 등록자료들을 통합, 분류하고, 통계를 집계하는 과정에 내재할 수 있는 오류의 원천이 복잡할 수 있음에도 불구하고 그 오류들의 원천들을 분명하게 가시화하지 않게 된다면 통계의 타당성이나 신뢰성에 문제가 클 수 있다. 새로운 통합등록시스템을 활용하여 인구 집계의 대표성과 더불어 시의성, 효율성까지도 개선할 수 있다는 기대가 크지만, 통합등록시스템의 활용이나 빅데이터 조사에서 자료가 생산되는 복잡한 과정이 공개되지 않고, 이해되기 어려운 수많은 시뮬레이션이 작용한다면, 그 결과로 생산된 수치가 말하는 것이 실재의 참값인지, 생산된 수치가 말하는 실재는 무엇인지를 밝히기는 매우 어려울 수 있다. 또한 등록이 어느 정도는 강제성을 갖고 있지만 사실상 모든 상주하는 인구가 등록되는 것이 아니고, 개인들의 중요한 정보가 모두 등록되는 것이 아니며, 더욱이 개인의 중요한 정보는 개인의 사생활과 관련된다는 점이 우려될 수 있다. 여러 통합된 정보들을 이용하여 실재의 파악이 어느 정도 가능한지는 등록에 대한 시민들의 자발적 협조, 개인정보를 어느 수준까지 통계의 목적으로 활용할 것인가에 대한 합의, 그리고 법제적인 기반 위에서 주의 깊게 결정되어야 할 것이다.

3. 인구동향조사

〈인구동향조사〉(전 〈인구동태조사〉)는 대한민국의 인구 규모 및 구조를 변동시키는 기본적 요인인 출산, 사망, 혼인, 이혼에 대한 현황을 파악한 기초자료이다. 1948~1955년에는 공보처 통계국에서 별도의 인구동태조사표를 작성하였고, 1970년 이후에는 호적신고 항목과 인구동태조사 항목을 일원화하였고, 1980년부터는 『인구동태통계연보』를 발간하기 시작하였다. 1997년에는 동태신고시스템 개발로 현지 입력방식을 채택하였고, 1999년부터는 『인구동태통계연보』를 총괄·출생·사망편과 혼인·이혼 편으로 구분하여 별권으로 발간하고 있으며, 출생과 사망은 발생연도 기준으로, 혼인과 이혼은 신고연도 기준으로 집계되고 있다. 2004년 1월부터는 호적정보시스템과 연계한 인구동태신고입력시스템으로 전환하였고 2008년 1월에는 호적정보시스템이 가족관계정보시스템으로 변경되면서 인구동태통계 시스템과 연계되었다.

통계작성은 「통계법」 제17조와 제18조, 「인구동태조사규칙」 전문과 「인구동태조사규칙(부령 591호)」, 「가족관계등록 등에 관한 법률」 제20조와 제21조, 제44~51조, 제71~78조, 제84~91조 등에 근거하여 집계하고 있다. 작성대상은 대한민국 국민으로서 대한민국 영토 내 거주자와 외국에 거주하는 자에 의해 발생한 출생, 사망, 혼인, 이혼 등이다.

1) 출생신고

출생신고는 모든 신분관계 발생의 기초가 되고 권리의 주체가 되기 위한 기초적인 행위이다. 출생신고는 친자관계를 등록하고 공증하는 의미를 가진다. 증명내용은 친생자, 혼인외 자녀, 기아, 고아 등을 포함한다. 신고의무자는 친생자의 경우는 부모이며, 부모가 없을 때는 동거하는 친족, 분만에 관여한 의사·조산사 또는 그 밖의 사람이 신고 규정에 정한 순위에 따라 출생신고를 하여야 한다. 혼외출생자는 모(母)가 신고를 하고, 모가 할 수 없는 때에는 동거하는 친족, 분만에 관여한 의사·조산사 또는 그 밖에 사람의 순서로 신고해야 한다. 출생신고는 출생한 날로부터 1개월 이내에 해야 한다. 출생장소는 등록기준지, 신고인의 주소지, 현재지, 그리고 출생지에서 할 수 있다.

출생신고 시 조사항목으로 신고일자, 출생자에 관한 사항(주소, 성별, 혼인중의 자/혼인외의 자, 출생일시, 출생장소, 등록기준지, 임신주수, 다태아(쌍둥이), 다태아의 출생순위, 신생아체중, 출생자 부모에 관한 사항(실제 생년월일, 국적, 직업,

최종졸업학교, 실제 결혼연월일), 모의 출산아수(총출산아수, 총생존아수) 등을 포함한다. 혼인외출생 시 자녀가 모의 성과 본을 따르는 데 협의가 있는 경우 그 사실을 포함한다(〈표 2-4〉). 출생신고 시 의사, 조산사, 그 밖에 분만에 관여한 사람이 작성한 출생증명서를 첨부해야 한다. 이 증명서에는 자녀의 성명, 성별, 출생연월일, 장소, 다태아 여부, 다태아의 출생순위, 신생아의 체중, 모의 성명과 출생연월일, 작성연월일, 작성자의 성명, 직업, 주소 등이 포함된다.

이 밖에도 출생신고에는 인지신고와 입양의 신고가 포함되어 있다. 인지신고란 혼인외출생자를 그의 생부 또는 생모가 자기의 자녀라고 인정하는 행위로서, 법적 혼인제도와 현실 사이의 괴리가 있음을 인정하는 제도이다. 입양은 혈연적 친자관계가 없음에도 불구하고 법률적으로 친자관계를 인정하여 혼인 중의 출생자와 같은 지위를 취득하게 하는 신분행위이다(신영호, 2009: 116).

외국에서는 사산을 인공유산 및 자연유산 등으로 나누어 등록하는 경우도 있다. 우리나라의 경우 형법 제249조에서 낙태를 불법으로 명시하고 있고, 「모자보건법」 제14조에서는 인공임신중절 수술 허용 한계를 정하고 있다. 미숙아, 신체의 발육이 미숙한 채로 출생한 영유아, 선천성이상아, 선천성 기형 및 변형, 염색체 이상을 지닌 영유아로 판단되는 경우 임신중절수술을 할 수 있도록 허용하고 있다. 임신중절수술은 태아가 모체 밖에서는 생명을 유지할 수 없는 시기에 태아와 그 부속물을 인공적으로 모체 밖으로 배출시키는 수술로 정하고 있다. 이처럼 인공임신중절의 허용 경우가 법적으로는 매우 엄격하게 제한되고 있어 임신중절이 불법적으로 시행되는 경우가 많고 대부분 등록되지 않는 것으로 추정되고 있다.

〈표 2-4〉 출생신고서 양식

[양식 제1호]

출 생 신 고 서 (년 월 일)	※ 뒷면의 작성방법을 읽고 기재하시되, 선택항목은 해당번호에 "○"으로 표시하여 주시기 바랍니다.

① 출생자	성명	*한글	(성) / (명)	본 (한자)	*성별	1남 2여	*1혼인중의 출생자 *2혼인외의 출생자
		한자	(성) / (명)				
	*출생일시		년 월 일 시 분(출생지 시각: 24시각제)				
	*출생장소		1자택 2병원 3기타				
	부모가 정한 등록기준지						
	*주소				세대주 및 관계		의
	자녀가 복수국적자인 경우 그 사실 및 취득한 외국 국적						
② 부모	부	성명	(한자:)	본(한자)		*주민등록번호	-
	모	성명	(한자:)	본(한자)		*주민등록번호	-
	*부의 등록기준지						
	*모의 등록기준지						
* 혼인신고시 자녀의 성·본을 모의 성·본으로 하는 협의서를 제출하였습니까? 예□아니요□							
③친생자관계 부존재확인판결 등에 따른 가족관계등록부 폐쇄 후 다시 출생신고하는 경우							
폐쇄등록부상 특정사항		성 명		주민등록번호		-	
		등록기준지					
④기타사항							
⑤ 신고인	*성 명		㊞ 또는 서명	주민등록번호		-	
	*자 격		1부 2모 3동거친족 4기타(자격:)				
	주 소						
	*전 화			이메일			
⑥ 제출인	성 명			주민등록번호		-	

※ 타인의 서명 또는 인장을 도용하여 허위의 신고서를 제출하거나, 허위신고를 하여 가족관계등록부에 실제와 다른 사실을 기록하게 하는 경우에는 **형법에 의하여 처벌**받을 수 있으며, ***표시 자료는** 인구동향조사 목적으로 통계청에서도 수집하고 있는 자료임을 알려드립니다.

※ 아래 사항은 통계청의 인구동향조사를 위한 것으로, 「통계법」 제32조 및 제33조에 의하여 성실응답의무가 있으며 개인의 비밀사항이 철저히 보호되므로 사실대로 기입하여 주시기 바랍니다.

인구동향조사

	출생자에 관한 사항		
⑦임신주(週)수	임신 □□주 □일	⑧신생아체중	□.□□□kg
⑨다태아 여부 및 출생순위	1단태아 2쌍태아(쌍둥이) → 쌍둥이 중 1첫번째 2두번째 3삼태아(세쌍둥이) 이상 → □ 쌍둥이 중 □ 번째		

	출생자의 부(父)에 관한 사항	출생자의 모(母)에 관한 사항
⑩국적	1대한민국(출생 시 국적취득) 2대한민국[귀화(수반포함)인지 국적취득, 이전국적:] 3외국(국적)	1대한민국(출생 시 국적취득) 2대한민국[귀화(수반포함)인지 국적취득, 이전국적:] 3외국(국적)
⑪실제 생년월일	양력 / 음력 년 월 일	양력 / 음력 년 월 일
⑫최종졸업학교	1무학 2초등학교 3중학교 4고등학교 5대학(교) 6대학원 이상	1무학 2초등학교 3중학교 4고등학교 5대학(교) 6대학원 이상
⑬직 업	1관리자 2전문가 및 관련종사자 3사무종사자 4서비스종사자 5판매종사자 6농림어업 숙련 종사자 7기능원 및 관련 기능 종사자 8장치·기계 조작 및 조립 종사자 9단순노무 종사자 10학생 11가사 12군인 13무직	1관리자 2전문가 및 관련종사자 3사무종사자 4서비스종사자 5판매종사자 6농림어업 숙련 종사자 7기능원 및 관련 기능 종사자 8장치·기계 조작 및 조립 종사자 9단순노무 종사자 10학생 11가사 12군인 13무직
⑭실제결혼생활시작일	년 월 일 부터	
⑮모의 총출산아 수	이 아이까지 총 명 출산 (명 생존, 명 사망)	

※ 아래 사항은 신고인이 기재하지 않습니다.

읍면동접수	가족관계등록관서 송부	가족관계등록관서 접수 및 처리
	*주민등록번호 년 월 일(인)	

자료: 대한민국 법원 전자민원센터(출생신고서 양식).

2) 사망신고

신고의무자는 사망자와 동거하는 친족이며, 동거하지 않는 경우 신고의무자가 아닌 친족, 동거자, 사망장소를 관리하는 사람, 사망장소의 동장, 통·이장도 사망신고를 할 수 있다(신영호, 2009: 159). 사망 사실을 안 날로부터 1개월 이내에 신고하여야 한다. 신고장소는 사건본인의 등록기준지, 신고인의 주소지나 현재지, 사망지, 매장지 또는 화장지에서도 할 수 있다. 신고내용에는 신고일자, 사망자의 성명, 성, 등록기준지, 주민등록번호, 사망의 연월일시, 사망장소, 사망원인, 발병부터 사망까지의 기간, 사망자의 국적, 최종졸업학교, 사망 당시 직업, 혼인상태 등을 포함한다(〈표 2-5〉). 첨부자료로서 사망 사실을 증명하기 위해 사망자의 진단서나 검안서를 첨부한다. 부득이한 경우 동장 및 통장 또는 인우인(隣佑人)인 2명이 작성한 증명서를 포함한다. 부재자의 생사불명상태가 일정기간 계속된 경우 가정법원의 심판에 의해 사망한 것으로 의제된다. 우리나라 영아사망률은 국제추정과 차이가 나는 것으로 전해진다. 사망신고를 가족이 하며 아이가 일주일 만에 사망하면 출생·사망 등록에서 모두 누락되는 등의 문제가 발생한다. 출산 직후 출산아가 사망하는 경우 이것을 사산으로 하는가, 사망으로 하는가에 대해서 국가별로 차이가 있다. 또 사망의 정확한 시점을 결정하는 것도 국가별로 차이가 있다. 뇌사를 사망으로 판단하는 여부도 논쟁 중이다.

〈표 2-5〉 사망신고서 양식

[양식 제19호]

사 망 신 고 서 (년 월 일)	※ 뒷면의 작성방법을 읽고 기재하시되 선택항목은 해당번호에 "○"으로 표시하여 주시기 바랍니다.

① 사 망 자	성명	*한글 (성) /(명) 한자 (성) /(명)	성 별 ①남 ②여	*주민등록 번 호	-
	등록기준지				
	*주소		세대주·관계	의	
	*사망일시	년 월 일 시 분(사망지 시각: 24시각제로 기재)			
	*사망장소	장소			
		구분	① 주택 ② 의료기관 ③ 사회복지시설(양로원, 고아원 등) ④ 공공시설(학교, 운동장 등) ⑤ 도로 ⑥ 상업·서비스시설(상점, 호텔 등) ⑦ 산업장 ⑧ 농장(논밭, 축사, 양식장 등) ⑨ 병원 이송 중 사망 ⑩기타( )		
②기타사항					
③ 신 고 인	*성명	㊞ 또는 서명	주민등록번호	-	
	*자격	①동거친족 ②비동거친족 ③동거자 ④기타(보호시설장/사망장소관리자 등)	*관계		
	주소		*전화		이메일
④제출인	성 명		주민등록번호	-	

※ 타인의 서명 또는 인장을 도용하여 허위의 신고서를 제출하거나, 허위신고를 하여 가족관계등록부에 실제와 다른 사실을 기록하게 하는 경우에는 **형법에 의하여 처벌**받을 수 있으며, ***표시 자료는** 인구동향조사 목적으로 통계청에서도 수집하고 있는 자료임을 알려드립니다.

※ 아래 사항은 통계청의 인구동향조사를 위한 것으로, 「통계법」 제32조 및 제33조에 의하여 성실응답의무가 있으며 개인의 비밀사항이 철저히 보호되므로 사실대로 기입하여 주시기 바랍니다.

인구동향조사

⑤ 사 망 원 인	가	직접 사인		발병부터 사망까지 기 간	
	나	가의 원인			
	다	나의 원인			
	라	다의 원인			
	기타의 신체상황		진단자	① 의사 ② 한의사 ③ 기타	
⑥사망종류	① 병사 ② 외인사(사고사 등) ③ 기타 및 불상( )				
⑦ 외 인 사 항	사고종류	① 운수(교통) ② 중독 ③ 추락 ④ 익사 ⑤ 화재 ⑥ 기타( )	의도성 여 부	① 비의도적 사고 ② 자살 ③ 타살 ④ 미상	
	사고일시	년 월 일 시 분(24시각제로 기재)			
	사고지역	①현주소지와 같은 시군구②다른 시군구(시도, 시군구)③ 기타( )			
	사고장소	① 주택 ② 의료기관 ③ 사회복지시설(양로원, 고아원 등) ④ 공공시설(학교, 운동장 등) ⑤ 도로 ⑥ 상업·서비스시설(상점, 호텔 등) ⑦ 산업장 ⑧ 농장(논밭, 축사, 양식장 등) ⑨ 기타( )			
⑧ 사 망 자	국 적	① 대한민국(출생시 국적취득) ② 대한민국[귀화(수반포함)·인지 국적취득, 이전국적 :]			
	최종 졸업학교	① 무학 ② 초등학교 ③ 중학교 ④ 고등학교 ⑤ 대학(교) ⑥ 대학원이상			
	발병(사고)당시직업	① 관리자 ② 전문가 및 관련종사자 ③ 사무종사자 ④ 서비스종사자 ⑤ 판매종사자 ⑥ 농림어업 숙련 종사자 ⑦ 기능원 및 관련 기능 종사자 ⑧ 장치·기계 조작 및 조립 종사자 ⑨ 단순노무 종사자 ⑩ 학생 ⑪ 가사 ⑫ 군인 ⑬ 무직	혼인상태	① 미혼 ② 배우자 있음 ③ 이혼 ④ 사별	

※ 아래사항은 신고인이 기재하지 않습니다.

읍면동접수	가족관계등록관서 송부	가족관계등록관서 접수 및 처리
	년 월 일 (인)	

자료: 대한민국 법원 전자민원센터(사망신고서 양식).

3) 혼인 및 이혼 신고

혼인은 부와 처로 구성된 법적 관계로서 법률혼주의 원칙에서 혼인신고 수리의 경우 직권에 의해 호적기재에 의한 신고로 이루어진다. 이혼은 법률혼주의 원칙에서 이혼신고 수리에 의한 신고 및 재판이혼(조정, 심판 혹은 판결)의 경우는 직권에 의해 호적기재에 의한 신고가 되어야 한다. 혼인신고는 남녀 당사자의 자유로운 의사의 합치에 의해 이루어지며 신고로써 그 효력이 발생한다(신영호, 2009: 129). 정해진 신고기간은 없고, 신고 장소도 제한이 없다. 재외국민 사이의 혼인은 그 외국에 주재하는 대사, 공사, 영사에게 신고할 수 있고, 신고를 수리한 재외공간의 장은 1개월 이내에 외교통상부를 경유하여 본인의 등록기준지 시, 읍, 면의 장에게 송부하여야 한다(신영호, 2009: 132). 혼인신고서에는 당사자의 성명, 본, 출생연월일, 주민등록번호, 등록기준지, 당사자의 부모와 양부모의 성명, 등록기준지, 주민등록번호, 자녀의 성과 본에 대해 모의 성과 본을 따르기로 하는 협의가 있는 경우에는 그 사실, 8촌 이내의 혈족에 해당되지 아니한다는 사실, 실제결혼시작일, 국적, 혼인종류, 최종졸업학교, 직업 등이 포함되어 있다(〈표 2-6〉).

이혼은 협의이혼과 당사자 간의 자유로운 의사의 합치에 의해 혼인관계를 해소시키는 신분행위이다. 협의이혼신고서에 가정법원의 이혼의사확인서 등본을 첨부하고, 증인 2인의 연서로 이혼을 신고한다. 이혼 신고 시 미성년자녀의 양육과 친권자결정에 관한 협의서도 첨부한다. 협의이혼은 법원으로부터 확인서를 교부받은 날부터 3개월 이내 신고되어야 하며 재판이혼은 재판확정일로부터 1개월 이내 신고되어야 한다. 신고 내용은 신고일자, 이혼당사자(부처)의 주민등록번호, 출생연월일, 등록기준지, 주소, 부모의 주민등록번호, 재판확정일자, 실제결혼연월일, 실제이혼연월일, 20세 미만 자녀수, 이혼종류, 이혼사유, 국적, 최종졸업학교, 직업 등을 포함한다.

〈표 2-6〉 혼인신고서 양식

[양식 제10호]

혼 인 신 고 서 (년 월 일)	※ 뒷면의 작성방법을 읽고 기재하시되, 선택항목은 해당번호에 "○"으로 표시하여 주시기 바랍니다.

구 분			남 편(부)		아 내(처)	
①혼인당사자(신고인)	성명	한글	*(성) / (명)	㉑ 또는 서명	*(성) / (명)	㉑ 또는 서명
		한자	(성) / (명)		(성) / (명)	
	본(한자)			전화	본(한자)	전화
	출생연월일					
	*주민등록번호		−		−	
	*등록기준지					
	*주소					
②부모(양부모)	부 성명					
	주민등록번호		−		−	
	등록기준지					
	모 성명					
	주민등록번호		−		−	
	등록기준지					
③외국방식에 의한 혼인성립일자			년 월 일			
*④성·본의 협의			자녀의 성·본을 모의 성·본으로 하는 협의를 하였습니까? 예□아니요□			
⑤근친혼 여부			혼인당사자들이 8촌이내의 혈족사이에 해당됩니까? 예□아니요□			
⑥기타사항						
⑦증인	성 명		㉑ 또는 서명	주민등록번호	−	
	주 소					
	성 명		㉑ 또는 서명	주민등록번호	−	
	주 소					
⑧동의자	남편	부 성명	㉑ 또는 서명	후견인	성명	㉑ 또는 서명
		모 성명	㉑ 또는 서명		주민등록번호	
	아내	부 성명	㉑ 또는 서명		성명	㉑ 또는 서명
		모 성명	㉑ 또는 서명		주민등록번호	
⑨제출인	성명			주민등록번호	−	

※ 타인의 서명 또는 인장을 도용하여 허위의 신고서를 제출하거나, 허위신고를 하여 가족관계등록부에 실제와 다른 사실을 기록하게 하는 경우에는 **형법에 의하여 처벌**받을 수 있으며, ***표시 자료는** 인구동향조사 목적으로 통계청에서도 수집하고 있는 자료임을 알려드립니다.

※ 아래 사항은 통계청의 인구동향조사를 위한 것으로, 「통계법」 제32조 및 제33조에 의하여 성실응답의무가 있으며 개인의 비밀사항이 철저히 보호되므로 사실대로 기입하여 주시기 바랍니다.

인구동향조사

⑩실제결혼생활시작일		년 월 일부터 동거		
⑪국적	남편	1대한민국(출생 시 국적취득) 2대한민국(귀화(수반포함)인지 국적취득, 이전국적:] 3외국(국적)	처	1대한민국(출생 시 국적취득) 2대한민국(귀화(수반포함)인지 국적취득, 이전국적:] 3외국(국적)
⑫혼인종류	남편	1초혼 2사별 후 재혼 3이혼 후 재혼	처	1초혼 2사별 후 재혼 3이혼 후 재혼
⑬직전혼인 해소일자	남편	년 월 일	처	년 월 일
⑭최종 졸업학교	남편	1무학 2초등학교 3중학교 4고등학교5대학(교)6대학원 이상	처	1무학 2초등학교 3중학교 4고등학교5대학(교)6대학원 이상
⑮직업	남편	1관리자 2전문가 및 관련종사자 3사무종사자4서비스종사자5판매종사자 6농림어업 숙련 종사자 7기능원 및 관련 기능 종사자 8장치·기계 조작 및 조립 종사자 9단순노무 종사자 10학생 11가사 12군인 13무직	처	1관리자 2전문가 및 관련종사자 3사무종사자4서비스종사자5판매종사자 6농림어업 숙련 종사자 7기능원 및 관련 기능 종사자 8장치·기계 조작 및 조립 종사자 9단순노무 종사자 10학생 11가사 12군인 13무직

자료: 대한민국 법원 전자민원센터(혼인신고서 양식).

4) 인구동향조사통계

이렇게 신고된 출생, 사망, 혼인, 이혼 자료는 신고된 읍·면·동 또는 시·군·구에 마련된 웹기반 인구동태입력시스템에 입력되고, 입력된 인구동태 항목은 통계청의 내용검토과정을 거쳐 전산자료의 중복·누락·입력 오류를 확인하고 보완하여 통계를 작성한다.

신고인이 출생, 사망, 혼인, 이혼 등의 신고서를 읍·면·동 또는 시·군·구에 제출하면 해당기관 업무담당자가 웹기반인 '인구동태입력시스템'에 인구동태 조사항목을 입력한다. 입력된 인구동태 조사항목은 통계청의 내용검토과정을 거쳐 전산자료의 중복·누락·입력 오류를 확인, 보완하여 통계를 작성한다. 작성주기는 매월 단위이며 공표는 매월 및 자료의 정확성을 보완하여 1년 단위로 이루어진다. 출생·사망 건수는 1970~1996년에는 10년 동안 접수한 신고서를 누적 집계하여 발생연도가 지나 신고되는 지연신고분이 추가되었다. 1997~2008년은 해당연도와 이듬해 4월까지 접수된 신고서를 해당 발생연도 기준으로 집계하였다. 이듬해 5월 이후 신고되는 지연신고분은 집계에서 제외되었다. 혼인·이혼 건수는 1970~1980년 기간에는 10년 동안 접수한 신고서를 해당 발생연도에 누적 집계하였고, 1981~2008년에는 해당연도에 접수한 신고서를 신고연도 기준으로 집계하였다. 따라서 이전 연도 발생분은 포함되고, 지연신고된 해당연도 자료는 집계에서 제외되었다.

『인구동태통계연보』는 1980년부터 매년 발간되었고, 1999년부터는 『총괄·출생·사망편』과 『혼인·이혼편』으로 구분하여 별권으로 발간되었다. 연보에 수록된 통계표는 국가통계포털(KOSIS)을 통해 국내외에 제공된다.

4. 사망원인통계와 사망표

국제표준 질병분류는 사망원인을 체계적으로 분류하고 있다(한국인구학회 편, 2006: 162, 628). 국제질병사인 분류체계는 19세기 후반부터 국제적 기준이 만들어져 채택되었다. 이후 사망구조의 변화와 관리체계의 변화에 따라 10~20년 주기로 개정하였고, 1993년 세계보건기구총회에서 국제질병사인분류를 채택하였다. 우리나라도 1973년부터 세계보건기구가 제정한 국제사인기준과 변화에 준하여 한국사인 분류를 개정하여 사용하고 있다. 우리나라에서는 1980년 자료부터 사망신고서의 사망원인 기재 내용을 바탕으로 사망원인통계를 작성하기 시작하였다(〈표 2-7〉). 신고인이 읍·면·동·시·구에 사망신고를 하면, 시·군·구와 시·도에서 취합한 후 한국표준질병사인분류에 의거하여 사인을 분류, 집계한다. 그러나 사망신고 시 의사가 발급한 사망진단서 첨부율이 저조하고, 사망원인란의 기재가 부실하고, 영아사망 등 신고 누락의 문제가 발생하여 통계청에서는 전화질의 및 각종 행정자료로 보완하여 사망원인통계를 작성하였다. 그동안 사망신고자료의 질이 크게 발전하였음에도 불구하고 아직 완전하지 못하다고 평가된다(한국인구학회 편, 2006: 165). 사망력이 낮은 사회에서는 대부분의 사망이 노인에게서 발생하며, 노인은 여러 가지 만성질환을 앓고 있기 때문에 주요 사인을 선정하기 어려운 것이 큰 쟁점 중의 하나이다. 복합 사인을 분석할 수 있는 분류방법이 보완될 필요가 있다.

생명표는 어떤 시점의 연령별사망률에 기초하여 전체인구의 연령별생존율과 기대여명을 파악하는 수학적 모델이다. 생명표를 작성하기 위해서는 연령별사망률 자료가 기초가 되어야 한다. 우리나라는 1970년에 호적신고 항목과 인구동태 항목을 일원화하여 연령별 사망자료를 분석할 수 있게 되었다(한국인구학회 편, 2006: 180). 1980년에 1970년 인구동태통계자료를 처음 공표하였는데, 사망자의 유족이 해당 관서에 신고하는 체계이어서 지연신고하거나 사망 일자·원인 등 주요 내용이 부실하였다.

〈표 2-7〉 사망원인의 대분류에 따른 연도별사망률 변화(단위: %)

연도	1985	1995	2005	2014
조사망률	589.2	532.1	501.0	527.3
특정 감염성 및 기생충성 질환(A00-B99)	21.0	11.8	11.3	13.6
신생물(C00-D48)	78.6	111.8	135.3	153.5
혈액 및 조혈기관질환과 면역메커니즘을 침범하는 특정장애(D50-D89)(명)	0.7	0.9	0.9	1.3
내분비, 영양 및 대사 질환(E00-E88)	7.5	18.8	25.5	22.9
정신 및 행동장애(F01-F99)	3.4	11.5	9.2	10.0
신경계통의 질환(G00-G98)	5.9	5.0	8.5	19.6
눈 및 눈부속기의 질환(H00-H57)	0.0	0.0	0.0	0.0
귀 및 유돌의 질환(H60-H93)	0.0	0.0	0.0	0.0
순환계통 질환(I00-I99)	161.3	138.9	115.6	113.9
호흡계통의 질환(J00-J98)	23.5	24.4	29.2	47.6
소화계통의 질환(K00-K92)	45.5	39.2	23.0	22.4
피부 및 피하조직의 질환(L00-L98)	0.1	0.4	0.8	1.0
근골격계통 및 결합 조직의 질환(M00-M99)	1.9	4.6	3.1	3.1
비뇨생식계통의 질환(N00-N98)	4.7	4.9	6.3	11.5
임신, 출산 및 산후기(O00-O99)	0.3	0.2	0.1	0.1
출생전후기에 기원한 특정병태(P00-P96)	0.2	0.6	1.9	1.4
선천 기형, 변형 및 염색체 이상(Q00-Q99)	2.3	2.2	1.2	0.9
달리 분류되지 않은 증상, 징후와 임상 및 검사의 이상소견(R00-R99)	173.0	81.1	65.6	46.9
질병이환 및 사망의 외인(V01-Y89)	59.3	75.9	63.4	57.8

자료: 박경숙 외(2015: 227).

정부 최초의 공식적인 생명표는 1980년에 〈인구동태표본조사〉 결과를 이용하여 작성한 1978~1979년 생명표이다. 1990년에는 처음으로 사망신고자료를 이용하여 1983 · 1985 · 1987 · 1989 · 1991년도 생명표를 작성하여 발표하였다. 1997년에는 1995년 생명표를 작성하면서 처음으로 사망원인 생명표를 작성하였다. 1997년에는 전산화 도입으로 호적관서에서 신고사항을 입력하여 전산파일을 송부하게 되어 자료검토를 용이하게 할 수 있었지만, 호적신고시스템과 인구동태신고시스템의 이원화 때문에 신고자료 누락 가능성과 부실신고 소지는 남아 있었다.

1999년에는 1970년도 이후 누적된 지연신고자료를 추가하고, 보건복지부의 〈영아사망조사〉 결과를 기초하고, 시·도 화장신고자료와 「모자보건법」 신생아·사산신고자료를 결합하고 영아사망신고 누락을 보완하여 1971~1997년 생명표를 2년 주기로 보완, 작성하였다. 2001년에는 상한연령을 95세 이상으로 연장하여 1999년 생명표를 작성하였고 2003년에는 상한연령을 100세로 연장하여 2000~2002년 생명표를 작성하였다(한국인구학회 편, 2006: 178-190). 2004년에는 호적시스템과 연계한 인구동태신고 웹시스템을 도입하여 신고자료 입력과 내용검토를 동시에 할 수 있게 되었다(한국인구학회 편, 2006: 182).

5. 국내 인구이동통계

「주민등록법」에 따라 국민들이 거주지 이전 시 신고하는 전출입신고서는 국내 인구이동통계 작성의 자료원이 되었다. 1971년 『인구이동통계연보』를 최초로 발간한 이후 매년 인구이동통계연보가 발간되고 있다. 1994년 이후 주민등록 관리업무가 전산화되어 기초자료의 집계방식이 전산집계로 변경되었고 이에 따라 시·군·구 및 5세 계급 연령별로 자료수집의 범위가 확대되고, 1999년 이후부터는 분기별로, 2000년부터는 월별로 인구이동통계의 작성 및 공표가 가능하게 되었고, 통계청의 국가통계포탈에서 온라인으로 검색이 가능하도록 통계이용자에 대한 서비스를 보다 확충하였다. 한편 현재 전입신고서에는 전입사유를 표시하게 되어 있는데 신고 자료의 신뢰성 또는 무응답의 과다 등으로 전입사유 분석을 하지 못하였다. 인구이동분석에서 이동사유는 매우 중요한 항목으로 지자체 인구이동신고서 접수직원 교육 강화 등 자료의 질 개선을 위해 노력하여 2013년부터 전입사유항목을 공표하기 시작하였다.

한편 기존의 주민등록인구통계나 인구이동통계자료는 지역의 다양한 인구문제와 사회정책적 문제들을 체계적으로 파악하는 데 한계가 있다. 수도권 쏠림 현상이나 지역 불균형 발전 문제가 심하듯이 지역의 인구 및 지리적 분포를 파악하는 데 보다 더 적극적인 노력이 필요하다. 또한 지방의 인구유출과 그로 인한 인구감소와 사회적 활력의 저하 상황에서 유동인구의 영향에 대해 주목할 필요가 있다. 이동의 증가, 생활권의 확대 등을 반영하여 다양한 상주인구, 현재인구의 변화를 반영하는 범주, 집계, 그리고 통계개발이 필요하며, 소단위, 중단위, 광역권의 생활권을 구분할 수 있는 개념, 범주, 자료, 통계개발이 필요하다.

6. 외국인 관련 등록과 통계자료

1) 국적

국적과 관련한 등록은 「가족관계등록법」과 「국적법」에 따라 이루어지고 있다. 대한민국의 「국적법」 제2조에서 제4조까지 출생, 인지, 귀화를 국적취득의 조건으로 정하고 있다. 출생에 의한 취득은 대한국민 부모에서 낳은 출생의 가족관계등록신고에 의해 공시, 공증된다. 인지에 의한 취득은 대한민국 국민인 부 또는 모에 의해 인지된 사람이 대한민국 민법에 의해 미성년자이고 출생당시 부 또는 모가 대한민국의 국민이었을 경우에는 법무부 장관에게 신고함으로써 대한민국의 국적을 취득할 수 있고, 신고와 더불어 국적을 취득할 수 있음을 말한다. 귀화에 의한 국적취득은 외국인의 국적 취득에 해당된다. 외국인은 법무부장관의 귀화허가를 받아 대한민국 국적을 취득할 수 있다. 외국인의 자녀로서 대한민국 민법상 미성년인 자녀는 부 또는 모가 귀화허가를 신청할 때 함께 국적취득을 신청할 수 있고, 법무부장관이 부 또는 모에게 귀화를 허가한 때에 대한민국 국적을 취득한다(신영호, 2009: 167, 168).

그 밖에 국적의 회복, 상실, 이탈의 경우가 법으로 정의되어 있다. 국적회복은 과거에 대한민국 국민이었던 외국인이 법무부장관의 허가를 받아 대한민국의 국적을 다시 취득하는 것으로 정의된다. 국적상실은 국민이 외국국적을 취득한 경우, 복수 국적자가 일정기한 내에 국적선택을 하지 않는 경우나 대한민국 국적을 취득한 외국인이 일정기한 내에 원국적을 포기하지 아니하여 대한민국 국적을 상실하는 것으로 정의된다. 국적이탈은 복수 국적자가 외국국적을 선택하기 위해 대한민국 국적을 포기하는 것으로 정의된다.

또한 국적과 관련하여 외국인, 재외동포, 결혼이민자가 법으로 정의되고 있다. 외국인은 「출입국관리법」 제2조에 따라 대한민국 국적을 갖지 아니한 자로 정하고 있다. 재한외국인은 「재한외국인 처우 기본법」 제2조에 따라 대한민국의 국적을 갖지 아니한 자로서 대한민국에 거주할 목적으로 합법적으로 체류하고 있는 자로 정하고 있다. 결혼이민자는 「재한외국인 처우 기본법」 제2조에 따라 대한민국 국민과 혼인한 적이 있거나 혼인관계에 있는 재한외국인과 「국적법」 제4조에 따라 귀화를 허가받은 자로 정하고 있다.

재외동포는 「재외동포의 출입국과 법적 지위에 관한 법률」로 정하고 있다. 1999년 법률 제2조에서는 재외동포를 1. 대한민국의 국민으로서 외국의 영주권을 취득한 자 또는 영주할 목적으로 외국에 거주하고 있는 자(재외국민), 2. 대한민국의 국적을 보유하였던 자 또는 그 직계비속으로서 외국국적을 취득한 자 중 대통령령이 정하는 자(외국국적동포)로 정하였다. 한편 2001년 앞의 2의 규정이 헌법에 합치하지 않는다고 판결이 되었고, 2004년 개정에 따라 2의 규정을 대한민국의 국적을 보유하였던 자(대한민국정부 수립 이전에 국외로 이주한 동포를 포함한다) 또는 그 직계비속으로서 외국국적을 취득한 자 중 대통령령이 정하는 자(외국국적동포)로 수정하였다.

또한 「해외이주법」 제2조에 따라 대한민국 국민으로서 생업에 종사하기 위해 외국에 이주하는 자와 그 가족 또는 외국인과의 결혼, 입양, 연고관계로 이주하는 자를 해외이주자로 정하고 있다.

2) 국제인구이동통계, 출입국자통계, 체류외국인통계

『국제인구이동통계』와 『출입국자통계』, 『체류외국인통계』는 기본적으로 법무부의 출입국관리 심사와 체류자격 등의 등록자료에 기반을 두어 만든 통계이다. 『출입국자통계』는 1975년부터 법무부에서 매년 작성된 보고통계로 내·외국인의 출입국 현황을 출입국사무소의 출입국신고서를 통해 집계한다. 『체류외국인통계』는 법무부에서 1년 주기로 작성되는 통계로 체류외국인 등록표 내용을 집계하여 우리나라에 입국한 체류 외국인의 변동추이를 파악한다. 『출입국자통계』는 조사주기가 매월이고, 공표주기는 1년인 보고통계로서, 법무부 출입국외국인정책본부 정보분석팀에서 담당하는 통계이다. 전국 29개 공항의 출입국자수를 조사하며, 출입국심사관과 인천공항 전산실에서 자료를 수집한다. 서울출입국사무소 출입국정보화센터에서 자료를 처리하고 법무부에서 최종결과를 공표한다. 『출입국자통계』는 내·외국인의 입국 및 출국 상황을 파악하여 출입국 관리업무와 관련된 정책판단 및 수립의 기초자료를 제공하는 것이 본 통계의 목적이다. 외국인체류관리통계, 국적통계, 외국국적동포통계, 난민통계, 결혼이민자통계, 불법체류통계, 출입국관리법위반자통계, 남북왕래자통계 등이 작성되고 있다. 『국제인구이동통계』는 2004년부터 통계청에서 매월 작성되는 보고통계로 우리나라에 출입국하는 체류기간 90일을 초과하는 내국인 및 외국인의 법무부 출입국심사 행정자료를 토대로 작성하고 있다.

입국자의 체류자격과 체류기간은 「출입국관리법」에 따라 정해져 있다. 체류자격은 외교, 공무, 협정, 사증면제, 관광통과, 일시취재, 단기상용, 단기종합, 단기취업, 문화예술, 유학, 산업연수, 일반연수, 취재, 종교, 상사주재, 기업투자, 무역경영, 교수, 회화지도, 연구, 기술지도, 전문직업, 예술흥행, 특정직업, 비전문취업, 방문동거, 거주, 동반, 기타 상륙허가자 등으로 구분된다. 사증발급인정서에는 피초청자의 성명, 성별, 나이, 국적, 초청자의 성명, 성별, 생년월일, 국적, 직장, 체류자격, 체류기간, 사증종류, 근무처 등을 작성하게 되어 있다. 단기취업, 문화예술, 유학, 산업연수 등의 목적에 따라 사증발급신청 시 고용계약서, 초청장, 입학

허가서 연수계획서, 신원보증서 등의 서류가 첨부되어야 한다.

외국인의 규모가 얼마나 되고 지역적으로 어떻게 분포되었는가를 파악하려면 국제기준의 통계를 생산해야 할 필요성이 크다(정기선·김혜진, 2015). 국제기준에서는 이주자를 체류기간에 따라 단기 및 장기 이주로 구분하고 체류목적을 유학, 연수/고용, 가족, 인도주의, 자유이동 기타 등으로 구분하는 것을 제안하고 있다. 장기와 단기를 구분하는 기준에는 입국시의 체류허가 기간도 중요하지만 실제 도착한지 일정 시간을 경유해야 영주권과 국적을 받을 수 있기도 하다. 우리나라의 경우 체류자격으로 단기이주와 장기이주를 구분하려고 할 때 그 분류가 쉽지 않다. 이종원과 노용진(2013)의 출입국 통계 품질 진단에 이 문제가 비교적 자세히 다뤄지고 있다. 예를 들어 F1 비자에는 한시적 이주와 영구적 이주가 섞여 있다. 또한 체류자격에 따라 체류목적을 구분하는 데도 혼돈이 존재한다. 예를 들어 유학생의 경우는 재외동포 자격과 유학생 비자로 온 경우가 혼재하고 있어, 어떤 기준으로 집계하는가에 따라 수치에 차이가 날 수 있다. 이종원과 노용진(2013)의 지적처럼 체류자격 자료의 조정을 통해 단기와 장기 이주를 구분할 수 있지만, 국제비교 지표를 생산하는 필요성에 대해 부처 간 충분한 합의가 이루어지지 않고 있다. 「출입국관리법」 제31조(외국인등록)에 의하면, 외국인이 입국한 날부터 90일을 초과하여 대한민국에 체류하려면 대통령령으로 정하는 바에 따라 입국한 날부터 90일 이내에 그 체류자를 관할하는 사무소장 또는 출장소장에게 외국인등록을 해야 한다. 우리나라에서는 체류기간이 90일 이하인 사증으로 입국하여 외국인 등록을 하지 않은 자를 단기체류자로 정하고 있는데, 단기체류자는 UN이나 OECD 권고에 따르면 예외적 조항이나 일시적 이동에 해당할 수 있다. 동법은 90일을 초과하여 등록한 외국인을 등록외국인 혹은 장기체류자로 정하고 있다. 출입국관리통계에서 집계되는 장기체류자는 외국인등록정보시스템에 등재된 외국인 인구를 집계한 결과를 가리킨다. 따라서 불법입국하였거나, 합법적으로 단기체류로 입국하였으나 체류자격 이상으로 머물고 있거나, 체류등록을 하였지만 체류기간이 만기되었음에도 갱신하지 않고 머무는 등의 이유로 비등록체류자가 발생하는 것으로 추정하고 있다.

외국국적동포는 체류지를 변경할 때 내국인과 마찬가지로 전입한 날로부터 14일 이내에 새로운 체류지의 시·군·구의 장 또는 관할 출입국관리소나 출장소에 전입신고를 하게 되어 있지만, 실제 신고상황은 완전하지 못하다.

우리나라에서는 「난민법」이 2012년에 제정되어 2013년에 시행되었다. 「난민법」 제2조에서 난민이란, 인종, 종교, 국적, 특정 사회집단의 구성원이 신분 또는 정치적 견해를 이유로 박해를 받을 수 있다고 인정할 충분한 근거가 있는 공포로 인하여 국적국의 보호를 받을 수 없거나 보호받기를 원하지 아니하는 외국인 또는 그러한 공포로 인하여 대한민국에 입국하기 전에 거주한 국가(상주국)로 돌아갈 수 없거나 돌아가기를 원하지 아니하는 무국적자인 외국인으로 정하고 있다.

3) 지방자치단체 외국인주민현황

〈지방자치단체 외국인주민현황조사〉(이하 〈외국인주민현황조사〉)는 행정자치부가 주관하여 2006년부터 매년 실시되고 있다. 조사대상은 한국국적을 갖지 않은 외국인과 한국국적을 가진 외국인, 그리고 국제결혼가정자녀를 포함한다.[3] 한국국적을 갖지 않은 외국인은 90일 이상 장기체류자(등록외국인)를 대상으로 하고 90일 이하 단기체류자는 제외한다. 한국국적을 가진 외국인은 혼인귀화자 및 국제결혼가정의 자녀를 대상으로 하고 있다. 조사내용은 성별, 국적별, 외국인 유형별 거주외국인수를 포함한다.

〈외국인주민현황조사〉는 법무부와 행정자치부 시스템의 연결을 통해 이루어진다. 행정자치부는 법무부가 관리하고 있는 외국인등록시스템과 지자체 소관하의 주민등록과 가족관계등록 시스템 등의 연계 등 실태조사의 총괄적인 계획을 맡는다. 시·도는 시·군·구에서 취합된 외국인 통계를 취합하고, 시·군·구와 읍·면·동에서 직접적으로 외국인 통계를 작성한다.

---

3 '한국국적을 가진 외국인'은 모순된 표현인데, 현 조사의 정의에 따른다.

외국인주민은 한국국적을 갖지 않은 자, 한국국적을 가진 자, 국제결혼가정 자녀로 구성된다. 국적을 갖지 않은 외국인근로자, 국제결혼이주자(결혼이민자), 그리고 유학생에 관해서는 법무부에서 관리하고 있는 외국인등록시스템에 있는 체류지 정보에 근거하여 각 지방자치단체에 거주하는 외국인 정보를 이용하고, 한국국적을 가진 혼인귀화자, 기타사유취득자, 외국인주민자녀, 그리고 외국인주민세대수는 외국인등록시스템과 각 지자체가 관리하고 있는 주민의 주민등록과 가족관계등록 시스템을 연계하여 명단을 구성한다. 이렇게 구성된 명단을 취합하여 외국인 주민 현황 총괄표가 작성된다.

앞서 법무부의 출입국자료와 체류외국인 자료가 국제이동의 유량과 외국국적을 가진 사람의 분포를 파악하는 데 유효한 자료라면 행정자치부의 외국인주민 자료는 외국인뿐만 아니라 다양한 이민배경을 가진 자를 포함하는 중요한 자료이다. 그러나 조사의 목적과 대상이 명확하지 않고 대상이 포괄적이지 않아 완전성이 아직 많이 부족한 상태이다. 비자를 가지고 1년 단위로 이동을 반복하는 사람들, 부재기간에도 집계되는 경우, 등록된 주소와 실제 거주주소의 차이, 지방마다 조사의 정확성의 차이 등의 문제가 지적되고 있다. 또한 조사의 대상에 재외동포자, 귀화자, 혼인이주민과 그 자녀, 외국인 노동자 등을 포함하고 있는데, 조사의 목적과 대상이 명확하지 않다.

4) 전국다문화가족실태조사

2008년 제정된 「다문화가족지원법」은 다문화가족 구성원이 안정적 가족생활을 영위하고, 삶의 질 향상과 사회통합에 이바지하는 것을 목적으로 한다고 밝히고 있다. 〈전국다문화가족실태조사〉는 여성가족부에서 2009년 실시된 이후 매 3년마다 실시되고 있다. 「다문화가족지원법」상 조사대상자는 결혼이민자 및 귀화자, 그 자녀로 구성된 다문화가족이다. 2008년 「다문화가족지원법」에 따르면 다문화가족은 「재한외국인 처우 기본법」과 「국적법」에 근거한 결혼이민자와 「국적법」에 근거하여 출생 시부터 대한민국 국적을 취득한 자로 이루어진 가족으로 정하였다. 결혼이민자는 「재한외국인 처우 기본법」 및 「국적법」에 따라 귀화허가를 받은 자로 규정된다. 「재한외국인 처우 기본법」에서 정한 결혼이민자란 대한민국 국민과 혼인한 적이 있거나 혼인관계에 있는 재한외국인을 가리킨다. 「국적법」에서 정한 귀화허가를 받은 자의 경우, 대한민국 국적을 취득한 사실이 없는 외국인은 법무부장관의 귀화허가를 받아 대한민국 국적을 취득할 수 있다고 정하고 있다. 이렇게 2008년 법에서는 다문화가족의 범주를 귀화자 및 배우자 중 1명이 대한민국 국민인 경우의 가족으로 한정하였다. 한편 혼인, 이주, 출생 간의 관계가 복잡해지면서 다문화가족의 법적 범위가 실제 다양한 형태의 다문화가족을 포괄하지 못하고 부처 간에 지원정책이 중복되거나 업무 간 연계체계가 미비한 문제 등이 커졌다. 이에 다문화가족의 법적 범위를 확대하기 위해 2011년 다문화가족지원법이 일부 개정되었다. 개정에 따르면 다문화가족은 기존의 규정 중 「재한외국인 처우 기본법」과 「국적법」에 근거한 결혼이민자의 내용은 같고, 「국적법」 규정에서 출생에 따른 국적취득뿐만 아니라 인지와 귀화에 따른 국적취득도 포함하였다. 「국적법」에서 정한 인지에 의한 국적 취득은, 대한민국의 국민이 아닌 자로서 대한민국의 국민인 부 또는 모에 의해 인지된 자가 법에서 정한 요건을 모두 갖추면 법무부장관에게 신고함으로써 이루어진다. 귀화에 의한 국적취득에 관해서는 대한민국 국적을 취득한 사실이 없는 외국인이 법무부장관의 허가를 받아 대한민국 국적을 취득할 수 있다고 정하고 있다.

〈전국다문화가족실태조사〉는 매우 방대한 조사이며 다문화가족 유형별로 설문지를 작성하여 조사하고 있다. 모집단은 결혼이민자와 귀화자 및 그 자녀가 되고 있다. 조사의 목적이 다문화 가정의 사회통합에 초점을 두고 있듯이 다른 외국인 등록자료나 조사자료에 비해 사회통합과 관련된 정보를 파악하는 이점이 있지만, 결혼이민자 가족으로 조사대상이 제한되어 있다.

5) 고용허가제와 외국인고용조사

외국인근로자는 「외국인근로자의 고용 등에 관한 법률」 제2조에서 대한민국 국적을 갖지 아니한 사람으로서 국내에 소재하고 있는 사업 또는 사업장에서 임금을 목적으로 근로를 제공하고 있거나 제공하려는 사람으로 정하고 있다.

고용노동부는 일반 외국인근로자(E-9)와 외국국적동포(H-2) 등록자료와 고용허가제 근로자의 근로동향 자료를 연계하여 외국인 고용관리시스템 상의 원시자료를 생산하고 있고 이를 분석하여 통계청에서 〈외국인고용조사〉로 발표하고 있다. 또한 〈직종별 사업체 노동력조사〉에서 사업체별 부족인력에 대한 실태조사가 이루어지고, 〈고용형태별 근로실태조사〉에서 1인 이상 사업체 근로자를 대상으로 장애인근로자와 외국인근로자의 총근로시간 및 임금실태 등이 조사된다.

외국인 근로자의 기본 정보는 한국에서 취업을 목적으로 한 한국어능력시험에 합격한 자가 한국 기업과 근로계약을 체결한 경우 형성되는 정보로서 고용허가취득과 상실, 사업장관리번호, 국적, 생년월일, 성, 연령, 혼인여부, 신분증번호, 신장, 몸무게, 시력, 색맹 여부, 본국주소, 국내주소, 학력, 전공, 외국인구분, 입국일, 출국일, 체류자격, 언어능력, 한국어능력 등을 포함한다. 사업장 기본정보는 외국인을 고용하려고 신청한 사업장의 사업자명, 고용보험업종, 업종, 상시근로자수, 상시내국인근로자수, 상시외국인근로자수, 내국인월임금, 외국인월임금, 사업내용, 고용보험가입여부, 산재보험가입여부, 건강보험가입여부 등을 포함한다.

6) 유학생 등록

교육부는 대학 알리미 통계시스템을 개발하여 재학 중인 모든 외국인 유학생 전체를 집계하고 있다. 외국 외교관 자녀인 유학생도 포함하고 있다. 그런데 법무부의 유학생 통계와 외국인 유학생 체류자 통계는 집계시점과 집계기준에서 차이가 존재한다. 법무부에서는 D-2(유학비자), D-4(어학연구) 비자로 들어온 외국인 유학생을 기준으로 집계하나, 교육부에서는 현재 재학 중인 외국인 유학생을 모두 유학생(외국 외교관 자녀 포함)으로 간주하고 집계하고 있다.

7) 국제이동자료의 제한점

이처럼 이주민과 외국인의 등록·조사 자료는 다양하지만 부처 간의 정책 목표와 대상이 되고 있는 외국인의 범위가 다르고, 체계적으로 통합되지 못하고 있다. 점차적으로 이주자가 증가하고 이주의 목적이 다양해지고 1세대, 2세대, 3세대로 가족관계가 확대되면서, 이주자의 내부 구성도 다양화되고 있다. 현재 한국의 이주자 관련 통계는 국적 중심의 관점과 내국인과 결혼한 이주자의 관점에서 혼용되어 작성되고 있고, 다양한 이민배경을 가진 사람들을 대상으로 체계적으로 그리고 종합적으로 작성되지 못하고 있다. 법무부의 〈출입국관리조사〉는 외국인을 관리하는 목적으로 집계하고, 행정자치부의 〈외국인주민현황조사〉는 등록외국인과 결혼이민자 가정을 대상으로 외국인주민을 집계하고, 여성가족부의 〈다문화가족실태조사〉는 다문화가정과 귀화자와 그 가정을 중심으로 조사하고 있듯이, 각각 이주자의 일부 유형을 중심으로 조사, 집계하고 있다. 인구조사의 가장 기본적인 원칙 중의 하나가 관련된 현상의 모든 유형을 포괄하는 것이라고 할 때 이주자의 다양한 유형을 종합적으로 파악하는 개념화와 자료수집, 통계생산이 필요하다.

또한 국가수준과 지방수준 모두에서 다양한 이민배경을 가진 사람들의 내적구성과 사회적 영향, 사회통합의 문제를 파악할 수 있는 조사의 자료가 부족하다. 국내로 유입되고 있는 외국인이주민의 특징은 무엇이며, 이주민 유입은 한국사회 전반에 어떠한 영향을 미치는지 노동시장과 국가재정, 사회통합에 어떤 영향을 미치는지에 대한 관심과 정책적 과제들이 커지고 있다.

제3장

표준화와 요인분해

1. 표준화와 요인분해란?

사회현상은 여러 요인이 복합적으로 연관되어 있다. 예를 들어 임금은 교육수준이나 연령 등의 개인 요인에 의해서도 결정되고 기업조직과 노동시장의 특성과 정치적 협상의 영향도 중요하다고 여겨진다. 이들 요인들은 서로가 독립적으로 임금에 영향을 미치기도 하지만 서로 연관되어 영향을 미치기도 한다. 또 다른 예로 많은 사회에서 남성과 여성의 임금수준은 차이가 난다. 남녀의 임금수준 차이도 여러 요인의 복합적인 영향에 따를 수 있다. 남녀가 종사하는 직종이 다를 수 있고, 동일직종에서도 남녀 임금수준 차이가 큰 것이 관행적일 수 있다. 남녀 임금수준의 차이가 얼마나 남녀 직종 차이에 기인하는지, 동일 직종 내 남녀 차별에 따른 것이지를 어떻게 분석할 수 있을까?

위의 예처럼 어떤 현상의 복합적인 요인들의 상대적인 영향을 살펴보는 것이 중요할 수 있는데, 표준화는 요인의 영향을 분해하는 데 필요한 중요한 방법이며 절차이다. 요컨대 표준화란 연구의 관심이 되는 요인의 효과를 분석하기 위해 다른 관련된 요인들의 효과를 동질화하는 절차와 방법을 가리킨다. 그리고 요인분해는 표준화 방법을 통해 각각 요인들의 순효과를 분해하는 것을 가리킨다.

표준화는 살펴보고자 하는 요인 이외의 다른 조건은 동일하게 처리하는 과정으로서 요인의 효과를 통계적으로 분석할 때 일반적으로 활용하는 방법이다. 표준화는 비율의 변화나 집단 간 차이를 구성요소의 효과로 분해하는 거의 모든 절차에 적용되며 사회조사분석이나 실험에서는 통제(control) 절차로 널리 알려져 있다. 사회현상은 복합적이어서 어떤 요인도 고립되어 존재하는 경우는 드물다. 그래서 어떤 요인의 효과를 살펴보기 위해서 다른 요인과의 연관을 통해 작용한 효과들을 통제하는 논리를 통해 요인의 효과를 분석하고 있다. 이렇게 표준화는 복합적 현상의 요인들의 효과를 분석하는 방법이며, 표준화 방법의 제일 원리는 살펴보고자 하는 요인효과 이외의 변수의 조건을 동일하게 조작하는 것이다. 이런 맥락에서 표준화와 요인분해는 밀접하게 연관되어 있는 분석방법이다.

표준화 방법은 인구현상을 분석하는 데도 다양하게 활용된다. 인구의 동태를 나타내는 비율들은 여러 요인의 조합으로 구성된 집합적 요약치인 경우가 많다. 예를 들어 조사망률은 연령별사망률과 연령별구성비의 가중합의 통계치이다. 출산율은 혼인, 피임, 유산, 수유 등 출산을 통제하는 일련의 행위요인들의 조합으로 정해진다. 만일 집단 간 사망률의 차이를 비교하거나 출산율이 감소된 요인을 분석하고자 할 때 표준화방법을 이용할 수 있다.

구체적으로 조사망률(CDR)은 연령별사망률의 가중합(weighted sum)으로 측정되기 때문에, 실제 사망률 정도뿐만 아니라 연령구성에도 영향을 받는다. 그래서 노년 인구가 많은 사회에서는 개인들의 평균기대수명이 긴 데도 불구하고 노년층의 인구가 상대적으로 많기 때문에 보다 젊은 연령구조를 가진 인구에 비해 조사망률(CDR)이 높게 측정될 수 있다. 이렇게 조사망률이 사망률 이외에도 연령구조에 의해 영향을 받으므로, 국가 간 혹은 집단 간 사망률을 비교할 때는 두 집단의 연령구조를 동일하게 표준화하여 사망률을 비교하는 것이 권장될 수 있다. 합계출산율(TFR)은 출산을 유인하거나 통제하는 다양한 생리·행위 요인들의 조합으로 결정된다. 각 요인들이 출산율 변화에 미친 영향이 어떻게 시기적으로 변하였거나 또는 집단에 따라 다른가를 분석하기 위해서 표준화된 요인효과를 분석할 수 있다. 또한 인구구조는 출생, 사망, 이동의 조합 결과인데, 이들 요인을 다양한 조합으로 가정하였을 때 기대되는 인구구조들을 비교하면서 인구변동에 대한 각 동태 요인의 효과를 분해할 수 있다.

이 장에서는 표준화와 요인분해의 기본원리를 설명하고 실제 그 활용의 예를 소개하고 있다. 표준화는 비교되는 집단의 구성과 비율에 대한 정보를 직접적으로 측정할 수 있는가에 따라 직접 혹은 간접적인 방법을 취할 수 있다. 예를 들어 만일 두 집단의 사망률을 비교한다고 할 때, 두 집단의 연령분포와 연령별사망률에 대한 정보를 모두 알고 있다면, 어느 한 집단을 기준으로 삼거나 두 집단의 평균으로 연령분포를 동일하게 하여 두 집단의 표준화된 조사망률을 구하여 두 집단의 사망률 크기를 비교할 수 있다. 한편 직접표준화가 어렵거나 비교가 되는 집단의 정보가 완전하지 않을 경우에는 두 집단의 차이를 반영하는 간접 지표를 구하여 이를 표준화 가중치로 적용할 수 있다. 여기서는 사망률 측정을 예로 삼아 직접·간접 표준화 방법의 원리를 설명하겠다. 그리고 요인분해의 원리를 정리하고 경제활동, 출산력, 노인가구형태의 변화를 분석하는 데 그 원리가 적용되는 예를 소개한다.

> 표준화(standardization)란 하나의 현상에 여러 요인이 영향을 미친다고 할 때 관심이 되는 요인의 영향을 분석하기 위해 다른 관련된 요인들의 영향을 동질화하는 절차와 방법을 가리킨다.
>
> 요인분해(decomposition)란 표준화 방법을 통해 관련 요인들의 영향을 분해하는 것을 가리킨다.

2. 직접표준화와 간접표준화

한 사회나 집단의 조사망률이 연령구조에 민감하게 영향을 받는 것은 사망률이 연령별로 차이가 크기 때문이다. 그리고 상대적으로 사망률의 위험이 큰 고령층이나 유소년층의 분포는 사회마다 다양하다. 〈표 3-1〉은 1980년도 몇 개 국가의 연령구조와 출산과 사망 정도를 나타내는 비율을 제시하고 있다. 표에서 살펴볼 수 있듯이 사망정도를 나타내는 조사망률(*CDR*)과 기대수명(e_0)의 관계가 불규칙하다는 것을 확인할 수 있다. 자이레는 기대수명이 가장 낮으며 조사망률도 가장 높다. 그런데 멕시코는 다른 나라에 비해 조사망률은 낮지만 멕시코보다 조사망률이 높은 이탈리아, 프랑스, 미국에 비해 기대수명은 낮다. 조사망률과 기대수명 모두 사망률을 가리키는 지표이지만 두 지표 사이 관계가 불규칙한 것은 조사망률은 사망률과 연령구성비의 가중합이고, 기대수명은 연령별사망률로만 계측되기 때문이다. 다시 말해 조사망률은 사망률 이외에도 연령구조에 따라 그 값이 변화될 수 있지만 기대수명은 오직 사망률의 정도에 따라서 다르게 나타난다. 조사망률이 연령구조에 영향을 많이 받는 것은 또한 연령별사망률이 사회마다 크게 차이가 있기 때문이다. 사망률은 영유아와 고령인구에서 높은데 이 연령대의 구성은 사회마다 차이가 크다. 〈표 3-1〉에서 볼 수 있듯이 1980년 멕시코 사회 65세 이상 노인의 비율은 3%로 프랑스, 이탈리아, 미국에 비해 훨씬 연령구조가 젊다. 기대

〈표 3-1〉 몇 나라의 인구 특성

1980년 국가	인구 (백만 명)	연령구조(구성비) 0~14세	15~44세 남	15~44세 여	45~64세	65세 이상	조출생률 (*CBR*)	조사망률 (*CDR*)	합계 출산율 (*TFR*)	기대 수명 (e_0)
중국	1,000	.33	.24	.23	.15	.05	.022	.007	2.8	65
러시아	250	.24	.24	.24	.18	.10	.018	.010	2.3	65
미국	225	.22	.23	.24	.19	.12	.016	.009	1.9	75
멕시코	75	.46	.21	.21	.09	.03	.032	.006	4.8	65
이탈리아	55	.21	.21	.21	.23	.14	.011	.010	1.7	70
프랑스	55	.22	.22	.21	.22	.13	.015	.010	2.0	75
자이레	25	.46	.20	.21	.10	.03	.046	.019	6.1	45
한국	38	.34	.25	.24	.13	.04	.023	.007	2.8	70

자료: Smith(1992: 51). 한국은 통계청, KOSIS(1980년 추계인구).

수명이 가리키듯이 멕시코인의 연령별사망률 수준은 프랑스, 이탈리아, 미국보다 높지만, 연령구조가 상대적으로 젊기 때문에 조사망률이 더 낮게 나타난다고 이해된다.

한편 조출생률(*CBR*)과 합계출산율(*TFR*)의 국가별 차이는 일관되게 나타난다. 합계출산율이 높은 사회에서 조출생률도 높게 나타난다. 이렇게 조출생률이 연령구조에 민감하지 않은 것은 출산연령의 인구구성은 다양한 연령구조를 지닌 사회들 간에도 상당히 유사하기 때문이다.

조사망률(*CDR*)은 전체인구에 대한 사망자수의 비율이며 이는 각 연령에서의 사망률에 연령구성비를 곱한 값의 가중합이다. 이미 기술하였듯이 조사망률은 연령별사망률 이외에도 연령구조에 의해 영향을 받으므로, 집단 간 비교에서는 연령구조를 표준화하여 사망률을 비교하는 것이 바람직하다. 사망률을 직접표준화하는 방법은 다음과 같다(〈식 3-1〉). 만일 비교하는 인구가 i와 j이고 두 인구의 연령구성을 j의 인구구성비로 표준화한다고 가정하자. 이때 j의 인구구성비로 표준화된 i 인구의 조사망률(CDR_i^{ds})은 i 인구의 연령별사망률에 j 인구의 구성비를 곱하여 합하면 구해진다.

$$CDR_i = D_i / D_i = \sum_x D_{x,i} / \sum_x N_{x,i} = \sum_x M_{x,i} (N_{x,i} / N_i),$$

$$M_{x,i} = \frac{D_{x,i}}{N_{x,i}} \text{ (연령별사망률)}, \frac{N_{x,i}}{N_i} \text{ : 연령구성비}$$

〈식 3-1〉

$$CDR_j = \frac{D_j}{N_j} = \sum_x D_{x,j} / \sum_x N_{x,j} = \sum_x M_{x,j} \frac{N_{x,j}}{N_j}$$

$$CDR_i^{ds} = \sum_x M_{x,i} N_{x,j} / N_j$$

〈표 3-2〉 한국인의 연령별사망률과 조사망률(CDR)의 변화

연령(세)	1980년		2000년	
	연령구성	연령별사망률	연령구성	연령별사망률
	${}_nN_x/N(\%)$	${}_nD_x/{}_nN_x$	${}_nN_x/N(\%)$	${}_nD_x/{}_nN_x$
0~14	33.83	0.002	20.96	0.001
15~44	48.79	0.003	52.00	0.001
45~64	13.51	0.015	19.70	0.007
65+	3.87	0.079	7.33	0.044
CDR		0.007		0.005
CDR^{DS}(2000년 연령으로 표준화)		0.011		
CDR^{DS}(1980년 연령으로 표준화)				0.003

자료: 통계청, KOSIS.

〈표 3-2〉는 1980년과 2000년의 한국 인구의 연령별사망률과 조사망률의 변화를 나타내고 있다. 20년 동안 모든 연령집단에서 사망률이 감소하였는데, 특히 45~64세와 65세 이상에서 사망률이 크게 감소하였다. 그런데 두 기간 사이 조사망률(CDR)은 0.007에서 0.005로 그 감소 정도가 그다지 크지 않다. 각 연령별사망률이 크게 감소한 것에 비해 조사망률의 변화가 별로 크지 않은 것은 지난 20년 동안 연령구조가 고령화된 영향이 사망률 감소의 효과를 상쇄하였기 때문이다. 〈표 3-2〉에서 볼 수 있듯이 0~14세 인구는 크게 줄어든 반면 45~64세와 65세 이상의 인구구성은 크게 늘었다. 또한 45~64세와 65세 이상 인구의 사망률 수준은 보다 나이가 젊은 집단에 비해 훨씬 큰 것을 확인할 수 있다. 이렇게 사망률이 높은 연령집단의 구성비가 증가하면서 실질적인 사망률 감소의 효과를 상쇄한 것이다. 따라서 20년 동안 실제로 얼마나 사망률이 감소하였는가를 파악하기 위해서는 두 시점 사이의 연령구조 변화를 표준화한 뒤 사망률을 비교하는 것이 적절할 수 있다. 연령구조의 표준화는 두 시점 중 어느 쪽을 기준으로 삼아도 무방하다. 연령구조를 2000년 기준으로 표준화하였을 때 1980년의 조사망률은 0.007에서 0.011로 증가하여 2000년의 사망률과 0.006만큼 차이가 난다. 연령구조를 1980년

기준으로 표준화하였을 때 2000년의 사망률은 0.003으로 표준화 전에 비해 0.002 감소하였고 1980년 사망률과는 0.004만큼 차이가 난다. 이렇게 연령구조를 표준화하였을 때 두 시기 사망률 차이는 표준화 전에 비해 더 커지고 있다.

직접표준화를 위해서는 두 집단의 연령분포와 연령별사망률 자료가 필요하다. 그런데 전체사망자수(D)와 인구의 연령분포(N_x/N)는 알고 있지만, 연령별사망률 (D_x/N_x)은 알지 못하거나 혹은 연령별사망률 자료가 정확하지 않을 때에는 두 집단의 사망률 차이를 반영하는 간접 지표를 통해 표준화 가중치로 활용할 수 있다. 〈식 3-2〉는 간접추정 방법을 정리한 것이다. i 인구집단의 사망률을 기준집단인 j 집단과 비교한다고 하자. 직접표준화가 가능하다면 i 인구집단의 연령별사망률에 j 집단의 연령구성비를 곱하여 합한 값으로 i 집단의 표준화된 조사망률을 구할 수 있다. 그런데 i 집단의 연령별사망률 정보가 가용하지 않다면 간접표준화 방법을 이용할 수 있다. 이때 기준집단 j에 대해서는 조비율과 연령별구성비와 연령별사망률을 다 파악할 수 있다고 하자. 기준인구집단 j의 연령구조로 간접표준화한 인구집단 i의 조사망률(CDR_i^{ids})은 〈식 3-2〉에서와 같이 기준집단 j의 조사망률(CDR_j)에 두 집단의 연령표준화된 사망률비(SMR_i)를 곱하여 구한다. 이때 두 집단 사망률비인 SMR_i는 i 인구로 연령을 표준화하여 구한 j 인구의 조사망률 (CDR_j^{ds})에 대한 i 인구의 조사망률의 비로서 i 인구의 연령구성으로 표준화하였을 때의 두 집단의 사망률비로 이해할 수 있다. 즉 연령구조를 i 인구로 동일하게 표준화하였을 때 두 집단의 사망률의 비를 나타낸다. 만일 그 값이 1보다 크면, i 집단의 (연령별)사망률이 j 집단보다 더 크며, 만약 1보다 작으면 i 집단의 연령별사망률이 j 집단보다 더 작다고 판단할 수 있다. 그 의미가 집단 j에 대한 i의 사망률의 크기를 나타내므로, 이 가중치를 기준집단 j의 조사망률(CDR_j)에 곱하면 이는 j 집단의 연령구조($N_{x,j}/N_j$)에 j 집단의 연령별사망률의 관계로 전환한 i 집단의 연령별사망률의 종합 인덱스의 곱의 합을 의미하고, 이것이 인구 i의 간접표준화된 조사망률(CDR_i^{ids})이 된다. 간접표준화된 사망률(CDR_i^{ids})은 j 인구의 연령구조에 준하여 i 인구를 직접표준화하여 구한 사망률값(CDR_i^{ds})에 대응한다.

i 집단의 연령구조를 j 집단으로 직접표준화할 때

$$CDR_i^{ds} = \sum M_{x,i} N_{x,j} / N_j$$

만약 연령별사망률, $M_{x,i}$를 모르거나 자료가 불완전할 때

$$CDR_i^{ids} = CDR_j SMR_i$$

$$SMR_i = CDR_i / CDR_j^{ds}$$

〈식 3-2〉

$$CDR_j^{ds} = \sum_x M_{x,j} N_{x,i} / N_i$$

$$CDR_i^{ds} \approx CDR_i^{ids}$$

1980년과 2000년의 사망률을 간접표준화 방법으로 비교해 보자. 〈표 3-2〉에 제시된 자료 중에서 만일 1980년의 연령별사망률을 모른다고 할 때, 2000년의 비율을 가지고 1980년의 조사망률을 간접적으로 표준화할 수 있다. 우선 1980년의 연령으로 표준화하여 1980년과 2000년의 사망률비(SMR_{1980})를 구한다(〈식 3-3〉). 표준화된 사망률비는 2.3으로서, 연령을 표준화하였을 때 1980년의 사망률이 2000년에 비해 2.3배 높다고 해석할 수 있다. 이 표준화된 사망률비를 2000년도의 조사망률에 곱하면, 2000년도의 연령구조로 간접표준화한 1980년도의 조사망률은 0.0115(CDR_{1980}^{ids})로 계산된다. 이 값은 2000년도 연령구성으로 직접표준화한 1980년의 조사망률(0.011 CDR_{1980}^{ds})과 비교된다.

$$
\begin{aligned}
SMR_{1980} &= CDR_{1980}/CDR_{2000}^{ds\,(by\,age\,1980)} \\
&= 0.007/0.003 \\
&= 2.3
\end{aligned}
$$

〈식 3-3〉

$$
\begin{aligned}
CDR_{1980}^{ids} &= CDR_{2000}SMR_{1980} \\
&= 0.005 \times 0.007/0.003 \\
&= 0.0115
\end{aligned}
$$

같은 방식으로 만일 1980년 인구가 기준인구이고, 2000년의 연령별사망률을 모른다고 할 때, 1980년의 비율을 가지고 2000년의 조사망률을 간접표준화할 수 있다(〈식 3-4〉). 먼저 2000년의 연령으로 표준화한 두 집단의 사망률비(SMR_{2000})를 구한다. 연령구조를 2000년으로 표준화하였을 때 2000년의 사망률은 1980년 사망률의 0.45배에 그친다. 이 표준화된 사망률비를 1980년도의 조사망률에 곱하면 1980년 연령구조로 간접표준화한 2000년도의 조사망률이 0.0032(CDR_{2000}^{ids})로 계산된다. 이 값은 1980년 연령구조로 직접표준화한 2000년의 조사망률 0.003(CDR_{2000}^{ids})과 비교된다.

$$
\begin{aligned}
SMR_{2000} &= CDR_{2000}/CDR_{1980}^{ds\,(by\,age\,2000)} \\
&= 0.005/0.011 \\
&= 0.455
\end{aligned}
$$

〈식 3-4〉

$$
\begin{aligned}
CDR_{2000}^{ids} &= CDR_{1980}SMR_{2000} \\
&= 0.007 \times 0.005/0.011 \\
&= 0.0032
\end{aligned}
$$

3. 요인분해의 원리

1) 단일 요인으로 구성된 비율 차이

이처럼 조사망률의 연령구성을 표준화함으로써 사망률의 집단 간 차이를 보다 명확하게 살펴볼 수 있었다. 그런데 표준화 과정을 통해 조사망률의 차이는 연령구성의 차이와 연령별사망률의 차이로 나누어지는 것을 이해할 수 있다. 요컨대 표준화는 다른 구성 효과를 통제하여 실질적인 비율의 집단 간 차이를 분석할 수 있게 할 뿐만 아니라, 전체 비율의 차이를 여러 요인의 효과로 분해할 수 있게 하는 요인분해 방법이기도 하다.

앞의 예에서 1980년과 2000년의 조사망률 차이는 두 기간에 변화된 연령구성의 효과(연령효과)와 사망률의 효과(비율효과), 상호작용효과로 분해할 수 있다(〈식 3-5〉). 여기서 연령효과는 두 집단의 비율을 표준화하였을 때 연령구성비의 차이로 설명되는 총비율의 차이를, 비율효과는 두 집단의 연령구성을 표준화하였을 때 비율 차이로 설명되는 총비율의 차이를, 상호작용 효과는 잔차를 가리킨다.

구체적으로 연령효과(age effect)는 1980년의 조비율과 2000년의 연령구성비로 표준화한 1980년의 비율 차이($CDR_{1980} - CDR_{1980}^{ds(age\,2000)}$)로 조작할 수 있다. 비율효과(rate effect)는 1980년의 비율과 1980년의 연령구성으로 표준화한 2000년의 비율의 차이($CDR_{1980} - CDR_{2000}^{ds(age\,1980)}$)로 조작할 수 있다. 상호작용효과는 비율과 구성비가 동시에 변하는 정도의 차이로서, 연령효과와 비율효과에서 제외된 잔차효과의 의미를 갖는다. 1980년과 2000년의 사망률의 차이(0.002)는 연령효과가 -0.004, 비율효과 0.004, 상호작용효과가 -0.002로 분해된다.

〈식 3-5〉

$$CDR_{1980} - CDR_{2000} = \ Age\ effect\ +\ Rate\ effect\ +\ Interaction\ effect$$

$$
\begin{aligned}
Age\ effect &= CDR_{1980} - CDR_{1980}^{ds(age\,2000)} \\
&= \sum_x [({}_nN_{x,1980}/N_{1980}) - ({}_nN_{x,2000}/N_{2000})]_nM_{x,1980} \\
&= 0.007 - 0.011 \\
&= -0.004
\end{aligned}
$$

$$
\begin{aligned}
Rate\ effect &= CDR_{1980} - CDR_{2000}^{ds(age\,1980)} \\
&= \sum_x ({}_nN_{x,1980}/N_{1980})({}_nM_{x,1980} - {}_nM_{x,2000}) \\
&= 0.007 - 0.003 \\
&= 0.004
\end{aligned}
$$

$$
\begin{aligned}
&Interaction\ effect \\
&= CDR_{1980} + CDR_{2000} - CDR_{1980}^{ds(age\,2000)} - CDR_{2000}^{ds(age\,1980)} \\
&= \sum_x [({}_nN_{x,1980}/N_{1980}) - ({}_nN_{x,2000}/N_{2000})]({}_nM_{x,1980} - {}_nM_{x,2000}) \\
&= 0.007 + 0.005 - 0.011 - 0.003 \\
&= -0.002
\end{aligned}
$$

앞의 요인효과는 1980년의 비율을 기준으로 하여 연령효과와 비율효과, 잔차효과(상호작용효과)를 계산하였다. 마찬가지로 2000년의 비율을 기준으로 하여 연령효과, 비율효과, 잔차효과를 계산할 수 있다(〈식 3-6〉). 물론 두 방법에서 구한 요인의 값은 꼭 일치하는 것은 아니다.

〈식 3-6〉

$$
CDR_{1980} - CDR_{2000} = Age\ effect + Rate\ effect - Interaction\ effect
$$

$$
\begin{aligned}
Age\ effect &= CDR_{2000}^{ds(age\,1980)} - CDR_{2000} \\
&= 0.003\text{-}0.005 = \text{-}0.002
\end{aligned}
$$

$$Rate\ \ effect = CDR_{1980}^{ds(age\,2000)} - CDR_{2000}$$
$$= 0.011\text{-}\ 0.005\ =0.006$$

$$Interaction\ \ effect = -\ CDR_{2000} - CDR_{1980} + CDR_{2000}^{ds(age\,1980)} + CDR_{1980}^{ds(age\,2000)}$$
$$= -\ 0.005\ -\ 0.007+0.003+0.011=0.002$$

위에서 구한 요인의 값처럼 기준인구를 어느 집단으로 정하는가에 따라 요인효과가 차이가 날 수 있는데, 기준집단 선택에 따른 차이를 조정하는 하나의 방법은 두 집단 분포의 평균값을 표준화 가중치로 활용하는 것이다. 두 집단 분포의 평균값을 표준화된 가중치로 사용할 수 있는 것은 키타카와(Kitagawa, 1955)의 정리를 통해서 증명된다. 〈식 3-7〉에서 $t.$와 $T.$는 두 집단의 비율을, t_i, T_i는 i 요인에서의 비율을, $\frac{n_i}{n}$와 $\frac{N_i}{N}$는 각각 두 집단에서 i 요인의 구성비를 나타낸다. 이때 두 집단의 비율 차이는 〈식 3-8〉에서와 같이 정리할 수 있다.

$$t_{.} = \sum_i t_i \frac{n_i}{n} \qquad T_{.} = \sum_i T_i \frac{N_i}{N} \qquad \text{〈식 3-7〉}$$

〈식 3-8〉

$$\begin{aligned} t_{.} - T_{.} &= \sum_i T_i \left(\frac{n_i}{n} - \frac{N_i}{N}\right) + \sum_i \frac{N_i}{N}(t_i - T_i) + \sum_i (t_i - T_i)\left(\frac{n_i}{n} - \frac{N_i}{N}\right) \\ &= \sum_i t\left(\frac{n_i}{n} - \frac{N_i}{N}\right) + \sum_i \frac{n_i}{n}(t_i - T_i) + \sum_i (t_i - T_i)\left(\frac{N_i}{N} - \frac{n_i}{n}\right) \end{aligned}$$

$$= (CDR_{2000}^{ds} - CDR_{2000}) + (CDR_{1980}^{ds} - CDR_{2000}) + (CDR_{1980} - CDR_{1980}^{ds} - CDR_{2000}^{ds} + CDR_{2000})$$

$$= (CDR_{1980} - CDR_{1980}^{ds}) + (CDR_{1980} - CDR_{2000}^{ds}) + (CDR_{1980}^{ds} - CDR_{1980} - CDR_{2000} + CDR_{2000}^{ds})$$

= 구성비효과 + 비율효과 + 상호작용효과

〈식 3-8〉에서 등식 오른쪽의 첫 번째 줄은 T의 인구를 기준으로 하여 표준화하였을 때의 구성효과, 비율효과, 상호작용효과를 나타낸다. 두 번째 줄에 제시된 식은 t의 인구를 기준으로 하여 표준화하였을 때의 구성효과, 비율효과, 상호작용효과를 나타낸다. 두 식에서 차이는 상호작용의 부호가 역으로 지정된 차이뿐이다. 첫 번째 줄과 두 번째 줄을 합하여 2로 나누면, 아래의 식과 같이 조비율의 차이는 구성효과와 비율효과로 분해된다. 상호작용효과는 구성비효과와 비율효과로 균등하게 분해된다(〈식 3-9〉).

$$t_{.} - T_{.} = \sum_i \frac{t_i + T_i}{2}\left(\frac{n_i}{n} - \frac{N_i}{N}\right) + \sum_i \frac{\frac{n_i}{n} + \frac{N_i}{N}}{2}(t_i - T_i) \qquad \text{〈식 3-9〉}$$

$$= \quad \text{구성비효과} \quad + \quad \text{비율효과}$$

위 식에서 구성비효과는 연령별비율을 두 집단의 연령별비율의 평균값으로 표준화하여 구성비에 곱하여 구한 총비율의 차이와 동일하며, 비율효과는 구성비를 두 집단의 구성비의 평균값으로 표준화하여 연령별비율에 곱하여 구한 총비율의 차이와 동일하다. 여기서 각 요인의 효과는 다른 요인을 표준화하였을 때 해당 요인만의 차이로 설명되는 총비율의 차이와 같다. 즉 구성비효과는 두 집단의 연령별비율을 평균값으로 동일하게 하였을 때 구성비 차이로 설명되는 총비율의 차이를 가리키며, 비율효과는 두 집단의 구성비를 평균값으로 동일하게 적용하였을 때 두 집단의 비율 차이로 설명되는 총비율의 차이를 가리킨다.

앞의 1980년과 2000년 두 기간의 사망률 차이를 상호작용을 포함하지 않고 단지 연령효과와 비율효과의 두 요인으로 분해할 수 있다(〈식 3-10〉). 두 집단의 연령별사망률의 평균을 표준화 가중치로 하였을 때, 연령구성비 차이에 따른 효과는 -0.003이고, 두 집단의 구성비의 평균을 표준화 가중치로 하였을 때 연령별사망률 차이에 따른 효과는 0.005로 분해된다.

〈식 3-10〉

$$CDR_{1980} - CDR_{2000} = age\ effect\,(\alpha) + rate\ effect\,(\beta)$$

$$= \sum_x \frac{M_{x,1980} + M_{x,2000}}{2}\left(\frac{N_{x,1980}}{N_{,1980}} - \frac{N_{x,2000}}{N_{,2000}}\right) + \sum_x \frac{\frac{N_{x,1980}}{N_{,1980}} + \frac{N_{x,2000}}{N_{,2000}}}{2}\left(M_{x,1980} - M_{x,2000}\right)$$

$$= 1/2\left(CDR_{1980} + CDR^{DS}_{2000} - CDR^{DS}_{1980} - CDR_{2000}\right) + 1/2\left(CDR_{1980} + CDR^{DS}_{1980} - CDR^{DS}_{2000} - CDR_{2000}\right)$$
$$= 1/2(0.007 + 0.003 - 0.011 - 0.005) + 1/2(0.007 + 0.011 - 0.003 - 0.005)$$
$$= -0.003 + 0.005$$
$$= 0.002$$

표준화 비율 1: 연령 표준화×비율은

$$\frac{\frac{N_{x,1980}}{N_{,1980}} + \frac{N_{x,2000}}{N_{,2000}}}{2} M_{x,1980}, \quad \frac{\frac{N_{x,1980}}{N_{,1980}} + \frac{N_{x,2000}}{N_{,2000}}}{2} M_{x,2000}$$

표준화 비율 2: 비율 표준화×연령은

$$\frac{M_{x,1980} + M_{x,2000}}{2}\frac{N_{x,1980}}{N_{,1980}}, \quad \frac{M_{x,1980} + M_{x,2000}}{2}\frac{N_{x,2000}}{N_{,2000}}$$

연령효과는

$$\alpha = \sum \frac{M_{x,1980} + M_{x,2000}}{2}\left(\frac{N_{x,1980}}{N_{,1980}} - \frac{N_{x,2000}}{N_{,2000}}\right)$$

비율효과는

$$\beta = \sum \frac{\frac{N_{x,1980}}{N_{,1980}} + \frac{N_{x,2000}}{N_{,2000}}}{2}\left(M_{x,1980} - M_{x,2000}\right)$$

2) 두 요인 이상에서의 요인분해

표준화와 요인분해의 원리는 두 요인 이상으로 구성된 비율 차이를 분석할 때도 유용하게 활용할 수 있다. 앞서 제시한 키타가와의 정리를 확장할 수 있는데, 우선 조비율의 차이를 ij 구성비와 ij 구성별 비율의 차이로 분해하면 다음의 식과 같이 정리된다.

$$t_{.} - T_{.} = \sum_i \sum_j \frac{t_{ij} + T_{ij}}{2}\left(\frac{n_{ij}}{n} - \frac{N_{ij}}{N}\right) + \sum_i \sum_j \frac{\frac{n_{ij}}{n} + \frac{N_{ij}}{N}}{2}(t_{ij} - T_{ij}) \quad \langle\text{식 3-11}\rangle$$

$$= \quad \text{구성비효과(요인효과)} \quad + \quad \text{비율효과}$$

〈식 3-11〉의 등호 오른쪽의 첫 항은 두 집단의 비율을 평균값으로 표준화하였을 때 구성비의 차이로 설명되는 효과(구성비의 효과)를, 두 번째 항은 두 집단의 구성비를 평균값으로 표준화하였을 때 비율 차이로 설명되는 효과(비율의 효과)를 나타낸다. 다음으로 〈식 3-12〉에서와 같이 두 번째 항은 그대로 남겨 놓고, 첫 번째 항에서, ij 구성비의 차이를 다시 j 구성비를 평균값으로 표준화하였을 때 i 구성비 차이로 설명되는 효과(i 구성비효과), i 구성비를 평균값으로 표준화하였을 때 j 구성비 차이로 설명되는 효과(j 구성비효과), 그리고 잔차로서 ij 결합구성비의 차이로 구분할 수 있다. 이를 표준화된 비율의 가중치($\frac{t_{ij} + T_{ij}}{2}$)에 곱하여 합하면, Ij, Ji의 순효과와 IJ 상호작용효과를 구할 수 있다. Ij 순효과는 비율의 평균값과 j 요인 구성비의 평균값으로 표준화하였을 때 j 범주 안에서 i 요인의 구성비의 차이에 따른 효과를 가리킨다. 마찬가지로 순효과 Ji는 비율 평균과 i 요인의 구성비의 평균으로 표준화하였을 때 i 요인의 하위범주 안에서 j 구성비의 차이에 따른 효과를 가리킨다. 상호작용효과는 ij 구성 차이의 일부로서 i, j에 독립적으로 할당할 수 없는 잔여값을 가리킨다.

〈식 3-12〉

$$\frac{n_{ij}}{n}-\frac{N_{ij}}{N}=i \text{ 구성비 효과}+j \text{ 구성비효과}+\text{상호작용}$$

$$=\frac{1}{2}(\frac{n_{.j}}{n}+\frac{N_{.j}}{N})(\frac{n_{ij}}{n_{.j}}-\frac{N_{ij}}{N_{.j}})+\frac{1}{2}(\frac{n_{i.}}{n}+\frac{N_{i.}}{N})(\frac{n_{ij}}{n_{i.}}-\frac{N_{ij}}{N_{i.}})+\frac{1}{2}[(\frac{N_{ij}}{N_{.j}}\frac{n_{.j}}{n}-\frac{n_{ij}}{n_{.j}}\frac{N_{.j}}{N})+(\frac{N_{ij}}{N_{i.}}\frac{n_{i.}}{n}-\frac{n_{ij}}{n_{i.}}\frac{N_{i.}}{N})]$$

$$\text{순효과 } I_j=\sum_i\sum_j[\frac{(t_{ij}+T_{ij})}{2}\frac{(n_{.j}/n+N_{.j}/N)}{2}](\frac{n_{ij}}{n_{.j}}-\frac{N_{ij}}{N_{.j}})$$

$$\text{순효과 } J_i=\sum_i\sum_j[\frac{(t_{ij}+T_{ij})}{2}\frac{(n_{i.}/n+N_{i.}/N)}{2}](\frac{n_{ij}}{n_{i.}}-\frac{N_{ij}}{N_{i.}})$$

$$\text{상호작용효과 } IJ=\sum_i\sum_j[\frac{(t_{ij}+T_{ij})}{2}]\frac{(\frac{N_{ij}}{N_{i.}}\frac{n_{i.}}{n}-\frac{n_{ij}}{n_{i.}}\frac{N_{i.}}{N})+(\frac{N_{ij}}{N_{.j}}\frac{n_{.j}}{n}-\frac{n_{ij}}{n_{.j}}\frac{N_{.j}}{N})}{2}$$

$$\text{비율효과}=\sum_i\sum_j\frac{\frac{n_{ij}}{n}+\frac{N_{ij}}{N}}{2}(t_{ij}-T_{ij})$$

$$t..-T..=\text{순효과 } I_j+\text{순효과 } J_i+\text{상호작용효과 } IJ+\text{비율효과}$$

이와 같이 두 변수 이상의 요인으로 구성된 비율의 차이는 각 변수들의 순효과와 상호작용효과, 그리고 비율효과로 분해할 수 있다. 그런데 경우에 따라서는 상호작용효과의 계산이 복잡하고 해석이 난해할 수 있다. 다스굽타(Das Gupta, 1993)는 상호작용효과를 순요인효과에 균등하게 나누는 방법을 아래 〈식 3-13〉과 같이 제시하였다. 요컨대 i 효과는 위에서 제시한 i의 순효과(Ij, j 범주 안에서의 i 요인의 구성비 차이에 따른 효과)에 절반의 상호작용효과를 합한 값과 같다. 이는 다시 i 집단별 j 구성을 표준화하였을 때 i 집단의 구성 차이의 효과($I(IJ)$)와 j 집단 구성을 표준화하였을 때 j 집단별 i 구성 차이의 효과($I(JI)$)의 평균으로 재정의될 수 있다. 전자는 i 집단 내부의 j 구성비의 차이를 표준화하였을 때 i 구성비 차이로 설명되는 부분이며, 후자는 j 집단 구성비의 차이를 표준화하였을 때 j 요인의 하위범주 안에서 i 구성비 차이로 설명되는 부분을 나타낸다. $I(JI)$는 키타가와가 정의한 순효과 Ij와 동일한 값이다. 마찬가지로 j 효과는 j 집단별 i 구성의 효과를 표준화하였을 때 j 구성비 차이로 설명되는 부분 $J(JI)$과 i의 구성비를 표준화하였을 때 i 하위범주 안에서 j 구성비 차이로 설명되는 부분 $J(ij)$의 평균으로 정리할 수 있다.

〈식 3-13〉

$$I \text{ 효과} = I_j + \frac{\text{상호작용}IJ}{2}$$

$$= \frac{I(IJ) + I(JI)}{2}$$

$$= \left(\frac{1}{2}\right) \sum_i \sum_j \frac{(t_{ij} + T_{ij})}{2} \frac{(n_{ij}/n_{i.} + N_{ij}/N_{i.})}{2} \left(\frac{n_{i.}}{n} - \frac{N_{i.}}{N}\right)$$

$$+ \left(\frac{1}{2}\right) \sum_i \sum_j \frac{(t_{ij} + T_{ij})}{2} \frac{(n_{.j}/n + N_{.j}/N)}{2} \left(\frac{n_{ij}}{n_{.j}} - \frac{N_{ij}}{N_{.j}}\right)$$

$$J \text{ 효과} = J_i + \frac{\text{상호작용}IJ}{2}$$

$$= \frac{J(JI) + J(IJ)}{2}$$

$$= \left(\frac{1}{2}\right) \sum_i \sum_j \frac{(t_{ij} + T_{ij})}{2} \frac{(n_{ij}/n_{.j} + N_{ij}/N_{.j})}{2} \left(\frac{n_{.j}}{n} - \frac{N_{.j}}{N}\right)$$

$$+\left(\frac{1}{2}\right)\sum_i\sum_j\frac{(t_{ij}+T_{ij})}{2}\frac{(n_{i.}/n+N_{i.}/N)}{2}\left(\frac{n_{ij}}{n_{i.}}-\frac{N_{ij}}{N_{i.}}\right)$$

3) 기하평균으로 표준화하여 요인을 분해하는 방법

위에서는 두 요인 이상이 결합된 구성비에서 개별 요인들의 효과를 분해하기 위해 비율을 두 집단 구성비의 산술평균으로 표준화하였다. 그런데 기하평균으로 집단의 구성비를 표준화하여 요인효과를 분해할 수도 있다.

〈식 3-14〉

$$T=\sum_{ij}\frac{T_{ij}N_{ij}}{N}\qquad t=\sum_{ij}\frac{t_{ij}n_{ij}}{n}$$

$$t_{.}-T_{.}=\sum_i\sum_j\frac{t_{ij}+T_{ij}}{2}\left(\frac{n_{ij}}{n}-\frac{N_{ij}}{N}\right)+\sum_i\sum_j\frac{\frac{n_{ij}}{n}+\frac{N_{ij}}{N}}{2}(t_{ij}-T_{ij})$$

우선 〈식 3-14〉에서 같이 두 집단의 비율의 차이는 비율을 표준화하였을 때 ij 구성비 차이로 설명되는 효과와 ij 구성비를 표준화하였을 때 비율 차이로 구분하는 것은 앞에서와 다르지 않다. 다른 것은 ij 구성비를 분해하는 방법인데 〈식 3-15〉에서는 ij 구성비를 i 구성비의 모든 경우의 기하평균과 j 구성비의 모든 경우의 기하평균의 곱으로 표현하였다.

〈식 3-15〉

$$\frac{N_{ij}}{N} = \left(\frac{N_{ij}}{N_{.j}} \cdot \frac{N_{i.}}{N}\right)^{1/2} \left(\frac{N_{ij}}{N_{i.}} \cdot \frac{N_{.j}}{N}\right)^{1/2}$$

$$= \quad A_{ij} \cdot B_{ij}$$

$$\frac{n_{ij}}{n} = \left(\frac{n_{ij}}{n_{.j}} \cdot \frac{n_{i.}}{n}\right)^{1/2} \left(\frac{n_{ij}}{n_{i.}} \cdot \frac{n_{.j}}{n}\right)^{1/2}$$

$$= \quad a_{ij} \cdot b_{ij}$$

i 구성비의 모든 경우의 기하평균을 A_{ij}라 칭하고, j 구성비의 모든 경우의 기하평균을 B_{ij}라고 약칭한다고 하자. 구성비의 차이는 j 구성비의 기하평균으로 표준화하였을 때 i 구성비의 기하평균의 차이로 설명되는 효과와 i 구성비의 기하평균으로 표준화하였을 때 j 구성비의 기하평균의 차이로 설명되는 효과로 분해된다(〈식 3-16〉).

〈식 3-16〉

$$\begin{aligned}\frac{N_{ij}}{N} - \frac{n_{ij}}{n} &= A_{ij}B_{ij} - a_{ij}b_{ij} \\ &= \frac{B_{ij} + b_{ij}}{2}(A_{ij} - a_{ij}) + \frac{A_{ij} + a_{ij}}{2}(B_{ij} - b_{ij})\end{aligned}$$

이를 다시 앞의 〈식 3-14〉에 대입하면 다음과 같다(〈식 3-17〉).

〈식 3-17〉

$$t_{..} - T_{..} = \sum_{ij} \frac{t_{ij} + T_{ij}}{2} \left(\frac{n_{ij}}{n} - \frac{N_{ij}}{N} \right) + \sum_{ij} \frac{\frac{n_{ij}}{n} + \frac{N_{ij}}{N}}{2} (t_{ij} - T_{ij})$$

$$= \sum \frac{t_{ij} + T_{ij}}{2} \cdot \frac{b_{ij} + B_{ij}}{2} \cdot (a_{ij} - A_{ij}) + \sum \frac{t_{ij} + T_{ij}}{2} \cdot \frac{a_{ij} + A_{ij}}{2} \cdot (b_{ij} - B_{ij}) + \sum_{ij} \frac{\frac{n_{ij}}{n} + \frac{N_{ij}}{N}}{2} (t_{ij} - T_{ij})$$

$= I$ 효과 + J 효과 + 비율효과

만일 전체 비율이 세 요인으로 구성되었을 때 비율효과와 요인효과를 다음과 같이 구할 수 있다. 전체집단의 비율은 세 요인의 결합분포와 세 요인조건 속에서의 비율의 곱의 합으로 구성된다(〈식 3-18〉).

$$T_{...} = \sum_{ijk} \frac{T_{ijk} N_{ijk}}{N} \qquad t_{...} = \sum_{ijk} \frac{t_{ijk}\, n_{ijk}}{n}$$ 〈식 3-18〉

다시 세 요인의 구성비는 각 요인 구성비의 기하평균의 곱으로 표현될 수 있다(〈식 3-19〉).

$$\frac{N_{ijk}}{N} = A_{ijk}\, B_{ijk}\, C_{ijk}$$ 〈식 3-19〉

각 요인의 구성비의 기하평균은 다른 요인을 전체적으로, 부분적으로 고려하였을 때의 해당 요인 구성비의 모두 경우의 기하평균값이다(〈식 3-20〉).

〈식 3-20〉

$$A_{ijk} = \left(\frac{N_{ijk}}{N_{.jk}} \right)^{1/3} \left(\frac{N_{ij.}}{N_{.j.}} \cdot \frac{N_{i.k}}{N_{..k}} \right)^{1/6} \left(\frac{N_{i..}}{N_{...}} \right)^{1/3}$$

$$B_{ijk} = (\frac{N_{ijk}}{N_{i.k}})^{1/3}(\frac{N_{ij.}}{N_{i..}} \bullet \frac{N_{.jk}}{N_{..k}})^{1/6}(\frac{N_{.j.}}{N_{...}})^{1/3}$$

$$C_{ijk} = (\frac{N_{ijk}}{N_{ij.}})^{1/3}(\frac{N_{i.k}}{N_{i..}} \bullet \frac{N_{.jk}}{N_{.j.}})^{1/6}(\frac{N_{..k}}{N_{...}})^{1/3}$$

이 해당 요인의 구성비의 평균값($A_{ijk,} B_{ijk,} C_{ijk}$)을 표준화된 비율과 다른 요소들의 구성비의 평균값에 곱하여 합한 값이 해당 요인의 영향으로 설명되는 총비율($\overline{A}, \overline{B}, \overline{C}$)로 이해할 수 있다(〈식 3-21〉).

〈식 3-21〉

$$\overline{A} = \sum_{ijk} \frac{t_{ijk} + T_{ijk}}{2} [\frac{b_{ijk}c_{ijk} + B_{ijk}C_{ijk}}{3} + \frac{b_{ijk}C_{ijk} + B_{ijk}c_{ijk}}{6}] A_{ijk}$$

$$\overline{B} = \sum_{ijk} \frac{t_{ijk} + T_{ijk}}{2} [\frac{a_{ijk}c_{ijk} + A_{ijk}C_{ijk}}{3} + \frac{a_{ijk}C_{ijk} + A_{ijk}c_{ijk}}{6}] B_{ijk}$$

$$\overline{C} = \sum_{ijk} \frac{t_{ijk} + T_{ijk}}{2} [\frac{a_{ijk}b_{ijk} + A_{ijk}B_{ijk}}{3} + \frac{a_{ijk}B_{ijk} + A_{ijk}b_{ijk}}{6}] C_{ijk}$$

$$\overline{T} = \sum_{ijk} \frac{\frac{n_{ijk}}{n} + \frac{N_{ijk}}{N}}{2} T_{ijk}$$

같은 방법으로 비교 집단의 표준화 비율들을 구할 수 있다.

$$\bar{a} = \sum_{ijk} \frac{t_{ijk} + T_{ijk}}{2} [\frac{b_{ijk}c_{ijk} + B_{ijk}C_{ijk}}{3} + \frac{b_{ijk}C_{ijk} + B_{ijk}c_{ijk}}{6}] a_{ijk}$$

$$\bar{b} = \sum_{ijk} \frac{t_{ijk} + T_{ijk}}{2} [\frac{a_{ijk}c_{ijk} + A_{ijk}C_{ijk}}{3} + \frac{a_{ijk}C_{ijk} + A_{ijk}c_{ijk}}{6}] b_{ijk}$$

$$\bar{c} = \sum_{ijk} \frac{t_{ijk} + T_{ijk}}{2} [\frac{a_{ijk}b_{ijk} + A_{ijk}B_{ijk}}{3} + \frac{a_{ijk}B_{ijk} + A_{ijk}b_{ijk}}{6}] c_{ijk}$$

$$\bar{t} = \sum_{ijk} \frac{\frac{n_{ijk}}{n} + \frac{N_{ijk}}{N}}{2} t_{ijk}$$

두 집단에서 대응하는 표준화 비율의 차이를 구하면, 총비율 차이에 대한 각 요인들의 효과를 분해할 수 있다(〈식 3-22〉).

〈식 3-22〉

I 효과

$$\bar{a} - \bar{A} = \sum_{ijk} \frac{t_{ijk} + T_{ijk}}{2} [\frac{b_{ijk}c_{ijk} + B_{ijk}C_{ijk}}{3} + \frac{b_{ijk}C_{ijk} + B_{ijk}c_{ijk}}{6}] (a_{ijk} - A_{ijk})$$

J 효과

$$\bar{b} - \bar{B} = \sum_{ijk} \frac{t_{ijk} + T_{ijk}}{2} [\frac{a_{ijk}c_{ijk} + A_{ijk}C_{ijk}}{3} + \frac{a_{ijk}C_{ijk} + A_{ijk}c_{ijk}}{6}] (b_{ijk} - B_{ijk})$$

K 효과

$$\bar{c} - \bar{C} = \sum_{ijk} \frac{t_{ijk} + T_{ijk}}{2} [\frac{a_{ijk}b_{ijk} + A_{ijk}B_{ijk}}{3} + \frac{a_{ijk}B_{ijk} + A_{ijk}b_{ijk}}{6}] (c_{ijk} - C_{ijk})$$

r 효과

$$\bar{t} - \bar{T} = \sum_{ijk} \frac{\frac{n_{ijk}}{n} + \frac{N_{ijk}}{N}}{2} (t_{ijk} - T_{ijk})$$

4) 요인의 곱으로서의 비율 분석

앞에서는 하나 혹은 둘 이상의 요인별 교차표를 이용하여 표준화 비율과 요인 효과를 분석하는 방법을 살펴보았다. 그런데 표준화와 요인분해는 좀 더 일반적으로 하나의 총량적인 비율 혹은 통계치를 몇 개의 구성 요인들의 곱으로 전환하여 각 요인들의 효과를 분석하는 데 적용할 수 있다. 예를 들자면 어느 한 집단의 임금수준은 그 집단성원의 고용률과 고용자의 평균임금의 곱으로 계측될 수 있다. 그리고 대졸 이상의 남성과 그 이하 교육수준을 가진 남성의 임금수준의 차이는 두 집단의 고용률과 고용자의 평균임금 차이의 효과로 분해하여 살펴볼 수 있다. 또한 새로 출생한 인구의 크기의 함수는 유배우 여성의 출산율, 전체 가임여성 중 유배우 여성의 비율, 그리고 가임여성의 크기의 곱으로 표현할 수 있고, 출생크기의 변화에 유배우출산율, 유배우율, 가임여성의 크기의 영향을 분해하여 살펴보는 것도 의미가 있을 수 있다.

출산율의 시계열적 변화 이면에는 또한 출산에 직접적으로 영향을 미치는 일련의 사회생리적 요인들의 영향의 효과가 작용한다. 이처럼 여러 요인의 곱으로 구성된 비율 혹은 통계치의 집단 간 차이나 시계열적 변화의 요인을 분석하는 데 앞에서 살펴본 표준화 방법과 요인분해 방법을 활용할 수 있다.

예를 들어 〈식 3-23〉에서처럼 두 요소의 곱으로 구성된 비율의 두 집단 간 차이를 분석해 보자.

$$T = AB \qquad t = ab \tag*{〈식 3-23〉}$$

표준화된 비율은 각각 아래와 같다(〈식 3-24〉).

$$\overline{A} = \frac{B+b}{2}A, \quad \overline{a} = \frac{B+b}{2}a$$

〈식 3-24〉

$$\overline{B} = \frac{A+a}{2}B, \quad \overline{b} = \frac{A+a}{2}b$$

그리고 각 요소의 효과는 다음과 같다(〈식 3-25〉).

$$\alpha\text{효과} = \frac{B+b}{2}(A-a)$$

〈식 3-25〉

$$\beta\text{효과} = \frac{A+a}{2}(B-b)$$

또한 세 요소의 곱으로 구성된 비율의 두 집단 간 차이를 분석해 보자(〈식 3-26〉).

$$T = ABC \qquad t = abc \tag*{〈식 3-26〉}$$

표준화된 비율, $\overline{A}, \overline{B}, \overline{C}, \overline{a}, \overline{b}, \overline{c}$은 하나의 요인에 결합되는 두요인의 다양한 조합의 평균값과의 곱으로 표시된다. 그리고 각 요인의 효과를 α, β, γ라고 한다면 각 요인의 효과는 〈식 3-27〉과 같이 표준화된 비율의 두 집단의 차이로서 표시된다.

〈식 3-27〉

$$\bar{A} = \left(\frac{BC+bc}{3}+\frac{Bc+bC}{6}\right)A, \quad \bar{a} = \left(\frac{BC+bc}{3}+\frac{Bc+bC}{6}\right)a$$
$$\bar{B} = \left(\frac{AC+ac}{3}+\frac{Ac+aC}{6}\right)B, \quad \bar{b} = \left(\frac{AC+ac}{3}+\frac{Ac+aC}{6}\right)b$$
$$\bar{C} = \left(\frac{AB+ab}{3}+\frac{Ab+aB}{6}\right)C, \quad \bar{c} = \left(\frac{AB+ab}{3}+\frac{Ab+aB}{6}\right)c$$

$$\begin{aligned} T-t &= ABC-abc \\ &= \left(\frac{BC+bc}{3}+\frac{Bc+bC}{6}\right)(A-a)+\left(\frac{AC+ac}{3}+\frac{Ac+aC}{6}\right)(B-b)+\left(\frac{AB+ab}{3}+\frac{Ab+aB}{6}\right)(C-c) \\ &= \alpha\text{ 효과} + \beta\text{ 효과} + \gamma\text{ 효과} \end{aligned}$$

원리를 p개 요소의 곱으로 구성된 비율의 집단 간 차이에 적용해 볼 수 있다(〈식 3-28〉).

$$T = A_1 A_2 \cdots A_p, \qquad t = a_1 a_2 \cdots a_p \qquad \text{〈식 3-28〉}$$

여기서 α 효과는 A_1 요소와 a_1 요소의 차이에 따른 총비율의 차이의 효과를 가리킨다. 이때 Q는 p-1개의 요소조합의 평균을 가리킨다.

$$\alpha\text{ 효과} = Q(A_1 - a_1)$$
$$Q = Q(a_2, a_3, \ldots, a_p, A_2, A_3, \ldots, A_p)$$
$$= \sum \frac{p-1\text{개 요소의 곱으로서 } p-r\text{개는 집단 1의 요소이고, } r-1\text{개는 집단 2의 요소로 조합된 경우}}{p\binom{p-1}{r-1}}$$

(단, r이 1일 때 분모는 $p!/(p-1)!$)

세 요소(p=3)로 구성된 비율을 예로 들자면, r=1일 때, 요컨대 2개의 요소가 모두 집단 1 혹은 집단 2의 요소의 곱으로 조합된 경우는 〈식 3-29〉와 같다.

$$\frac{BC+bc}{3!/(3-1)!} \qquad \text{〈식 3-29〉}$$

r=2일 때, 1개의 요소가 집단 1 요소로, 다른 1개는 집단 2 요소의 곱으로 조합된 경우는 〈식 3-30〉과 같다.

$$\frac{Bc+bC}{3\binom{2}{1}} = \frac{Bc+bC}{6} \qquad \text{〈식 3-30〉}$$

따라서 α 효과=$Q(A\text{-}a)$의 Q는 〈식 3-31〉과 같다.

$$Q(B, C, b, c) = \left(\frac{BC+bc}{3} + \frac{Bc+bC}{6}\right) \qquad \text{〈식 3-31〉}$$

〈식 3-32〉는 요소가 넷, 다섯일 경우 p-1개의 요소조합의 평균값을 예로 제시하였다.

〈식 3-32〉

$$Q(a_2, a_3, a_4, A_2, A_3, A_4) = [\frac{a_2a_3a_4 + A_2A_3A_4}{4} + \frac{a_2a_3A_4 + a_2A_3a_4 + A_2a_3a_4 + A_2A_3a_4 + A_2a_3A_4 + a_2A_3A_4}{12}]$$

$$Q(a_2, a_3, a_4, a_5, A_2, A_3, A_4, A_5)$$

$$= [\frac{a_2a_3a_4a_5 + A_2A_3A_4A_5}{5} + \frac{a_2a_3a_4A_5 + a_2a_3A_4a_5 + a_2A_3a_4a_5 + A_2A_3A_4a_5 + A_2A_3a_4A_5 + A_2a_3A_4A_5 + a_2a_3A_4A_5}{20}$$
$$+ \frac{a_2a_3A_4A_5 + a_2A_3a_4A_5 + a_2A_3A_4a_5 + A_2A_3a_4a_5 + A_2a_3A_4a_5 + A_2a_3a_4A_5}{30}]$$

요인분해 원리는 복합적인 요인들의 구성으로 조합된 집합적 특성의 변화와 차이를 분석하는 다양한 연구들에 활용될 수 있다. 다음에서는 요인분해 방법을 활용하여 경제활동 참여율의 변화, 가구형태의 변화, 출산율의 변화를 분석한 예를 소개하고자 한다.

4. 요인분해의 예

1) 경제활동인구 구성의 변화[4]

우리 사회의 경제활동인구는 1960년대 이래 꾸준히 증가하여 왔다. 1980~2010년 동안의 변화에 초점을 둘 때 경제활동인구가 가장 크게 증가한 시기는 1985~1990년으로서 이 시기 경제활동인구는 약 300만 정도 증가하였다. 1980~2000년 동안 경제활동인구는 약 770만여 명 증가하였고, 2000~2010년에도 260만여 명 증가한 것을 나타난다(〈표 3-3〉).

또한 주목되는 점은 지난 30년 기간 사이 경제활동인구의 증감경향은 연령집단별로 성별로 차이가 크다는 점이다. 먼저 연령집단별로 보면 15~19세 연령집단에서 경제활동인구는 지난 30년 동안 계속 감소되어 왔다. 20~24세 연령집단의 경제활동참가크기는 1980~1985년에는 감소하였는데 이후 10년 동안 증가하다가 1995년 이후 크게 감소하는 패턴이 나타난다. 25~34세의 연령집단에서 경제활동참가크기는 1985~1995년에는 증가하였지만, 1995년 이후 감소하기 시작하였다. 35~39세 연령집단의 경제활동참여크기는 2000년까지는 매 5년 기간마다 증가추이를 나타냈지만, 2000년 이후에는 감소하고 있다. 40세 이상에서 경제활동참여인구는 1980년 시점 이후부터 2010년 시점까지 계속 증가하여 왔다. 1980~2000년 사이 경제활동인구가 가장 크게 증가한 연령집단은 40~44세, 35~39세, 그리고 60세 이상 순서로 나타나고, 2000~2010년 사이 경제활동인구가 가장 크게 증가한 연령

---

4 박경숙(2003a), 「연령구조의 변화와 고연령층 취업률의 변화」, 『고령화 사회 이미 진행된 미래』, 의암출판, 69-88쪽.

〈표 3-3〉 경제활동인구의 연령분포(단위: 천 명)

	연령 (세)	1980년 경제활동 인구	증감량					
			1980~1985년	1985~1990년	1990~1995년	1995~2000년	1980~2000년	2000~2010년
전체	15~19	1,194	-481	-74	-197	7	-740	-222
	20~24	1,974	-106	142	184	-534	-131	-550
	25~29	1,849	661	153	162	-50	1,162	-282
	30~34	1,813	316	725	221	-338	1,249	-228
	35~39	1,789	188	311	861	112	1,518	-93
	40~44	1,757	2	358	323	813	1,413	196
	45~49	1,526	161	155	142	467	771	1,056
	50~54	1,033	215	409	-3	183	673	1,268
	55~59	777	43	369	165	25	513	648
	60+	720	162	400	454	412	1,272	824
	총합	14,432	1,161	2,948	2,312	1,097	7,700	2,617
남성	15~19	559	-245	-67	-72	46	-337	-126
	20~24	997	-158	-84	63	-223	-297	-217
	25~29	1,378	411	38	36	-165	450	-371
	30~34	1,302	181	437	186	-280	749	-240
	35~39	1,175	118	154	550	51	890	-14
	40~44	1,118	-18	209	172	476	793	89
	45~49	936	103	74	118	213	427	623
	50~54	617	142	242	18	150	442	720
	55~59	476	-9	241	95	19	288	413
	60+	463	71	170	260	207	607	585
	총합	9,021	596	1,414	1,426	494	4,012	1,462
여성	15~19	635	-236	-7	-125	-38	-402	-97
	20~24	977	52	226	121	-311	166	-333
	25~29	471	250	115	126	115	712	90
	30~34	512	134	287	36	-58	499	12
	35~39	615	70	156	312	60	627	-79
	40~44	639	20	149	151	337	620	107
	45~49	590	58	81	24	254	344	434

〈표 3-3〉 경제활동인구의 연령분포(단위: 천 명) (계속)

	연령(세)	1980년 경제활동 인구	증감량					
			1980~1985년	1985~1990년	1990~1995년	1995~2000년	1980~2000년	2000~2010년
여성	50~54	416	73	167	-21	33	231	549
	55~59	301	52	128	70	6	225	235
	60+	257	90	231	193	207	666	239
	총합	5,413	563	1,533	887	605	3,688	1,157

주: 통계청, 통계DB(KOSIS), 『경제활동인구연보』. 경제활동인구집계가 약간씩 변화되어 현재의 공식 통계와 수치가 다를 수 있다.

집단은 50~54세, 45~49세, 55세 이상으로 나타나고 있다. 이처럼 연령집단별로 경제활동인구가 크게 변화된 것은 저출산 고령화가 급속하게 이루어진 요인의 영향과 교육기간의 증가에 따른 청년층의 경제활동참가율의 감소, 여성의 경제활동 증가 등의 요인이 결합된 것으로 추정된다.

성별 경제활동참가인구의 변화를 비교해 보면 남성은 전체 분포와 유사한 시기별 연령집단별 추이를 나타낸다. 15~19세 연령집단의 경제활동참여크기는 1980년 이래 계속 감소하였고, 20~24세 연령집단의 경제활동참여크기도 1980년 이래 계속 감소하였다. 25~34세 연령집단의 경제활동참여크기는 1995년까지 증가하다가 1995년 이후 감소하고 있다. 35~39세 연령집단의 경제활동참여크기는 2000년까지 증가하다가 이후 감소하는 패턴을 보인다. 2010년 시점까지 볼 때 40세 이상 남자의 경제활동참여크기는 1980년 이래 크게 증가해 왔다.

여성의 경우, 15~19세에서 경제활동참여크기는 남성과 마찬가지로 1980년 이래 계속 감소하여 왔다. 한편 20~24세에서의 경제활동참여는 남성에서는 계속 감소한 패턴과는 달리 여성에서는 1995년까지 증가한 패턴을 보이다가, 1995년 이후 감소하는 패턴을 나타내고 있다. 25~29세에서의 경제활동참여도 1980년 이후 계속 증가하여 왔다. 같은 연령의 남성의 경제활동참여는 1995년 이래 감소하고 있는 것과는 차이가 있다. 30~34세 여성의 경제활동참여는 1995년 이전까지는 증가 패턴을 보이다가 이후 2005년까지 감소하다가 2005년 이후 다시 증가하고 있다. 35~39세 여성의 경제활동참여는 1980년 이래 2000년까지 계속 증가하다가, 2000년 이후 감소하고 있다. 이렇게 여성의 경제활동참여가 시기, 연령집단별로 크게 변화된 것은 해당 연령집단의 인구크기 변화 이외에도 교육연장, 결혼시기연장과 복합적으로 연결되어 경제활동 참여방식이 변화되었기 때문일 수 있다.

이와 같이 연령집단별, 성별로 크게 변화된 경제활동인구가 어느 정도 인구크기 변화나 교육기간, 결혼시기, 노동참여율의 변화에 따른 것인가? 요인분해 방법을 통해 이 문제에 답을 찾아볼 수 있다. 어느 시기의 경제활동인구는 15세 이상 인구의 크기와 그중 경제활동에 참여하는 인구의 비율로 그 크기가 결정된다. 따라서 두 시기 사이 경제활동의 크기 변화는 인구요인과 비율요인으로 분해할 수 있다. 인구요인이란 인구크기의 영향으로 해당 연령층의 인구크기가 증감한 효과를 나타낸다. 비율요인이란 경제활동참여율의 증감에 따른 변화이다. 요컨대 경제활동인구의 크기 변화는 각 연령집단의 인구가 증감한 정도와 각 연령집단에서 경제활동에 참여하는 비율의 변화의 영향으로 나누어 살펴볼 수 있다.

경제활동인구크기 변화에 대한 인구요인과 비율요인의 효과는 다음의 식과 같이 분해하였다.

경제활동인구=인구×경제활동참여율

1980년 경제활동인구 A, 2000년 경제활동인구 B

$$B\text{-}A=(B_s\text{-}A)+(B\text{-}B_s)$$

=인구효과+비율효과

B_s=2000년의 인구에 1980년의 경제활동참여율을 곱한 값

간단하게 기술하면 2000년 각 연령집단의 인구에 1980년도의 연령별경제활동참가율을 적용하여 경제활동참가율이 변하지 않았다고 가정하였을 때 예상되는 2000년도 경제활동인구수를 추정한다(B_s). 이렇게 추정한 인구와 1980년도의 경제활동인구의 차이는 두 시기 인구크기의 변화 때문에 발생한 변화량으로 정의할 수 있다(인구효과). 비율변화는 2000년도의 실제 경제활동인구수와 경제활동참가율이 1980년과 동일하다고 가정하였을 때 예상되는 2000년도 경제활동인구수와 차이로 분해할 수 있다.

〈표 3-4〉에서는 1980년과 2000년 경제활동인구크기의 변화를 인구요인과 비율요인의 효과로 분해한 절차를 요약하고 있다. 첫 번째 칸과 두 번째 칸에는 1980년(A)과 2000년(B)의 경제활동인구가 연령별로 제시되어 있다. 다음 칸에는 1980년 경제활동참가율을 가정하였을 때 2000년도의 경제활동인구(B_s)가 제시되어 있다.

〈표 3-4〉 경제활동인구 변화의 요인분해, 1980~2000

연령(세)	경제활동인구(천 명)			변화량분해				변화량기여도(%)	
	1980년	2000년	2000년	순변화	인구 요인	비율 요인	총변화	인구 요인	비율 요인
	A	B	B_s	$C=B-A$	$D=B_s-A$	$E=C-D$	$F=\mid D\mid+\mid E\mid$	$D_p=D/F$	$E_p=E/F$
15~19	1,194	454	1,154	-740	-39.5	-700.5	740.0	-5.3	-94.7
20~24	1,974	1,843	2,014	-131	39.7	-170.7	210.5	18.9	-81.1
25~29	1,849	3,011	2,710	1,162	860.6	301.4	1,162.0	74.1	25.9
30~34	1,813	3,062	2,953	1,249	1,140.3	108.7	1,249.0	91.3	8.7
35~39	1,789	3,307	3,211	1,518	1,422.4	95.6	1,518.0	93.7	6.3
40~44	1,757	3,170	3,065	1,413	1,308.2	104.8	1,413.0	92.6	7.4
45~49	1,526	2,297	2,197	771	670.5	100.5	771.0	87.0	13.0
50~54	1,033	1,706	1,672	673	639.4	33.6	673.0	95.0	5.0
55~59	777	1,290	1,251	513	473.9	39.1	513.0	92.4	7.6
60+	720	1,992	1,475	1,272	754.8	517.2	1,272.0	59.3	40.7
총합	14,432	22,132	21,350	7,700	6,918.1	781.9	7,700.0	89.8	10.2

주: B_s는 1980년 경제활동참가율을 가정하였을 때, 기대된 2000년도 경제활동인구크기를 가리킴.

그 다음의 칸에서는 변화량을 분해한 결과를 요약하고 있는데, 순변화(C)는 두 시기 경제활동인구의 변화(B-A)를 가리킨다. 인구요인(D)은 경제활동참가율을 1980년으로 표준화하였을 때 2000년의 경제활동인구(B_s)와 1980년의 경제활동인구(A)의 차이를, 비율요인는 경제활동참가율을 1980년으로 표준화하였을 때의 2000년도 경제활동인구(B_s)와 실제경제활동인구의 차이(B)를 구하면 된다. 표의 마지막 두 칸에는 인구요인과 사회적 요인의 상대적 기여도를 백분율로 제시하고 있다. 표에서 확인할 수 있듯이 1980년과 2000년 사이의 경제활동인구크기 변화는 주로 인구요인에 의해 설명된다. 총변화량의 약 90%가 인구크기 증가에 따른 변화이다. 주목할 것은 인구효과가 연령집단별로 크게 차이가 나는 점이다.

15~19세 연령집단의 경제활동참여가 감소한 것은 교육기간의 지연 등으로 인해 노동시장에 진입하는 연령이 크게 연장되었고, 다른 연령집단과는 대조적으로 인구요인도 경제활동참여크기를 감소시키는 방향으로 작용하였다. 1980년 15~19세는 1965년에 0~4세이고 1961~1965년에 태어난 집단으로서 출생아가 큰 코호트에 속한다. 1980년 20~24세는 1960년에 0~4세이고, 1956~1960년에 출생한 집단으로 1961~1965년 출생 코호트보다 크기가 크다. 이렇게 1956~1964년에 출생률이 가장 높았고 이후 급속하게 출산율이 감소하였지만 가임크기의 변화로 인하여 출생크기는 약간의 증감 패턴이 확인된다.

한편 15~24세 연령집단을 제외한 모든 연령집단에서는 1980년과 2000년 사이 인구효과가 정의 방향으로 작용하고 있다. 고출생 고사망, 고출생 저사망, 이전 고출생 시기의 모멘텀 효과 등이 이어져 인구가 계속 증가하였기 때문으로 이해될 수 있다.

경제활동참여크기의 변화를 성별로 구분해 보면, 1980~2000년 동안 남성경제활동인구의 증가량의 92.4%가 인구요인에 의해 설명된다(〈표 3-5〉). 연령별로 살펴보면 15~19세 연령집단에서는 인구효과가 음으로 작용하고 있다. 15~19세 연령집단에서 경제활동인구 감소량의 11%가 인구크기의 감소에 의해 설명된다. 20~24세 연령집단의 경제활동인구 감소량의 95%가 경제활동참여율의 감소의 영향으로 해석된다. 지난 20년간 25세 이상 남성의 경제활동인구는 증가하였는데, 이는 주로

〈표 3-5〉 경제활동인구 변화의 요인, 1980~2000(단위: %)

연령 (세)	전체		남		여	
	인구요인	비율요인	인구요인	비율요인	인구요인	비율요인
15~19	-5.3	-94.7	-10.8	-89.2	0.3	-99.7
20~24	18.9	-81.1	4.9	-95.1	13.5	86.5
25~29	74.1	25.9	74.6	-25.4	28.9	71.1
30~34	91.3	8.7	94.6	-5.4	66.6	33.4
35~39	93.7	6.3	96.6	-3.4	79.0	21.0
40~44	92.6	7.4	96.2	-3.8	77.4	22.6
45~49	87.0	13.0	95.1	-4.9	68.5	31.5
50~54	95.0	5.0	97.2	-2.8	92.6	7.4
55~59	92.4	7.6	93.7	-6.3	76.5	23.5
60+	59.3	40.7	83.9	16.1	39.1	60.9
총합	89.8	10.2	92.4	-7.6	69.6	30.4

〈표 3-6〉 경제활동인구 변화의 요인, 2000~2010(단위: %)

연령 (세)	전체		남		여	
	인구요인	비율요인	인구요인	비율요인	인구요인	비율요인
15~19	-23.4	-76.6	-16.2	-83.8	-33.2	-66.8
20~24	-57.5	-42.5	-47.0	-53.0	-65.2	-34.8
25~29	-78.1	21.9	-60.5	-39.5	-39.2	60.8
30~34	-85.9	14.1	-70.8	-29.2	-47.1	52.9
35~39	7.2	-92.8	37.5	-62.5	-9.0	-91.0
40~44	83.4	16.6	89.3	-10.7	59.0	41.0
45~49	97.8	2.2	98.9	1.1	96.4	3.6
50~54	89.3	10.7	97.1	2.9	78.7	21.3
55~59	82.5	17.5	81.1	18.9	87.6	12.4
60+	90.9	-9.1	96.6	3.4	72.9	-27.1
계	97.3	-2.7	86.5	-13.5	87.5	12.5

인구크기의 증가에 따른다. 그러나 60세 이상을 제외한 모든 연령층에서 비율요인의 효과가 음의 값을 가지는 것처럼 남성의 경제활동참가율은 1980~2000년 동안 대부분의 연령집단에서 감소하였다.

여성의 경제활동인구는 지난 20년 동안 크게 증가하였는데, 이것은 인구요인 외 경제활동참가율의 실질적 상승에 따른다. 1980~2000년 동안 여성 경제활동인구 변화량의 30%가 경제활동참가율의 상승 때문에 이루어졌다. 특히 20대와 60세 이상 여성의 경제활동참가율이 크게 증가한 것으로 판단된다.

한국사회의 경제활동인구는 2000년 이후 크게 변화되고 있다(〈표 3-6〉). 1980~2000년에는 출산율이 크게 떨어지고 교육수준의 증가로 청년층의 경제활동인구가 계속 줄어들었지만, 25세 이상의 연령집단에서는 고출생의 모멘텀 효과가 작용하여 여러 연령집단에서 인구가 성장하였고, 여성의 경제활동참여율이 크게 증가한 패턴을 보인다. 한편 2000년 이후에는 고출생의 모멘텀의 효과는 점점 사라져 30대 초반까지 인구크기는 계속 줄어들고 있고 경제활동크기에 부정적으로 영향을 미치고 있다. 남성의 경우에는 30대까지 경제활동이 크게 감소하였는데, 이는 인구감소 요인과 더불어 경제활동참여율의 상당한 감소에 기인한다고 판단된다. 여성의 경우 2000~2010년 20대 중후반에서 30대 초반의 경제활동참여율은 증가한 반면 30대 후반에서의 경제활동참여율은 감소하였다. 청년남성의 전반적인 일자리 어려움과 여성의 경제활동참여와 연관되어 여성의 결혼시기와 양육시기가 늦어진 효과와 관련이 될 수 있다고 추측된다.

2) 1인 단독가구 노인의 증가 요인

노년의 거주 형태는 최근 몇 십 년 동안 크게 변화되었다. 1980년만 해도 대다수의 65세 이상 노인은 기혼자녀와 함께 거주하였다. 그러나 최근으로 올수록 세대 간 동거비율은 크게 감소하였고, 그 대신 노인 혼자 살거나 노부부만 함께 사는 거주형태의 비율이 크게 증가하였다. 2000년도 〈인구총조사〉 자료에 따르면,

〈표 3-7〉 노인의 구성변화와 단독거주율(단위: %)

	1980년		2000년	
	구성비(N_i/N)	단독거주율(T_i)	구성비(n_i/n)	단독거주율(t_i)
65~69세	42.5	4.97	40.2	14.04
70~74세	29.3	4.91	27.5	19.02
75~79세	16.1	4.95	18.0	20.25
80~84세	8.4	3.55	9.1	17.74
85세 이상	3.8	4.00	5.2	12.74
무배우자(유배우)	54.9(45.1)	8.01(0.9)	48.0(52.0)	33.58(1.3)
초등학교 이하 (중학교 이상)	94.6(5.4)	4.94(2.3)	78.8(21.2)	19.07(8.4)
취업(비취업)	20.4(79.6)	6.84(4.3)	25.8(74.2)	16.18(17.0)
거주지 이동 (정주)	24.4(75.6)	3.19(5.3)	26.0(74.0)	15.41(17.3)
농촌거주 (동·읍 거주)	49.1(38.3, 12.6)	5.79(3.2, 5.5)	31.4(57.8, 10.8)	21.91(13.5, 19.4)
계		4.79		16.98

자료: 당해연도 인구총조사 2% 표본.

65세 이상 노인 중 비친족가구에 속하는 비율이 17.5%이며, 노부부만 함께 사는 비율이 34.7%로 65세 이상 인구의 반 이상이 자녀와 떨어져 사는 것으로 조사되고 있다(박경숙, 2003c). 여기서는 노인 단독거주형태에 초점을 두어 노년의 단독거주율이 크게 증가한 요인이 무엇인가를 분해하여 보고자 한다.

단독거주노인이 증가한 것은 한편으로 독거 가능성이 큰 노인의 구성이 증가한 때문일 수 있다(구성효과). 다변량 분석에 따르면 독거율은 노인의 연령, 혼인상태, 건강상태, 교육수준, 취업상태, 거주지 분포 등에 따라 유의한 차이가 있게 추정된다. 한편 노인집단 내 연령, 혼인상태, 건강상태, 교육수준, 취업상태, 거주지 분포는 변하고 있다. 지난 1980~2000년 사이 20년간 65세 이상 인구의 구성변화를 살펴보면 점차적으로 고령의 비율이 커지고 있다(〈표 3-7〉). 유배우자 비율이 높아졌으며 교육수준이 크게 높아졌다. 65세 이상 고령층의 취업률과 도시에 거주하는 비율이 증가되어 왔다(박경숙, 2003c). 이와 같은 노인집단의 인구구성의 변화는 단독거주율 변화에 영향을 미쳤을 것이다. 요컨대 연령분포에서는 점차적으로 고령층의 비율이 증가하고 있는데, 이는 독거율이 상대적으로 낮은 인구의 구성비가 증가한 것을 의미한다. 유배우자 비율의 증가도 독거노인의 비중을 감소하는 쪽으로 작용하였을 것이다. 중등학교 이상의 노인비율이 증가한 것은 단독거주 노인의 구성비를 감소하는 쪽으로 기여하였을 것이다. 도시거주 노인의 증가는 독거노인의 구성비를 감소하는 쪽으로 기여하였을 것이다. 대체로 노인구성의 변화는 독거율을 감소하는 방향으로 작용하였을 수 있다.

단독거주 노인증가는 다른 한편 노인인구의 구성변화와는 상관없이 모든 집단에서 비율이 증가된 영향이 클 수 있다(비율효과). 무배우상태를 예로 들자면 과거에는 자녀와 동거하는 것이 일반적이었지만, 최근에는 혼자 사는 경향이 크게 증가하였다. 단독거주 노인증가는 또한 독거 가능성을 조성한 요인들의 효과가 확대된 결과에 비롯할 수 있다(구성과 비율의 상호작용효과). 자녀와의 동거율은 노인의 혼인상태, 연령, 거주지 등에 따라 다르며, 그 차이가 최근으로 올수록 커지거나 줄어들었을 수 있다.

여기서는 단독거주 노인비율의 변화에 구성변화, 비율변화, 상호작용효과를 분석하였다. 요인분해는 상호작용을 별도로 분해한 방법과 주효과에 포함하는 방법을 모두 수행하였다.

$$t_{.} - T_{.} = \sum_i T_i\left(\frac{n_i}{n} - \frac{N_i}{N}\right) + \sum_i \frac{N_i}{N}(t_i - T_i) + \sum_i (t_i - T_i)\left(\frac{n_i}{n} - \frac{N_i}{N}\right)$$

$$= \sum_i t\left(\frac{n_i}{n} - \frac{N_i}{N}\right) + \sum_i \frac{n_i}{n}(t_i - T_i) + \sum_i (t_i - T_i)\left(\frac{N_i}{N} - \frac{n_i}{n}\right)$$

구성비(요인)효과 + 비율효과 + 상호작용효과

$$t_{.} - T_{.} = \sum_i \frac{t_i + T_i}{2}\left(\frac{n_i}{n} - \frac{N_i}{N}\right) + \sum_i \frac{\frac{n_i}{n} + \frac{N_i}{N}}{2}(t_i - T_i)$$

총요인효과 + 총비율효과

〈표 3-8〉 1인 단독가구 노인비율 변화의 요인분해(단위: %)

	요인효과					총변화
	순요인효과	순비율효과	상호작용	총요인효과	총비율효과	
연령	-0.02	11.96	0.06	0.00	12.00	12.01
혼인상태	-0.48	14.21	-1.72	-1.35	13.35	12.01
교육수준	-0.43	13.70	-1.27	-1.06	13.06	12.01
취업상태	0.14	12.03	-0.18	0.05	11.94	12.01
거주지 이동	-0.03	12.02	0.00	-0.03	12.03	12.01
거주지	-0.48	13.59	-1.11	-1.04	13.04	12.01

자료: 인구총조사 2% 표본.

〈표 3-8〉에서는 요인효과를 정리하고 있다. 총변화는 1980년과 2000년의 노인 단독가구비율의 차이를 나타낸다. 인구총조사 2% 표본을 분석할 결과 1980년에는 65세 이상 노인 중 혼자 거주하는 비율이 4.79%이고, 2000년에는 16.98%로 그 차이가 12.01이다. 각 요소의 효과는 총변화에 대한 상대적 기여도를 나타낸다.

표에서 먼저 쉽게 확인할 수 있는 특성은 비율효과(순비율효과, 총비율효과)가 매우 크다는 것이다. 이는 혼인상태, 교육수준, 취업상태 등의 구성변화에 관계없이 모든 집단에서 독거비율이 크게 상승하였음을 의미한다. 또한 대부분의 요인분해 결과에서 총변화값보다 비율변화값이 큰데, 이는 요인들의 구성비변화가 비율변화를 다소나마 상쇄하는 방향으로 작용하였음을 의미한다.

구성요인 중 단독거주율 변화에 다소 크게 기여한 요인은 혼인상태이다. 분석결과에 따르면, 혼인상태의 변화는 전체 비율변화의 약 10%를 상쇄한 것으로 계산된다(1.346/13.353). 다시 말하여 지난 20년간 유배율의 증가는 독거율 증가 효과의 약 10%를 상쇄하였다고 해석할 수 있다. 그런데 혼인상태의 효과를 순효과와 상호작용효과로 나누어 보면 순효과는 그다지 크지 않으며 상호작용효과가 더 크게 나타난다. 이는 혼인상태별 차이가 최근으로 올수록 커진 효과를 반영한다. 1980년에는 배우자가 없는 노인이 대부분 자녀와 함께 살아 혼자 살 개연성이 크지 않았지만 2000년에는 배우자가 없을 경우 혼자 살 개연성이 훨씬 더 커진 것이다. 이렇게 혼인상태별 차이가 커지고 유배우율이 감소한 상호작용으로 단독거주율 감소의 효과가 크게 나타나는 것이다. 혼인상태 다음으로 교육수준의 효과와 거주지 효과의 영향력이 크게 나타난다. 교육수준의 효과는 약 8.1%(1.06/13.06), 거주지 효과는 비율변화의 7.9%(1.035/13.040)를 상쇄한 것으로 계산된다.

결론적으로 단독거주 노인의 비율이 증가한 것은 주로 모든 집단에서 급격하게 상승한 독거비율 상승(비율효과)에 비롯한다. 노인인구의 구성상의 변화나 상호작용효과가 단독거주율 증가에 미친 영향은 별로 크지 않다.

3) 출산율 변화의 요인

출산율 변화는 결혼, 임신, 임시적/영구적 불임, 수유, 피임, 인공유산 관련된 행위에 영향을 받는다. 그리고 이렇게 다양한 출산 통제행위 방식들은 사회집단에 따라, 시기에 따라 그 영향이 변하는 것으로 알려져 있다. 각 요인이 집단에 따라 혹은 시기에 따라 얼마나 차이가 있는가를 살펴보기 위해 요인분해 방법을 활용할 수 있다. 예를 들어 봉가르츠(Bogaarts, 1978), 홉크래프트와 리틀(Hobcraft and Little, 1984) 등은 합계출산율(TFR)을 일련의 출산중지 상황에서의 생존 함수의 곱으로 접근하였다.

$$
\begin{aligned}
TFR &= P_B C_{-M}(1-C_L)(1-C_C)(1-C_A) \\
&= P_B[TFR/MTFR][20/(18.5+0.6l)][1-1.08\rho\epsilon][1-TAR]
\end{aligned}
$$

수식에서, P_B는 수유나 산후 금욕, 기타 출산통제변수효과가 없을 때 기대되는 잠재적 출산율(총가임률)을 가리킨다. 잠재적 출산율은 보통 15~16명 수준으로 가정하거나 실제 합계출산율(TFR)과 출산함수의 관계를 통해 추정하기도 한다. C_{-M}은 유배우율의 인덱스로서 유배우율을 직접 관측하거나 합계출산율을 유배우 출산율로 나눈 값으로 측정할 수 있다. 만일 모든 여성이 유배우상태라면 유배우

출산율과 합계출산율이 동일하여 인덱스는 1이 된다. ($1\text{-}C_L$)은 수유에 따른 출산 조정효과로서, 수유가 이루어지지 않았을 때 가정되는 출산간격(birth interval)을 수유가 이루어진 상황에서 관찰 혹은 기대되는 출산간격으로 나눈 값으로 측정할 수 있다. 수유가 이루어지지 않았을 때 출산간격은 임신까지의 대기기간 7.5개월, 임신 후 9개월, 산후 무배란 1.5개월, 임신 소모 2개월을 합하여 20개월로 기대된다. 봉가르츠(Bogaarts, 1978)는 수유 시의 출산간격을 18.5개월에 수유로 인한 불임기간(수유기간의 0.6)을 합한 값으로 측정하였다. ($1\text{-}C_C$)는 피임사용의 효과로서 이는 피임실천율(ρ)과 피임효과(ϵ)에 따라 다를 수 있다. ($1\text{-}C_A$)는 임신중절의 효과로부터의 잔존율로 측정하였다.

〈표 3-9〉는 봉가르츠의 모형에 기초하여 한국의 출산율 결정요인을 분해한 것이다. 1960년에서 1990년 총가임률과 각 인덱스의 값은 전광희(1997: 62)의 연구에서 원용하였고, 2000년의 출산력에 관해서는 2000년 〈전국 출산력 및 가족보건복지실태조사〉 자료를, 2010년의 출산력에 관해서는 2009년 〈전국출산력 및 가족보건복지실태조사〉 자료를 이용하였다. 2000년 유배우피임률 인덱스는 봉가르츠의 식에 따라 구하되 유배우피임실천율(1999년, 79.3%)에 피임만족도(1999년, 78.1%)를 곱한 값을 피임효과로 간주하였다. 2010년의 유배우피임률의 경우 2009년 〈전국출산력 및 가족보건복지실태조사〉에서는 피임만족도에 해당하는 정보는 없고 대신에 피임방법을 바꾸지 않고 유지하겠다는 응답비율이 포함되어 2009년 조사에서 발표한 피임실천율(80%)과 피임방법을 바꾸지 않고 유지하겠다는 비율(77.6%)을 곱하여 유배우피임률을 측정하였다. 수유로 인한 불임률은 1990년과 동일하다고 간주하였다.

유배우 인덱스($C_{\text{-}m}$)는 합계출산율(TFR)에서 일련의 인덱스의 값을 단계로 곱하여 총유배우출산율(TFA)을 구하여 그 값으로 합계가임률(TF)을 나누어 구하였다. 표에서 알 수 있듯이 인덱스들의 값이 크게 변화되었다. 유배우율 인덱스($C_{\text{-}M}$)의 경우 1960년 0.72에서 1990년 이후 크게 감소하여 1990년에는 0.48, 2000년에는 0.45, 2000년에는 0.40에 그치고 있다. 유배우피임률(C_C)도 1960년 이래 크게 증가하여 1990년 이후는 피임 실천이 보편화된 것으로 보인다. 유배우

인공유산율(C_A)은 1960~1980년까지 크게 증가하였다가 이후 약간 줄어든 경향을 보인다.

이들 출산조절 요인들의 효과가 출산율 감소에 얼마나 기여하였는가를 살펴보기 위해 총가임률(*TF*)에서 합계출산율(*TFR*)의 차이를 분해하여 보았다. 이를 위해 각 출산중지 요소들의 영향을 단계적으로 고려할 때 기대되는 출산율(*TFA*, *TFB*, *TFC*, *TFR*)을 계산하였다. 여기서는 발표된 합계출산율(*TFR*)에서부터 역으로 단계적으로 *TFC*, *TFB*, *TFA*를 구하였다. 그리고 단계적으로 출산중지요인들을 하나씩 더 고려하면서 추정된 출산율의 차이 값을 새로 고려한 요인의 효과로 추정하였다. 합계출산율이 감소함에 따라 가임률과 합계출산율의 차이는 최근

〈표 3-9〉 15~44세 여성의 총출산율 요인분해, 1960~2010

	1960년	1970년	1980년	1990년	2000년	2010년
총가임률 *TF*	16.2	16.2	16.2	16.2	16.2	16.2
유배우율 C_{-M}	0.72	0.58	0.64	0.48	0.45	0.40
유배우피임률 C_C	0.03	0.24	0.45	0.60	0.62	0.62
유배우인공유산율 C_A	0.03	0.16	0.30	0.24	0.25	0.26
수유로 인한 불임률 C_L	0.44	0.34	0.32	0.32	0.32	0.32
총유배우출산율(결혼연령, 이혼/별거) *TFA*	11.67	9.39	10.41	7.78	7.25	6.45
총유배우출산율(피임) *TFB*	11.32	7.14	5.70	3.10	2.76	2.44
총유배우출산율(피임, 유산) *TFC*	10.98	6.00	3.99	2.36	2.06	1.80
합계출산율 *TFR*	6.15	3.96	2.70	1.60	1.40	1.23
총가임률-합계출산율 *TF-TFR*	10.05	12.24	13.50	14.60	14.80	15.0
결혼연령, 이혼/별거 효과 *TF-TFA*	4.53	6.81	5.79	8.42	8.95	9.75
피임효과 *TFA-TFB*	0.34	2.25	4.71	4.68	4.50	4.00
유산효과 *TFB-TFC*	0.34	1.14	1.71	0.74	0.70	0.64
수유불임효과 *TFC-TFR*	4.83	2.04	1.29	0.76	0.66	0.58

자료: 전광희(1997: 66); 김승권 외(2000: 149, 162, 191); 김승권 외(2009: 154, 171, 172).
주: 각 단계의 출산율은 발표된 합계출산율로부터 단계적으로 역산하여 추정하였다.

$$
\begin{aligned}
TFA &= TF \times C_{-M} \\
TFB &= TFA \times (1-C_C) \\
TFC &= TFB \times (1-C_A) \\
TFR &= TFC \times (1-C_L)
\end{aligned}
\qquad \text{혹은} \qquad
\begin{aligned}
TFC &= \frac{TFR}{(1-C_L)} \\
TFB &= \frac{TFC}{(1-C_A)} \\
TFA &= \frac{TFB}{(1-C_C)}
\end{aligned}
$$

으로 올수록 커졌다. 유배우율 감소에 따른 출산율 감소크기는 1960년 4.53명에서 서서히 증가하다가 1990년에 8.42명으로 크게 증가한 이후에도 증가하는 패턴이 2010년 현재까지 지속되고 있다. 피임률에 따른 출산율 감소크기는 1960~1980년 사이 크게 증가하였다가 이후는 크게 변하지 않았다.

앞에서는 총가임률과 합계출산율의 차이가 시기적으로 어떻게 커졌고 출산조정 요인들의 영향이 또한 시기적으로 어떻게 변하였는가를 분석하였다. 또 다른 방법으로 〈표 3-9〉에 제시된 출산요인 자료에 기초하여, 합계출산율의 시계열적 변화에 출산조절 요인들이 미친 영향을 표준화 방법을 통해 직접적으로 분해할 수 있다. 가임률(α), 유배우율(β), 피임률(γ), 중절률(δ), 수유율(ϵ)의 인덱스의 곱으로 표현된 두 시점의 합계출산율을 *TFR*, *tfr*이라고 할 때, 출산율 요인분해는 다음의 식에서와 같이 구한다.

$$TFR=ABCDE,\ tfr=abcde$$

$$TFR\text{-}tfr = \alpha\text{효과} + \beta\text{효과} + \gamma\text{효과} + \theta\text{효과} + \epsilon\text{효과}$$

α효과

$=\{(bcde+BCDE)/5+(bcdE+bcDe+bCde+Bcde+BCDe+BCdE+BcDE+bCDE)$
$/20+(bcDE+bCdE+bCDe+BCde+BcDe+BcdE)/30\}\times(\text{A-a})$

β효과

$$=\{(acde+ACDE)/5+(acdE+acDe+aCde+Acde+ACDe+ACdE+AcDE+aCDE)/20+(acDE+aCdE+aCDe+ACde+AcDe+AcdE)/30\}\times(B-b)$$

γ효과

$$=\{(abde+ABDE)/5+(abdE+abDe+aBde+Abde+ABDe+ABdE+AbDE+aBDE)/20+(abDE+aBdE+aBDe+ABde+AbDe+AbdE)/30\}\times(C-c)$$

θ효과

$$=\{(abce+ABCE)/5+(abcE+abCe+aBce+Abce+ABCe+ABcE+AbCE+aBCE)/20+(abCE+aBcE+aBCe+ABce+AbCe+AbcE)/30\}\times(D-d)$$

ϵ효과

$$=\{(abcd+ABCD)/5+(abcD+abCd+aBcd+Abcd+ABCd+ABcD+AbCE+aBCD)/20+(abCD+aBcD+aBCd+ABcd+AbCd+AbcD)/30\}\times(E-e)$$

분석결과를 보면 출산율 감소의 요인들이 시기적으로 크게 차이가 있음을 확인할 수 있다(〈표 3-10〉). 1960~1970년 사이 출산율이 감소한 데에는 유배우율 감소, 유배우피임률 증가, 유배우유산율 증가 등의 요인이 모두 중요하게 작용하였다. 1970~1980년 사이 출산율이 감소한 데에는 유배우피임률의 증가, 유배우유산율의 증가 영향이 크다. 1980~1990년 사이 출산율이 감소한 데는 유배우율의 감소와 유배우피임률의 증가 영향이 크게 나타난다. 종합해 보면 1960~1990년까지 출산율 감소에 가장 기여가 큰 요인은 피임률의 확대로 나타난다. 특히 1960~1980년 사이 출산율이 크게 감소한 데 피임률 확대의 영향이 크다. 한편 피임률의 효과는 피임 사용이 보편화된 1990년 이후는 큰 변화가 보이지 않는다. 1990년 이후 출산율이 떨어지는데, 유배우율의 효과가 점점 커지는 경향을 볼 수 있다. 인공유산율은 시기적으로 그 영향이 감소하고 있기는 하지만 최근에도 출산율 감소에

〈표 3-10〉 합계출산율 변화의 효과

	1970~1960년	1980~1970년	1990~1980년	2000~1990년	2010~2000년
합계출산율 변화 (*TFR-tfr*)	-2.19	-1.26	-1.1	-0.2	-0.17
유배우율 효과	-1.08	0.34	-0.61	-0.11	-0.15
유배우피임률 효과	-1.22	-1.08	-0.67	-0.07	0.00
유배우유산율 효과	-0.72	-0.60	0.18	-0.03	-0.02
수유로 인한 불임률 효과	0.83	0.08	0	0.01	0.00
합계출산율 변화 (*TFR-tfr*)	100.00	100.00	100.00	100.00	100.00
유배우율 효과	49.48	-27.39	55.83	52.89	88.87
유배우피임률 효과	55.57	85.98	60.73	36.17	1.99
유배우유산율 효과	32.98	48.01	-16.55	14.76	9.14
수유로 인한 불임률 효과	-38.04	-6.60	0.00	-3.82	0.00

기여하는 요인에 속하고 있다.

출산력 변화 요인을 살펴보는 것은 개인단위 출산력 자료를 통해서도 가능하다(Hobcraft and Little, 1984). 구체적으로 어떤 연령 x에서 $x+n$ 여성의 출산율(f_x)은 다음과 같이 정리할 수 있다.

$$f_x = P_x[1 - d_x(-m) - d_x(u) - d_x(c) - d_x(a) - d_x(l)]$$

여기서 f_x는 실현된 출산율을, P_x는 잠재적으로 가능한 출산력을 가리킨다. 잠재적 출산력은 연령별출산율(f_x)과 출산중지 위험요인에의 노출확률 간의 관계를 통해 추정될 수 있다. 식에서 표현된 것 같이 실현된 출산율(f_x)은 잠재적 출산율에서 출산을 저해하는 요인들에 노출되지 않을 확률로서 파악될 수 있다. 출산을 저해하는 요인은 비혼 $d(-m)$, 성행위 중단 $d(u)$, 피임률 $d(c)$, 유산율 $d(a)$, 수유로 인한 불임률 $d(l)$을 포함한다. 그런데 이런 출산통제요인들의 발생은 시간적으로 선후관계로 배열될 수 있으므로, 실현된 출산율은 단계별 출산중지요인 노출에서의 생존율(C)의 곱으로 재정리할 수 있다. 각 단계의 생존율을 C로 표기한 것은 그 확률들이 조건확률(conditional probability)의 의미를 갖기 때문이다.

$$\begin{aligned} f_x &= P_x[1-d_x(-m)][1-d_x(-m)-d_x(u)]/[1-d_x(-m)] \\ &[1-d_x(-m)-d_x(u)-d_x(c)]/[1-d_x(-m)-d_x(u)] \\ &[1-d_x(-m)-d_x(u)-d_x(c)-d_x(l)]/[1-d_x(-m)-d_x(u)-d_x(c)] \\ &= P_x C_{-m,x} C_{u,x|-m_x} C_{c,x|-m_x u_x} C_{l,x|-m_x u_x c_x} \end{aligned}$$

$$TFR = PC_{-m} C_{u|-m} C_{c|-m\mu} C_{l|-muc}$$

$$P = \sum_x P_x$$

$$C_{-m} = \sum_x (e_x C_{-m,x} / \sum_x e_x)\ \ (e_x = f_x/(1-d_x(-m))$$

$$C_{u|-m} = \sum_x (\omega_x C_{u,x|-m} / \sum_x \omega_x)\ \ (\omega_x = f_x/(1-d_x(-m)-d_x(u))$$

$$C_{c|-m\mu} = \sum_x (\eta_x C_{c,x|-m\mu} / \sum_x \eta_x)\ \ (\eta_x = f_x/(1-d_x(-m)-d_x(u)-d_x(c))$$

$$C_{l|-m\mu c} = \sum_x P_x C_{l,x|-m\mu c}/P$$

위의 식은 특정 연령(x)에 있는 가임여성의 출산율의 함수를 나타낸 것이다. 한편 가임연령 여성 전체의 출산율(합계출산율)은 각 연령집단에서 구한 출산율들의 가중합으로 추정할 수 있다. 예를 들어 전체 가임여성의 유배우율(C_{-m})은 각 연령집단에서의 유배우율($C_{-m,x}$)에 미혼율만 고려하여 추정한 잠재출산율에 대한 각 연령집단의 기여도를 가중치로 곱하여 합한 값과 같다. 마찬가지로 전체 성관

계 인덱스($C_{u|-m}$)는 각 연령집단에서의 성관계 인덱스($C_{u,x|-m,x}$)에 미혼율과 무배우율을 함께 고려하여 추정한 잠재출산율에 대한 각 연령집단의 기여도를 가중치로 곱하여 합한 값이며, 전체 피임률 인덱스($C_{c|u,-m}$)는 각 연령의 피임률 인덱스($C_{c,x|u,-m,x}$)에 피임률을 고려하였을 때의 잠재출산율에 대한 각 연령집단의 기여도를 가중치로 곱하여 합한 값과 같다.

제4장

출산율 측정과 분석

1. 출산의 측정

출산은 인구구조를 결정짓는 가장 기본적인 인구동태 요소의 하나이다. 출산은 사망과 더불어 자연적 인구성장의 요소이다. 출산을 측정하는 지표들은 크게 인구성장을 나타내는 지표들과 가족크기를 나타내는 지표들로 구분할 수 있다. 이를테면 전체인구에 대해 새로 태어나는 출생아비율인 조출생률과 모의 크기에 대해 여아의 비를 나타내는 재생산율(Net Replacement Rate, General Replacement Rate)은 인구성장 규모를 가늠하는 데 활용되는 비율들이다. 한편 가임연령 동안 이루어진 총출산아를 나타내는 합계출산율(Total Fertility Rate)과 가임여성인구에 대한 유아의 크기의 비를 나타내는 모아비(Child Women Ratio), 그리고 무자녀에서 첫 번째 자녀 출산으로 이행하는 비율이나 현재 출산에서 다음 번 출산으로 이행하는 비율을 나타내는 출산진도비(Parity Progression Ratio) 등은 가족크기를 반영하는 지표들로 구분할 수 있다. 인구성장과 가족크기를 가리키는 지표들은 서로 또한 밀접히 연관되어 있어 살피고자 하는 인구동태의 성격과 사용할 수 있는 자료에 맞게 선택하여 이용할 수 있다.

출산력을 나타내는 위의 비율들은 각각 장단점을 가지고 있다. 조출생률은 당해 연앙인구에 대한 그해 총출생아수의 비율로서 비교적 자료 확보가 쉽고 간단한 방식으로 측정할 수 있지만 가족크기나 인구성장 정도를 정확하게 반영하지 못하는 제한을 가진다. 출산율 지표로서 조출생률은 가임여성의 출산율에도 영향을 받지만 가임여성의 인구크기에도 영향을 받는다. 조출생률은 또한 인구성장의 주요 지표이지만 사망률과 이동률과 함께 제시되어야 성장률을 구할 수 있다. 출산율로 인구성장률을 직접 추정하기 위해 순재생산율(NRR)을 측정할 수 있다. 순재생산율을 모와 모의 출산 나이까지 생존한 딸의 구성비로서 세대를 통한 인구크기의 변화를 나타낸다. 그리고 순재생산율을 통해 안정인구상에서의 인구증가율을 측정할 수 있다. 합계출산율(TFR)은 가족크기를 나타내는 비율로서 가장 널리 활용되는 기간출산율이다. 합계출산율은 어떤 시점의 연령별출산율 패턴이 지속된다고 할 때 가임여성이 가임기간을 통해 출산할 것으로 기대되는 총자녀수를 가리킨다. 그런데 합계출산율은 특정시점에서 관찰한 연령별출산율에 기초한 기간비율이므로 실제 코호트의 완결출산율과는 차이가 있다. 또한 합계출산율이 시기별로 변하는 데에는 출산율 변화와 출산연령의 변화의 효과가 혼재되어 있을 수 있다.

이처럼 여러 출산율 지표들이 측정된 방식과 지표의 유용성과 제한점을 정확히 이해한다면 연구목적에 따라 출산율비율을 적절하게 선택하여 분석하는 데 도움이 될 수 있다. 출산 지표들은 연령별출산율처럼 출산동태자료를 통해 직접 측정할 수도 있고, 센서스의 연령구조나 일반조사의 가족크기 정보와 생명표상의 정지인구를 이용하여 추정할 수 있다. 여러 출산율 지표들의 상호연관성을 이해하면 자료의 한계로 직접적으로 측정할 수 없다고 하더라도, 출산 지표 간의 관계 논리를 적용하여 간접적으로 원하는 출산율 지표를 추정할 수 있다. 이 장에서는 출산/출생과 관련된 다양한 비율들의 측정방법에 대해서 살펴보겠다.

2. 출생률과 출산율

1) 조출생률(*CBR*)

가장 많이 활용되는 출산 관련 비율의 하나가 조출생률일 것이다. 조출생률(*CBR*, Crude Birth Rate)은 일반적으로 당해 연앙인구 전체에 대한 해당기간 총출생한 인구의 비율(인구 1,000명당 출생아수의 비율)로 측정된다(〈식 4-1〉).

$$CBR = {}_{w}B_{0}^{(t,\,t+1)} / {}_{w}N_{0}^{(t+1/2)} \times 1,000 \qquad \text{〈식 4-1〉}$$

조출생률을 구하기 위해서는 모집단이 되는 당해연도의 총인구자료와 출생아수 자료가 필요하다. 여기서는 총인구로 주민등록인구를 이용하였고 출생아수로 〈인구동향조사〉의 출생아수 자료를 이용하였다. 한국에서는 주민등록인구가 매 연말을 기준으로 집계되므로 두 인접시점의 평균값을 구해 연앙인구를 구할 수 있다.

한국의 조출생률은 20세기 초반에서 1960년 초반까지 인구 1,000명당 40~44명 수준으로 높게 유지되었다고 추정되고 있다(권태환·김두섭, 2002). 한편 1960년대 중반 이후부터 조출생률이 크게 떨어지기 시작하여 1970년 31.2명 수준이었고, 이후 계속 감소하여 1980년대 중반 이후부터 1990년대 중반까지는 15~16명 수준에서 다소 안정화되었다가 1990년대 중반 이후 다시 계속 떨어지고 있는 수준이다. 2013년 현재 조출생률은 인구 1,000명당 8.6명으로 추정되고 있다(〈그림 4-1〉). 조출생률이 이렇게 급격하게 떨어진 것은 무엇보다 모의 평균출산율이 크게 떨어졌기 때문이다. 1980년대와 1990년대 중반 동안 조출생률이 다소 안정화된 것은 모의 출산율이 떨어지는 가운데서도 가임인구의 크기가 계속 증가하여 출산율 감소의 영향을 부분적으로 상쇄하였기 때문으로 추정된다.

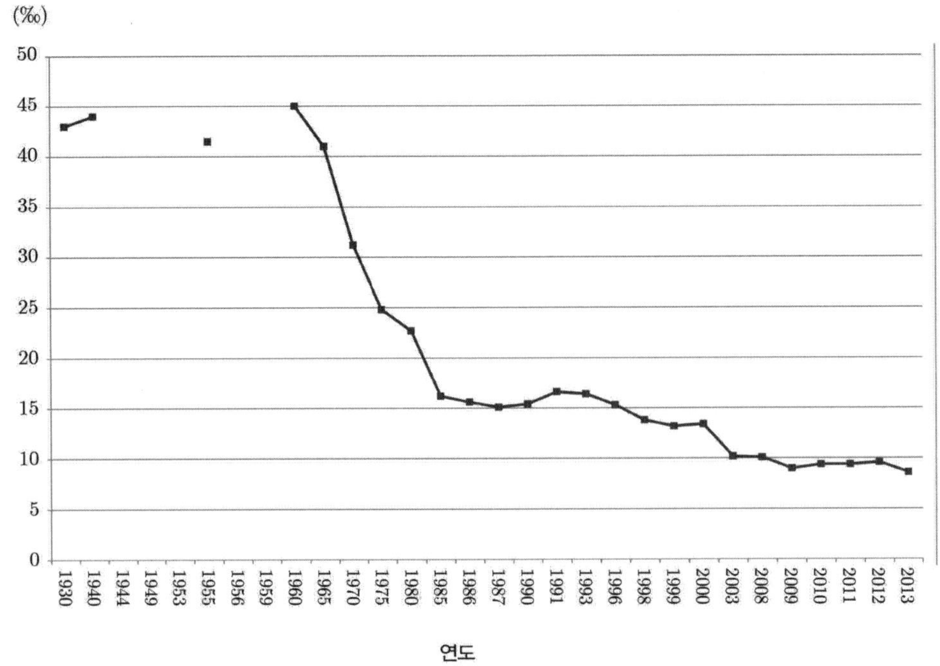

〈그림 4-1〉 한국사회의 조출생률(*CBR*)

주: 남한 1970년 이전 비율은 Kwon(1977)의 자료를 인용하였고, 1970년 이후는 주민등록인구와 인구동향조사 자료를 이용하여 추정함.

총인구와 연앙인구와 초기인구

총인구는 특정시점의 각 연령의 인구나 모든 연령구간에 속한 사람의 전체 합이다. 연령별 인구가 각 세로 집계될 수도 있고, n 구간(${}_nN_x$)으로 집계하는 경우도 있다.

$$\text{총인구 } P = \sum_{0}^{w-n} {}_nN_x = \sum_x {}_nN_x = {}_wN_0$$

어떤 기간에도 인구의 크기는 변하고 있다. 1년 기간에도 1월 1일 0시의 인구와 12월 31일 0시의 인구크기가 다를 수 있다. 그래서 총인구를 실제로 집계하는 시점을 명확히 해야 한다. 일반적으로 1년 기간 내 인구의 변화비율과 동태를 측정하기 위해 모집단의 크기를 연앙인구로 측정한다. 연앙인구는 1년 기간의 중앙시점에 추정된 인구로서 7월 1일 인구로 추계된다. 1년의 가운데 시기에서 평균 인구를 집계하는 것은 인구가 선형적으로 증가한다고 가정하기 때문이다. 인구가 선형적으로 증가하면 중앙값과 평균값은 가운데 시점의 크기로 일치한다. 연앙인구는 7월 1일의 인구를 직접 집계될 수도 있지만, 인접한 두 시점의 인구를 통해 구할 수 있다.

$$\text{연앙인구} \ P^{(t+1/2)} = {}_{w}N_{0}^{(t+1/2)}$$

연앙인구와 비교되는 인구로서 사건의 모집단으로서 초기인구(N_x)의 의미를 이해하는 것도 중요하다. 초기인구 N_x는 정확히 x세 시작시점이거나 x 기간 시작시점의 인구로서 분자가 되는 사건이 일어나는 모집단을 의미하며 사건발생비율을 계산할 때 활용된다.

2) 일반출산율(*GFR*)

조출생률은 당해연도 전체인구 중에서 새로 태어난 인구의 비율로 측정된다. 한편 해당연도의 가임여성인구에서 새로 태어난 인구의 비율로서 일반출산율(*GFR*, General Fertility Rate)을 측정할 수 있다(〈식 4-2〉). 일반출산율은 가임여성 전체의 평균출산율로 이해할 수 있다.

$$GFR = \frac{B}{{}_{35}N_{15,\,f}} \times 1{,}000 \qquad \text{〈식 4-2〉}$$

〈표 4-1〉 2005년 연앙인구(단위: 명)

	계	남	여
계	48,683,040	24,409,659	24,273,381
0~4세	2,531,151	1,318,432	1,212,719
5~9세	3,297,890	1,727,770	1,570,120
10~14세	3,532,622	1,879,132	1,653,490
15~19세	3,137,402	1,646,916	1,490,486
20~24세	3,802,954	1,959,372	1,843,583
25~29세	3,894,508	1,989,037	1,905,472
30~34세	4,440,948	2,265,842	2,175,106
35~39세	4,418,291	2,248,359	2,169,932
40~44세	4,338,458	2,217,681	2,120,777
45~49세	3,986,591	2,021,732	1,964,859
50~54세	2,829,615	1,421,549	1,408,066
55~59세	2,249,958	1,115,998	1,133,961
60~64세	1,997,888	944,500	1,053,388
65~69세	1,676,892	749,330	927,562
70~74세	1,162,621	461,659	700,961
75~79세	727,181	249,945	477,236
80~84세	416,345	131,644	284,700
85+	241,728	60,763	180,965

주: 2005년의 연앙인구는 2004년과 2005년 주민등록인구(12월 말)의 평균값으로 계산함.

〈표 4-2〉 모의 연령별 출생아수(단위: 명)

모의 연령 (세)	연도							
	1995	2000	2001	2002	2003	2004	2005	2006
15~19	6,925	4,603	3,872	4,323	3,806	3,412	3,108	3,236
20~24	137,071	74,440	61,002	52,150	46,756	39,498	32,924	30,801
25~29	388,088	329,113	274,148	227,172	219,932	199,075	175,551	173,711
30~34	149,638	183,930	174,718	170,489	180,190	187,566	178,795	189,454
35~39	30,320	37,203	35,683	34,265	36,036	39,778	41,031	47,628
40~44	3,341	5,071	5,145	5,177	5,326	5,388	5,235	5,398
45~49	259	292	302	353	379	373	355	357
계	715,642	634,652	554,870	493,929	492,425	475,090	436,999	450,585

자료: 통계청, KOSIS(인구동향조사).

〈표 4-1〉은 2005년의 연앙인구를 나타내고, 〈표 4-2〉는 모의 연령별 출생아수를 정리하고 있다. 2005년의 연앙인구는 2004년과 2005년 주민등록인구(12월 말)의 평균값으로 계산하였다. 2005년 연앙인구는 4,868만 명이고 2005년 출생아는 43만 6,999명으로 집계된다. 두 수치를 이용할 때 2005년 조출생률은 인구 1,000명당 9.0명이고, 가임여성 평균출산율은 가임여성 1,000명당 31.96명으로 측정된다.

3) 합계출산율(*TFR*)과 연령별출산율(*ASFR*)

합계출산율(*TFR*, Total Fetility Rate)은 가임여성이 가임기간 동안 평균적으로 출산한 자녀수로 정의된다. 그렇다면 어떻게 가임여성이 가임기간 평균적으로 출산한 자녀수를 측정할 수 있을까? 쉽게 측정할 수 있을 것 같지만, 실제로 이 개념에 타당하게 측정하는 것은 쉽지 않다. 어느 한 시점에서 가임여성은 보통 15세 이상에서 49세 여성으로 조작되며, 이 연령에 해당하는 여성을 집계하는 것은 어렵지 않을 수 있다. 그런데 그 시점에서 15~49세 이하의 여성 중에는 출산을 하지 않았거나 아직 마지막 자녀 출산을 완료하지 않은 여성들도 포함된다. 그런데 아직 출산을 완료하지 않은 여성들을 대상으로 어떻게 그들의 완결된 자녀수를 측정할 수 있을까. 만일 출산율이 여러 세대를 통해 안정적으로 유지된다면, 출산을 완결한 여성들을 중심으로 평균출산아수를 추정하는 것도 큰 무리가 없을 수 있다. 그러나 현실에서는 출산율이 크게 변하기 때문에 이전 코호트의 출산력에 비추어 젊은 코호트의 출산율을 추정하는 것은 타당성이 떨어진다. 이렇게 어느 한 시점에 생존한 가임여성 중에는 출산을 완료하지 않은 여성들이 포함되고 또 출산율이 시기별로 크게 변하는데 어떻게 가임여성의 평균출산아수를 구할 수 있을까?

인구학에서 사용하는 방법은 각 연령집단에서 보이는 출산율 패턴을 어떤 안정인구의 연령별 출산 진행과정으로 가정하여 가상 코호트의 합계출산율을 계측한다. 요컨대 한 시점에서 관측되는 연령집단별 출산율에 따라 출산이 진행된다고 가정하고 그 시점의 연령집단별 출산율 패턴을 통해 가상 코호트의 완결출산율(합계출산율)을 추정하는 방법을 취한다.

요컨대 합계출산율은 어떤 가상의 여성 코호트가 해당시점에 관찰되는 연령별 출산율에 따라 출산을 한다고 가정한다면, 총가임기간 동안 출산할 것으로 기대되는 평균자녀수로 측정한다.

$$
\begin{aligned}
TFR &= \sum_{15}^{49} ASFR_x \\
&= 5\sum_{0}^{7} ASFR_{5x+15}
\end{aligned}
$$

〈식 4-3〉

$$
ASFR_x = \frac{{}_nB_x}{{}_nN_{x,f}}
$$

합계출산율을 구하기 위해 사용하는 일차적 측정치가 연령별출산율(*ASFR*, Age Specific Fertility Rate)이다. 〈식 4-3〉에서 ${}_nB_x$는 연령 x, $x+n$에 속한 여성이 낳은 자녀수를, ${}_nN_{x,f}$ 는 같은 연령구간에 속한 여성인구의 연앙인구를 가리킨다. 연령별출산율($ASFR_x$)은 가임구간 내 속한 연령구간(x에서 $x+n$세)의 여성수에 대한 그 구간여성이 출산한 출생아수의 비율로서, 해당 연령구간에 있는 여성의 1년간의 평균출산율로 이해할 수 있다. 가임연령은 보통 15세에서 44세 혹은 49세로 정의된다. 만일 연령별출산율이 각 세 단위로 측정되었다면, 합계출산율은 가임기간 동안의 연령별출산율을 다 합해 구할 수 있다. 그런데 연령별출산율이 n 구간의 연령집단으로 제시되었을 경우, 관행적으로 n 구간 내 출산율이 동일하다고 가정하여 구간크기에 연령별출산율을 곱한 값을 모두 합하여 합계출산율을 측정한다. 예를 들어 연령집단이 5세 간격으로 묶여져 있는 경우, 구간의 연령별출산율 (혹은 연령별 연평균출산율)에 연령구간(5)을 곱한 값을 총가임기간(15~49세까지)을 거쳐 합하여 합계출산율을 구할 수 있다.

〈표 4-3〉 연령별출산율과 합계출산율

2005년	모의 연앙인구 $({}_5N_x)$	출생아수 $({}_5B_x)$	연령별출산율 $(ASFR_x)$	누적출산율 $(5\times ASFR_x)$	연령×누적출산율
15~19세	1,490,487	3,108	0.00208522	0.010426	0.182457
20~24세	1,843,582	32,924	0.01785871	0.089294	2.009105
25~29세	1,905,468	175,551	0.09213015	0.460651	12.6679
30~34세	2,175,109	178,795	0.0822005	0.411002	13.35758
35~39세	2,169,931	41,031	0.0189089	0.094544	3.545418
40~44세	2,120,782	5,235	0.00246843	0.012342	0.524541
45~49세	1,964,856	355	0.00018067	0.000903	0.04291
합계	13,670,214	436,999	0.21583258	1.07916	29.96
				합계출산율	평균출산연령
	일반출산율	0.03196724			

자료: 통계청, KOSIS(주민등록인구, 인구동향조사. 2005년 연앙인구는 2004년과 2005년 주민등록인구의 평균값임).

〈표 4-3〉은 2005년 15~49세 여성의 분포와 연령구간별 출생아수 자료에 기초하여 연령별출산율과 합계출산율을 계산한 결과를 제시하고 있다. 2005년 연령별 출산율은 25~29세와 30~34세에서 가장 높은 특성을 볼 수 있다. 연령별출산율($ASFR_x$)은 해당 연령구간에서의 1년간의 평균출산율로 이해할 수 있다고 하였다. 그렇다면 구간 동안 낳은 자녀수는 그 구간 평균출산율에 5를 곱한 값과 같다고 정의할 수 있다. 이 구간 출산자녀수의 값이 표에서 연령별출산율 다음에 제시한 누적출산율이다. 이렇게 가임구간의 누적출산율을 다 합하면 가임기간 전체기간 동안 출산한 자녀수의 합계를 구할 수 있다. 연령별출산율에 구간값인 5를 곱하여 전체가임기간에 걸쳐 합하면 합계출산율이 1.08명으로 측정된다.

〈표 4-3〉에서 측정할 수 있는 또 다른 중요한 비율의 하나가 평균출산연령이다. 각 구간의 누적출산율은 그 연령에서 낳은 총자녀수를 나타내고, 각 구간의 누적출산율을 다 합한 값이 합계출산율이다. 따라서 각 연령구간은 누적출산율만큼 총출산수에 대해 기여한 정도가 차이가 있다. 이렇게 연령구간에서 누적출산율 크기에 따라 출산이 진행된다고 할 때 평균출산연령은 각 연령구간의 중간값에 출

산의 기여비를 가중치로 적용하여 출산연령의 기대값을 구하면 된다. 표에서는 출산기여비를 합계출산율에 대한 해당 연령구간의 누적출산율비로 측정하였지만(〈식 4-4〉), 총출산수에 대한 해당 연령구간 여성의 출산수의 비를 이용할 수 있다(〈식 4-5〉). 두 값의 차이는 합계출산율의 기여비를 이용할 때는 모의 인구분포가 통제되었고 출산아수 기여비를 이용할 때는 모의 인구분포가 통제되지 않은 차이를 반영한다.

〈식 4-4〉 평균출산연령(m)의 측정

$$m = \sum_x (x + \frac{1}{2}n) \times 5ASFR_x / TFR$$

$$=(17.5\times0.010426+22.5\times0.089294+27.5\times0.460651+32.5\times0.411002+37.5\times0.094544+42.5\times0.012342+47.5\times0.000903)/1.07916$$

$$=29.96$$

$$m = \sum_x (x + \frac{1}{2}n)({}_nN_{x,f}\,ASFR_x) / \sum_x ({}_nN_{x,f}\,ASFR_x)$$

$$= \sum_x (x + \frac{1}{2}n)\,{}_nB_x / \sum_x {}_nB_x$$

$$= 17.5\times3108+22.5\times32924+\ldots\times47.5\times355)/436,999=30.23$$

만일 성장률이 안정적일 때 다시 말하여 모의 연령구성이 안정적이라면, 출산연령을 구하기 위해 실제인구가 아닌 정지인구 구성비를 가중치로 적용할 수 있다(〈식 4-5〉).[5]

---

5 2005년 생명표상의 정지인구는 이 장 〈부록표 4-1〉에 제시되었다.

〈식 4-5〉

$$m = \sum_x (x + \frac{1}{2}n)({}_nL_{x,f}\, ASFR_x) / \sum_x ({}_nL_{x,f}\, ASFR_x)$$

$$= (17.5\times496{,}170\times0.0021+22.5\times495{,}417\times0.0179+...47.5\times0.0001\times486{,}422)/$$

$$(496{,}170\times0.0021+495417\times0.0179+...0.0001\times486{,}422)=29.95$$

2005년도 생명표의 정지인구를 대입하여 계산된 모의 평균출산연령은 29.95세로 2005년 실제 출생크기를 대입하였을 때보다 약간 작으며 합계출산율의 구성비로 계산한 값과 근사하다. 실제출생크기를 적용하였을 때에 비해 정지인구를 적용하였을 때 평균출산연령이 약간 적은 것은 실제인구성장률이 감소하였기 때문으로 이해된다. 〈표 4-4〉에서 확인할 수 있듯이 2005년도 가임인구의 구성은 이전 시

〈표 4-4〉 15~49세 여성의 연령분포 변화(단위: 명, 백분율)

연령(세)	연도									
	1960	1966	1970	1975	1980	1985	1990	1995	2000	2005
15~19	1,134,363	1,308,900	1,514,955	2,022,756	2,052,756	2,088,942	2,181,867	1,876,447	1,777,699	1,474,145
	19.2	19.9	20.8	23.5	20.8	18.8	17.6	14.6	13.5	11.3
20~24	1,103,847	1,095,362	1,224,483	1,511,359	1,985,909	2,059,370	2,102,019	2,066,438	1,819,980	1,746,221
	18.7	16.6	16.8	17.6	20.1	18.6	17.0	16.1	13.8	13.3
25~29	996,435	1,128,214	1,107,474	1,235,707	1,541,207	2,043,223	2,172,588	2,059,496	2,039,657	1,813,515
	16.9	17.1	15.2	14.4	15.6	18.4	17.6	16.1	15.5	13.8
30~34	829,238	983,780	1,084,426	1,092,752	1,225,708	1,525,628	2,064,889	2,083,888	2,025,026	2,036,369
	14.1	15.0	14.9	12.7	12.4	13.7	16.7	16.3	15.4	15.5
35~39	729,178	818,450	939,131	1,077,695	1,096,183	1,256,812	1,553,005	2,030,848	2,069,461	2,047,117
	12.4	12.4	12.9	12.5	11.1	11.3	12.6	15.9	15.7	15.6
40~44	588,603	687,495	770,841	914,903	1,051,194	1,078,823	1,224,087	1,491,251	1,966,923	2,040,614
	10.0	10.5	10.6	10.6	10.7	9.7	9.9	11.6	15.0	15.6
45~49	515,744	556,646	655,694	748,859	913,154	1,046,223	1,075,924	1,202,786	1,455,919	1,939,040
	8.7	8.5	9.0	8.7	9.3	9.4	8.7	9.4	11.1	14.8
	100.0	100.0	100.0	100.0	100.0	100.0	100.0	100.0	100.0	100.0

자료: 통계청, KOSIS(각 연도 인구총조사).

점의 가임인구 구성에 비해 고령화되어 있다. 생명표상의 정지인구의 구성은 오직 사망률에 의해서만 연령 구성크기가 변하는데 2005년도의 실제인구에서는 성장률과 출산율의 감소로 젊은 연령의 인구가 더 크게 줄어든 결과 평균출산연령이 더 많게 계측되었다고 이해된다.

모의 연령별출산율의 분포에서 또한 가임여성의 일반출산율(*GFR*)을 구할 수 있다(〈식 4-6〉). 가임여성의 일반출산율은 가임연령 여성의 연령별출산율(*ASFR*)에 가임인구에서의 구성비를 곱한 값의 가중 합에 해당한다. 즉 가임여성의 연령 구성비로 가중 평균한 연령별출산율을 가리킨다. 또한 *GFR*은 *ASFR*의 가중평균이므로 *GFR*로부터 합계출산율을 구할 수 있다. 2005년 모의 인구는 13,670,214명이고 출생아수는 436,999명이므로, 일반출산율은 436,999/13,670,214=0.03196724이다. 여기에 총가임기간(35년)을 곱하면 합계출산율을 간접 추정할 수 있다.

$$GFR = \frac{B}{{}_{35}N_{15,\,F}} = \sum_x ASFR_x \left({}_nN_{x,\,F}/{}_{35}N_{15,\,F}\right)$$

〈식 4-6〉

$$TFR = n\sum_x ASFR_x \simeq 35\,GFR$$

*GFR*에서 합계출산율을 계산하면 35×(436,999/13,670,214)=1.12로 모의 연령별출산율에서 구한 값(1.08)과 약간 차이가 난다.

또한 *GFR*을 이용하여 조출생률을 구할 수 있고, 조출생률을 통해 *GFR*과 *TFR*을 추정할 수 있다. 2005년 15~49세 여성인구의 전체인구에 대한 구성비는 0.28이다. 따라서 일반출산율은 *CBR*(0.008979)의 3.56(1/0.28)배로 추정된다(〈식 4-7〉).

$$GFR^{2005} = CBR/\left({}_{35}N_{15,\,F}/{}_wN_o\right) = 3.56 \times CBR$$ 〈식 4-7〉

이런 관계에서 TFR를 추정하면, 1.118로 계산된다(〈식 4-8〉).

$$TFR^{2005} \simeq 35\,GFR \simeq 35 \times 3.57 \times CBR$$
$$=35\times3.57\times0.008979=1.118461 \qquad \text{〈식 4-8〉}$$

이렇게 출산 지표 간의 관계를 잘 이해하면 설령 자료의 제약으로 직접적으로 원하는 출산율 측정이 어렵다 하더라도 출산율 지표 간의 관계 논리를 적용하여 간접적으로 원하는 출산율 지표를 추정할 수 있다. 또한 지표들 사이의 전환 관계를 이용하여 실제 관측된 지표의 정확성을 판단할 수도 있다.

4) 가족력 자료로부터 모의 인연수, 출생아수, 합계출산율을 구하는 예

오늘날에는 국가통계가 잘 정비되어 모의 수와 출생아수에 대한 정확한 자료를 구할 수 있어 연령별출산율과 합계출산율을 측정하는 데 큰 어려움이 없다. 그러나 어떤 사회에서는 현재에도 국가수준의 통계가 미비한 경우도 있고 과거의 동태를 파악할 때 정비된 자료가 부족한 경우가 종종 있다. 이럴 때 출산율을 파악하기 위해 가족력에 대한 표본조사자료를 이용하여 출산율을 추정할 수 있다. 북한 주민의 출산율을 추정한 방법을 예로 들어 보겠다(박경숙, 2013). 북한의 인구통계자료는 외부에서 쉽게 구하기 어려운 상황이다. 필자는 북한 출신 이주민 350명의 가족력조사에 기초하여 북한 주민의 출산율을 추계하였다. 가족력조사는 부모의 출생시기, 생존여부, 형제자매의 출생연도, 생존여부의 정보를 포함하였다. 이 자료를 이용하여 모 한 명 한 명의 생존시기와 모가 생존한 매 시기 출산사건 여부를 체크하면서 모의 생존인연수와 출생아수를 연령별, 시기별로 측정하였다.

모의 나이

연도	15	16	17	18	19	20	21	22	23	24	25	26	27	28	29	30	31	32	33	34
1955	1									2										
1956		1									2									
1957			1									2								
1958				1									2							
1959					1									2						
1960						1									2					
1961							1									2				
1962								1									2			
1963									1									2		
1964	2									1									2	
1965		2									1									2
1966			2									1								
1967				2									1							
1968					2									1						
1969						2									1					
1970							2									1				

〈그림 4-2〉 모의 인연수를 계측하는 예

〈그림 4-2〉는 5명의 모의 생존인연수(person years lived)를 집계하는 예를 표시한 것이다. 칸에 표시된 수치가 그 시점 그 연령에 생존한 사람의 수(인연수)를 가리킨다. 1명은 1955년에 15세였고 1970년까지 관측한 여성이고, 2명은 1955년 24세로서 1965년까지 관측한 여성이고, 2명은 1964년도 15세로서 1970년까지 관측한 여성의 사례이다. 지면의 제약 때문에 위의 예에서는 시기와 나이의 범위를 제한하였지만 실제자료에서는 모의 연령을 15~49세까지, 기간은 모가 15세였던 최초시점에서 모가 49세였던 최후시점까지 범위가 넓혀졌다. 이렇게 나이와 시기를 교차하여 모든 모 사례의 생존인연수를 집계하였다. 출산아도 모의 나이와 시기의 축을 교차하여 해당 연령과 시점에서 발생한 출산사건수를 측정하였다. 이렇

게 모의 인연수와 출산아수를 구하여 유배우 출산율을 구하였다. 〈표 4-5〉는 모의 인연수를 시기별, 연령별로 집계한 것이고, 〈표 4-6〉은 출생아수를 시기별, 모의 연령별로 집계한 것이고, 〈표 4-7〉은 모의 인연수와 출생아수에 기초하여 연령별출산율과 유배우합계출산율을 구한 것이다. 15~19세는 사례수가 적어 비율추정에 편의가 크고 15~19세 유배우출산율은 미미하다고 판단되어 여기서는 20세 이상 유배우 여성의 출산율을 측정하였다. 그리고 합계출산율은 가임여성 전체의 평균출산자녀수를 나타내므로 유배우자의 연령별출산율에 유배우율을 곱한 값으로 측정하였다. 북한 여성과 남한 여성의 유배우율 추이가 1980년 이전까지는 크게

〈표 4-5〉 탈북이주민 모의 시기 · 연령별 생존인연수(단위: 명)

연도 \ 연령(세)	15~19	20~24	25~29	30~34	35~39	40~44	45~49
1930~1939	5	18	8	1	0	0	0
1940~1949	30	50	39	26	8	1	0
1950~1959	44	119	116	65	39	26	8
1960~1969	25	275	388	218	121	65	39
1970~1979	9	191	545	673	455	221	121
1980~1989	13	103	299	430	599	673	455

〈표 4-6〉 탈북이주민 모의 시기 · 연령별 출산아수(단위: 명)

연도 \ 연령(세)	15~19	20~24	25~29	30~34	35~39	40~44	45~49
1930~1939	4	5	8	0	0	0	0
1940~1949	5	21	12	9	1	4	0
1950~1959	10	43	40	25	7	5	0
1960~1969	19	102	160	65	24	9	4
1970~1979	10	88	212	129	41	5	1
1980~1989	4	40	73	26	10	0	0

〈표 4-7〉 탈북이주민 모의 시기 · 연령별 출산율과 유배우합계출산율

연령(세) / 연도	15~19	20~24	25~29	30~34	35~39	40~44	45~49	유배우 합계출산율
1930~1939	0.8	0.28	1	0	0	0	0	6.39
1940~1949	0.17	0.42	0.31	0.35	0.13	0	0	5.99
1950~1959	0.23	0.36	0.34	0.38	0.18	0.19	0	7.31
1960~1969	0.76	0.37	0.41	0.30	0.20	0.14	0.10	7.60
1970~1979	1.11	0.46	0.39	0.19	0.09	0.02	0.01	5.81
1980~1989	0.31	0.39	0.24	0.06	0.02	0	0	3.55

주: 유배우합계출산율은 20세 이상 모의 연령별출산율의 합에 5를 곱한 값으로 측정하였다. 1940년대 40~44세 모의 수가 제한되어 유배우합계출산율을 0으로 처리하였다.

〈표 4-8〉 한국 여성의 미혼율(단위: %)

연령(세) / 연도	15~19	20~24	25~29	30~34	35~39	40~44	45~49	50~54	평균초혼연령 (*SMAM*, 세)
1945	95	10.9	2.26	0.51	0.29	0.21	0.15	0.1	20.43
1955	95	21.6	2.97	0.64	0.32	0.27	0.16	0.1	21.01
1965	95	49.3	7.11	0.92	0.29	0.13	0.1	0.1	22.62
1970	97.1	57.2	9.7	1.4	0.4	0.2	0.2	0.1	23.27
1980	98.2	66.1	14.1	2.7	1	0.5	0.3	0.2	24.08

자료: 통계청, KOSIS(인구총조사).

〈표 4-9〉 북한 여성의 합계출산율

연령(세) / 연도	15~19	20~24	25~29	30~34	35~39	40~44	45~49	합계출산율
1940~1949	0.01	0.37	0.30	0.34	0.12	0	0	5.72
1950~1959	0.01	0.28	0.33	0.38	0.18	0.19	0	6.85
1960~1969	0.04	0.19	0.38	0.30	0.20	0.14	0.10	6.53
1970~1979	0.03	0.20	0.35	0.19	0.09	0.02	0.01	4.29
1980~1989	0.01	0.13	0.21	0.06	0.02	0	0	2.08

주: 북한 여성의 합계출산율은 유배우출산율에 유배우율을 곱하여 구하였다.

다르지 않다는 가정에서 1980년 이전까지의 출산율은 남한 여성의 유배우율을 적용하여 추정하였다(〈표 4-8〉). 20세 이상 가임여성인구 전체의 합계출산율을 구한 결과는 〈표 4-9〉와 같이 정리된다.

3. 연령별출산율의 시기적 변화

합계출산율 측정에서 주의할 것은, 합계출산율은 연령별출산율에도 영향을 받지만 평균출산연령에도 영향을 받는다는 것이다. 합계출산율은 연령별출산율이 낮아지면 감소하지만, 같은 수준의 연령별출산율에서도 평균출산연령이 늦어지면 합계출산율이 감소할 수 있다. 한국 여성의 합계출산율은 20세기 전 시기를 거쳐 크게 변하였고, 이에는 연령별출산율의 감소와 출산시기가 지연된 효과가 함께 작용하였다.[6] 〈그림 4-3〉에서는 1925~2010년까지 연령별출산율의 변화를 정리하고 있다.

1925~2010년까지의 한국 여성의 연령별출산율은 상당히 크게 감소하였을 뿐만 아니라 연령패턴도 상당히 변화되었다. 〈그림 4-3〉을 보면 출산율이 높았던 1925년에서 1950년 사이의 출산패턴은 20대 초반을 중심으로 가장 출산율이 높고 이후 연령에서 서서히 출산율이 떨어지는 패턴을 보인다. 출산율이 떨어지기 시작하였던 1960~1975년에는 출산시기가 20대 후반으로 집중되고 그 전후 연령에서의 출산율은 크게 떨어지는 패턴을 볼 수 있다. 1985~1990년에는 그 이전 시기에 비해 25~29세의 출산율도 크게 떨어지는 것을 볼 수 있다. 1960년대에서 1990년까지 출산율이 감소된 패턴은 우선은 출산시기가 20대 후반을 중심으로 집중하면서 전후 연령대의 출산율은 크게 줄어들다가 점점 20대 후반의 출산율도 크게 떨어지는 패턴으로 진행되었던 것을 확인할 수 있다. 1995년 이후 출산율 패턴의 또 다른 중요한 변화는 20대 후반의 출산율이 계속 떨어지는 대신에 30대 초반과 30대

6 출산율의 장기적 변화를 코호트비율과 기간비율로 측정하였을 때 차이가 있는데 이에 대해서는 계봉오(Kye, 2012)의 연구를 참조할 수 있다.

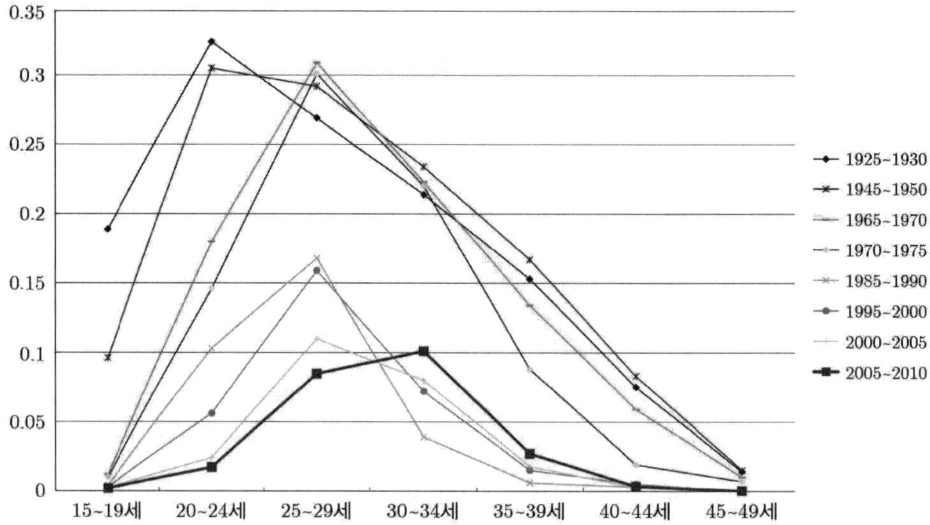

〈그림 4-3〉 한국 여성의 연령별출산율, 1925~2010

주: 1925~1995년 자료는 전광희(2002)의 분석자료를 인용하였고, 2000~2010년 연령별출산율은 통계청, KOSIS 자료를 이용하여 추계함. 5년간 출산율을 각 연도 출산율의 평균으로 추계함.

후반의 출산율이 증가하는 경향이다.

시기별로 좀 더 세분하여 출산율 패턴의 변화를 살펴보는 것도 의미가 있을 것 같다. 〈그림 4-4〉는 식민지시기와 해방, 전쟁시기 동안(1925~1955)의 출산율 변화를 보여 준다. 우선 눈에 띄는 커다란 변화는 15~19세의 출산율이 크게 떨어진 것이다. 비약된 해석일 수 있지만, 식민지시기 동안 결혼연령이 크게 늦어진 경향을 반영할 수 있다. 15~19세의 출산율은 크게 떨어지지만, 20~24세의 출산율은 매우 높고 이후 연령에서의 출산율이 서서히 떨어지면서 전체적으로 높은 출산율을 유지하였다고 추정된다. 한편 1940년대부터 출산시기가 늦어지는 패턴도 보이는데 출산율이 가장 높은 연령대가 20대 초반에서 점점 20대 중후반으로 이동하는 것을 볼 수 있다. 1930년대 이후의 많은 인구이동과 전쟁이 심화되면서 젊은 인구가 노동과 군대에 동원되었던 것이 출산연령 연기에 영향을 미치지 않았을까 추측된다.

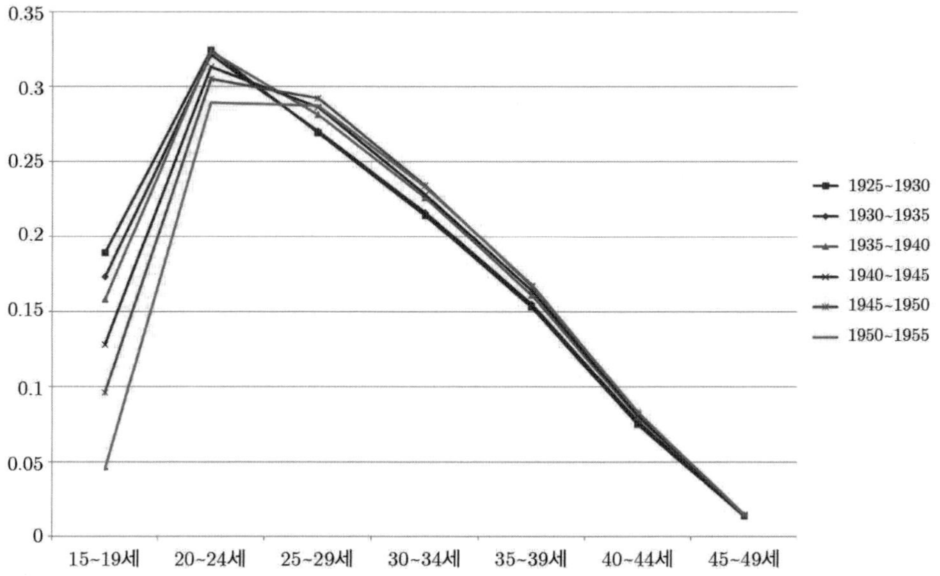

〈그림 4-4〉 한국 여성의 연령별출산율, 1925~1955

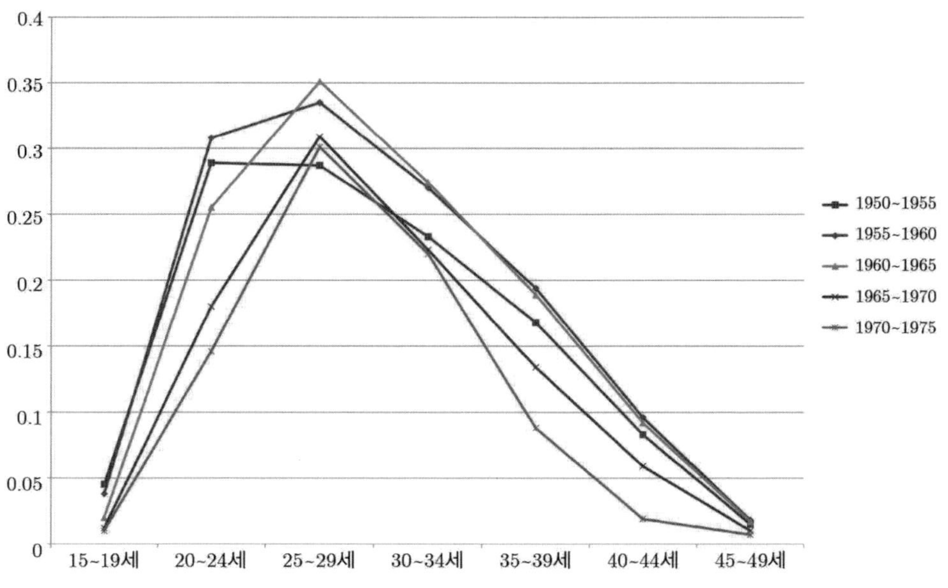

〈그림 4-5〉 한국 여성의 연령별출산율, 1950~1975

앞의 〈그림 4-5〉는 전후의 높은 출산율에서 1960년대와 1970년대를 거쳐 출산율이 감소하게 된 패턴을 잘 보여 준다. 1950~1955년의 출산율은 1955~1960년에 비해 오히려 크게 떨어지고 있는데, 이것은 1950~1953년의 전쟁 발생에 따른 인명손실, 혼인연기, 출산연기의 영향에 따른 것이라고 추정된다. 전쟁기간 지연되었던 출산까지 누적되어 1955~1960년에는 출산율이 늘어났고 1960~1965년에도 출산율은 높게 유지되었다. 이 시기 유의한 출산패턴의 변화는 출산율이 가장 높았던 연령이 20대 초반에서 20대 중후반으로 이동한 것이었다. 출산율이 높게 유지되면서 출산연령이 다소 늦어지고 있었다고 추정된다. 출산율 감소는 1965년부터 확연하게 진행되었다. 20대 초반의 출산율이 크게 떨어지고 30대 이후의 출산율도 크게 떨어졌다. 혼인연령이 증가하고 기혼여성의 가족계획실행이 본격화된 영향이라고 추정된다. 1965년 이후 출산율이 떨어지고 출산시기는 20대 후반을 중심으로 압축되는 경향이 나타난다.

출산율은 그 이후 시점에서도 크게 떨어졌다(〈그림 4-6〉). 1970년대에서 1990년까지 모든 연령에서 출산율이 크게 떨어지고 있다. 이전 시기에서는 출산연령이 20대로 집중되면서 출산간격이 줄어들었는데 1970년대 이후부터는 출산이 집중된 연령대가 점차 구분하기 어려울 정도로 모든 연령에서 출산율이 크게 떨어지고 있다.

1990년 이후에도 출산율은 계속 크게 떨어지고 있는 것을 볼 수 있다(〈그림 4-7〉). 특히 20대 초반과 20대 후반의 출산율이 매우 크게 떨어졌다. 또한 새로운 변화로서 주목되는 것은, 30대 초반과 30대 중후반의 출산율이 서서히 증가하여 2005년 이후에는 30대 초반에서 출산율이 가장 높게 나타나고 있는 점이다. 20대의 출산율이 크게 줄어드는 대신에 30대 초반의 출산율이 조금씩 늘어난 것은 결혼시기가 크게 늦어진 것과 관련이 깊을 수 있다.

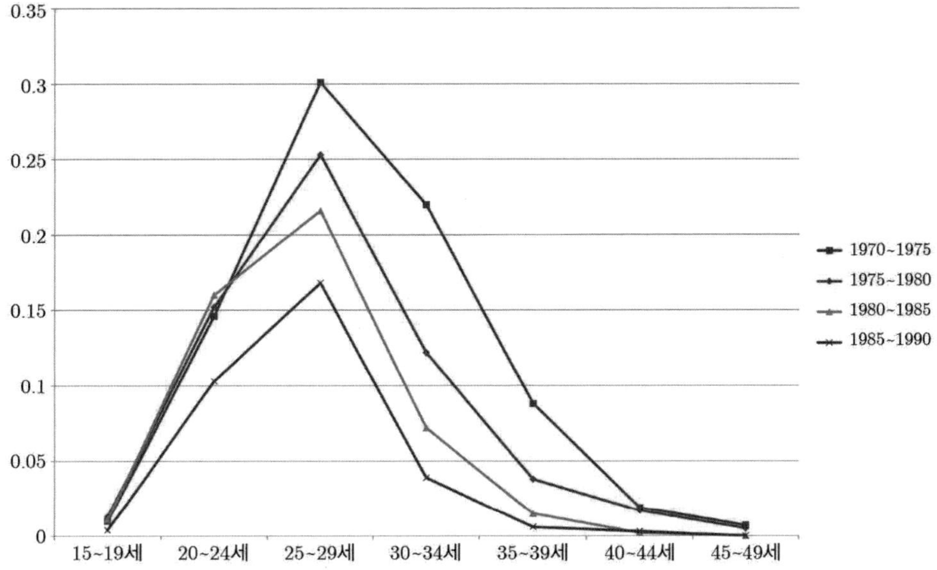

〈그림 4-6〉 한국 여성의 연령별출산율, 1970~1990

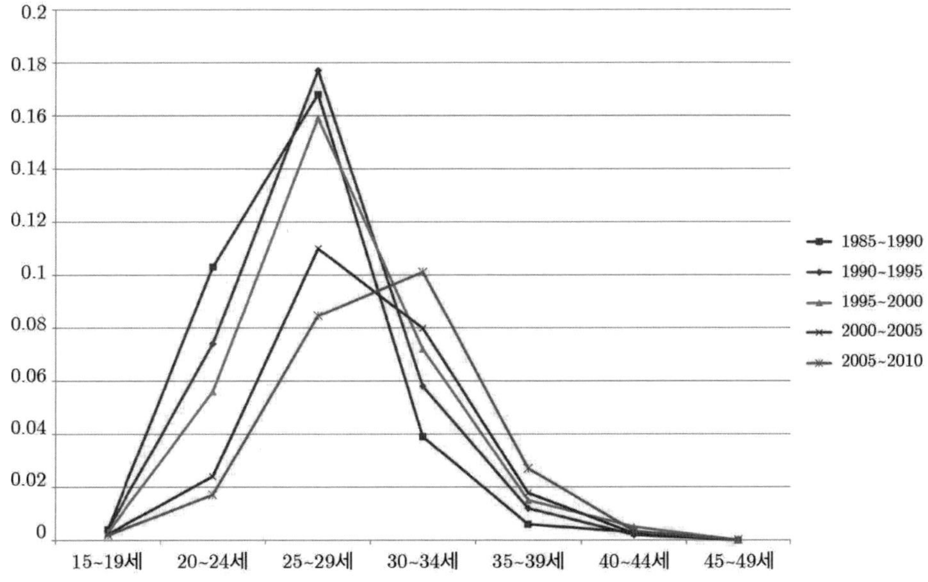

〈그림 4-7〉 한국 여성의 연령별출산율, 1990~2010

다시 연령별출산율의 변화를 정리해 보면 15~19세의 출산율은 식민지시기에 감소하여 1960년대 이후 매우 낮은 수준이 되었다. 20대 초반의 출산율도 크게 떨어져 1960년 중반 이후부터는 20대 후반의 출산율보다 크게 낮아졌다. 1965~1975년에는 20대 초반의 출산율이 크게 떨어진 대신 20대 후반의 출산율이 눈에 띄게 높아져 출산율이 전체적으로 떨어졌을 뿐만 아니라 출산연령이 늦어진 패턴을 확인할 수 있다. 1975~1990년에는 거의 모든 연령에서 출산율이 크게 떨어졌다. 그리고 1995년 이후에는 20대의 출산율이 크게 떨어진 대신 30대 이후의 출산율이 서서히 증가하는 경향이 확인된다. 1990년대 후반의 출산율 감소는 연령별출산율의 감소와 더불어 출산의 지연 현상이 동시에 작용한 것으로 이해된다. 2000년과 2005년 사이에는 20대 후반의 출산율이 크게 떨어지고 30대 초반의 출산율은 약간 상승하였고 2005년 이후에는 20대 후반의 출산율보다 30대 초반의 출산율이 높게 나타나고 있다. 이렇게 전체 합계출산율의 감소는 연령별출산율의 감소와 출산시기의 지연의 효과가 결합되어 작용하였다고 이해된다.

4. 조정합계출산율

앞에서 살펴보았듯이 출산율의 감소는 연령별출산율 감소와 출산연령의 연장 그리고 두 요인의 상호 효과에 의해 이루어졌다고 추정된다. 한국 여성의 출산율은 20세기 초반에서 현재까지 크게 감소하였다. 특히 1990년대 이후부터는 20대의 출산율이 크게 떨어지고 30대의 출산율이 다소 증가하는 패턴을 보이고 있다. 1995년 합계출산율은 1.71에서, 2000년에는 1.47, 2005년에는 1.08로 크게 낮아지다가 이후 약간의 증감을 보이면서 2010년에는 1.23 수준으로 추정되고 있다(〈표 4-10〉).

1990년대 후반 이후 출산율이 크게 떨어지면서 논란이 되었던 것은 출산연령의 연장이 출산율 감소에 미치는 효과이다. 출산연령이 늦어짐에 따라 합계출산율이 감소한 현상이 일시적인 불균형상태인지 아니면 지속될 현상인지가 논란이 되었다. 몇몇 학자들은 출산연령의 연장에 따라 특정 기간 출산율은 감소할 수 있지만 여성들의 완결출산율에는 별로 영향을 미치지 않을 수 있다고 주장하였다. 한국사회에서 1990년대 후반부터 미혼인구가 급격히 상승하였지만 이들이 영구적으로 비혼을 희망하는 사람들이 아닐 수 있고 유배우출산율도 원하는 자녀수가 크게 감소하였다기보다 경제상황이 안 좋아진 조건에서 임시적으로 출산시기를 지연한 것일 수 있다는 진단도 있었다. 이런 논란에서 쟁점이 된 것은 특정시기에 관찰되는 출산연령의 연장과 그에 따른 출산율 감소가 기간효과로 인한 일시적인 불균형 현상인가 여부이다.

앞에서 연령별출산율의 변화양태를 살펴보았듯이 1995년 이후 출산율 감소는 연령별출산율 감소와 출산시기의 지연효과가 혼재된 영향일 수 있다. 대부분의 연령에서 출산율이 하락하고 있는 것은 출산율의 감소 경향으로 이해된다. 그런데 출산시기가 늦어지고 있는 것이 실제출산율에 미친 효과는 위의 연령별 패턴의 변화 추이만으로는 분명하게 구분하기 어렵다. 출산시기가 늦어짐에 따라 기간 출산율이 감소할 수 있지만 개인수준에서는 출산이 지연된 만큼 완결출산율이 감소한다고 단정하기 어렵다.

〈표 4-10〉 한국 여성의 연령별출산율과 기간합계출산율, 1995~2010

연령(세)	연도			
	1995	2000	2005	2010
15~19	0.004	0.002	0.002	0.002
20~24	0.062	0.039	0.018	0.016
25~29	0.176	0.150	0.092	0.079
30~34	0.069	0.084	0.082	0.112
35~39	0.015	0.017	0.019	0.032
40~44	0.002	0.003	0.002	0.004
45~49	0.000	0.000	0.000	0.000
TFR	1.641	1.477	1.079	1.231

이처럼 합계출산율은 특정시기의 출산규모를 가리키는 지표로 여느 출산비율보다 널리 활용되지만, 그 자체 애매함과 논란의 여지가 있는 지표이기도 하다. 이것은 통상 활용되는 합계출산율이 기간비율이기 때문이다. 합계출산율은 매해 시점에서 연령별출산율 패턴으로 측정된 기간비율로서 이를 통해 실제의 완결출산율크기의 변화를 추정할 때에는 논란의 여지가 있다. 기간 출산율의 까다로운 문제는 기간 출산율의 변화에는 출산량의 변화 이외 출산시기의 변화의 효과가 혼재되어 있는 점이다. 만일 연령별출산율이 여러 기간을 통해 안정적이라면, 어느 시점의 연령별출산율의 합으로 완결출산율을 추정하는 것이 크게 무리가 되지 않을 수 있다. 이런 경우 기간합계출산율이나 코호트의 실제 완결출산율이 서로 근접한 수치를 보일 수 있다. 한편 급변한 사회경제적 조건으로 인하여 특정시기 출산율이 일시적으로 크게 떨어지거나 아니면 크게 향상되었을 경우, 어떤 기간에 관찰한 출산율 패턴이 지속될 것으로 파악하는 데 무리가 따를 수 있다. 기간출산율의 이런 문제점을 보완하기 위해 실제 코호트의 완결출산율을 고려할 수 있지만 완결출산율은 출산을 완결하지 않은 최근 코호트 여성의 출산력을 반영하지 못하는 약점을 갖는다.

기간합계출산율의 변화에는 연령별출산율의 변화와 출산시기의 변화의 효과가 혼재되어 있고, 출산시기의 변화가 실제 출산율에 미치는 영향을 구별하기가 어렵다는 문제의식에서 봉가르츠와 피니(Bongaarts and Feeney, 2000)는 연령별출산율의 변화를 출산의 양(quantum)으로, 출산연령의 변화를 출산시간(tempo)의 변화로 구분할 것을 제안하였다. 그리고 경우에 따라서는 기간출산율 변화에 출산연령 증가의 영향이 클 수 있고, 출산연령의 변화가 실제 출산크기 변화에 미친 영향이 과대 해석되거나 과소 해석될 수 있는 가능성이 있다고 주의하였다. 그들은 최근 여러 아시아 국가에서 관찰되는 출산율의 급격한 감소는 출산시기 지연 때문에 일어난 일시적 불균형상태일 수 있기 때문에 출산시기의 지연효과를 고려한 조정합계출산율(adjusted *TFR*)의 측정이 유용하다고 제안하였다(전광희, 2006: 605). 그리고 기간출산율의 변화에 연령별출산율 이외 출산연령의 변화의 효과가 혼재되어 있는 것을 보완하는 방법으로 연령별 패턴은 항상적이라고 가정하고 출산

템포만 조정하여 합계출산율을 추정하는 방법을 제안하였다.

봉가르츠와 피니가 제안한 조정방법은 다음과 같이 정리할 수 있다(〈식 4-9〉). 그들은 합계출산율이 출산연령의 변화(m)만큼 선형적으로 감소한다고 가정하고 합계출산율은 조정출산율의 1-m배에 해당한다고 정리하였다($TFR = TFR' \times (1-m)$). 여기서 조정출산율은 출산연령이 변화되지 않았을 때를 가정한 비율로서 기간출산율을 출산연령 변화에 따른 템포효과를 제거한 비율(1-m)로 나누어 구할 수 있다고 주장하였다.

$$TFR_i^{'} = TFR_i / (1 - m_i) \qquad \text{〈식 4-9〉}$$

$TFR_i^{'}$는 i 순위 조정합계출산율이고, m_i는 출산연령의 변화크기를 가리킨다.

〈표 4-11〉은 봉가르츠와 피니가 제시한 방법에 따라 1985~2005년 동안 조정합계출산율을 구하여 그해 계측된 합계출산율과 비교한 것이다. 1985년 여성의 평균초혼연령이 24.1세에서 2005년에는 27.7세로 증가하였고, 첫째아이 평균출산연령은 같은 기간 25.1세에서 28.8세로, 셋째아이 이상 자녀의 평균출산연령은 29세에서 33.2세로 늘어났다. 만일 1985~1990년까지 5년 동안 출산연령 변화가 균등하게 일어났다면, 첫째아이 평균출산연령은 연평균 0.18세, 둘째아이 평균출산연령은 0.24세, 셋째아이 이상 평균출산연령은 0.32세 상승하였다. 따라서 제안된 식에 따라 출산순위별 출산연령변화율을 제거하여 출산율을 조정하면 출산순위별 합계출산율은 각각 1.03, 0.8, 0.18이고 총합계출산율은 2.01로 추정된다. 이 비율은 1990년 기간비율에 비해 0.43 더 큰 값이 된다. 같은 방법을 전 기간에 적용한 결과에서도 기간비율에 비해 조정합계출산율이 0.3~0.4명 수준 더 크게 추정된다.

〈표 4-11〉 출산순위별 출산율, 평균초혼연령, 평균출산연령, 조정합계출산율, 1985~2005

출산 순위 \ 연도	1985	1990	1995	2000	2001	2002	2003	2004	2005
출산율									
1	0.827	0.842	0.817	0.701	0.643	0.584	0.602	0.607	0.573
2	0.623	0.61	0.74	0.613	0.549	0.474	0.475	0.475	0.409
3+	0.208	0.124	0.149	0.152	0.129	0.113	0.107	0.107	0.099
합계	1.658	1.576	1.706	1.466	1.321	1.171	1.184	1.189	1.081
평균초혼연령	24.1	24.8	25.4	26.5	26.8	27.1	27.3	27.5	27.7
평균출산연령									
1	25.1	26	26.6	27.5	27.8	28	28.3	28.6	28.8
2	26.8	28	28.8	29.6	29.7	30	30.3	30.6	30.8
3+	29	30.6	31.7	32.3	32.4	32.7	32.8	33	33.2
합계	26.2	27	29	28.9	29.5	29.3	29.4	29.8	30
출산연령변화									
1		0.18	0.12	0.18	0.3	0.2	0.3	0.3	0.2
2		0.24	0.16	0.16	0.1	0.3	0.3	0.3	0.2
3+		0.32	0.22	0.12	0.1	0.3	0.1	0.2	0.2
합계		0.16	0.4	-0.02	0.6	-0.2	0.1	0.4	0.2
조정합계출산율									
1		1.03	0.93	0.85	0.92	0.73	0.86	0.87	0.72
2		0.80	0.88	0.73	0.61	0.68	0.68	0.68	0.51
3+		0.18	0.19	0.17	0.14	0.16	0.12	0.13	0.12
합계		2.01	2.00	1.76	1.67	1.57	1.66	1.68	1.35

자료: 출산순위별 합계출산율과 평균출산연령 자료는 전광희(2006: 606)에서 원용함. 2001~2003년 평균출산연령 자료가 다소 오류가 있는 듯함.

그런데 봉가르츠와 피니의 조정합계출산율 계산은 어렵지 않지만 그 값이 무엇을 가리키는지 이해하기가 쉽지 않다. 출산율 변화에 템포효과를 조정하기 위해 출산율은 출산연령의 상승에 선형적인 함수로 가정하였는데, 출산율이 정확히 출산연령의 감소만큼 선형적으로 변한다는 가정이 적합한지 논란이 된다. 표에서 보듯이 조정한 비율은 관찰된 합계출산율과 차이가 큰데, 두 비율의 차이를 템포효과로 파악하는 것도 합당하지 않게 보인다. 1990년의 조정출산율의 예에서처럼 조정출산율은 1990년 합계출산율뿐만 아니라 1985년의 합계출산율에 비해서도 훨씬 큰 수치를 나타낸다. 어떤 비율과 어떻게 비교할 수 있는지가 명확하지 않은 것이다. 이것은 봉가르츠와 피니가 제안한 모형의 논리에서 무엇이 적절하지 않은가 질문하게 한다. 크게 두 가지 논리나 가정이 논란이 될 수 있다. 하나는 출산연령이 연령별출산율에 미치는 효과이고 다른 하나는 출산율과 출산연령변화의 선형적 관계에 대한 가정이다. 봉가르츠와 피니도 인정하듯이 출산연령의 증가가 꼭 모두 템포효과로 간주하기 어려우며, 출산연령의 변화에 따라 연령별출산율도 변화될 수 있다. 요컨대 연령별출산율과 출산연령은 서로 영향을 주고받는 부분이 존재한다. 한편 젱과 랜드(Zeng and Land, 2001)는 출산연령의 변화에 따른 출산율분포의 변화는 그렇게 크지 않음을 시뮬레이션을 통해 증명하였다고 밝히고 있다. 또한 전체 출산연령을 사용하지 않고 출산순위별 출산연령과 출산율을 구하여 출산순위별 출산율을 출산연령으로 조정하면 출산연령의 변화에 혼재된 비템포효과를 조정할 수 있다고 주장하였다. 그의 논의를 받아들인다면, 출산연령변화에 따른 연령별출산율 패턴의 변화효과는 미온적이고 또 출산순위별 분석을 통해 적절하게 조정하였다고 가정할 수 있다. 문제로 남는 것은 출산연령의 변화가 출산율에 미친 영향을 선형관계로 간주하는 것과 관련된다. 필자가 판단하기에 출산연령과 출산율이 선형적인 관계라는 가정은 적합하지 않다. 대안으로 조정합계출산율을 구하는 방법은 아래와 같이 새롭게 제안될 수 있다.

우선 출산연령을 도출한 〈식 4-4〉에 기초하여 출산연령과 합계출산율의 관계를 〈식 4-10〉과 같이 다시 정리할 수 있다. 식은 합계출산율은 연령별출산율에 비례하고 평균출산연령에 반비례하는 관계임을 정리하고 있다. 다시 출산순위별 출산연령(m_i)과 출산순위별 합계출산율(TFR_i)을 정리한 것은 〈식 4-11〉과 같다. 전체 합계출산율은 출산순위별 합계출산율의 합으로 정리된다. 이제 두 시점의 출산순위별 합계출산율(TFR_i^t, TFR_i^o)을 구분하여 정리할 수 있다.

〈식 4-10〉

$$TFR = 5\sum_x ASFR_x$$

$$= \frac{\sum_x (x+2.5)\times 5ASFR_x}{m}, \; m\text{은 평균출산연령}$$

〈식 4-11〉

$$m_i = \frac{\sum_{15} 5(x+1/2n)ASFR_x}{TFR_i}$$

$$TFR_i = \frac{\sum_{15} 5(x+1/2n)ASFR_x}{m_i}$$

$$TFR = \sum_i TFR_i$$

$$TFR_i^t = \frac{\sum_{15} 5(x+1/2n)\times ASFR_{x,i}^t}{m_i^t} \qquad TFR_i^o = \frac{\sum_{15} 5(x+1/2n)\times ASFR_{x,i}^o}{m_i^o}$$

〈식 4-11〉에서 이해할 수 있듯이 합계출산율은 연령별출산율과 출산연령의 함수이다. 합계출산율은 연령별출산율에 비례하고 출산연령에 반비례하는 관계를 갖고 있다. 그리고 두 시점의 출산율의 변화는 연령별출산율의 변화와 출산연령의 변화에 동시적으로 영향을 받을 수 있음을 나타내고 있다. 여기서 만일 출산연령의 변화와 연령별출산율 패턴은 독립적이라고 가정한다면, 출산연령 변화를 조정한 출산율(조정합계출산율)은 t 시점의 연령별출산율 패턴을 그대로 두고, 출산연령의 변화비를 적용하여 구할 수 있다. 이는 t 시점의 합계출산율에 평균출산연령의 비를 곱하여 간접표준화한 지표와 같다(〈식 4-12〉).

이 조정비율의 의미는 앞의 봉가르츠와 피니가 제시한 조정비율에 비해 더 직관적이고 논리적이라고 여겨진다. 요컨대 조정비율과 조정하기 이전의 비율의 차이는 출산연령의 변화에 따른 출산율의 변화의 크기이다. 템포효과를 표준화하기 위해서는 출산시기의 변화율(r)을 통해 출산율을 조정할 수 있다. 다시 말하여 조정합계출산율은 t 시점의 연령별출산율 패턴을 그대로 두고 두 인접 시점의 출산연령의 변화비를 적용하여 구할 수 있다. 이는 t 시점의 합계출산율에 평균 출산연령의 비를 곱하여 간접표준화한 비율과 같다. 또한 이 비율을 이용하여 두 시점 사이 출산율 변화를 출산연령의 변화효과(템포효과)와 연령별출산율 변화효과(비율의 효과)로 분해할 수 있다. 요컨대 템포효과는 t 시점의 출산율과 조정합계출산율의 차이와 같고, 비율의 효과는 조정합계출산율과 초기시점의 출산율의 차이로 분해할 수 있다.

〈식 4-12〉

$$\begin{aligned} TFR_i^{t,adj} &= \frac{\sum_{15} 5(x+1/2n) \times ASFR_{x,i}^t}{m_i^t} \times \frac{m_i^t}{m_i^o} \\ &= TFR_i^t \times (1+r), \end{aligned}$$

$$where \quad r = \frac{(m_i^t - m_i^o)}{m_i^o}$$

$$\begin{aligned} TFR_i^t - TFR_i^o &= TFR_i^t - TFR_i^{t,adj} + TFR_i^{t,adj} - TFR_i^o \\ &= \text{템포효과}_i + \text{비율효과}_i \end{aligned}$$

$$TFR^t - TFR^o = \sum_i 템포효과_i + \sum_i 비율효과_i$$

〈표 4-12〉 조정합계출산율, 템포효과, 비율효과

출산순위	연도									
	1985	1990	1995	2000	2001	2002	2003	2004	2005	2010
출산율										
1	0.827	0.842	0.817	0.701	0.643	0.584	0.602	0.607	0.573	0.633
2	0.623	0.61	0.74	0.613	0.549	0.474	0.475	0.475	0.409	0.472
3+	0.208	0.124	0.149	0.152	0.129	0.113	0.107	0.107	0.099	0.124
합계	1.658	1.576	1.706	1.466	1.321	1.171	1.184	1.189	1.081	1.229
평균출산연령										
1	25.1	26	26.6	27.5	27.8	28	28.3	28.6	28.8	29.75
2	26.8	28	28.8	29.6	29.7	30	30.3	30.6	30.8	31.73
3+	29	30.6	31.7	32.3	32.4	32.7	32.8	33	33.2	33.97
합계	26.2	27	29	28.9	29.5	29.3	29.4	29.8	30	30.95
r										
1		0.036	0.023	0.034	0.011	0.007	0.011	0.011	0.007	0.033
2		0.045	0.029	0.028	0.003	0.010	0.010	0.010	0.007	0.030
3+		0.055	0.036	0.019	0.003	0.009	0.003	0.006	0.006	0.023
합계		0.031	0.074	-0.003	0.021	-0.007	0.003	0.014	0.007	0.032
조정합계출산율		0.872	0.836	0.725	0.650	0.588	0.608	0.613	0.577	0.654
		0.637	0.761	0.630	0.551	0.479	0.480	0.480	0.412	0.486
		0.131	0.154	0.155	0.129	0.114	0.107	0.108	0.100	0.127
		1.640	1.751	1.510	1.330	1.181	1.196	1.201	1.088	1.267
템포효과		-0.064	-0.045	-0.044	-0.009	-0.010	-0.012	-0.012	-0.007	-0.038
비율효과		-0.018	0.175	-0.196	-0.136	-0.140	0.025	0.017	-0.101	0.186
합계		-0.082	0.130	-0.240	-0.145	-0.150	0.013	0.005	-0.108	0.148

〈표 4-12〉에서는 새로 수정한 조정합계출산율과 출산율 변화의 템포효과(평균출산연령의 변화)와 비율효과(연령별출산율의 변화)를 분해한 결과를 제시하고 있다. 1990년의 합계출산율은 1.576으로 측정되었는데 1985년의 평균출산연령이 그대로 유지되었다고 가정하였을 때 1990년의 합계출산율은 1.64로 증가한다. 마찬가지로 2005년 출산율은 1.08로 측정되었는데, 2004년의 출산연령 패턴을 가정하면, 1.088로 약간 값이 커진다. 인접시기의 출산율변화의 요인을 분해하면 1985년과 1990년 사이에는 템포효과가 출산율 감소에 미친 영향이 비율효과보다 더 크게 보인다. 1990년에서 1995년 사이에는 템포효과가 출산율 감소에 비율효과는 출산율 증가에 기여하고 있다. 템포효과는 1990년 이후 계속 출산율 감소에 기여하고 있는 것과는 달리 비율효과는 2003년과 2004년에 다소 증가하였는데, 출산순위별 출산율이 다소 증가한 패턴을 확인할 수 있다. 2010년의 합계출산율은 2005년에 비해 증가하였다. 템포효과와 비율효과를 보면 이 시기에도 출산연령은 늦어져 출산율을 낮춘 효과가 있는 반면 유배우 출산율이 증가하여 합계출산율 증가가 유배우출산율 증가에 비롯한 결과로 이해된다.

이 밖에 장기적인 출산동태를 파악하는 데에서 기간비율보다는 코호트비율이 더 적합할 수 있다. 이와 관련하여 질로트(Guillot, 2003), 계봉오(Kye, 2012, 2015), 골드스트인과 왓쳐(Goldstein and Watcher, 2006)의 논의를 참조할 수 있다.

5. 재생산율

1) 총재생산율(*GRR*)과 순재생산율(*NRR*)

출산율은 출산을 통해 이루어진 가족크기의 정도를 가리키는 비율로 활용되기도 하지만 인구성장률을 측정하는 지표로도 이용할 수 있다. 출산율 지표 중 인구성장률과 연관되어 측정된 비가 재생산율(Replacement Rate)이다. 한 인구의 재생산 규모는 한 세대에서 다음 세대를 거쳐 같은 연령에 속하는 인구규모가 증가 혹은 감소하는 정도를 통해 살펴볼 수 있다. 이런 의미에서 세대를 통한 인구의 재생산 규모는 모와 딸의 크기를 비교하여 추정할 수 있다. 예를 들어 어머니 1명이 그의 전 가임기간을 통해 딸을 1명 낳는다면 세대를 통해 인구가 같은 크기로 재생산되었다고 이해할 수 있다. 이런 논리에 맞추어 합계출산율을 재생산율로 전환할 수 있다. 총재생산율(*GRR*, General Replacement Rate)은 가임여성 전체수에 대한 그 여성이 출생한 총여아수의 비로 정의할 수 있다(〈식 4-13〉). 총재생산율을 구하기 위해서는 모의 연령집단별 인구수에 대해 총출생아 중 딸만 선택하여 여아출생률을 계산하여 구간 값을 곱하여 합하면 된다. 여아수를 모르는 경우, 합계출산율에 출생성비를 적용하여 계산할 수 있다.

$$GRR = n\sum_{x} {}_nB_{x,f} / {}_nN_{x,F} = TFR \times B_f / B_0 \qquad \text{〈식 4-13〉}$$

〈표 4-13〉 재생산율의 측정, 2005

연령 (세)	모의 수 (명)	여 출생아수 (명)	$ASFR_f$	누적 여아출산율	정지인구 (${}_nL_x$)	${}_nL_x/5l_0$	누적 생존여아수
15~19	1,490,487	1,387	0.00093	0.00465	496,170	0.99234	0.004617201
20~24	1,843,582	15,940	0.00865	0.04323	495,417	0.990834	0.042834802
25~29	1,905,468	85,026	0.04462	0.22311	494,388	0.988776	0.220606408
30~34	2,175,109	86,013	0.03954	0.19772	493,187	0.986374	0.195027022
35~39	2,169,931	19,337	0.00891	0.04456	491,646	0.983292	0.043812263
40~44	2,120,782	2,517	0.00119	0.00593	489,502	0.979004	0.005809539
45~49	1,964,856	184	0.00009	0.00047	486,422	0.972844	0.000455513
합계	13,670,214	210,404		0.51967			0.513162747
				총재생산율			순재생산율

자료: 통계청, KOSIS(주민등록인구, 인구동향조사).

주: 모인구는 주민등록인구 기준 연앙인구, 여 출생아수는 인구동향조사, 정지인구는 2005년 생명표(여성)에 기초함.

〈표 4-13〉은 2005년도 가임여성의 연령구간별 연앙인구와 모의 연령집단별 여아 출생아수 자료를 이용하여 재생산율을 구한 예를 제시하고 있다. 출생아 중 여아만 계산하는 것을 제외하면 합계출산율을 구하는 방식과 같다. 모의 연령별여아출산율을 구하여 구간의 값을 곱하여 합한 값은 0.52명이다. 2005년 가임여성의 연령별출산력에 기초하면 모에 대한 딸의 비가 0.52명임을 가리킨다.

그런데 인구의 재생산 규모는 엄밀하게 측정한다면 인구가 한 세대에서 다음 세대를 통해 어느 비율로 재생산되는가를 가리키므로, 딸이 출생 이후 모의 연령까지 생존할 비율을 고려하는 것이 필요하다. 그런데 총재생산율(*GRR*)은 출생한 여아가 모의 출산연령까지 생존할 비율을 고려하지 않았다. 이에 여아가 모의 출산 연령까지 생존할 비율을 고려하여 추정한 재생산비가 순재생산율(*NRR*, Net Replacement Rate)이다.[7] 여아가 모의 출산연령까지 생존할 비율은 정지인구의 생명표를 이용하여 구할 수 있다. 정지인구에서 초기인구 l_0가 연령구간 x에서 $x+n$ 시기까지 생존할 확률은 ${}_nL_{x,F}\,/\,nl_0$로 측정할 수 있다. 여기서 ${}_nL_{x,f}$는 여성인구가 x에서 $x+n$세에 생존한 인연수(person years lived) 혹은 x에서 $x+n$세의 정지인구수가 된다.

7 총재생산율(*GRR*)과 순재생산율(*NRR*)의 차이는 사망률의 고려 여부인데, 사망률이 누구의 사망률인가는 논란이 될 수 있다. 총재생산율은 어떤 기간의 출산패턴에 따라 가임기 여성이 생존하였다면 출산할 총여아수를 추정한다. 한편 모와 여아가 세대를 통해 어느 정도 재생산되는가를 추정하기 위해서는 모의 출산연령까지 생존한 여아가 얼마나 재생산되는가가 고려되어야 한다. 따라서 필자는 순재생산율에 적용한 ${}_nL_{x,f}/nl_0$을 여아가 모의 출산연령까지 생존할 확률로 이해하였다. 이런 해석은 “survival probabilities from birth to the mother’s age at delivery”로 이해한 Smith(1992: 231)의 해석과도 부합한다고 생각한다. 한편 Preston, Heuveline, and Guillot(2001: 113)는 ${}_nL_{x,f}/nl_0$를 “the number of years lived in each age interval by an average female subjected to the period mortality conditions through her reproductive life span”으로 정의하여 해당 연령구간에서 모의 생존율로 설명하고 있다.

$$NRR = n\sum ({}_nB_{x,f}/{}_nN_{x,F})[{}_nL_{x,F}/nl_o] \simeq GRR\times {}_5L_{30,F}/5l_0 \simeq GRR\times l_{30}/l_0 \quad \langle 식\ 4\text{-}14\rangle$$

이렇게 가임여성 각 연령구간의 여아 출산율에 해당 출산연령까지의 생존율을 곱하여 구한 순재생산율은 0.513이 된다. 가임여성의 생존율은 차이가 크지 않으므로, 총재생산율에 평균출산연령에서의 생존율을 곱해 순재생산율의 근사치로 구하기도 한다(〈식 4-14〉). 2005년 평균출산연령은 30세에 근접하므로 생명표에서 30세 생존율 (l_{30}/l_0)(=0.987)을 GRR에 곱하여 순재생산 근사치를 구하면 0.513이 된다(0.51967× 0.987=0.51292).

NRR이 0.513이라는 것은 어떤 의미인가? 순재생산율을 통해 인구성장률을 계산할 수 있는데, 연간인구성장률은 세대 간 이루어진 인구크기의 변화(재생산율)의 자연로그값을 세대기간으로 나눈 값이 된다. 세대기간은 평균출산연령으로 측정할 수 있는데, 연령별출산율의 분포를 이용하여 평균출산연령의 근사치를 구할 수 있다.

순재생산율은 세대를 통해 인구가 성장 혹은 감소한 정도를 가리킨다. 어떤 인구크기가 세대를 통해 같은 규모로 재생산된다면, NRR은 1이 된다. NRR이 1이라는 것은 세대를 통해 여성의 수가 동일하기 유지된다는 의미이며, 이는 연평균성장률이 0인 정지인구 상태를 가리킨다. 2005년 여성의 순재생산율은 0.513이라는 것은 현 모의 세대에서 다음 딸의 세대로 이행할 때 인구가 0.513배로 감소한다는 것이다. 세대를 통해 인구의 크기가 0.513배가 될 때 연평균성장률은 〈식 4-15〉와 같이 계산하면 된다. 세대기간을 평균출산연령과 같다고 가정하였을 때, 연평균성장률은 -0.022가 된다. 2005년의 재생산율과 평균출산연령이 지속된다고 할 때 인구는 연평균 0.022로 감소한다고 추정된다.

〈식 4-15〉 순재생산율과 인구성장

$$NRR = \frac{n\sum {}_nB_{x,f}}{{}_nN_{x,f}} \times {}_nL_{x,f}/nl_0 = e^{rt}$$

$$NRR = e^{rt}$$
$$r = \ln(NRR)/t$$

t=평균출산연령

r=인구성장률

$$NRR\text{이 } 1\text{이면}, \ r = \frac{1}{t}ln(1) = 0$$

NRR이 0.513이면,

$$r = \ln(0.51316)/29.958 = -0.022$$

2) 모아비(*CWR*)

연령별출산율 자료가 존재하지 않거나 매년 출생수를 모를 때 혹은 자료 정확성이 떨어질 때 센서스에 제시된 연령별 인구구성을 통해 출산율을 간접적으로 추정할 수 있다. 이런 예로 모아비가 활용된다. 모아비(*CWR*, Child Woman Ratios)는 가임여성인구에 대한 0~4세 인구의 비로 측정된다(〈식 4-16〉).

$$CWR = {}_{5}N_{0} / {}_{35}N_{15,f} \qquad \text{〈식 4-16〉}$$

${}_{5}N_{0}$는 0~4세 연앙인구를, ${}_{35}N_{15,f}$는 15~49세까지 여성연앙인구를 가리킨다. 0~4세 인구를 이용하는 것은, 0세에서의 자료 정확성이나 충족성이 떨어지는 경향을 고려해서이다. 모아비(*CWR*)를 이용하여 가임여성의 일반출산율(*GFR*)을 계산할 수 있다. 두 측정치는 분모는 동일하고 분자만 차이가 나는데, *CWR*은 0~4세 인구의 수이고, *GFR*은 출생인구이다. 만일 출생수가 안정적이고 영아사망률이

낮다면 0~4세 인구는 매년 출생아수의 4~5배 사이의 값이 되지만, 출산수가 계속 줄어든다면 *CWR*은 *GFR*의 5배 이상의 값을 가질 수 있다(〈식 4-17〉).

$$CWR \simeq k \times GFR, \ k = \frac{{}_5N_0}{B} \quad \text{〈식 4-17〉}$$

2005년 15~49세 여성인구에 대한 0~4세 인구의 비 *CWR*은 0.18518(2,531,165/13,670,214)이다. 2005년 출생아수는 436,999명이고 2005년 0~4세 연앙인구는 2,531,165명으로서, 2005년 0~4세 인구는 출생아 인구의 5.79배로 계산된다. *k*값이 5보다 큰 것은 지난 5년간 영아사망률은 별로 변하지 않았지만 출산수가 크게 감소하였기 때문으로 이해된다(〈그림 4-8〉). *GFR*과 *TFR*의 관계에 기초하여 *CWR*로부터 *TFR*의 근사치를 구할 수 있다(〈식 4-18〉). 실제 합계출산율과 차이가 다소 크게 나타난다. 0~4세 인구는 출산율과 사망률의 변동에 영향을 받기 때문이라 여겨진다.

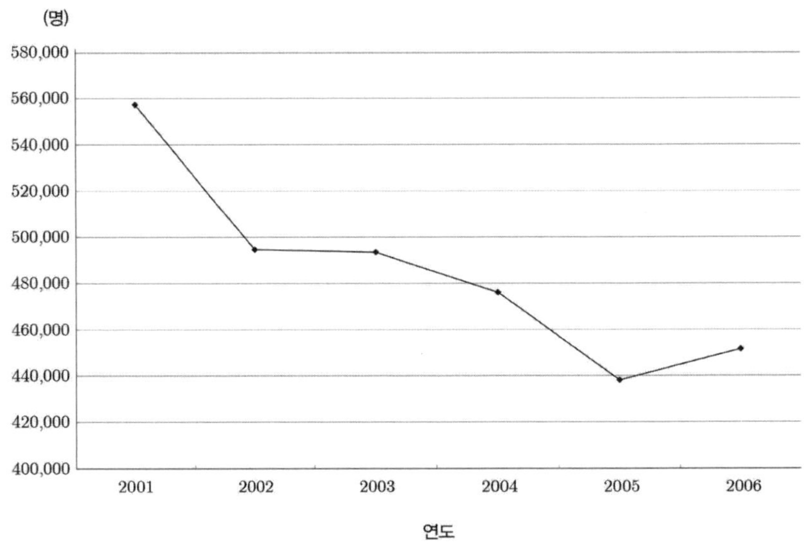

〈그림 4-8〉 출생아수의 추이, 2001~2006

자료: 통계청, KOSIS(인구동향조사).

$$TFR \simeq cwr \times 35/5.79$$

$$=0.18516 \times 35/5.79 = 1.12$$ (합계출산율 1.079163과 비교됨) 〈식 4-18〉

이처럼 모아비를 이용하여 가족크기를 추정할 수 있을 뿐 아니라 인구성장의 크기를 추정할 수도 있다. 이를테면 센서스에서 구한 모아비를 생명표 인구에서 구한 모아비와 비교하여 재생산비를 추정할 수 있다. 생명표는 정지인구 분포를 보여 주므로 *NRR*이 1임을 전제한다. 따라서 실제 *CWR*과 생명표 *CWR*의 비는 유사한 사망률을 가진 인구와 실제인구의 재생산크기의 차이를 측정하는 데 이용할 수 있다. 이를 'Thomson index'라고 한다.

$$NRR \simeq CWR / CWR_{life\ table}$$

〈식 4-19〉

$$CWR_{life\ table} = [(B_m / B_f)\,{}_5L_{0,M} + {}_5L_{0,F}] / {}_{35}L_{15,F}$$

생명표 $CWR_{life\ table}$은 〈식 4-19〉에서처럼 구할 수 있다. ${}_{35}L_{15,F}$는 15~49세의 생명표상의 여성인구를 가리킨다. 0~4세 인구는 생명표상에서 0~4세 남녀 정지인구의 값을 합한 값이다. B_m/B_f는 성비를 가리키는데, 생명표에서는 남녀 출생수를 동일하게 간주하므로 실제인구의 출생성비를 곱하여 남녀 출생크기를 조정한 것이다. 2005년 생명표상 0~4세 남아인구는 497,124명, 0~4세 여아인구는 497,505명이고, 2005년 연앙 출생성비는 1.077이다. 대입해서 구하면 생명표상의 모아비는 0.2997로 계산된다. 실제 모아비는 0.18518로 추정되었으므로 실제 모아비는 생명표 모아비의 0.618배로 추정된다. 이 근사치는 앞서 계산한 *NRR*값 0.513값과 비교할 수 있다. 두 값의 차이는 실제인구의 코호트별 출산과 사망의 변화의 영향으로 여겨진다.

3) 출산진도비(Parity Progression Ratio)

출산진도비($P_{i,\,i+1}$)는 i번째 미만의 출산을 한 여성이 i번째 출산을 하는 비율로서 가족크기의 변화를 간단하게 측정할 수 있는 비율이다. 출산진도비는 매년 출생수로부터 계산할 수도 있고 완료된 가족크기로부터 회고적으로 취할 수 있다. 인구가 크게 증가하는 경우 매년 추정치는 젊은 부모에 더 가중되어 회고추정치보다 적은 수치로 계측되기 쉽다.

완료된 가족크기를 기준으로 할 경우 출산진도비는 〈식 4-20〉과 같이 구할 수 있다.

$$P_{i,\,i+1} = \sum_{i+1} {}_{n}N_{x,\,F,\,i} \Big/ \sum_{i} {}_{n}N_{x,\,F,\,i} \qquad | i \geq 0 \qquad \text{〈식 4-20〉}$$

i는 출산순위, ${}_{n}N_{x,\,F,\,i}$ 는 i명의 자녀를 출산한 연령 x에서 $x+n$세 여성을 가리킴.

출생수를 기준으로 할 경우 출산진도비는 〈식 4-21〉과 같이 구할 수 있다.

$$P_{i,\,i+1} = {}_{\omega}B_{0,\,i+1} \big/ {}_{\omega}B_{0,\,i} \qquad | i \geq 1 \qquad \text{〈식 4-21〉}$$

i는 출산순위, ${}_{w}B_{0,\,i}$ 는 i번째 태어난 아이수를 가리킴.

먼저 완료된 가족크기를 이용하여 출산진도비를 측정하는 방법을 살펴보자. 〈표 4-14〉는 2005년 시점의 가족크기별 기혼여성의 분포를 나타낸다. 2005년 총 기혼여성은 14,413,990명이 된다. 이 중 2005년까지 1명도 출산하지 않은 여성이 920,785명, 1명을 출산한 여성이 2,255,163명, 4명을 출산한 여성이 1,122,145명으로 집계된다. 그리고 기혼여성의 총자녀수는 34,985,967명이 된다. 기혼여성의 수로 총출생자녀수를 나누면 기혼여성 평균자녀수가 2.4명으로 집계된다. 〈표 4-14〉의 자

〈표 4-14〉 2005년 자녀수별 기혼여성의 분포(단위: 명)

	여성인구	기혼여성	출생자녀수별							
			0	1명	2명	3명	4명	…	총출산아	평균 출산 자녀수
합계	19,306,461	14,413,990	920,785	2,255,163	6,311,778	2,331,773	1,122,145		34,985,967	2.4
15~19세	1,474,405	4,406	2,925	1,370	111	0	0		1,592	0.4
20~24세	1,747,047	110,679	51,408	46,308	11,953	687	14		72,376	0.7
25~29세	1,814,658	748,784	260,882	303,047	167,719	14,045	859		684,241	0.9
30~34세	2,038,044	1,659,456	190,807	517,575	841,760	101,561	5,276		2,529,732	1.5
35~39세	2,048,633	1,896,777	87,149	327,863	1,242,973	220,831	15,173		3,546,883	1.9
40~44세	2,041,737	1,968,372	64,592	305,729	1,320,201	247,943	24,647		3,811,692	1.9
45~49세	1,939,628	1,890,944	57,406	294,895	1,203,161	277,775	46,396		3,773,928	2
50~54세	1,429,138	1,402,385	35,271	152,263	730,391	362,952	93,844		3,219,885	2.3
55~59세	1,151,825	1,137,187	28,237	87,214	392,186	391,392	164,897		3,095,632	2.7

자료: 통계청, KOSIS(2005년 인구총조사).

료를 기초로 하여 출산진도비를 구하여 볼 수 있다. 예를 들어 무자녀에서 1명 자녀 출산으로 이행한 비율($P_{0,1}$)은 기혼여성 전체에서 자녀가 1명 이상인 여성의 크기를 나눈 값으로 계산되고, 1명 출산에서 2명 출산으로 이행한 비율($P_{1,2}$)은 1명 이상 출산한 기혼여성 중에서 2명 이상 출산한 여성의 크기를 나눈 값으로 구할 수 있다. 〈표 4-15〉는 2005년 기혼여성의 연령별 출산진도비를 정리한 것이다.

$$P_{0,1} = \frac{1\text{명 출산한 여성} + 2\text{명 출산한 여성}..... + 10\text{명 이상 출산한 여성}}{\text{기혼여성 전체}}$$

$$P_{1,2} = \frac{2\text{명 이상 출산한 기혼여성의 수}}{1\text{명이상 출산한 기혼여성의 수}}$$

〈표 4-15〉 가족크기를 이용한 출산진도비($P_{i,i+1}$) 추정, 2005

모의 연령	출산진도비($P_{i,i+1}$) 0→1	1→2	2→3	3→4	4→5	5→6	6→7	평균 출산아수
전체	0.94	0.83	0.44	0.53	0.57	0.52	0.46	2.41
25~29세	0.65	0.38	0.08	0.06	0.04	0.00	0.00	0.92
30~34세	0.88	0.65	0.11	0.05	0.09	0.19	0.14	1.53
35~39세	0.95	0.82	0.16	0.07	0.11	0.27	0.12	1.87
40~44세	0.97	0.84	0.17	0.10	0.15	0.19	0.26	1.94
45~49세	0.97	0.84	0.22	0.17	0.18	0.21	0.24	2.00
50~54세	0.97	0.89	0.40	0.25	0.22	0.23	0.23	2.30
55~59세	0.98	0.92	0.62	0.38	0.31	0.28	0.26	2.72

자료: 통계청, KOSIS(인구총조사).

그리고 출산진도비를 통해 평균출생아수 μ도 〈식 4-22〉와 같이 구할 수 있다. 2005년 전체 기혼여성의 평균출산율은 2.41명으로 추정된다. 또한 출산이 완결될 가능성이 높은 45~49세 인구에서 평균출산율이 2.0명으로 추정된다.

$$
\begin{aligned}
\mu &= \sum_i l_i = \sum_i (\Pi\, P_{k,k+1}) \\
&= P_{0,1} + P_{0,1} \times P_{1,2} + P_{0,1} \times P_{1,2} \times P_{2,3} .. P_{0,1} \times P_{1,2} \times P_{2,3} \times .. \times P_{k,k+1} \\
&= 0.94 + 0.94 \times 0.83 + 0.94 \times 0.83 \times 0.44 ...... = 2.41 \qquad \langle 식\ 4\text{-}22 \rangle
\end{aligned}
$$

출산진도비는 매년 새로 태어난 출생아 자료에 기초하여서도 구성할 수 있다. 〈표 4-16〉은 2005년과 2010년 시점에 집계된 출생순위별 출생아의 분포와 출산진도비를 정리한 것이다. 논리는 〈식 4-21〉에서 정리한 것처럼 i번째 출생아에 대한 다음 순위 출생아의 비로 계산할 수 있다.

2005년과 2010년 사이 출산진도비를 비교하여 보면 첫째아이, 둘째아이, 셋째아이, 넷째아이, 다섯째아이, 대부분의 출산순위에서 2010년의 출산진도비가 더 큰 것을 확인할 수 있다(〈그림 4-9〉).

〈표 4-16〉 출생아수를 이용한 출산진도비($P_{i,i+1}$) 추정, 2005, 2010

출산순위별	출생아(명)		출산진도비($P_{i,i+1}$)		
	2005	2010	출산진도	2005	2010
총계	438,062	470,171			
1아	224,863	235,333	1→2	0.75	0.77
2아	167,867	181,871	2→3	0.22	0.24
3아	37,238	43,805	3→4	0.10	0.12
4아	3,849	5,091	4→5	0.13	0.15
5아	492	780	5→6	0.25	0.22
6아	121	168	6→7	0.25	0.33
7아	30	55			
8아	26	33			
미상	3,576	3,035			

자료: 통계청, KOSIS(인구동향조사).

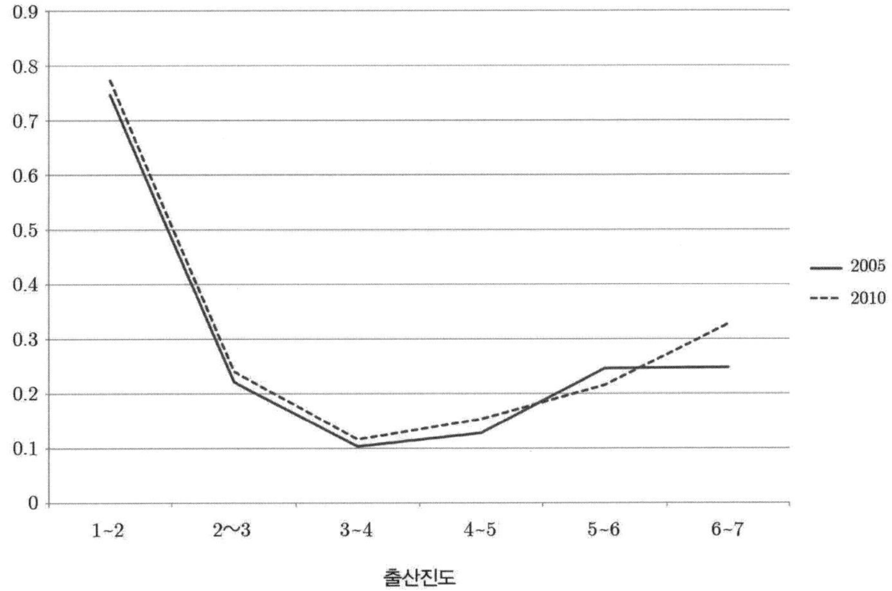

〈그림 4-9〉 2005년과 2010년에 태어난 아이의 출산진도비

〈표 4-17〉은 2005년 출생아수와 2005년 모의 출산자녀수 자료에 기초하여 구한 출산진도비를 비교하고 있다. 2005년 출생아의 출산진도비를 2005년 가임연령집단별 출산진도비와 비교하면, 둘째아로의 출산진도비($P_{1,2}$)는 30대 중반 정도에서의 출산진도비와 비슷하고 셋째아로의 출산진도비($P_{2,3}$)는 45~49세의 출산진도비와 비슷하다. 전체적으로 2005년 출생아수에 기초한 출산진도비가 2005년 모의 출산자녀수를 기준으로 구한 출산진도비에 비해 더 작은 경향을 볼 수 있다. 이는 완료된 가족크기에서는 나이 많은 모의 과거출산력의 영향이 더 반영되기 때문이다.

또한 〈표 4-18〉에서 살펴볼 수 있듯이 45~49세 기혼여성의 완결된 가족크기에서 코호트별 출산진도비를 보면 1990년 이후부터 두 번째 자녀에서 세 번째 자녀로 이행하는 확률이 크게 감소하는 것을 확인할 수 있다. 45~49세 여성의 평균출산아수는 1960년 5.34명에서 계속 감소하여 2010년에는 1.97명으로 추정된다(〈그림 4-10〉).

〈표 4-17〉 출산진도비의 비교

출산진도	출산진도비($P_{i,i+1}$)							
	2005년 출생아	2005년 모의 연령(출생연도)						
		25~29세 (1980~1984)	30~34세 (1975~1979)	35~39세 (1970~1974)	40~44세 (1965~1969)	45~49세 (1960~1964)	50~54세 (1955~1959)	55~59세 (1950~1954)
0→1		0.65	0.88	0.95	0.97	0.97	0.97	0.98
1→2	0.75	0.38	0.65	0.82	0.84	0.84	0.89	0.92
2→3	0.22	0.08	0.11	0.16	0.17	0.22	0.40	0.62
3→4	0.10	0.06	0.05	0.07	0.10	0.17	0.25	0.38
4→5	0.13	0.04	0.09	0.11	0.15	0.18	0.22	0.31
5→6	0.25	0.00	0.19	0.27	0.19	0.21	0.23	0.28
6→7	0.25	0.00	0.14	0.12	0.26	0.24	0.23	0.26
평균 출산아수		0.92	1.53	1.87	1.94	2.00	2.30	2.72

자료: 통계청, KOSIS(인구동향조사).

<표 4-18> 연도별 45~49세 여성의 출산진도비와 평균출산자녀수

연도	출산진도비								평균 출산아수
	0→1	1→2	2→3	3→4	4→5	5→6	6→7	7→8	
1960	0.98	0.96	0.93	0.9	0.85	0.76	0.7	0.62	5.34
1966	0.98	0.96	0.93	0.9	0.86	0.79	0.73	0.64	5.44
1970	0.98	0.96	0.93	0.9	0.86	0.79	0.71	0.62	5.41
1975	0.98	0.96	0.93	0.9	0.83	0.71	0.61	0.53	5.13
1980	0.98	0.96	0.93	0.85	0.72	0.59	0.49	0.43	4.61
1985	0.99	0.96	0.9	0.74	0.59	0.48	0.4	0.35	4.08
1990	0.99	0.95	0.81	0.58	0.45	0.37	0.32	0.3	3.44
2000	0.98	0.89	0.4	0.25	0.23	0.24	0.22	0.26	2.31
2005	0.97	0.84	0.22	0.17	0.18	0.21	0.24	0.23	2.00
2010	0.98	0.84	0.19	0.13	0.05	0.18	0.09	0.34	1.97

자료: 통계청, KOSIS(인구총조사).

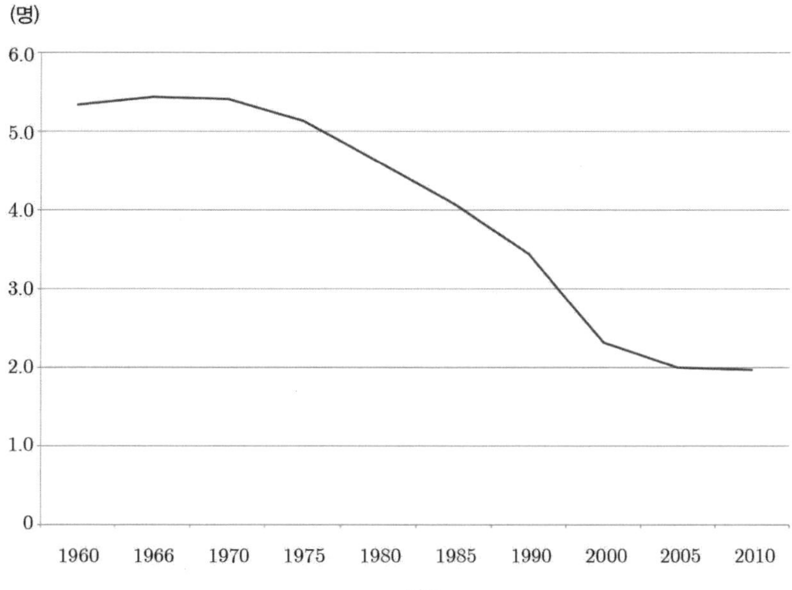

<그림 4-10> 연도별 45~49세 여성의 평균출산자녀수

〈부록표 4-1〉 2005년 생명표, 여성

연령(세)	2005년			
	기대여명 e_x(년)	사망확률 $_nq_x$	생존자 l_x(명)	정지인구 $_nL_x$(명)
0	81.89	0.00457	100,000	99,614
1	81.26	0.00122	99,543	397,891
5	77.36	0.00075	99,422	496,907
10	72.42	0.00063	99,347	496,583
15	67.46	0.00112	99,284	496,170
20	62.53	0.00190	99,173	495,417
25	57.65	0.00219	98,984	494,388
30	52.77	0.00271	98,768	493,187
35	47.91	0.00369	98,499	491,646
40	43.07	0.00511	98,136	489,502
45	38.28	0.00764	97,635	486,422
50	33.56	0.01089	96,889	481,965
55	28.90	0.01591	95,834	475,602
60	24.32	0.02608	94,309	465,885
65	19.90	0.04467	91,850	449,913
70	15.70	0.08546	87,746	421,748
75	11.91	0.16428	80,247	371,028
80	8.72	0.29485	67,064	287,976
85	6.28	0.46037	47,291	181,334
90	4.53	0.63081	25,520	83,809
95	3.39	0.76554	9,422	25,951
100+	2.70	1.00000	2,209	5,966

자료: 통계청, KOSIS(생명표).

〈부록표 4-2〉 2005년 생명표, 남성

연령(세)	2005년			
	기대여명 e_x(년)	사망확률 $_nq_x$	생존자 l_x(명)	정지인구 $_nL_x$(명)
0	75.14	0.00528	100,000	99,538
1	74.53	0.00137	99,472	397,586
5	70.63	0.00102	99,336	496,410
10	65.70	0.00084	99,235	495,986
15	60.76	0.00197	99,152	495,326
20	55.87	0.00293	98,956	494,087
25	51.03	0.00371	98,667	492,448
30	46.21	0.00489	98,300	490,349
35	41.42	0.00756	97,819	487,402
40	36.72	0.01281	97,080	482,561
45	32.16	0.02093	95,836	474,479
50	27.79	0.03106	93,830	462,285
55	23.60	0.04407	90,916	445,016
60	19.56	0.06821	86,909	420,786
65	15.80	0.10828	80,981	384,350
70	12.39	0.17142	72,213	331,577
75	9.42	0.27401	59,834	259,638
80	7.00	0.41196	43,438	172,116
85	5.16	0.56605	25,543	89,252
90	3.83	0.70967	11,085	33,092
95	2.92	0.82087	3,218	8,060
100+	2.32	1.00000	576	1,335

자료: 통계청, KOSIS(생명표).

제5장

생명표의 원리와 활용

1. 생명표를 통한 인구동태와 구조의 분석

생명표(life table)란 어떤 생명집단이나 인구집단의 생, 사, 이동과 같은 변화 및 변화에 따라 형성된 구조적 특성을 기술하는 표이다. 인간을 포함하여 모든 생명체의 생사과정의 크기나 속도는 변하고 있다. 멸종의 위기에 있는 식물이나 동물들이 많다고 보고되는데, 이것은 복합적인 사회생태환경 변화에 따라 생명군의 균형적 동학이 깨졌기 때문이다. 오랜 시간을 통해 인구의 생사과정도 크게 변하였다. 2007년 현재 지구상의 인구는 66억 2,500만 명 정도이며, 이 인구는 192개국의 크고 작은 국가에 분포되어 고유한 동태과정을 나타내고 있다. 어떤 사회에서는 인구가 급성장하고 있고, 어떤 사회에서는 인구감소 현상이 벌어지고 있으며, 지역과 국가경계를 넘은 이동도 활발하게 진행되고 있다.

우리 자신이나 주위를 둘러보면 변화는 항상적이다. 신체의 각 부분을 이루는 세포들은 계속해서 태어나고 사망하고 있다고 한다. 노화(aging)는 어느 한 시기부터 시작하는 것이 아니라 출생과 더불어 진행된다고도 한다. 신체·인지적 기능이 변하듯이 가족생활, 노동생활과 같은 사회적 경험도 변하게 된다. 다양한 목적과 기능을 위해 경제·정치·사회 조직들도 새로 만들어지고, 확장되고, 쇠하는 과정을 반복하고 있다.

생명표는 이렇게 개체와 집단이 시간에 따라 변하는 생명 특성을 분석하는 기법으로 정의될 수 있다. 시간에 따라 변화되는 생명의 특성으로 쉽게 떠올릴 수 있는 것이 아마도 생과 사의 경험일 것이다. 생명표도 원래 사망률의 패턴을 분석하는 데에서 개발되었다.[1] 이때 생명표의 작성원리는 특정시기에 어느 집단에서 관찰된 사망률 분포가 항상적이라고 가정할 때 그 집단의 평균기대여명이나 연령구조를 분석하는 것이다. 예를 들어 가상의 동물 무리를 생각해 보자. 이 무리는 매해 10마리가 새로 태어나고, 10마리가 사망한다. 태어나서 1년이 되기까지 3마리가 사망하고, 2년이 되기까지 다시 2마리가 사망하고, 3년이 되기까지 다시 1마리, 4년이 되기까지 다시 1마리, 5년이 되기까지 다시 1마리, 6년이 되기까지 다시 1마리, 7년째는 마지막 1마리가 사망한다. 이런 사망률 패턴이 장기적으로 유지된다고 하면, 그 동물 무리의 연령구조는 어떻게 구성되고, 평균기대수명은 몇 년이 될까?

그래프를 이용하여 답을 구하여 볼 수 있다(〈그림 5-1〉). 10마리 중에서 1세까지 사는 수는 7마리이다. 그렇다면 0~1세 구간에 무리수는 얼마가 될까? 만일 사망이 구간에서 균등하게 일어났다면, 1세에 생존한 7마리와 1세가 되기 전에 사망한 무리의 반의 값의 합으로 파악할 수 있다. 마찬가지로 1~2세 구간에 생존한 무리수는 2세에 생존한 5마리에 1~2세 구간에 사망한 수의 반의 값을 합하여 구할 수 있다. 이렇게 0~7세 구간까지 생존한 무리수를 합하면 27마리가 된다. 이 27마리는 태어난 10마리가 생존한 총생존인연수(person years lived)로도 해석된다. 그리고 10마리의 총생존인연수를 초기출생크기로 나누면 평균생존연수가 2.7년으로 계산된다. 요컨대 이 동물 무리는 태어나서 평균 2.7년을 산다고 파악할 수

1 사망표 분석을 통해 인구연구의 중요성을 인식한 최초의 인물로서 그라운트(John Graunt, 1620~1674)를 꼽을 수 있다. 그는 저서(*Natural and Political Observations Mentioned in a Following Index, and Made upon the Bills of Mortality*, 1676)에서 17세기 영국 교회에서 집계한 세례와 결혼, 그리고 매장에 관한 기록을 통해 당시 런던 주민의 사망원인, 인구동태의 자연·정치적 환경의 요인을 분석하였다. 그라운트에 이어 헬리(Edmond Halley, 1656~1742)는 연령별 사망률에 기초한 생명표를 작성하였다.

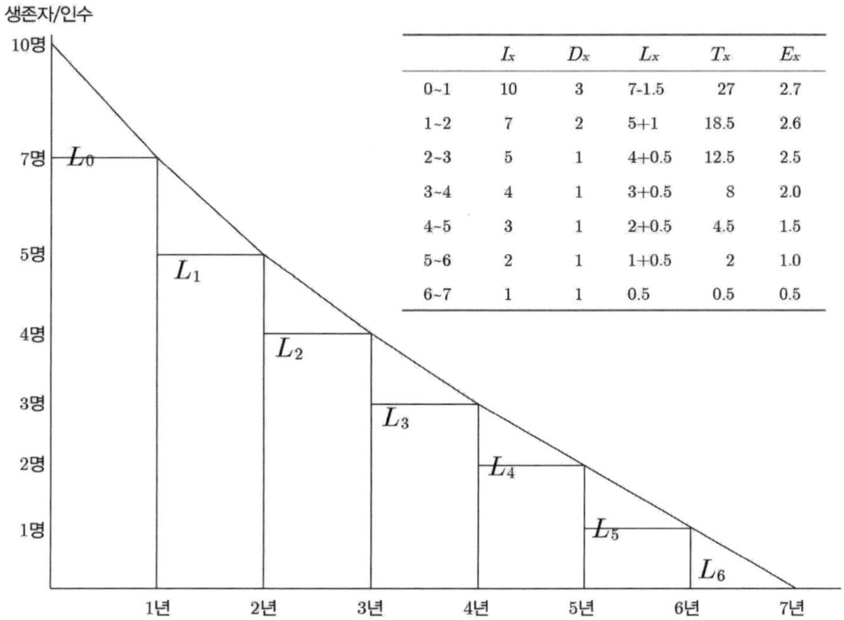

	l_x	D_x	L_x	T_x	E_x
0~1	10	3	7-1.5	27	2.7
1~2	7	2	5+1	18.5	2.6
2~3	5	1	4+0.5	12.5	2.5
3~4	4	1	3+0.5	8	2.0
4~5	3	1	2+0.5	4.5	1.5
5~6	2	1	1+0.5	2	1.0
6~7	1	1	0.5	0.5	0.5

〈그림 5-1〉 가상 코호트의 사망력과 연령구조

있다. 이 동물 무리는 매해 사망수와 출생수가 동일하고 무리의 크기나 연령구조가 변하지 않고 안정적인 특징을 가진다. 그 결과 매해 조출생률과 조사망률은 0.37(10/27)으로 항상적이다. 어느 시기 각 연령집단의 크기는 매 코호트의 연령구간에서의 생존인연수와 동일하고, 총무리크기는 매 코호트의 총생존인연수의 합과 동일하다.

생명표의 원리는 인구 동태 및 구조 사이의 관계를 분석하는 데 널리 활용되고 있다. 가장 기본적인 생명표는 이동이 없고 조출생률과 조사망률이 동일하고 연령별사망률이 항상적인 인구동태와 그 결과로 구성된 정지인구의 특성을 정리하고 있다. 앞의 가상의 동물 무리의 생사과정의 예에서 추론할 수 있듯이, 출생 및 사망 동태는 총인구크기와 연령구조를 주요하게 결정한다. 인구크기와 연령구조는 자연성장률과 순이동에 의해 결정된다. 이때 자연성장률이란 조출생률(CBR)과 조사망률(CDR)의 차이와 같다. 만일 이동의 크기가 0이라면(폐쇄인구) 인구의 크기는 자연성장률의 변화로 결정된다. 요컨대 이동이 없는 폐쇄인구의 인구 구조와 크기는 출산과 사망에 의해 결정된다. 그리고 조출생률과 조사망률이 동일하고 연령별사망률이 항상적일 때 인구크기와 연령구조는 변하지 않는 정지인구(stationary population)의 특성을 지닌다. 각 연령집단의 분포는 출생률과 생존율의 함수이고 출생률과 생존율이 항상적이므로 연령집단의 구성비도 변하지 않게 된다.

생명표의 원리는 생물학적 생사과정뿐만 아니라 결혼과 이혼, 입직과 이직, 은퇴와 같이 다양한 동학과 그 결과를 추정하는 데 널리 활용될 수 있다. 예를 들어 연령별 혼인상태의 전환율을 통해 각 연령에서 다양한 혼인상태에 남을 확률과 평균초혼연령, 그리고 전체인구의 혼인상태를 추정할 수 있다. 또한 연령별 취업상태의 전환율을 통해 얼마나 오랜 동안 노동에 참여하는가를 추정할 수 있다. 생명표는 서로 연결된 두 지역의 인구구조가 변하는 과정을 추정하는 데도 활용할 수 있다. 이처럼 생명표의 원리는 다양한 사건의 발생과 그에 따라 구성되는 인구구조의 특성을 추정하는 데 활용될 수 있다.

2. 전환확률과 동태자료

생명표를 작성하기 위해서는 가장 기본이 되는 개념인 전환확률(${}_nq_x$)을 분명하게 이해하는 것이 중요하다. 전환확률(transition probability)은 비율의 일종이지만 통상적인 비율과는 차이가 있다. 예를 들어 유배우율(rate of married persons)을 측정하고자 한다면 전체인구에 대한 유배우인구의 구성비를 구하면 된다. 그런데 미혼상태에 있는 인구가 n년이 경과된 뒤 초혼할 비율은 초기미혼상태에 있는 인구가 n년이 경과된 뒤 혼인한 비율로 구하게 된다. 앞의 예는 상태비율이고 뒤의 예는 사건이 발생한 확률을 의미한다.

전환확률은 상태비율과 차이가 있을 뿐만 아니라 기간비율로 측정된 동태비율과도 구분된다. 조사망률(CDR)과 사망확률을 비교해 보자. 조사망률은 해당연도의 연앙인구에 대해 해당연도 사망인구의 비율로 측정한다. 이 비율은 그해 인구

중에서 얼마나 많은 인구가 사망하였는가를 가리키는 전환율이지만 정확하게는 사망확률 논리에 조응한 비율이 아니다. 생존자의 사망확률을 구하기 위해서는 분모가 초기생존자가 되어야 한다. 그런데 조사망률의 분모값이 되는 연앙인구는 그 해의 중간시점에 생존한 인구로서 이전 6개월 동안 사망한 인구가 제외되어 있다. 따라서 그해 생존자 중 사망한 자의 사망확률을 구하기 위해서는 분모값이 1월 1일 시점의 인구가 되어야 하는데, 이는 연앙인구에 6개월 동안의 사망자수(보통 연간 사망자의 반값)를 더한 값으로 추정한다. 이때 1월 1일 시점의 인구를 초기인구(N_x)라고 한다. 조사망률과 사망확률의 관계는 연령별사망률($_nM_x$)과 연령별사망확률($_nq_x$)의 관계에도 해당된다. 예를 들어 15~19세 집단의 사망률은 15~19세의 연앙인구를 분모값으로, 15~19세에서의 사망자수를 분자값으로 계산한 비율이다. 한편 15~19세의 사망확률을 측정한다고 하면 15세 초기시점의 인구가 분모가 되고 분자는 15세에서 19세에 이르기까지 사망한 사람의 수가 된다. 따라서 연령별사망률은 동일시점에 생존한 다양한 코호트의 횡단적 비율이고 연령별사망확률은 동일 코호트에서 실제 발생하거나 발생할 것으로 기대되는 사망발생의 확률로 구분할 수 있다. 또한 연령별사망확률은 실제 코호트의 사망확률을 통시적으로 파악하는 방법과 어떤 횡단시점에서 가상 코호트의 사망확률로 파악하는 방법이 구분된다. 전자는 코호트 생명표를 작성하는 방법이고, 후자는 기간 생명표를 작성하는 방법이다.

이들 예에서 살펴볼 수 있듯이 전환확률은 사건이 일어날 가능성이 있는 초기인구(N_x) 중 기간(n)이 경과하면서 실제 사건이 발생한 인구($_nD_x$)의 비율이 된다(〈식 5-1〉).

$$_nq_x = \frac{_nD_x}{N_x} = \frac{event}{population\ at\ risk} \qquad \text{〈식 5-1〉}$$

〈표 5-1〉 전환확률로 측정되는 사건들의 예

전환확률($_nq_x$)의 예	초기인구(N_x)와 사건($_nD_x$)
사망확률	초기인구(N_x)와 사망인구($_nD_x$)
영아사망률	분만아(N_x)와 그중 1세 미만에 사망한 아이($_nD_x$)
특정한 질환 노출 혹은 이환 시작으로부터 생존기간별 생존확률	질환 시작 이후 기간별 생존자(N_x)와 사망자($_nD_x$)
이환율	초기인구(N_x), 동태조사 자료로부터 이환건수($_nD_x$)
질환, 사고로부터 회복률	사건 시작 이후 x 기간 에서 아직 회복되지 않은 사람(N_x), $x+n$ 시점까지 회복된 사례($_nD_x$)
재원기간	입소 이후 x 기간의 재원자(N_x), n 기간 경과 동안 퇴원한 사람($_nD_x$)
출산진도비; 연령 x와 $x+n$ 사이 i번째 자녀를 출산하는 비율, 연령 x까지 i번째 출산에 이르는 확률	연령 x에서 i번째 미만의 출산을 가진 여성(N_x), 연령 x와 $x+n$ 사이에 i번째 출산수($_nD_x$)
구간출산율(interbirth rate)	이전 출산 이후 x 기간 동안 출산이 없는 여성(N_x), x에서 $x+n$ 기간 동안 출산수($_nD_x$)
수유중단율	출산 이후 x 기간 동안 수유한 여성(N_x), x에서 $x+n$ 기간 수유를 중지한 수($_nD_x$)
피임실패/중단율	처음 이용 이후 기간 x에서 피임을 계속하고 있는 사람(N_x), 연령 x에서 $x+n$ 기간 중단하거나 임신한 수($_nD_x$)
초혼율	x번째 생일에서 미혼인 사람(N_x), n년이 경과하면서 초혼한 수($_nD_x$)
이혼, 사별로 끝난 혼인율	동거나 혹은 결혼 이후 x 기간이 지난 후에도 유배우상태인 사람(N_x), 연령 x에서 $x+n$ 사이 무배우자수($_nD_x$)
첫 노동진입률	x번째 연령에서 노동력에 들어간 적이 없는 사람(N_x), 노동력에 들어간 사람($_nD_x$)
직급승진율, 직업이동	고용시작 이후 기간 x가 지난 후 같은 일자리에 있는 사람(N_x), 다음 n년 동안 승진하거나 변화가 있는 사람($_nD_x$)
거주변화율	시점 x에서 i 위치에 있는 사람(N_x), $x+n$ 시점까지 이동한 사람($_nD_x$)

〈표 5-1〉은 코호트의 기준에서 다양한 전환사건들과 전환확률의 예를 정리한 것이다. 사망확률은 초기인구에 대한 사망자의 비로 구성된다. 특정질환에 노출된 환자의 생존확률을 측정하려고 할 때 환자의 생존기간별 생존확률은 구간초기생존자에 대한 구간사망자의 비율로 측정한다. 만일 질환으로부터 회복확률을 측정한다면 발병 이후 x 기간까지 회복되지 않은 사람(N_x)에 대한 다시 n 시간이 경과된 후 회복된 사례의 비율을 구한다. 퇴원확률을 측정하려면 입소 이후 x 기간까지 입원한 사람(N_x)에 대한 n 기간이 경과되는 동한 퇴원한 사람($_nD_x$)의 비율을 구하게 된다.

출산에 대해서도 다양한 전환확률을 측정할 수 있다. 출산진도비(Parity Progression Ratio)는 연령 x까지 i번째 미만의 자녀를 출산한 여성(N_x)이 다시 n년이 경과되는 동안 i번째 자녀를 출산한 사례($_nD_x$)의 비율로 구성된다. 구간출산율(interbirth birth rate)은 이전 출산 이후 x 기간 동안 출산하지 않은 여성(N_x)이 n 기간이 경과하는 동안 출생한 수($_nD_x$)의 비율이며, 이 비율에 기초하여 이전 출산 이후 예상되는 출산대기 기간을 추정할 수 있다. 출산 이후 산모가 얼마나 오래 수유를 하는가를 측정하기 위해 수유단산확률을 구할 수 있는데, 이는 출산 이후 x 기간 동안 수유한 여성(N_x)이 n 기간이 경과되는 동안 수유를 중지한 수($_nD_x$)의 비율로 계산할 수 있다. 피임기간은 피임실패/중단율에 기초하여 구할 수 있는데, 피임실패/중단율은 피임을 처음 이용한 이후 x 기간 동안 피임을 계속하고 있는 사람(N_x)이 n 기간이 경과되면서 피임을 중단하거나 임신한 사람의 수($_nD_x$)의 비율을 구할 수 있다.

혼인력에 대해서도 초혼확률이나 이혼이나 사별로 끝난 확률 등 다양한 전환확률을 측정할 수 있다. 초혼확률은 x번째 생일에서 미혼인 사람(N_x) 중 n 기간이 경과되는 동안 초혼한 사람수($_nD_x$)의 비율로 구한다. 이혼이나 사별로 끝난 확률은 동거나 결혼 이후 x 기간 지난 후에도 유배우상태인 사람(N_x) 중 n 기간이 경과되는 동안 무배우상태로 변한 사람($_nD_x$)의 비율로 구할 수 있다.

노동력에서도 다양한 전환확률을 측정할 수 있다. 노동시장에 처음 진입하였을 때의 평균연령을 구하기 위해서는 초기시점(x)에서 노동력에 들어간 적이 없는 사람(N_x) 중 n년이 경과하면서 노동력에 들어간 사람($_nD_x$)의 비율에 기초하여 구할 수 있다. 직급승진율은 고용 시작 이후 x 기간까지 같은 일자리에 있는 사람(N_x) 중 n년이 경과하면서 승진하거나 변화가 있는 사람($_nD_x$)의 비율로 구한다. 또한 거주지 변화율을 측정하고자 한다면, 시점 x에서 i 지역에 있는 사람 중 n 기간이 경과된 이후 이동한 사람의 비율을 통해 거주이동률과 체류기간을 구할 수 있다.

이와 같은 다양한 전환확률을 측정하기 위해서는 이에 적합한 동태자료가 요구되는데 실제 코호트의 초기인구와 사건의 동태자료를 장기적으로 확보하기가 어렵다. 그래서 기간동태비율에 기초하여 가상 코호트의 비율로 전환하는 방법이 많이 활용되고 있다. 한국에도 다양한 동태자료가 발달되어 있다. 사망동태자료는 1930년대부터 작성되었다. 그러나 해방과 한국전쟁을 겪으면서 사망신고의 지연과 누락 정도가 심각해서 자료의 정확성이 크게 떨어져 생명표 분석에 제약이 많았다(권태환·김태헌, 1990). 이후 사망자료의 정확성을 보정하여 생명표를 분석하는 방법들이 여러 연구자에 의해 소개되었다. 예를 들어 권태환(Kwon, 1977)은 생명표 분석에 이용되는 기초자료들의 불완전함과 편의를 보완하여 1925~1970년에 걸쳐 사망률을 추정하고 생명표를 작성하였다. 김태헌은 1971~1975년 및 1976~1980년 사망신고자료의 완전성을 추정하였는데, 1970년대 신고자료의 완성도에서 남성은 80%, 여성은 70%였고, 1980년대에는 거의 100%에 이른다고 평가하였다(권태환·김태헌, 1990). 통계청은 사망신고자료의 불완전함을 보완하기 위해 1978~1979년 2년간 중복 조사한 자료에 기초하여 생명표를 작성한 바 있다. 이들 연구를 통해 한국남성의 사망유형이 모델 생명표의 유형과 크게 다르다는 것이 밝혀졌다. 통계청은 1971~2001년까지 2년 주기로, 2002년 이후는 매년 한국인의 생명표를 발표하고 있다. 최근에는 사망원인 분류자료가 정확해지면서 사망원인별 사망률과 기대연수를 추정하고 있으며(박경애, 1999), 〈국민건강영양조사〉나 〈장애인실태조사자료〉와 같은 이환력 조사를 이용하여 계층별 건강여명을 추정하는 연구도 이루어지고 있다(변용찬, 2001).

출산력을 분석하기 위해서는 출산동태자료가 요구된다. 출산동태에 대한 공식 자료는 1970~1979년 자료를 수록하고 있는 1980년 〈인구동태통계연보〉(현재 인구동향조사) 이후부터 가용하다. 표본조사로서 가장 오래된 출산력 자료는 1974년 〈세계출산력조사〉의 일환으로 실시되었다(경제기획원, 보건사회부, 가족계획연구원, 1974). 이후 1985년 보건사회연구원에서 가족생활주기조사가 실시되었고, 1988년부터는 3년마다 〈전국 출산력 및 가족보건 실태조사〉로 실시되었다. 그 밖에 한국여성개발원(현 한국여성정책연구원)에서 1986년부터 5년마다 실시된 〈여성의 취업실태조사〉(1986년, 1992년, 1997년, 2002년)도 출산력 분석에 활용될 수 있는 유용한 자료이다. 이 조사는 2007년부터 〈여성가족패널조사〉로 변형되었다.

노동력에 대한 동태조사는 최근에 이루어졌다. 가장 널리 활용되고 있는 자료는 노동연구원에서 1998년부터 매년 실시하고 있는 〈한국노동패널조사〉이다. 그 밖에 최근에는 청소년패널(한국청소년정책연구원, 2003년~), 교육고용패널(직업능력개발원, 2004년~), 사업체패널(노동연구원, 2006년~, 2002~2004년에 선행조사) 등이 이루어지고 있어서 노동력 변화와 조직변화, 생애분석에 유용하게 활용될 수 있다.

3. 렉시스 다이어그램(Lexis Diagram)

동태율 분석의 핵심은 연구의 주제가 되는 사건발생이 언제 얼마나 이루어졌는가를 정확히 측정하는 것이다. 예를 들어 사망확률을 구하기 위해서는 정확히 언제 얼마나 많은 사망자가 발생하였는가를 측정해야 한다. 초혼확률을 측정하기 위해서는 정확히 언제 얼마나 많은 미혼인구가 초혼으로 이행하였는가를 파악해야 한다. 렉시스(Lexis)는 사건의 발생시기와 생존인구의 변화를 다이어그램으로 표시하였는데, 이 그래프는 시각적으로 동태를 파악하기 쉬워 렉시스 다이어그램으로 널리 활용되고 있다.

렉시스 다이어그램은 두 시간 축으로 구성된다. 가로축은 주로 연도와 같은 시점단위(period)가 놓이고, 세로축은 연령과 기간과 같이 지속단위(duration)가 놓인다. 두 축에 의해 구성된 좌표상에 놓인 지점들은 시점과 지속기간의 정보를 동시에 가지고 있다. 요컨대 좌표상에 놓인 어떤 점은 특정시기에 특정연령에 속한 개인이나 집단을 가리킨다. 또한 좌표상의 어떤 점을 시점과 지속기간에서 동일간격으로 이동시키면 특정시기에 특정연령에 속한 집단(코호트)의 생명선을 그릴 수 있다. 예를 들어 1957년 1월에서 1957년 12월 31일 출생한 코호트의 생명선은 〈그림 5-2〉에서 대각선으로 표시된 것처럼 1957년 1월 출생은 a에서 출발하고 1957년 12월 출생은 b에서 출발한 선 사이의 음영 부분이 된다.

이런 코호트의 생명선을 따라가면서 특정시점과 특정연령에서 생존인구의 크기와 사망수를 측정할 수 있다. 예를 들어 1959년에 만 2세의 인구는 1957년 출생

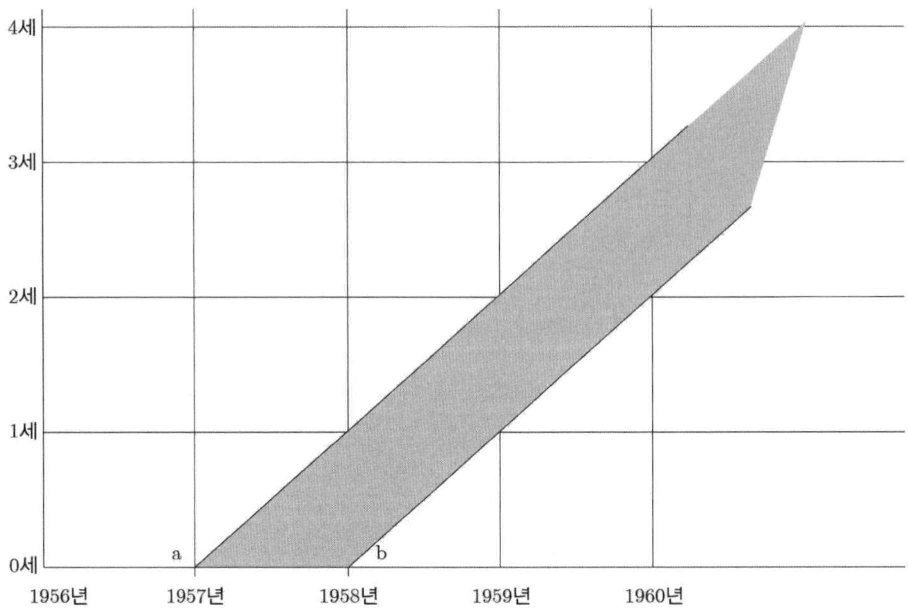

〈그림 5-2〉 1957년 출생 코호트의 생명선

코호트 중 만 2세가 되기 전에 사망한 인구를 제외한 인구로 측정하면 된다. 이때 주의할 것은 이론상 코호트와 연령은 일대일로 조응해야 하지만 시간이 이중적으로 측정되는 경우도 종종 발생한다. 특히 관찰하는 시점이 1월 1일이나 12월 31일 아니라면 동일 코호트가 인접한 두 연령으로 혹은 동일 연령이 인접한 두 코호트로 측정되기도 한다. 다른 코호트가 동일 연령으로 기록되는 예를 살펴보자. 예를 들어 1959년에 만 2세의 인구를 측정한다고 가정해 보자(〈그림 5-3〉). 만일 조사시점이 1959년 1월 1일이라면 당시 만 2세 인구(PM)는 모두 1956년 코호트로서 1956년 코호트 중 만 2세가 되기 전 사망한 인구를 제외하여 측정할 수 있다. 만일 조사 시점이 1959년 12월 31일이라면 당시 만 2세 인구(QN)는 모두 1957년 코호트로서 1957년 출생코호트 중 만 2세가 되기 전에 사망한 인구를 제외하여 측정할 수 있다. 그렇다면 1959년 5월 10일에 2세인 아동을 측정한다고 하자. 만 2세는 1956년 5월 10일 이후에 태어난 인구와 1957년 5월 10일 이전에 태어난 인구가 측정될 수 있다. 렉시스로 살펴보면 1959년 2세인 아동은 직사각형 $MNPQ$ 안에 속한 SR과 같다. 관측시점이 1959년의 어느 시점이냐에 따라 SR은 좌우로 이동하게 된다. 그런데 SR의 코호트는 T점을 기준으로 구분되는데, ST는 1956년에 출생한 코호트이고, TR은 1957년에 출생한 코호트가 된다. 다시 말하여 $MNPQ$ 직사각형 안에 놓인 유아는 1956년 1월에서 1956년 12월 31일 사이 출생한 1956년 코호트와 1957년 1월에서 1957년 12월 31일까지 출생한 1957년 코호트의 일부가 함께 속하고 있다.

반대로 동일 코호트의 나이가 이중적으로 측정되는 경우를 생각해 보자(〈그림 5-4〉). 1959년 5월 10일 관측되었다면 1957년 1월 1일에서 5월 10일 이전에 출생한 사람은 만 2세로 기록되고 1957년 5월 10일 이후 1957년 12월 31일 이전 출생이면 1세로 기록된다. 1959년 어느 시점에서 관측되었다고 할 때 1957년 출생의 코호트는 MN을 통과할 때 만 2세가 되고 MN을 넘지 못하는 경우 만 1세가 된다.

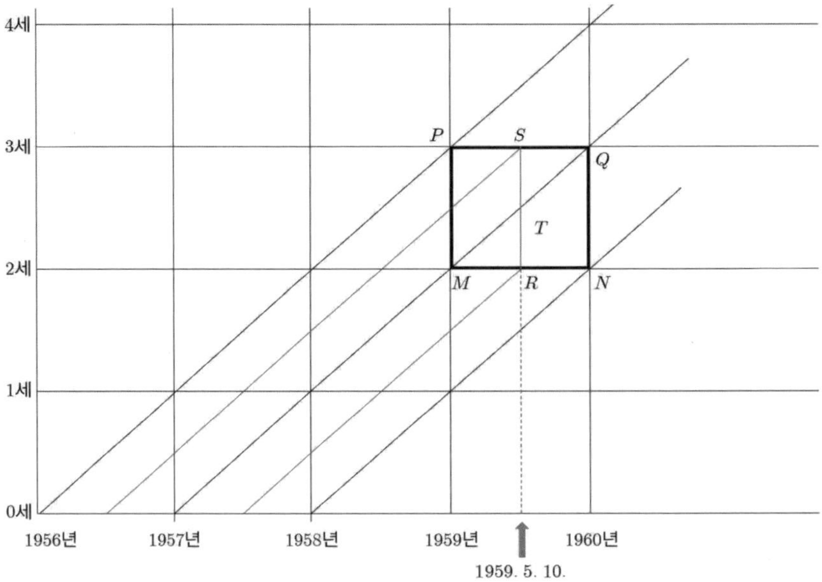

〈그림 5-3〉 1959년에 만 2세인 코호트

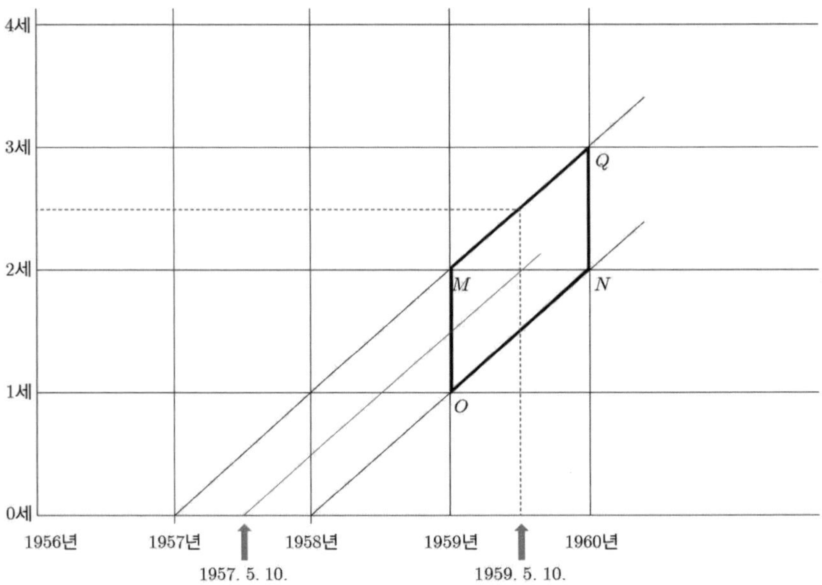

〈그림 5-4〉 1957년 출생 코호트의 1959년 만 연령

렉시스 다이어그램은 코호트의 사망확률을 계산하는 원리를 보여 준다. 일반적으로 기간비율(period rate)은 당해연도의 인구 중 당해기간에 일어난 사건의 비율로 측정한다. 출생아가 1세 미만에 사망한 비율인 영아사망률(infant mortality)을 기간비율로 측정한다면 당해연도 출생아에 대한 당해연도 1세 미만에 사망한 인구의 비율로 측정할 수 있다. 그런데 출생아 중 1세 미만에 사망한 아이의 비율을 측정하려면 당해연도 1세 미만에 사망한 아이가 아니라 실제 출생아가 1세가 되기 전에 사망한 시점에서 사망자를 측정하는 것이 타당하다. 이렇게 동일한 시점의 인구와 사건의 비율(기간비율)이 아니라 동일 코호트의 생존인구와 사건의 비율로 측정한 것이 코호트비율(cohort rate)이 된다.

〈그림 5-5〉에서 보듯이 어느 해 1월 1일에서 12월 31일까지 연령 x세인 코호트가 x세에서 x+1세에서 사망한 수는 그해 사망한 인구($d1$)와 다음 해에 사망한 인구($d2$)의 합이 된다. 이는 정확한 코호트의 의미에 기초한 사망확률은 렉시스 다이어그램에서 볼 때 평행사변형($d1+d2$)에서 계산해야 하며, 이를 위해서는 적어도 두 인접 시점의 인구와 사망자에 대한 정보가 필요함을 가리킨다.

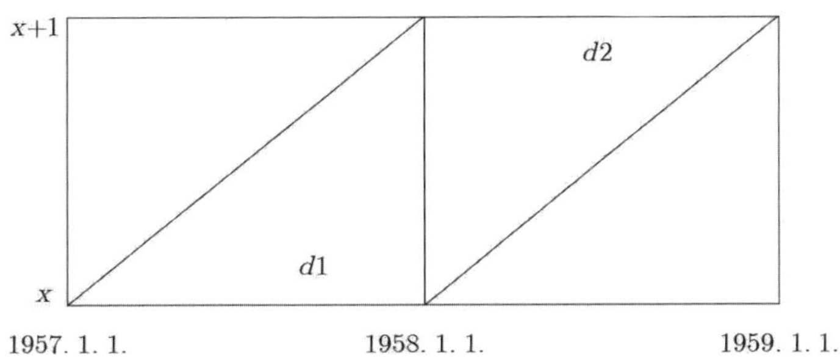

〈그림 5-5〉 코호트의 사망확률

영아사망률($_1q_0$)을 기간비율과 코호트비율로 측정하는 예를 살펴보자(〈표 5-2〉). 코호트 영아사망률은 특정 해 출생한 코호트가 1세 전에 사망할 확률이다. 예를 들어 2000년 출생코호트($B1$) 중 1세 미만에 사망한 수는 2000년에 사망한 사례

〈표 5-2〉 출생 및 사망 신고자료

연도	출생 코호트	영아사망수	
2000	$B1$(636,780)	$D1'$(2,375)	$D1''$
2001	$B2$(557,228)	$D2'$(2,514)	$D2''$(496)
2002	$B3$(494,625)	$D3'$(2,086)	$D3''$(459)
2003	$B4$(493,471)	$D4'$(2,121)	$D4''$(349)

자료: 최봉호(2006: 91).

$$\text{영아사망률} = \frac{\text{1세 미만 사망아수}}{\text{총정상분만아수}} \qquad \langle\text{식 5-2}\rangle$$

$$\text{2000년 코호트 영아사망률}\left({}_1q_0^{2000}\right) = \frac{D1' + D2''}{B1}$$

$$\text{2000년 기간영아사망률}\left(IMR^{2000}\right) = \frac{D1' + D1''}{B1}$$

($D1'$)와 2001년에 사망한 사례($D2''$)의 합이므로, 2000년 출생 코호트의 영아사망률은 ($D1'$+$D2''$)/$B1$로 측정된다(〈식 5-2〉). 따라서 2000년 출생 코호트의 영아사망률을 측정하기 위해서는 2000년과 2001년 1세 미만의 사망자에 대한 정보가 요구된다. 이와는 달리 만일 2000년 기간영아사망률을 구한다면 그해 사망한 두 코호트($D1'$, $D1''$)의 사례가 분자값으로 계산된다. 두 비율의 값이 반드시 같지 않지만, 단 이전 코호트가 다음 해에 사망하는 크기가 같을 때($D1''$=$D2''$) 두 비율이 같은 값을 가지게 된다.

4. 코호트 생명표와 기간 생명표

생명표는 이론상 한 코호트의 사망률 변화를 분석하는 기법이다. 코호트의 사망률 변화는 렉시스 다이어그램에서 코호트가 나이가 들어가면서 경험한 사망사건과 생존자의 변화를 통해 측정된다. 예를 들어 2000년 출생 코호트(N_0^{2000}) 중 1세 미만에 사망할 확률(${}_1q_0^{2000c}$)은 2000년에 1세 미만 사망자 D_0^{2000}와 2001년에 1세 미만 사망자 ${}_pD_0^{2001}$의 비율로 측정된다. 〈그림 5-6〉에서 2000년에 출생한 코호트는 636,780명인데 이 중 2,375명은 2000년에 1세가 되기 전에 사망하였고,

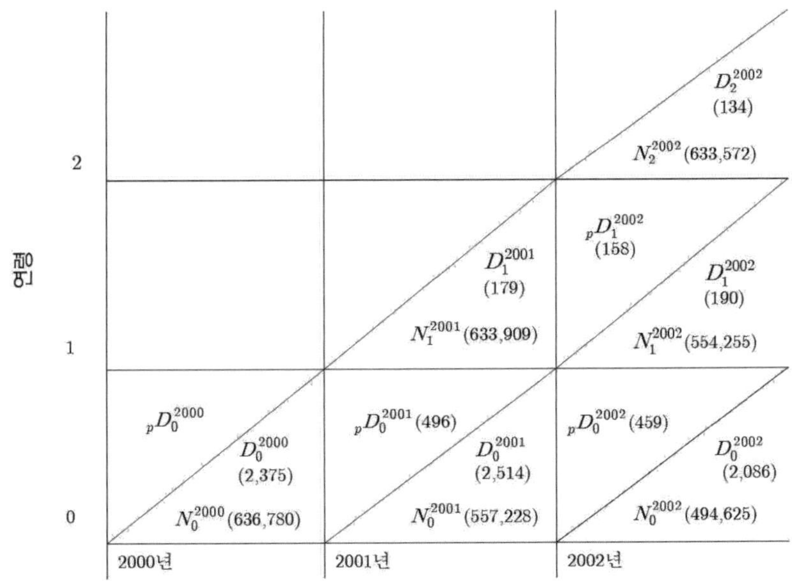

〈그림 5-6〉 출생자 및 사망자 다이어그램

자료: 최봉호(2006: 91)에서 인용함.

$$
\begin{aligned}
{}_1q_0{}^{2000c} &= \frac{D_0^{2000} + {}_pD_0^{2001}}{N_0^{2000}} \\
&= \frac{2,375+496}{636,780} \\
&= 0.004509
\end{aligned}
$$

〈식 5-3〉

$$
\begin{aligned}
{}_1q_1^{2000c} &= \frac{D_1^{2001} + {}_pD_1^{2002}}{N_1^{2001}} \\
&= \frac{D_1^{2001} + {}_pD_1^{2002}}{N_0^{2000} - D_0^{2000} - {}_pD_0^{2001}} \\
&= \frac{179+158}{636,780-2,375-496} \\
&= \frac{337}{633,909} \\
&= 0.000532
\end{aligned}
$$

496명은 2001년에 1세가 되기 전에 사망하였다. 따라서 2000년 출생한 코호트가 1세 미만에 사망할 확률은 (2,375명+496명)/636,780명으로 0.0045가 된다(〈식 5-3〉). 한편 2000년도 시점에서 측정한 기간영아사망률은 2000년도 출생인구 636,780명 중 2000년에 사망한 2,375명(D_0^{2000})과 1999년에 출생하여 2000년에 1세가 되기 전에 사망한 인구 ${}_pD_0^{2000}$을 합한 값의 비율로 추정한다. 또 다른 예로 2000년 출생 코호트로서 1세까지 생존한 사람 중 2세 미만에 사망할 확률(${}_1q_1^{2000c}$)은 1세까지 생존한 사람(N_1^{2001}, 633,909명) 중 2001년 2세 미만 사망자 D_1^{2001}(179명)과 2002년 2세 미만 사망자 ${}_pD_1^{2002}$(158명)의 비율로 측정된다.

이처럼 코호트의 생명표를 구하기 위해서는 코호트의 출생에서 사망까지의 완전한 동태정보가 필요하다. 그렇지만 이는 현실에서 쉽지 않다. 또한 이행을 완료한 코호트는 과거 세대이므로 코호트 생명표는 먼 과거 코호트의 인구구조를 파악하는 데는 가치가 클 수 있지만 최근 코호트의 현재 동태에 따른 인구구조의 영향을 파악하는 데는 한계가 많다. 이런 제약점을 보완하기 위해 기간 생명표

(period life table)를 일반적으로 활용한다. 기간 생명표는 특정한 시점에서 관찰된 연령별사망률의 분포를 어떤 가상 코호트의 생애경험으로 가정한다. 즉 코호트 생명표는 실제 코호트의 생존 특성을 측정하고 분석하지만, 기간 생명표는 어떤 가상의 코호트가 특정한 시점에서 관찰된 사망률 분포를 생애를 통해 경험한다고 가정할 때 나타날 수 있는 가상(hypothetical, synthetic)의 인구구조의 특성을 분석한다. 기간 생명표는 실제 코호트의 사망률 특성이 아니며 현재 코호트의 사망 및 인구구조의 특성과 정확히 조응하지 않지만 현재의 사망률 패턴이 안정적으로 유지될 때 예상되는 사망분포와 연령구조를 추정하는 모형이다.

5. 생명표의 함수들

기간 생명표는 특정시점에서 관찰된 연령별사망률 자료를 활용하여 작성할 수 있다. 흔히 ${}_nm_x$로 표시되는 연령별사망률은 매 연령이나 연령구간의 연앙인구 중 그 연령 혹은 연령구간에서 사망한 사람의 비율을 가리킨다(〈식 5-4〉).

$${}_nm_x = \frac{{}_nD_x}{{}_nN_x} \qquad \text{〈식 5-4〉}$$

생명표를 작성하려면 연령이나 시간 이행에 따라 사건이 발생할 확률(전환확률)을 구해야 한다. 사건이 사망일 때 연령별사망확률은 생명표에서 ${}_nq_x$로 표시된다. ${}_nq_x$는 아직 사망이 일어나지 않았으며 사망발생 위험이 있는 모집단 N_x (population at risk)에서 사망이 발생한 확률이 된다(〈식 5-5〉). 따라서 분모가 되는 인구는 구간초기인구 N_x, 다시 말해 사망이 발생하기 전의 생존자가 된다. 구간초기인구는 직접 측정하기 어려우므로 구간의 평균 인구에 구간 전반기에 사망한 인구를 더한 값으로 추정한다(〈그림 5-6〉, 〈식 5-7〉). 한편 구간 전반기에 사망한 인구는 구간 동안 사망한 인구의 평균생존연수 ${}_na_x$를 구간으로 나눈 값을

1에서 빼어 전체사망자수에 곱한 값이 된다. 대체로 구간을 통해 사망자가 균등하게 분포되어 있다고 가정하면서 전체구간사망자의 반값을 구간평균인구에 더하여 초기인구를 추정하고 있다.

$$ {}_nq_x = \frac{{}_nD_x}{N_x} $$

$$ N_x = \frac{{}_nN_x}{n} + (1 - {}_na_x/n)_nD_x \quad \text{〈식 5-5〉} $$

$$ \simeq \frac{{}_nN_x}{n} + \frac{1}{2}\,{}_nD_x $$

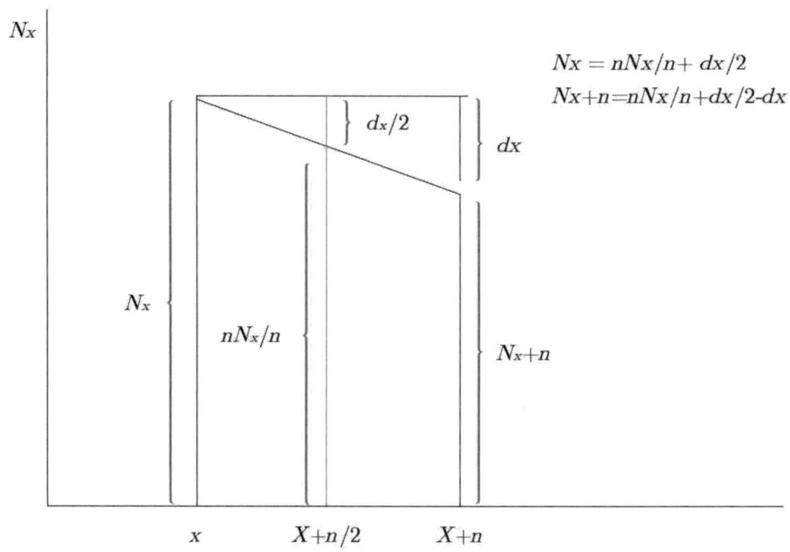

〈그림 5–7〉 초기인구 N_x

$$ {}_nq_x = \frac{{}_nD_x}{N_x} \qquad \text{〈식 5-6〉} $$
$$ = \frac{{}_nD_x}{({}_nN_x/n + (1 - {}_na_x/n)_nD_x} $$

이렇게 연령별사망확률을 구하면 일련의 생명표 함수들을 단계적으로 구할 수 있다. 매 연령구간에서의 생존율(${}_np_x$)은 1에서 구간 사망확률을 뺀 값으로 정의된다. 누적생존율 혹은 생존자 l_x는 연령 x까지 생존한 사람 혹은 확률을 가리킨다(〈식 5-7〉). l_0은 초기인구로서 래딕스(radix)라고 일컬어지며 1 혹은 100,000으로 정한다(〈식 5-8〉). l_x는 이전 연령에서 x 연령까지 생존한 확률 혹은 생존자로 정의될 수 있다(〈식 5-9〉).

$$ {}_np_x = 1 - {}_nq_x \qquad \text{〈식 5-7〉} $$

$$ l_0 = 100,000 \qquad \text{〈식 5-8〉} $$

$$ l_{x+j} = l_x(1 - {}_nq_x)(1 - {}_nq_{x+n})\dots(1 - {}_nq_{x+j}) \qquad \text{〈식 5-9〉} $$

생명표상의 l_x는 실제인구에서의 N_x와 비교될 수 있는데, 주요한 차이는 실제인구 N_x는 인접한 연령의 인구수(N_{x-n}, N_{x+n})에 독립적이지만 l_x는 모든 연령에서 $l_x > l_{x+n}$이 성립하는 데 있다. 이것은 실제인구에서는 각 연령의 인구는 고유한 출산율과 사망률을 경험한 코호트들이지만 생명표에서 l_x는 단일 코호트 l_0의 사망력을 따른 생존인구가 되기 때문이다.

생존자 l_x가 계산되면 연령 x에서 $x+n$ 구간 사이 사망자수(구간사망자수, ${}_nd_x$)를 구할 수 있다. l_x는 연령 x에서 생존한 인구이고 l_{x+n}은 연령 $x+n$에서 생존한 인구이므로, 연령 x에서 $x+n$ 구간사망자는 ${}_nd_x = l_x - l_{x+n}$이 된다. l_x가 N_x와 비교될 수 있듯이 ${}_nd_x$는 실제인구에서 사망자수 ${}_nD_x$와 비교된다.

$_nL_x$는 두 가지로 해석될 수 있다. 우선 정지인구로서 매년 l_0만큼 새로운 인구가 출생하고 그 출생자가 주어진 연령별사망률 패턴을 경험하게 된다면 연령구간 x에서 $x+n$ 사이 추정되는 인구수이다. 또 다른 의미는 어느 코호트의 생존인연수(person years lived)로서 $_nL_x$는 연령 x에서 생존한 인구 l_x가 앞으로 n년 동안 산 인연수(person years)를 가리킨다. 수리적으로 생존인연수 $_nL_x$는 구간 마지막까지 생존한 인구(l_{x+n})의 생존인연수(nl_{x+n})와 구간에 사망한 인구($_nd_x$)의 생존인연수($_na_x\,{}_nd_x$)의 합으로 구할 수 있다(〈식 5-10〉, 〈식 5-11〉).

$$\begin{aligned} {}_nL_x &= nl_{x+n} + {}_nA_x \\ &= nl_{x+n} + {}_na_x\,{}_nd_x \end{aligned} \qquad \text{〈식 5-10〉}$$

$${}_na_x = ({}_nL_x - nl_{x+n})/{}_nd_x \qquad \text{〈식 5-11〉}$$

생존인연수 $_nL_x$의 의미를 그림을 통해 보다 쉽게 이해할 수 있다. 예를 들어 〈그림 5-8〉처럼 60~74세 구간의 생존인연수를 표시해 보자. 60~74세 구간의 생존인연수($_{15}L_{60}$)는 그래프에서 60세의 생존자와 75세 생존자 사이에 만들어진 면적에 해당된다. 이는 75세까지 생존한 인구의 생존인연수($15\times l_{75}$)와 구간 중에 사망한 인구의 구간생존인연수($_{15}a_{60}\times{}_{15}d_{60}$)의 합과 같다. 또한 사망한 인구의 구간 생존연수($_{15}a_{60}$)는 구간생존인연수에 생존자의 생존인연수를 뺀 값을 구간사망자로 나눈 것과 같다(($_{15}L_{60}-15\times l_{75})/{}_{15}d_{60}$).

$_nL_x$, $_nN_x$, $_nd_x$, $_nD_x$의 조응관계에서, 실제인구의 연령별사망률($_nM_x={}_nD_x/{}_nN_x$)에 대응하는 생명표상의 연령별사망률($_nm_x={}_nd_x/{}_nL_x$)을 구성할 수 있다. 생명표의 사망률은 실제인구와 사망사건으로부터 계산되기 때문에 $_nM_x$와 $_nm_x$값은 동일하다. 또한 두 값은 대부분의 연령에서 $_nq_x/n$의 값에 근접한다. 왜냐하면 사망확률과 사망률은 분자가 같고 분모에서 차이가 있는데, 낮은 사망률에서는 생존인연수 $_nL_x$는 $n\times l_x$에 근접하기 때문이다.

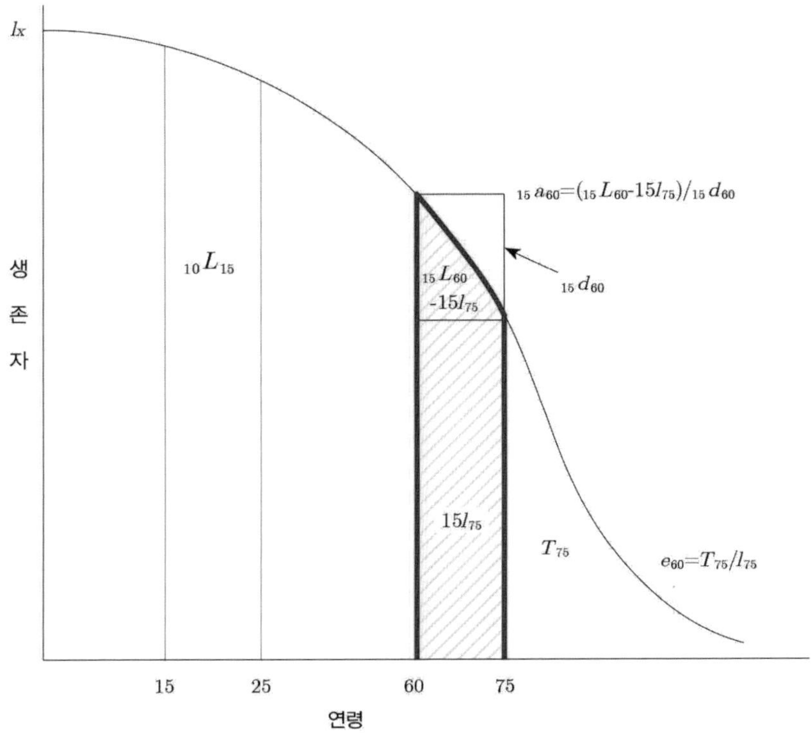

〈그림 5-8〉 생존인연수 $_nL_x$의 의미

자료: Smith(1992: 95)에서 인용.

$$ {}_nS_{x+(1/2)n} = \frac{{}_nL_{x+n}}{{}_nL_x} \simeq \frac{l_{x+(3/2)n}}{l_{x+(1/2)n}} \qquad \langle 식\ 5\text{-}12\rangle $$

$_nL_x$는 생존율($_nS_{x+(n/2)}$) 분석에 많이 활용되는 함수이기도 하다. 생존율 $_nS_{x+(n/2)}$는 두 인접구간의 생존인연수 $_nL_x$, $_nL_{x+n}$의 비로서 연령 x에서 $x+n$세의 인구가 n년이 경과하는 동안 생존할 확률이고 이는 실제인구의 연앙인구($\frac{{}_nN_{x+n}}{{}_nN_x}$)의 비와 비교될 수 있다(〈식 5-12〉). 또한 $_nS_{x+(1/2)n}$은 $_np_x$와 비교할 수 있는데 $_np_x$는 x세에서 $x+n$세 사이의 생존율을 가리킨다. 생존율 $_nS_{x+(n/2)}$을 생

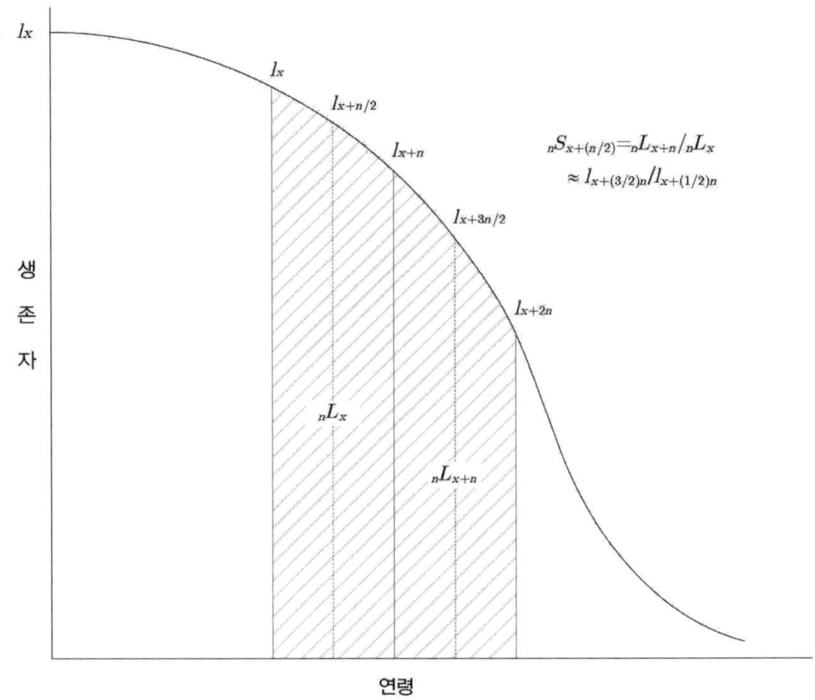

〈그림 5-9〉 생존율(${}_nS_{x+(1/2)n}$)의 의미

존인구(l_x)의 관계로 정의하면 $x+(n/2)$세의 생존인구($l_{x+(n/2)}$)에 대한 $x+(3n/2)$세까지 생존한 인구($l_{x+(3n/2)}$)비에 대응한다(〈그림 5-9〉). 생존율 ${}_nS_{x+(n/2)}$은 t 시점에 관측된 ${}_nN_x^{(t)}$ 인구가 n년 뒤 변화된 크기 ${}_nN_{x+n}^{(t+n)}$를 추정하거나 이동의 크기나 자료의 정확성을 평가하는 비로 많이 활용되고 있다.

기대여명(e_x)은 x 연령의 인구가 앞으로 생존하는 연수로서, 생존인연수 ${}_nL_x$를 이용하여 구할 수 있다(〈식 5-13〉). T_x는 연령이 x세 이상인 정지인구의 총합이거나 연령 x세 이후로 총생존한 인연수로 해석될 수 있다(〈식 5-14〉). e_x는 x세까지 생존한 인구가 앞으로 더 살 것으로 기대되는 평균여명으로서, x세 이상의 총생존인연수(T_x)를 x세의 생존인구(l_x)로 나눈 값이 된다. e_0는 T_0/l_0로서 0세 출생아가 해당시점의 연령별사망률 패턴을 경험한다고 할 때 기대되는 수명연수가 된다.

$$e_x = \frac{\sum_x^{\infty} {}_nL_x}{l_x}$$ 〈식 5-13〉

$$T_x = \sum_x^{\infty} {}_nL_x$$ 〈식 5-14〉

이처럼 생명표 함수는 다양한 정보를 제공하고 있다. 생존자 l_x와 기대여명 e_x는 집단 간 사망력 수준을 비교하는 데 도움이 되는 지표가 된다. 생존인연수 ${}_nL_x$와 사망자수 d_x 등은 정지인구의 연령구조에 대한 정보이며 이는 또한 관측된 인구수 ${}_nN_x$와 사건수 D_x에 비교된다.

생명표에서 구성된 인구구조는 어떤 해의 출생과 사망이 항상 l_0이고, 연령별사망률 수준이 항상적이라고 할 때 예상되는 인구구조로서 정지인구(stationary population)라고 정의된다. 정지인구는 세 동태 조건이 지속적으로 유지될 때 나타난다. 첫 번째 조건은 연령별사망률이 시간을 통해 항상적이라는 것이다. 두 번째 조건은 매해 동일한 수가 새로이 출생하고 사망하고, 마지막으로 모든 연령에서 순이동률은 제로인 폐쇄형 인구이다. 새로이 출생한 인구 l_0만큼 매해 사망하고 연령별사망률은 항상적일 때 x에서 $x+n$ 연령의 인구수는 ${}_nL_x$이 되며, 연령 x세 이상의 인구수는 T_x가 되며, 총인구수는 T_0이 된다. 매해 연령 x에서 $x+n$의 사망자수는 ${}_nd_x$이며, e_0는 출생 시 평균수명이 된다. 또한 정지인구에서 조출생률(CBR)은 전체인구에 대한 매년 출산수의 비율 l_0/T_0이 되며 역수는 기대수명이 된다(〈식 5-15〉). 즉 조출생률은 출생 시의 기대수명의 역수와 같다. 그리고 인구크기는 출생수에 기대수명(e_0)을 곱한 값과 같다. 예를 들어 60세까지 모두 생존하고 60세에 모두가 사망한다면 기대수명은 60세가 된다. 출생인구가 B라고 하면, 인구크기는 $60\times B$이고 조출생률은 $B/(60\times B)=1/60$이 된다. 정지인구는 크기가 항상적이므로 각 연령집단의 크기는 변하지 않으며 조사망률은 조출생률과 동일하다.

$$CBR = \frac{1}{e_0} \qquad \langle 식\ 5\text{-}15\rangle$$

$$CBR = CDR = \frac{1}{e_0}$$

연령 x세 이상의 인구크기는 항상적이므로 연령 x에 달한 인구(l_x)는 x세 이후 사망한 사람의 수($_{\infty}d_x$)와 동일하게 된다. 그러므로 x세 이상에서의 사망률($_{\infty}m_x$)은 연령 x에서의 기대여명의 역수와 같다(⟨식 5-16⟩).

$$_{\infty}M_x = \frac{_{\infty}D_x}{T_x} = \frac{l_x}{T_x} = \frac{1}{e_x} \qquad \langle 식\ 5\text{-}16\rangle$$

또한 마지막 연령구간의 사망확률($_{\infty}q_{85}$)은 1이고 마지막 연령구간 이후의 생존인연수 $_{\infty}L_x$는 사망률에 대한 사망자수의 비와 같으며 관측된 사망률을 이용하여 계산할 수 있다(⟨식 5-17⟩, ⟨식 5-18⟩).

$$_{\infty}q_{85} = 1 \qquad \langle 식\ 5\text{-}17\rangle$$

$$_{\infty}L_{85} = {_{\infty}d_{85}} / {_{\infty}M_{85}} = {_{\infty}d_{85}}({_{\infty}N_{85}}/{_{\infty}D_{85}}) = l_{85}({_{\infty}N_{85}}/{_{\infty}D_{85}}) \qquad \langle 식\ 5\text{-}18\rangle$$

$$_{\infty}a_{85} = {_{\infty}N_{85}}/{_{\infty}D_{85}} \qquad \langle 식\ 5\text{-}19\rangle$$

예를 들어 85세의 잔존인구(l_{85})와 85세 이상에서의 사망자수($_{\infty}d_{85}$)는 동일하므로, 85세 이상에서의 기대수명은 85세 이상의 사망자수에 대한 85세 이상 인구로 추정할 수 있다. ⟨식 5-19⟩와 ⟨식 5-20⟩에서 비교되듯이 85세 이상의 기대수명과 85세 이상에서의 사망자의 생존연수는 같은 의미를 가진다. 또한 85세의 기대수명은 85세 이상 인구의 사망률의 역수가 된다.

$$e_{85} = {}_{\infty}L_{85} / {}_{\infty}d_{85} = {}_{\infty}N_{85} / {}_{\infty}D_{85}$$ 〈식 5-20〉

이와 같이 생명표의 여러 함수는 서로 연계되어 있어 일부 예외적인 상황을 제외하면 한 지표에서 다른 지표들을 구할 수 있다. 연령별사망률(${}_nm_x$)과 사망확률(${}_nq_x$)의 관계를 예로 들자면 생명표에서 연령별사망률(${}_nm_x$)은 어떤 연령구간에서 생존한 사람(${}_nL_x$) 중 그 구간에서 사망한 인구(${}_nd_x$)의 비이다(〈식 5-21〉). 연령별사망률은 또한 어떤 연령구간 초기 생존자의 구간생존인연수에 대해 구간 중 사망한 사람의 비율로도 해석된다. 반면 연령별사망확률(${}_nq_x$)은 연령 x에서 생존자(l_x) 중 n 기간이 경과된 이후 사망한 사람의 비율이 된다(〈식 5-22〉). 연령별사망률을 사망확률로 전환하는 것은 l_x를 ${}_nL_x$의 함수로 대체함으로써 가능해진다.

$${}_xm_x = \frac{{}_nd_x}{{}_nL_x}$$ 〈식 5-21〉

$${}_nq_x = \frac{{}_nd_x}{l_x}$$ 〈식 5-22〉

식을 다시 정리하면 초기생존인구(l_x)는 구간에 생존한 인구의 인연수(${}_nL_x$)와 구간에 사망한 인구의 사망인연수($(n - {}_na_x)_nd_x$)를 합한 값을 구간으로 나눈 값과 동일하다(〈식 5-23〉).

$$l_x = \frac{1}{n}({}_nL_x + (n - {}_na_x)_nd_x)$$ 〈식 5-23〉

이것을 ${}_nq_x$ 공식에 적용하면 〈식 5-24〉와 같이 재정리된다.

$$ {}_nq_x = \frac{{}_nd_x}{l_x} = \frac{n\,{}_nd_x}{{}_nL_x + (n - {}_na_x)\,{}_nd_x} \qquad \langle식\ 5\text{-}24\rangle $$

〈식 5-24〉의 분자와 분모를 다시 L_x로 나누면 q_x와 m_x의 관계가 〈식 5-25〉와 같이 정리된다.

$$ {}_nq_x = \frac{n\frac{{}_nd_x}{{}_nL_x}}{\frac{{}_nL_x}{{}_nL_x} + (n - {}_na_x)\frac{{}_nd_x}{{}_nL_x}} = \frac{n\,{}_nm_x}{1 + (n - {}_na_x)\,{}_nm_x} \qquad \langle식\ 5\text{-}25\rangle $$

〈식 5-25〉에서 보듯이 사망자의 생존연수인 ${}_na_x$는 사망확률을 구할 때나 사망률에서 사망확률을 추정할 때 필요한 지수이다. 그런데 ${}_na_x$를 직접 계산하기 위해서는 구간에 속한 매 연령에서 사망자의 수를 정확히 측정해야 하는데 이는 현실적으로 어려운 일이다. 또한 직접 측정이 항상 권장되는 것은 아니다. 사망자의 생존연수는 이론상 코호트에 적용되는 개념이므로 구간에 속하는 매 연령에서의 사망률 분포에서 도출된 값과 정확히 일치하지 않는다. 요컨대 횡단적 인구분포에서 구한 생존연수는 구간의 연령분포가 불규칙하여 코호트의 비율과 차이가 있을 수 있다. 과장된 예로 어떤 인구에서 60세 인구가 61~64세 인구의 100배가 된다고 가정하면 이 분포에서 60~64세 구간 사망자의 사망연령은 60세와 61세 사이에 놓이게 된다. 그렇지만 어떤 코호트가 60~64세 나이를 먹는 동안 사망하였을 때 대부분이 61세 전에 사망하는 경우는 매우 드문 현상이다.

사망자의 생존연수 ${}_na_x$를 구하는 다른 방법으로 연령별사망률 ${}_nm_x$을 이용할 수 있다. 사망자의 생존연수는 사망률과 밀접히 연관되어 있다. 구간 안에서 연령이 증가하면서 연령별사망률이 증가한다면 ${}_na_x$값은 커지게 된다. 구간 안의 연령별사망률 변화의 기울기를 직접 측정할 수 없지만, 인접연령구간 사이의 연령별사망률 변화에 기초하여 구간 내 사망률 변화의 기울기를 측정할 수 있다. 연령별사망률 변화의 기울기 이외에도 사망률 크기도 사망자의 생존연수에 영향을 미치는데, 연령별사망률이 클수록 사망은 구간의 초기연령에 사망률이 집중되고 ${}_na_x$는 작아지기 쉽다. 이와 같은 연령에 따른 사망률 변화의 기울기와 크기를 모형화하여 사망자의 생존연수를 추정할 수 있다.

그 밖에도 다차함수를 이용하여 생명표상의 사망자(d_x)의 분포에 기초하여 생존연수를 계산하기도 한다. 예를 들어 케이프츠(Keyfitz, 1977)는 세 구간 사망자 ${}_nd_{x-n}$, ${}_nd_x$, ${}_nd_{x+n}$가 이차함수 관계를 가진다고 가정하고 사망자의 생존연수를 〈식 5-26〉과 같이 추정하였다.

$$ {}_na_x = \frac{\frac{-n}{24}\,{}_nd_{x-n} + \frac{n}{2}\,{}_nd_x + \frac{n}{24}\,{}_nd_{x+n}}{{}_nd_x} \qquad \text{〈식 5-26〉} $$

이 밖에 사망률 자료가 매우 빈약할 때 다른 인구의 사망률 패턴을 기준 모형으로 채택하기도 한다. 유엔과 여러 인구학자가 구성한 모델 생명표(model life tables)는 동태자료의 정확성이 떨어지는 사회의 생명표 분석에 많이 활용되었다. 한국도 동태자료의 정확성이 떨어지는 시기의 생명표 분석에 모델 생명표가 활용되었다(권태환 · 김태헌, 1990).

〈표 5-3〉 5세 미만 사망자의 생존연수 추정치

	남	여
${}_1a_0$		
${}_1m_0 \geq 0.107$	0.330	0.350
${}_1m_0 < 0.107$	$0.045+2.464\,{}_1m_0$	$0.053+2.800\,{}_1m_0$
${}_4a_1$		
${}_1m_0 \geq 0.107$	1.352	1.361
${}_1m_0 < 0.107$	$1.651-2.816\,{}_1m_0$	$1.522-1.518\,{}_1m_0$

자료: Coale and Demeny(1983)(Preston et al., 2001: 48에서 원용).

마지막으로 위의 여러 방법과 더불어 실용적인 입장에서 많이 사용하는 방법은 구간의 사망률이 항상적이라는 가정에 기초한다. 이러한 가정에서 0~4세나 마지막 연령구간을 제외한 연령에서 사망자의 생존연수는 구간의 반값을 적용하는 것이 일반적이다. 한편 매우 어린 연령과 매우 나이 많은 연령에서의 사망률 계산은 주의가 필요하다. 기대수명 추정은 영유아의 사망률에 민감하게 영향을 받는다. 여러 사회의 영아사망률을 분석한 연구들은 사망률이 낮을수록 영아사망률은 초기에 집중되는 경향이 있다고 밝히고 있다. 콜과 드메인(Coale and Demeny, 1983)은 여러 사회의 자료에 기초하여 0세 사망자의 생존연수와 1~4세 사망자의 생존연수와 0세 사망률의 관계를 통계적 함수관계로 정리하였다(〈표 5-3〉).

6. 한국인 남녀의 생명표

위에서 살펴본 생명표의 함수들의 관계에 기초하여 2010년도 한국 남녀의 생명표를 만들어 보았다(〈표 5-4〉, 〈표 5-5〉). 연령별 인구는 장래인구추계인구를 이용하였고, 사망자는 2009~2011년 사망신고자료의 3년 평균값을 이용하였다. 사망자의 구간생존연수는 0~4세는 콜과 드메인 식(〈표 5-3〉)을 참조하여 구하였고, 이후 연령은 구간의 반값으로 정하였고, 마지막 구간은 사망률의 역수값을 적용하였다. 결과에 따르면 0세 기대여명은 남성은 78.1세, 여성은 86세로 추정된다.

생명표의 여러 비율은 함수관계에 있다. 연령별사망률 ${}_nm_x$는 구간의 인구가 한 해 동안 사망한 비율이고, 연령별사망확률 ${}_nq_x$는 구간을 통해 사망이 일어날 확률을 의미한다. 대략적으로 연령별사망확률 ${}_nq_x$의 $\frac{1}{n}$배가 m_x 사망률이 된다. 두 함수의 차이는 고령에서 커진다. 연령별사망률 ${}_nm_x$는 때때로 생존자보다 당해 많은 사람이 사망할 수 있다. 반면 사망확률은 언제나 0에서 1구간에 놓인다. 표에서 보듯이 영아의 사망확률과 중고령에서의 사망확률이 높다. 영아사망확률보다 높은 사망확률을 보이는 성인연령은 남성은 25세 이상, 여성은 30세 이상인 것으로 추정된다. 사망확률이 생존자의 10%를 넘는 연령이 남성은 70세 이상, 여성은 75세 이상으로 추정된다.

$$ {}_n m_x \simeq {}_n M_x = \frac{{}_n D_x}{{}_n N_x} $$

$$ \begin{aligned} {}_n q_x &= \frac{{}_n D_x}{\frac{{}_n N_x}{n} + (1 - {}_n a_x / n)_n D_x} \\ &= \frac{n_n m_x}{1 + (n - {}_n a_x)_n m_x} \end{aligned} $$

$$ {}_\infty q_x = 1 $$

$$ {}_n p_x = 1 - {}_n q_x $$

$$ l_0 = 100{,}000 $$

$$ l_{x+n} = l_x \, {}_n p_x $$

$$ {}_n d_x = l_x - l_{x+n} $$

$$ {}_n L_x = n l_{x+n} + {}_n a_x \, {}_n d_x $$

$$ {}_\infty L_x = l_x ({}_\infty N_x / {}_\infty D_x) = l_x / {}_\infty m_x $$

$$ T_x = \sum_x^{\infty} {}_n L_x $$

$$ e_x = \frac{T_x}{l_x} $$

〈표 5-4〉 2010년도 생명표, 남성

연령 (세)	구간연앙 인구($_nN_x$)	$_nD_x$	$_nm_x$	$_na_x$	$_nq_x$	$_np_x$	l_x	$_nd_x$	$_nL_x$	T_x	e_x
0~1	231,179	821	0.0036	0.0538	0.0035	0.9965	100,000	354	99,665	7,808,082	78.08
1~4	944,149	210	0.0002	1.6410	0.0009	0.9991	99,646	88	398,376	7,708,417	77.36
5~9	1,296,387	188	0.0001	2.5	0.0007	0.9993	99,558	72	497,608	7,310,041	73.43
10~14	1,679,119	253	0.0002	2.5	0.0008	0.9992	99,485	75	497,240	6,812,434	68.48
15~19	1,841,542	704	0.0004	2.5	0.0019	0.9981	99,411	190	496,578	6,315,194	63.53
20~24	1,692,593	903	0.0005	2.5	0.0027	0.9973	99,221	264	495,442	5,818,616	58.64
25~29	1,955,508	1,465	0.0007	2.5	0.0037	0.9963	98,956	370	493,856	5,323,174	53.79
30~34	1,975,806	1,788	0.0009	2.5	0.0045	0.9955	98,586	445	491,818	4,829,319	48.99
35~39	2,180,631	2,897	0.0013	2.5	0.0066	0.9934	98,141	650	489,081	4,337,501	44.20
40~44	2,158,221	4,813	0.0022	2.5	0.0111	0.9889	97,491	1,081	484,754	3,848,420	39.47
45~49	2,171,555	7,678	0.0035	2.5	0.0175	0.9825	96,410	1,689	477,828	3,363,666	34.89
50~54	1,959,468	10,606	0.0054	2.5	0.0267	0.9733	94,721	2,529	467,281	2,885,838	30.47
55~59	1,376,726	10,543	0.0077	2.5	0.0376	0.9624	92,192	3,464	452,299	2,418,557	26.23
60~64	1,067,730	11,842	0.0111	2.5	0.0540	0.9460	88,728	4,788	431,670	1,966,259	22.16
65~69	850,193	15,754	0.0185	2.5	0.0885	0.9115	83,940	7,433	401,119	1,534,588	18.28
70~74	674,822	20,421	0.0303	2.5	0.1407	0.8593	76,507	10,762	355,632	1,133,469	14.82
75~79	416,464	19,500	0.0468	2.5	0.2096	0.7904	65,745	13,779	294,279	777,838	11.83
80+	285,683	30,701	0.1075	9.3052	1.0000	0.0000	51,966	51,966	483,559	483,559	9.31

자료: 통계청, KOSIS(연령별 인구는 연령별(시도) 추계인구, 사망자수는 2009~2011년 사망신고자료(인구동향조사)의 3년 평균값을 이용함).

〈표 5-5〉 2010년도 생명표, 여성

연령 (세)	구간연앙 인구($_nN_x$)	$_nD_x$	$_nm_x$	$_na_x$	$_nq_x$	$_np_x$	l_x	$_nd_x$	$_nL_x$	T_x	e_x
0~1	217,674	632	0.0029	0.061130	0.0029	0.9971	100,000	290	99,728	8,595,866	85.96
1~4	888,550	184	0.0002	1.517593	0.0008	0.9992	99,710	82	398,637	8,496,138	85.21
5~9	1,199,153	112	0.0001	2.5	0.0005	0.9995	99,628	47	498,024	8,097,501	81.28
10~14	1,519,163	167	0.0001	2.5	0.0005	0.9995	99,582	55	497,771	7,599,477	76.31
15~19	1,625,637	332	0.0002	2.5	0.0010	0.9990	99,527	102	497,380	7,101,706	71.35
20~24	1,516,934	509	0.0003	2.5	0.0017	0.9983	99,425	167	496,709	6,604,326	66.43
25~29	1,836,463	885	0.0005	2.5	0.0024	0.9976	99,259	239	495,696	6,107,617	61.53
30~34	1,890,560	1,088	0.0006	2.5	0.0029	0.9971	99,020	285	494,387	5,611,921	56.67
35~39	2,081,304	1,518	0.0007	2.5	0.0036	0.9964	98,735	359	492,777	5,117,534	51.83

〈표 5-5〉 2010년도 생명표, 여성 (계속)

연령 (세)	구간연앙 인구($_nN_x$)	$_nD_x$	$_nm_x$	$_na_x$	$_nq_x$	$_np_x$	l_x	$_nd_x$	$_nL_x$	T_x	e_x
40~44	2,082,224	2,009	0.0010	2.5	0.0048	0.9952	98,376	473	490,695	4,624,757	47.01
45~49	2,095,226	2,799	0.0013	2.5	0.0067	0.9933	97,902	652	487,883	4,134,061	42.23
50~54	1,925,677	3,574	0.0019	2.5	0.0092	0.9908	97,251	898	484,008	3,646,178	37.49
55~59	1,414,446	3,602	0.0025	2.5	0.0127	0.9873	96,352	1,219	478,714	3,162,171	32.82
60~64	1,134,251	4,513	0.0040	2.5	0.0197	0.9803	95,133	1,874	470,981	2,683,456	28.21
65~69	996,351	7,293	0.0073	2.5	0.0359	0.9641	93,259	3,352	457,917	2,212,475	23.72
70~74	883,202	11,760	0.0133	2.5	0.0644	0.9356	89,907	5,793	435,055	1,754,558	19.52
75~79	670,846	17,033	0.0254	2.5	0.1194	0.8806	84,115	10,041	395,470	1,319,503	15.69
80+	674,929	54,104	0.0802	12.4746	1.0000	0.0000	74,073	74,073	924,033	924,033	12.47

자료: 통계청, KOSIS(연령별 인구는 연령별(시도) 추계인구, 사망자수는 2009~2011년 사망신고자료(인구동향조사)의 3년 평균값을 이용함).

7. 생명표 원리의 활용

마지막으로 생명표 원리의 활용과 관련하여 고려되어야 하는 몇 가지 쟁점들을 지적하고 싶다. 생명표는 사건의 동태와 그에 따른 구조 성격을 분석하는 방법이다. 분석의 정확성을 위해서는 무엇보다 사건의 동태를 정확히 측정하는 것이 중요하다. 사건의 발생을 측정하는 것은 횡단적 상태에 대한 측정보다 더 세심한 주의를 필요로 한다. 사망한 인구가 누락되거나 이전에 사망한 인구가 다시 집계되는 것과 같은 오류가 쉽게 생길 수 있다. 다양하게 발생할 수 있는 누락 원천을 검토하고, 이중 집계나 관찰 중지된 사례를 검토하고 이의 효과를 조정하는 것이 중요하다.

생명표의 인구가 실제인구구조와 어떻게 관련하는가도 주의해야 한다. 생명표에 제시되는 여러 함수는 크게 두 유형의 정보를 제공한다. 하나는 어떤 가상의 코호트가 연령에 따라 경험하게 되는 생존율과 생존연수의 분포를 알려준다. 다른 하나는 정지인구의 연령구조를 나타낸다. 기간 생명표는 어떤 시점의 연령별사망률 패턴을 어떤 가상의 코호트의 생존율 패턴으로 가정한다. 또한 동태율과 연령구조가 항상적인 정지인구를 가정하고 있다. 이렇게 동일시점의 비율을 가상의 코호트의 비율로 가정하고, 항상적인 인구동태를 가정한 것은 분명 실제의 인구동태와 차이가 클 수 있다. 한국처럼 인구가 급속히 변화되는 상황에서 각 연령은 매우 상이한 생애전환율을 경험하고 있다. 따라서 어떤 시점의 횡단적 전환율과 실제 여러 코호트들이 생애를 통해 경험하는 전환확률은 차이가 클 수 있다. 만일 코호트 간 전환확률의 변화가 크고 코호트 간 전환확률 변화에 주목하고자 한다면, 기간 생명표가 아니라 장기적인 종단적 자료를 활용하여 코호트 생명표를 분석하는 것이 유용할 수 있다.

비록 기간 생명표가 실제의 동태에 조응하지 않더라도 항상적인 동태율을 가정한 기간 생명표는 동태율의 변화효과를 분석하는 데 다양하게 활용될 수 있다. 다양한 동태율을 가정할 때의 정지인구들을 비교함으로써 동학의 영향을 추정할 수 있다. 즉 사망률 변화의 다양한 조건에서 정지인구의 연령구조가 어떻게 변하는가를 추정함으로써 연령구조 변화에 대한 사망률 효과 등을 분해할 수 있다.

생명표의 원리는 연구의 주제가 되는 사건 전환의 성격과 잘 부합되는 것이 권장된다. 정지인구 생명표상에서 연령구조는 오직 사망률에 의해서만 결정된다. 사망이라는 사건은 비가역적이고 일회적 특성을 지닌다. 한 번 사망한 사람은 다시 사망하지 않는다. 그러나 혼인이나 노동과 같은 사건은 반복적으로 발생할 수 있다. 이럴 때 $l_x < l_{x+n}$의 경우가 성립할 수 있다. 이렇게 상태변화가 다중적이고 반복적일 때에는 마르코브 이행확률을 활용하여 다중상태 생명표(multi-state life table)를 구성할 수 있다. 다중상태 생명표가 단순 생명표 원리와 다른 큰 차이는 일어날 수 있는 모든 전환확률을 구하는 것이다. 모든 경우의 사건전환확률을 구하고 나서 이에 기초하여 생명표의 함수들을 계산하면 된다. 예를 들어 $x+n$ 연령에 j 상태에 있는 생존인구($l_{x+n,j}$)는 아래의 식과 같이 연령 x세의 생존자에서 n 기간 동안 이루어진 모든 위치에서 j 상태로의 전환확률(${}_n\pi_{ij}$)과 생존율의 곱의 합으로 표현된다. ${}_np_x$는 구간생존율이다.

$$l_{x+n,j} = \sum_{i}^{k} l_{x,i\ n}p_{x\ n}\pi_{ij}$$

생명표 분석이 다소 대중적이지 못한 것은 소단위 사건 전환을 추정하기가 어렵기 때문이다. 한편 사망, 출산, 노동, 가족력 등의 다양성이 커지면서 국가단위 분석뿐만 아니라 소지역, 집단 간 생명표 분석의 요구도 커진다. 최근에는 통계프로그램의 도움으로 전환확률 분포에 대한 다양한 모수적·비모수적 함수들의 적합성을 통계적으로 검정하기가 편리해졌다(〈표 5-6〉).

〈표 5-6〉 사건사 분석과 단순 생명표의 비교

	연속시간 사건사 분석	단순 생명표
연구대상	상태변화 반복적인 변환	상태변화 변화의 종결
자료	시간, 기간별 상태 혹은 상태변화 전수 혹은 다양한 표본조사	시간, 기간별 상태 혹은 상태변화 대체로 전수분석에 활용
전환율함수	연속과정에서 전환밀도 $h(t) = \lim_{\Delta t \to 0} \frac{P_r[t \leq T \leq t + \Delta t \mid t \leq T]}{\Delta t}$ 연속과정에서 누적생존율 $G(t) = e^{-\int_0^t h(s)ds}$	비연속과정에서 전환확률 ${}_nq_x = \frac{{}_nD_x}{\frac{{}_nN_x}{n} + (1 - {}_na_x/n)\,{}_nD_x} = \frac{n\,{}_nm_x}{1 + (n - {}_na_x)\,{}_nm_x}$ 비연속과정에서 누적생존율 $l_{x+n} = l_x(1 - {}_nq_x)$
전환율의 확률분포	전환확률의 시간의존성에 대한 다양한 모수, 비모수 전환확률 모형의 적합도를 비교할 수 있음(전환율의 다양한 수리적 분포에 대해서는 한준(2005)을 참조).	관측된 자료에 기초하여 전환확률을 직접 계산하므로 확률분포에 의존하지 않음. 다만, 전환확률의 보정작업에 다양한 수리적 모형을 적용하고 있음.
전환율의 집단 간 비교	전환확률(재해율)의 집단 간 차이나 전환확률의 분포에 대한 다변량 분석이 가능함.	집단 간 비교에 불편함.

전환확률의 다양성을 분석하는 데 널리 활용되는 통계분석이 사건사 분석이다. 사건사 분석은 앞서 제시된 생명표의 원리와 사용하는 자료의 성격이 거의 유사하다. 사건사 분석에서는 전환확률의 분포에 대한 다양한 수리적 모형과 비모수적 분포를 비교할 수 있고, 전환률의 집단 간 차이와 이질성을 통계적으로 검정할 수 있다. 이렇게 다변량 분석과 통계적 검정방법이 가능한 사건사 분석을 통해 전환확률의 분포나 집단 간 이질성을 추정하여 생명표 분석에 통합할 수 있다.

이렇게 생명표 분석의 원리는 인구동태와 구조분석에 다양하게 활용된다. 사망력, 결혼력과 같이 특정한 상태변화와 생존율을 분석하는 데뿐만 아니라 지역이나 장래인구를 추정하는 데에도 중요하게 활용되는 원리이다. 단순 기간 생명표가 전제하는 가상 코호트의 가정이나 정지인구 가정, 전환사건의 비가역성은 분명 실제의 인구동태와 차이가 있지만 생명표의 원리는 다중적인 동학 분석에도 확대 적용될 수 있다. 이에 대해서는 혼인력, 노동력, 지역 인구분포를 추정하는 다음의 장들에서 구체적으로 살펴볼 수 있다.

제6장

혼인력 분석

1. 생명표를 이용한 혼인력 분석

혼인상태는 인구분석에서 중요한 의미를 갖는다. 한국사회에서는 비교적 최근 몇 십 년까지 결혼생활이 계층에 관계없이 일반적이었다고 여겨진다. 그러나 경제 유연화, 개인화, 생활양식의 압축적 변화와 함께 결혼의 보편성이 많이 쇠퇴하는 경향이 보이고 있다. 특히 1990년대 이후 출산율이 크게 떨어진 데에는 결혼연령의 상승이 중요한 요인이 되고 있다. 결혼시기가 늦어지는 것과 함께 결혼상태의 변화도 과거에 비해 한층 다양하게 진행되고 있다. 몇 십 년 전만 해도 누구나 적정한 연령이 되면 결혼하고, 배우자 사별이나 본인의 사망이 아니라면 결혼을 파기하지 않는 것이 관행이었지만, 현재는 결혼시기도 늦어졌고 결혼한 상태가 사별로 해체되는 경향은 감소하였다 하더라도 이혼으로 중지되는 경향은 높아졌다. 이혼건수가 증가하는 것과 동시에 재혼하는 사례도 증가하는 경향이 있다. 혼인상태를 법적 혼인상태가 아닌 사실상의 동거현상으로 파악한다면 혼인상태의 동학은 훨씬 복합적으로 이해된다. 싱글상태에서 동거로 이르는 경우도 있고, 다시 법적 결혼상태로 이르는 경우도 있고, 오랫동안 싱글 혹은 동거 상태를 유지할 수도 있다. 동서양을 막론하고 최근 가족의 경계와 의미가 매우 복합적이고 계층에 따라 다양성이 커지는 경향이 있는데, 혼인상태의 변화과정을 이해하는 것은 현대 가족 변화의 성격을 이해하는 데 중요한 의의를 가질 수 있다.

여기서는 혼인상태의 변화를 미혼에서 유배우상태, 다시 사별이나 이혼에 따른 초혼의 종료, 그리고 재혼 등 복합적인 과정으로 정의한다. 어떤 시점에서 유배우상태에 있더라도 사별이나 이혼으로 혼인상태가 중단될 수 있으며 다시 유배우상태에 복귀할 수 있다. 요컨대 혼인상태의 변환은 다중적이며 가역적인 성격을 지닌다.

이런 다중적이고 가역적인 혼인상태의 변화를 분석하는 방법은 살피고자 하는 혼인상태의 변화가 구체적으로 무엇인가에 따라 그리고 사용할 수 있는 자료의 성격에 따라 달라질 수 있다. 이 장에서는 네 가지 사례로 그 방법들을 소개하고자 한다. 우선 평균초혼연령을 구하는 방법을 소개한다. 평균초혼연령은 각 세별 혹은 연령집단별 미혼율의 분포나 초혼동태 정보에 기초하여 계산할 수 있다. 하즈넬은 특정시기 연령별미혼율에 대한 정보에 기초하여 초혼경험이 있는 사람들의 평균초혼연령(*SMAM*, Singulate Mean Age at Marriage)을 구하였는데 이 방법은 지금도 유용하게 활용되고 있다(Hajnal, 1953). 평균초혼연령 측정방법은 연령별미혼율 분포에 대한 정보가 완전하지 않으며 혼인동태에 대한 정보가 가용하지 못한 상태에서 횡단적 자료에 기초하여 계산하는 방법이다.

두 번째 소개할 방법은 혼인 동태자료에 기초하여 초혼이행의 생명표를 작성하는 것이다. 최근에는 미혼율 분포나 혼인신고자료의 정확성이 높게 평가되고 있으므로, 이들 자료와 사망동태자료를 결합하여 미혼에서 초혼으로의 전환확률을 직접 구하여 혼인 생명표를 구할 수 있다. 여기서는 혼인 생명표 분석을 통해 가상의 코호트가 나이가 들면서 혼인하는 확률과 혼인까지의 예상 미혼 평균연령(미혼종료시기) 등을 구하고, 앞서 살펴본 평균초혼연령의 원리와 비교해 본다.

다음 소개할 두 가지 방법은 유배우상태의 지속/중단 과정을 분석하는 데 활용될 수 있다. 혼인상태가 지속되는 기간이나 혼인상태가 중단되는 이유는 계층에 따라 차이가 날 수 있다. 저소득층 부부는 경제적 불안에 따른 가족 갈등으로 이혼하는 확률이 일반가정 부부보다 더 높을 수 있고, 사고에 노출될 위험이 더 커 배우자 사별률도 더 높을 수 있다. 두 요인의 복합적인 결과 혼인지속기간이 유의하게 짧을 수 있다. 이처럼 혼인지속기간에 사별이나 이혼의 영향을 비교하고자

할 때 다중감소 생명표(multiple decremental life tables)를 이용할 수 있다. 다중감소생명표는 사건 종료의 원인이나 결과가 다중적일 때 그 전환 원인별 상태 지속기간을 비교하는 데 활용될 수 있다. 여기서는 다중감소 생명표 원리를 활용하여 저소득층의 사별, 이혼/별거별 초혼지속기간을 추정하고 있다.

마지막으로 미혼, 결혼, 이혼, 사별, 재혼 등의 다중적인 혼인동학과 그 결과를 다중상태 생명표를 통해 추정하고 있다. 특정시점의 혼인상태는 혼인 진입, 유지, 이탈의 다양한 요인들의 복합적인 동태의 결과이다. 여기서는 미혼, 초혼, 이혼, 사별, 재혼 등의 다양한 상태들 사이의 동태가 혼인상태에 미친 영향을 다중상태 생명표를 통해 분석해 본다.

2. 미혼율에 기초한 평균초혼연령의 추정

1) 평균초혼연령 추정방식의 이해

평균초혼연령(*SMAM*, Singulate Mean Age at Marriage)은 유배우경험이 있는 사람의 초혼 시 평균연령으로 정의한다. 이 정의에 맞추어 평균초혼연령을 구하려 한다면 유배우 경험자의 평균초혼연령을 직접 조사하여 평균치를 측정하면 될 것 같지만, 젊은 코호트나 아직 결혼하지 않은 사람들의 혼인연령을 파악하지 못하는 한계가 있다. 여기에 횡단적 관찰의 한계를 보완하는 방법으로 가상의 코호트 접근을 적용할 수 있다. 요컨대 어느 시점에서 결혼이 가능한 연령집단의 미혼율 상태의 변화를 어느 가상의 코호트가 나이가 들어가면서 경험하는 미혼상태의 변화라고 가정하여 그 가상 코호트의 평균초혼연령을 추정하는 것이다. 이때 초혼발생은 매우 어리거나 매우 나이가 든 연령에서는 제한되므로 결혼이 가능한 연령집단, 보통 15세에서 50세 미만의 연령집단을 대상으로 평균초혼연령을 추정한다. 이것이 하즈넬(Hajnal, 1953)이 가임기 여성의 미혼상태를 중심으로 평균초혼연령을 구한 논리이다. 예컨대 15세 미만은 혼인율이 0이고 50세까지는 대부분

초혼경험이 있다고 가정하고 50세까지 결혼한 사람들의 평균초혼연령을 구할 수 있다. 물론 혼인연령의 최저 하한 구간이나 상한은 미혼율의 추이를 반영하여 다르게 조정할 수 있다.

구체적으로 한국 유배우 남성과 여성의 평균초혼연령을 추정해 보자. 〈표 6-1〉은 1970~2010년 인구총조사에 보고된 연령별미혼율을 요약하고 있다. 여기서 미혼율은 해당 연령집단의 인구 중 혼인상태가 미혼인 인구의 비율을 가리킨다. 따라서 미혼율은 전형적인 구성비 혹은 상태비로 측정되었다. 시계열적 추이를 보면 미혼율이 크게 상승하고 있음을 쉽게 확인할 수 있다. 25~29세 남성의 미혼율은 1970년에는 43.4%였는데, 1990년에는 57.3%, 2000년에는 71%, 2010년에는 85.5%로 크게 증가하여 2000년 이후부터는 20대 후반에 미혼상태가 일반화되었다. 30~34세의 미혼율도 1970년 6.4%에서 2000년에 28.1%, 그리고 2010년에는 무려 50.2%로 크게 증가하였다. 두 연령대의 미혼율을 종합해 보면 남성의 평균결혼연령은 1990년 이후 20대 후반에서 30대 초반으로 빠르게 전환한 경향이 보인다. 여성의 경우 1970년에는 20대 후반이면 거의 대다수가 결혼상태에 있었는데, 이후 미혼율이 1980년에는 14.1%, 1990년에는 22.1%, 2000년에는 40.1%, 2010년

〈표 6-1〉 한국 남녀의 미혼율 변화, 1970~2010(단위: %)

연령(세)	남					여				
	1970년	1980년	1990년	2000년	2010년	1970년	1980년	1990년	2000년	2010년
15~19	99.7	99.8	99.9	99.4	99.7	97.1	98.2	99.5	99.3	99.6
20~24	92.6	93.1	96.4	97.5	98.9	57.2	66.1	80.5	89.1	96.0
25~29	43.4	45.2	57.3	71.0	85.5	9.7	14.1	22.1	40.1	69.3
30~34	6.4	7.3	13.9	28.1	50.2	1.4	2.7	5.3	10.7	29.1
35~39	1.2	1.7	3.8	10.6	26.7	0.4	1	2.4	4.3	12.6
40~44	0.4	0.7	1.5	4.9	14.4	0.2	0.5	1.1	2.6	6.2
45~49	0.2	0.4	0.8	2.4	7.5	0	0.3	0.6	1.7	3.3
50~54	0.1	0.3	0.5	1.3	4.1	0.1	0.2	0.4	1.1	2.3

자료: 통계청, KOSIS(각 연도 인구총조사).

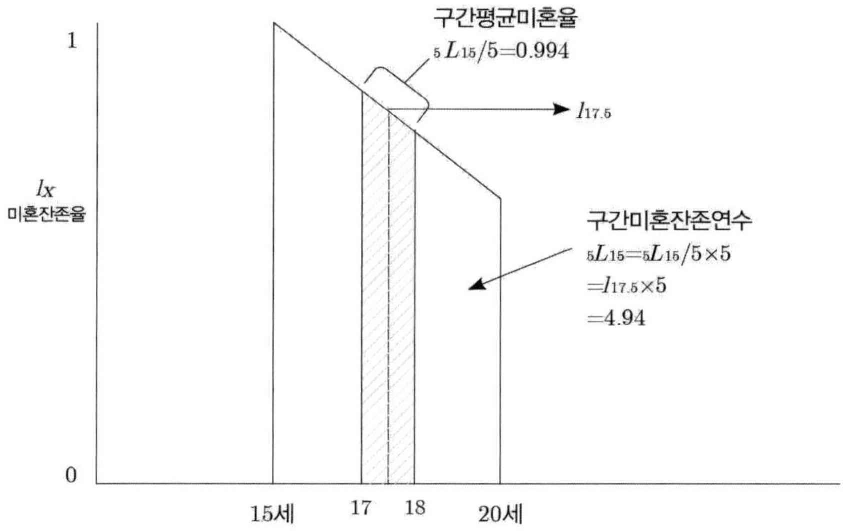

〈그림 6-1〉 구간평균미혼율($\frac{_nL_x}{n}$)과 구간미혼잔존연수($_nL_x$)의 이해

에는 69.3%로 크게 증가하였다. 30대 초반 여성의 미혼율도 크게 증가하여 2000년에는 10.7%, 2010년에는 29.1%에 이르고 있다.

이렇게 연령별미혼율이 분포되어 있다면 간략화된 생명표 원리를 이용하여 미혼율 분포에서 평균초혼연령을 구할 수 있다(〈그림 6-1〉). 다시 강조하면 그 방법은 횡단적 시점의 연령별미혼율 패턴에 따라 어떤 가상의 코호트가 생애에 따라 미혼상태가 변화된다고 가정하고 평균초혼연령을 계산하는 것이다. 그리고 하즈넬이 평균초혼연령을 추정한 방식에는 생존율이 고려되지 않았으므로 가상 코호트의 미혼상태의 변화는 오직 혼인에 의해서 이루어진다고 가정해 보자. 가상 코호트의 연령별미혼율은 연령구간에서의 평균 연간 미혼상태를 나타내므로, 구간을 곱하면 생명표상에서 구간잔존연수($_nL_x$, 구간에서 미혼상태에 남아 있는 기간)와 유사한 의미를 갖는다.[1] 요컨대 2000년 남자가 15~19세에서 99.4%가 미혼상태에

1 $_nL_x$를 생존인연수로 해석하는 경우와 생존연수로 해석하는 경우는 lx를 누적생존자로 추정할

있다는 것은, 그 구간의 미혼율 변화가 선형적이라면, 15세에서 20세 직전까지 나이가 드는 동안 연평균미혼율이 .994로 해석할 수 있다. 그리고 15세에서 20세 직전까지 미혼율이 선형적으로 감소하였다면 연평균미혼율은 17~18세 1년 사이의 평균미혼율 또는 17.5세일 때의 미혼율로 이해할 수 있다. 그리고 구간평균미혼율에 구간의 값을 곱하여 구간 동안 미혼으로 남아 있던 연수인 구간미혼잔존연수를 추정할 수 있다. 위의 경우 15~19세 동안 미혼상태로 남아 있는 연수는 4.94년(0.994×5)이 된다.

이렇게 연령별구간평균미혼율에 구간값을 곱하여 각 구간의 미혼지속기간을 추정할 수 있다. 그리고 각 구간에서의 미혼지속기간을 50세 직전까지 합하여 미혼상태에 남아 있는 총기간을 구할 수 있다. 여기서 주의할 것은 미혼상태의 총기간이 평균초혼연령이 아니라는 점이다. 앞서 평균초혼연령은 궁극에는 결혼에 도달한 사람의 평균초혼연령으로 정의하였는데, 미혼상태에 있는 사람이 모두가 초혼에 이르지는 않기 때문이다. 또한 앞의 연령별미혼율 분포는 모든 연령 전체가 아니라서 미혼상태의 관찰이 사실상 중단되었다. 이 두 가지 정황을 고려할 때, 평균초혼연령은 최종 관찰된 연령 범위 안에서 결혼상태에 이른 사람들을 대상으로 구한 평균 미혼잔존연수이다. 그리고 관찰중단의 편의를 줄이기 위해서는 관찰연령범위는 그 범위 이후에서는 미혼율이 매우 작은 범위로 설정하는 것이 바람직하다. 많은 사회에서 50세까지는 대부분의 사람들이 결혼에 이르렀기 때문에 50세 직전까지 유배우상태에 있는 사람들의 평균미혼잔존연수로 평균초혼연령을 측정하는 게 일반적이다.

연령별미혼율에 기초하여 평균초혼연령을 구하는 절차를 수식화하면 〈식 6-1〉과 같다. 먼저 15세에서 50세 직전까지의 연령구간에서 구한 평균미혼율(U_i)에 연령구간(5)을 곱하여 구간 동안 미혼으로 남아 있는 미혼잔존연수를 측정한다. 이

때와 누적생존율로 추정할 때의 차이에 대응한다. l_x가 생존율로 추정되었다면 ${}_nL_x$는 생존연수로, l_x가 생존자로 추정되었다면 ${}_nL_x$를 생존인연수로 해석하는 것이 적합하다. 여기서는 l_x가 미혼잔존율로 추정되므로 ${}_nL_x$는 구간미혼잔존연수로 해석할 수 있다.

렇게 구한 각 구간 미혼잔존연수를 50세 직전까지 더한다. 그 결과가 $RS1$인데 이는 15세에서 50세 직전까지 미혼으로 남아 있는 연수로 파악할 수 있다. 그리고 15세까지의 초혼율은 0이라고 가정하였으므로 $RS1$에 15를 더하면 50세까지의 총미혼연수가 된다. 이 값을 $RS2$라 하자.

$$RS1 = \sum_{1}^{7} 5\,U_i \; (U_i = {}_5m_{15} \cdots {}_5m_{45})$$

$$RS2 = RS1 + 15$$

〈식 6-1〉

$$RM = 1 - RN$$

$$RN = ({}_5m_{45} + {}_5m_{50})/2$$

$$RS3 = 50 \times RN$$

$$SMAM = (RS2 - RS3)/RM$$

$RS2$는 50세 직전까지의 총미혼연수로서 여기에는 50세 직전까지 결혼한 사람의 총미혼연수뿐만 아니라 50세 직전까지 미혼인 사람이 기여한 미혼연수도 포함되어 있다. 측정하고자 하는 평균초혼연령은 50세 직전까지 유배우 경험이 있는 사람의 평균미혼잔존연수이다. 50세 직전까지 유배우 경험이 있는 사람의 평균미혼잔존연수는 $RS2$에서 50세 직전까지 미혼인 사람이 기여한 미혼연수($RS3$)를 뺀 값을 50세까지 유배우 경험이 있는 사람들의 비율(RM)로 나누어 구할 수 있다. 50세 직전까지 미혼인 사람이 기여한 미혼연수($RS3$)는 50세까지 미혼으로 남아 있는 인구비율(RN)에 50을 곱한 값으로 측정할 수 있다. 50세 직전까지의 유배우율(RM)은 50세까지의 미혼율(RN)을 1에서 뺀 값이고, 50세까지의 미혼율(RN)은 미혼율 변화가 선형적이라고 가정하여 50세 경계에 있는 두 구간 45~49세와 50~54세의 미혼율의 평균값으로 구할 수 있다. 이런 단계로 50세 직전까지 혼인한 사람의 미혼에 남아 있던 연수인 평균초혼연령($SMAM$)을 구한다.

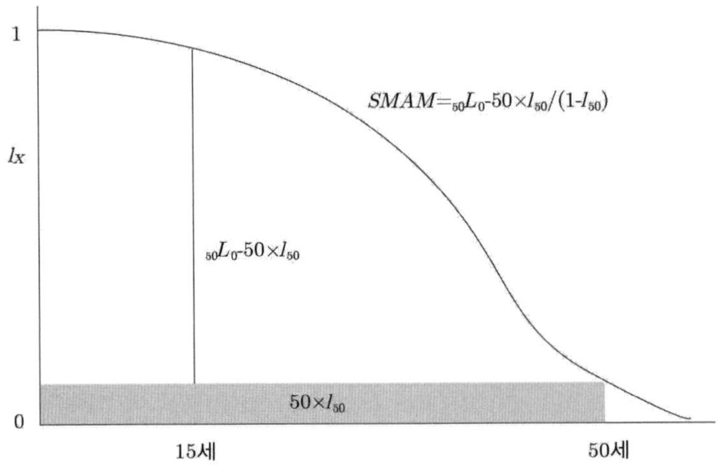

〈그림 6-2〉 생명표 논리에 기초한 *SMAM*의 이해

평균초혼연령(*SMAM*)을 구하는 일련의 절차는 생명표 함수들 사이의 관계를 통해 그 원리를 이해할 수 있다. 〈그림 6-2〉는 미혼인구의 연령별초혼이행과정을 그려 본 것이다. 미혼인구의 변화는 오직 초혼사건에 의해서만 이루어진다고 가정하자. 요컨대 사망률을 고려되지 않았다. 그림에서 가로축은 연령을, 세로축은 미혼잔존율(l_x)을 가리킨다. 15세 미만에서는 초혼율이 0이라고 가정하였으므로 15세까지의 미혼잔존연수($_{15}L_0$)는 15년이 될 것이다. 그림에서 보면 50세까지의 미혼잔존연수($_{50}L_0$)는 15세까지의 미혼잔존연수(15년)와 15세부터 50세 직전까지의 구간미혼잔존연수의 합이 된다. 그런데 50세까지의 미혼잔존연수는, 50세 직전까지는 결혼한 사람(1-l_{50})의 미혼잔존연수와 50세 직전까지 미혼인 사람(l_{50})의 미혼연수의 합이다. 따라서 평균초혼연령의 정의에 따라 50세 직전까지 결혼한 사람의 평균미혼잔존연수를 구하기 위해서는 50세 직전까지 미혼자로 남아 있는 사람의 미혼연수를 뺀 연수($_{50}L_0$-50×l_{50})를 50세 직전까지 결혼한 사람의 비율(1-l_{50})로 나누어 구하면 된다. 50세 직전까지 미혼으로 남아 있는 비율은 l_{50}이므로 50세 직전까지의 초혼율(혹은 유배우경험률)은 1-l_{50}이 된다(〈식 6-2〉).

$$RS2 \approx {}_{50}L_0$$

$$RS3 \approx 50 \times l_{50}$$

$$RN \approx l_{50} \qquad \langle 식\ 6\text{-}2 \rangle$$

$$RM \approx 1 - l_{50}$$

$$SMAM \approx ({}_{50}L_0 - 50 \times l_{50})/(1 - l_{50})$$

〈표 6–2〉 남녀 유배우경험자의 평균초혼연령(*SMAM*), 1970~2010

연령	남					여				
(세)	1970년	1980년	1990년	2000년	2010년	1970년	1980년	1990년	2000년	2010년
15~19	4.99	4.99	5.00	4.97	4.99	4.86	4.91	4.98	4.97	4.98
20~24	4.63	4.66	4.82	4.88	4.94	2.86	3.31	4.03	4.46	4.80
25~29	2.17	2.26	2.87	3.55	4.27	0.49	0.71	1.11	2.01	3.46
30~34	0.32	0.37	0.70	1.41	2.51	0.07	0.14	0.27	0.54	1.46
35~39	0.06	0.09	0.19	0.53	1.34	0.02	0.05	0.12	0.22	0.63
40~44	0.02	0.04	0.08	0.25	0.72	0.01	0.03	0.06	0.13	0.31
45~49	0.01	0.02	0.04	0.12	0.37	0.00	0.02	0.03	0.09	0.17
50~54	0.01	0.02	0.03	0.07	0.21	0.01	0.01	0.02	0.06	0.12
RS1	12.20	12.41	13.68	15.70	19.14	8.30	9.15	10.58	12.39	15.81
RS2	27.20	27.41	28.68	30.70	34.14	23.30	24.15	25.58	27.39	30.81
RN	0.002	0.004	0.007	0.019	0.058	0.001	0.003	0.005	0.014	0.028
RM	0.999	0.997	0.994	0.982	0.942	1.00	0.998	0.995	0.986	0.972
RS3	0.075	0.175	0.325	0.925	2.902	0.025	0.125	0.25	0.70	1.419
SMAM	27.16	27.33	28.54	30.33	33.16	23.29	24.08	25.45	27.07	30.25

연령별미혼율 분포에 기초하여 평균초혼연령을 계산한 결과가 〈표 6-2〉와 같이 요약된다. 연령별 제시된 수치는 미혼율(${}_5m_x$)에 연령구간을 곱한 값으로, 그 연령 구간에서 미혼잔존연수로 해석될 수 있다. 15~49세까지의 미혼잔존연수를 합한 값(*RS1*)이 2000년 남성은 15.7년, 여성은 12.39년, 2010년에는 각각 19.14년, 15.81년

으로 계산된다. 여기에 15세까지의 미혼연수를 합한 값이 *RS*2이다. 50세에 이른 시점의 미혼율(*RN*)은 45~49세와 50~54세 미혼율의 평균값으로 계산하였다. 2000년 50세 초기시점의 미혼율은 남성은 0.019, 여성은 0.014로, 2010년에는 각각 0.058, 0.028로 계산된다. 50세 직전까지의 초혼율(*RM*)은 1에서 *RN*을 뺀 값이다. *RS*3은 50세 직전까지 미혼으로 남아 있는 연수(50×*RN*)로서 2000년 남성은 0.925년, 여성은 0.7년, 2010년에는 각각 2.9년, 1.42년으로 계산된다. 마지막으로 50세 유배우자의 평균초혼연령(*SMAM*)은 50세 직전까지의 미혼잔존연수(*RS*2) 중 50세 직전까지 미혼인연수(*RS*3)를 뺀 값을 50세 유배우율로 나눈 값으로, 2000년 남성의 경우 30.3세, 여성은 27.1세로, 2010년에는 각각 33.2세와 30.3세로 계산된다. 이처럼 한국 남녀의 평균초혼연령은 1990년 이후부터 크게 증가하여 2010년에는 남녀 모두 평균 30세를 넘어 초혼하는 것이 일반화되고 있다.

*RS*1(남성, 2000)=15.7

*RS*2(남성, 2000)=15.7+15=30.7

RN(남성, 2000)=(0.024+0.013)/2=0.0185

RM(남성, 2000)=1-0.0185=0.982

*RS*3(남성, 2000)=50×0.0185=0.925

SMAM(남성, 2000)=(30.7-0.925)/0.982=30.33

*RS*1(여성, 2000)=12.39

*RS*2(여성, 2000)=12.39+15=27.39

RN(여성, 2000)=(0.017+0.011)/2=0.014

RM(여성, 2000)=1-0.014=0.986

*RS*3(여성, 2000)=50×0.014=0.70

SMAM(여성, 2000)=(27.39-0.7)/0.986=27.07

*RS*1(남성, 2010)=19.14

*RS*2(남성, 2010)=19.14+15=34.14

RN(남성, 2010)=(0.075+0.041)/2=0.058

RM(남성, 2010)=1-0.058=0.942

$RS3$(남성, 2010)=50×0.058=2.9

$SMAM$(남성, 2010)=(34.14-2.9)/0.942=33.16

$RS1$(여성, 2010)=15.81

$RS2$(여성, 2010)=15.81+15=30.81

RN(여성, 2010)=(0.033+0.023)/2=0.028

RM(여성, 2010)=1-0.028=0.972

$RS3$(여성, 2010)=50×0.028=1.42

$SMAM$(여성, 2010)=(30.81-1.42)/0.972=30.25

2) 미혼잔존율을 이용한 평균초혼연령의 조정

연령별미혼율 분포에 기초하여 평균초혼연령을 계산하는 절차는 기간 생명표의 원리와 유사한 부분이 있다. 요컨대 위의 방법은 횡단적 시점에서 관측된 연령별 미혼율의 분포를 한 코호트의 생애 미혼 변환율로 가정하여 평균초혼연령을 계산한 것이다. 그런데 횡단적 평균초혼연령은 합계출산율이나 기대여명과 같은 다른 기간비율보다 더 과거 코호트의 영향이 크고 최근 변화의 영향이 과소화되는 경향이 있다. 또한 만일 혼인율이 최근 기간에 크게 증가하였다면, 횡단시점에서 보다 최근 코호트인 30대의 미혼율이 40대의 미혼율보다 더 낮을 수 있다. 이것은 단일 코호트에서 나타날 수 없는 현상이다. 따라서 혼인력이 크게 변하였을 경우 최근의 변화를 반영하는 비율로 조정하는 것이 필요할 수 있다. 각 코호트의 변화를 장기간에 걸쳐 살펴보면 이상적이지만, 일반적으로 가용한 자료는 짧은 기간이거나 한 시점이나 두 시점의 시계열 분포에 그칠 수 있다. 또한 장기적 자료가 가용하더라도 최근 변화에 직접적으로 영향을 받는 최근 코호트를 분석할 수 있는 자료는 제한될 수 있다.

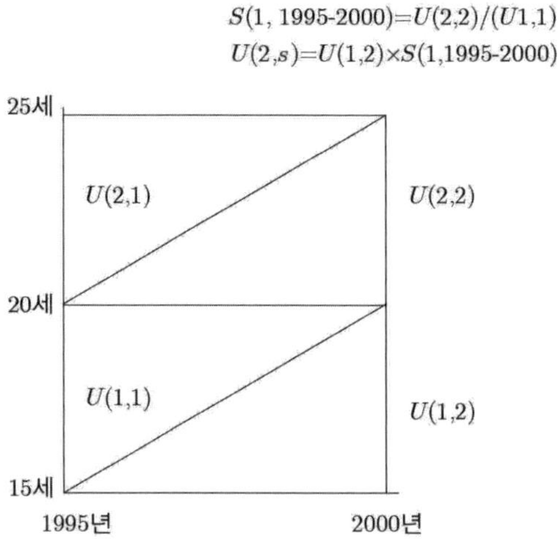

〈그림 6-3〉 미혼잔존율의 이해

그런데 기간비율과 코호트비율의 원리를 결합하여 최근의 미혼율 변화를 반영한 평균초혼연령을 추정할 수 있다. 요컨대 두 인접 시점의 미혼율 분포를 알 수 있다면 두 인접시점 사이 코호트별 미혼잔존율 패턴을 반영하여 가상 코호트의 평균초혼연령을 추정할 수 있다. 〈그림 6-3〉은 1995년과 2000년 각각 15~19세와 20~24세의 미혼율과 미혼잔존율을 시각화한 것이다. 편의상 1995년 15~19세의 미혼율은 $U(1,1)$, 20~24세 미혼율은 $U(2,1)$로, 2000년 15~19세 미혼율은 $U(1,2)$, 20~24세 미혼율은 $U(2,2)$로 표현한다. 이들 비율은 두 시점에서 연령구간별로 측정된 기간비율이 된다. 그런데 그림에서 대각선을 따라 관찰되는 미혼율의 변화는 두 시점 사이 동일 코호트가 미혼상태에 남아 있는 비율이 된다. 외부로부터 새로이 들어오거나 나간 인구가 없다고 할 때 1995년 15~19세는 2000년 20~24세가 된다. 따라서 1995년 15~19세의 미혼율과 2000년 20~24세의 미혼율의 차이는 1995년 15~19세 코호트가 5년 동안 결혼이나 사망 때문에 발생한 변화를 가리킨다. 따라서 1995년의 15~19세 미혼율에 대한 2000년 20~24세 미혼율의 비($S(1, 1995\sim2000)$)는 1995년 15~19세 미혼인구가 2000년 미혼상태에 남아 있는 미혼잔존율로 추정할 수 있다. 만일 1995년에서 2000년 사이에 관찰된 이 미혼잔존율대로 어떤 코호트가 15~19세에서 5년 뒤에 미혼상태에 남아 있다고 한다면, 이 코호트가 20~24세일 때의 미혼율은 15~19세 미혼율에 미혼잔존율(S(1,1995~2000))을 곱하여 구할 수 있다.

이렇게 각 연령집단별 두 인접기간 사이 미혼잔존율을 구하여, 가상 코호트의 연령별미혼율에 미혼잔존율을 곱하면 두 인접기간 사이 미혼율의 변동을 반영한 비율로 조정된다. 이렇게 연령구간별 두 인접기간 사이의 미혼잔존율에 기초하여 미혼율을 조정하여 평균초혼연령을 구하는 절차는 구체적으로 〈식 6-3〉과 같다. 우선, 5년 혹은 10년 간격의 두 시점에서 연령별미혼율을 계산한다. 연령구간 i, 시점 j의 미혼율은 $U(i,j)$로 표시한다. 다음으로, 각 연령집단에서 두 시점 사이 미혼상태에 남아 있는 미혼잔존율(S)을 구한다. 그리고 미혼잔존율에 따라 각 연령구간의 조정미혼율($U(i,s)$)을 계산한다. 15~19세의 미혼율은 최근 기간의 미혼율로 가정하고, 20세 이상에서는 이전 연령구간의 미혼율에 미혼잔존율(S)을 곱하여 계산한다. 예를 들어 1995년과 2000년의 미혼잔존율 패턴을 따르는 가상의 코호트 20~24세 미혼율은 15세 미혼율에 1995~2000년 사이 15~19세 코호트의 미혼잔존율을 곱하여 계산한다.

〈식 6-3〉

$U(i,s)=U(i\text{-}1,s)\,U(i,2)/U(i\text{-}1,1)$ — 연령이 20세 이상인 경우, 즉 i=2에서 8인 경우

$U(1,s)=U(1,2)$ — 연령 15~19세는 최근 기간의 미혼율로 정한다.

만일 비교시점이 10년이라고 한다면 가상 코호트의 미혼율은 다음처럼 계산된다.

$U(i,s)=U(i\text{-}2,s)\,U(i,2)/U(i\text{-}2,1)$ — 연령이 25세 이상

$U(1,s)=0.5(U(1,1)+\mathrm{U}(1,2))$ — 연령이 15~19세의 경우

$U(2,s)=0.5(U(2,1)+U(2,2))$ — 연령이 20~24세의 경우

실제 1995년과 2000년 사이 미혼잔존율에 기초하여 미혼율을 조정하고 평균초혼연령을 다시 추정해 보았다. 분석결과는 〈표 6-3〉과 같이 정리된다. 각 연령구간에서 두 시점 사이 미혼잔존율을 계산하여, 1995년과 2000년 사이 미혼잔존율 패턴을 따르는 가상 코호트의 미혼율을 측정하였다. 단 초기 연령인 15~19세의 미혼율은 2000년의 값과 동일하게 정하였다. 20~24세 이상에서의 미혼율은 이전 연령구간의 미혼율에 1995년과 2000년 사이의 미혼잔존율을 곱하여 계산하였다.

〈표 6-3〉 1995년과 2000년 사이 미혼잔존율 패턴을 따르는 가상 코호트의 평균초혼연령(*SMAM*)

연령(세)	남				여			
	미혼율		미혼 잔존율	조정 미혼율 $U(i,s)$	미혼율		미혼 잔존율	조정 미혼율 $U(i,s)$
	1995년	2000년	$U(i,2)/U(i\text{-}1,1)$		1995년	2000년	$U(i,2)/U(i\text{-}1,1)$	
15~19	0.998	0.994		0.994	0.992	0.993		0.993
20~24	0.963	0.975	0.977	0.971	0.833	0.891	0.898	0.892
25~29	0.644	0.710	0.737	0.716	0.296	0.401	0.482	0.429
30~34	0.194	0.281	0.436	0.312	0.067	0.107	0.362	0.155
35~39	0.066	0.106	0.545	0.170	0.033	0.043	0.641	0.100
40~44	0.027	0.049	0.738	0.126	0.019	0.026	0.792	0.079
45~49	0.013	0.024	0.898	0.113	0.010	0.017	0.889	0.070
50+	0.007	0.013	0.983	0.111	0.006	0.011	1.060	0.074
RS1	14.528	15.695		17.014	11.250	12.390		13.591
RS2	29.528	30.695		32.014	26.250	27.390		28.591
RN	0.010	0.019		0.112	0.008	0.014		0.072
RM	0.990	0.982		0.888	0.992	0.986		0.928
RS3	0.512	0.925		5.591	0.409	0.700		3.614
SMAM	29.317	30.331		29.749	26.054	27.069		26.923

$$U(1,s)=U(1,2)=0.994$$

$$U(2,s)=U(1,s)\,U(2,2)/U(1,1)=0.994\times0.975/0.9976=0.9715$$

1995년과 2000년 사이 미혼잔존율을 적용하여 구한 조정미혼율($U(i,s)$)은 대체로 두 시점에서 횡단적으로 계산된 미혼율보다 값이 더 크다. 특히 30세 이후부터 미혼율이 크게 증가한 것을 볼 수 있다. 이는 두 시점 사이 미혼율이 크게 증가한 결과를 반영한다. 표를 보면 남성에서는 30세 이상에서부터 기간 미혼율에 비해 조정미혼율이 더 커지고 있는 것을 확인할 수 있다. 1995년과 2000년 동안의 미혼잔존율에 따라 미혼율이 변화되었다고 가정하여 추정한 30대 이상의 미혼율은 2000년 30대 연령집단의 미혼율보다 크다는 것을 의미한다. 또한 2000년 40대 후반의 미혼율은 2%를 조금 넘지만 조정미혼율은 11%가 넘는다. 2000년 40대 미혼율은 미혼율이 완만하게 증가하였던 과거 시기의 영향을 반영하지만 조정미혼율은 최근 강화된 미혼잔존 추세를 반영하기 때문이다. 그리고 이렇게 조정미혼율이 대부분의 연령에서 증가하였는데 평균초혼연령(*SMAM*)이 2000년 기간 평균초혼연령보다 적은 데 주목할 필요가 있다. 이것은 조정미혼율이 최근 미혼잔존율을 반영하였기 때문에 50세 직전까지 미혼으로 남아 있는 확률(*RN*)이 높아졌기 때문이다. 만혼 경향이 확대되는 상황에서 평균초혼연령을 보다 정확하게 구하기 위해서는 미혼상태의 관찰 상한 연령구간을 50세 이상으로 조정하는 것도 고려해 볼 수 있다.

〈표 6-4〉는 1990년과 2000년 사이의 미혼잔존율에 기초하여 평균초혼연령을 분석한 결과를 정리한 것이다. 가상 코호트 15~19세와 20~24세의 미혼율은 1990과 2000년 시점의 미혼율의 평균값으로 각각 0.9965, 0.0695로 정하였다. 가상 코호트 25~29세의 미혼율은 2000년 15세 미혼율에 1990년에서 2000년 기간 사이 미혼잔존율(0.71/0.999)을 곱하여 계산하였다. 30세 이후 연령구간의 조정미혼율도 같은 방식으로 계산하였다.

$U(1,s)=(0.999+0.994)/2=0.996$

$U(2,s)=(0.964+0.975)/2=0.9695$

$U(3,s)=0.9965\times0.71/0.999=0.70864$

〈표 6-4〉 1990년과 2000년 사이 미혼잔존율 패턴을 따르는 가상 코호트의 평균초혼연령(*SMAM*)

연령(세)	남				여			
	미혼율		미혼 잔존율	조정 미혼율	미혼율		미혼 잔존율	조정 미혼율
	1990년	2000년	$U(i,2)/U(i\text{-}2,1)$	$U(i,s)$	1990년	2000년	$U(i,2)/U(i\text{-}2,1)$	$U(i,s)$
15~19	0.999	0.994		0.997	0.995	0.993		0.994
20~24	0.964	0.975		0.970	0.805	0.891		0.848
25~29	0.573	0.710	0.711	0.708	0.221	0.401	0.403	0.401
30~34	0.139	0.281	0.291	0.283	0.053	0.107	0.133	0.113
35~39	0.038	0.106	0.185	0.131	0.024	0.043	0.195	0.078
40~44	0.015	0.049	0.353	0.100	0.011	0.026	0.491	0.055
45~49	0.008	0.024	0.632	0.083	0.006	0.017	0.708	0.055
50+	0.005	0.013	0.867	0.086	0.004	0.011	1.000	0.055
*RS*1	13.680	15.695		16.351	10.575	12.390		12.719
*RS*2	28.680	30.695		31.351	25.575	27.390		27.719
RN	0.007	0.019		0.085	0.005	0.014		0.055
RM	0.994	0.982		0.915	0.995	0.986		0.945
*RS*3	0.325	0.925		4.227	0.250	0.700		2.763
SMAM	28.541	30.331		29.629	25.452	27.069		26.416

이렇게 구한 조정초혼연령은 남성의 경우 29.62세로 1990년 시점보다는 늦고 2000년 시점에서 측정된 평균초혼연령보다는 이르다. 여성의 평균초혼연령은 26.42세로 2000년 시점의 미혼율 분포에 기초한 평균초혼연령(27.07세)보다 약간 이르다. 만일 두 기간 중에 미혼율 변화가 항상적이라면, 조정미혼율은 두 기간 미혼율의 중간값에 가까울 수 있다. 그런데 남녀 모두 30대 이후에서 조정미혼율이 2000년 비율보다 높게 나타난다. 이는 10년 동안 만혼화 경향이 크게 확대된 때문으로 해석될 수 있다. 그리고 30대 이후에서 조정미혼율이 2000년 미혼율보다 큼에도 불구하고 조정초혼연령이 2000년 수준에 비해 적은 것은 평균초혼연령 추정식에서 분모가 되는 50세 직전까지의 유배우율이 크게 줄어든 영향 때문일 수 있다.

3. 생명표를 이용한 평균초혼연령 분석

평균초혼연령(*SMAM*)을 구하는 절차는 연령별미혼율 자료에 기초하여 미혼잔존율과 미혼잔존연수를 구하는 방식인데 이는 생명표의 원리와 많이 유사하다. 평균초혼연령을 구하는 방식과 일반 생명표 분석이 다른 점은 사망률이 고려되지 않은 점과 제한된 연령구간에서 상태비율인 미혼율 정보에 기초하여 평균초혼연령을 계산하였다는 점이다. 이런 접근은 혼인동태의 자료가 제한되거나 모든 연령의 미혼율 자료가 가용하지 않은 상황에서 활용될 수 있다. 한편 현재에는 연령별미혼율 자료나 혼인신고자료의 정확성도 높고 가용성도 큰 편이다. 여기에서는 인구총조사의 혼인상태에 대한 정보와 혼인신고자료를 이용하고 생존율을 고려하여 직접적으로 동태비율인 초혼확률을 구하여 혼인 생명표를 작성해 보았다.[2]

혼인생명표 작성을 위해 총조사인구자료와 인구동향조사의 혼인동태 자료를 이용하였다(〈표 6-5〉, 〈표 6-6〉). 미혼상태의 전환은 사망에 의해서도 이루어지므로 사망률과 혼인율을 함께 고려하여 미혼잔존율($l_{x,single}$)을 구하였다. 15세 초기시점 미혼 남성인구($N_{x,single}$)는 1,907,304/5+2,090/2=382,505.8이고, 15세 초기시점 미혼 여성인구는 1,764,790/5+8,180/2=357,048로 측정하였다. 15세 초기인구를 15~19세 구간의 초혼건수로 나눈 초혼확률은 남성은 0.0055, 여성의 혼인확률은 0.0229로 측정된다(〈식 6-4〉).

---

2 기간비율과 코호트비율의 차이와 상태비율과 동태비율(전환율)의 차이에 대해서 분명하게 이해하는 것이 중요하다.

〈표 6-5〉 한국 남성의 혼인 생명표

연령 (세)	총조사인구 $_5N_x$	미혼인구 $_5N_{x,s}$	사망 잔존율 l_x	초혼수 $_5D_{x,s}$	혼인확률 $_5q_{x,s}$	미혼 잔존율 $l_{x,s}$	구간 미혼연수 $_5L_{x,s}$	미혼잔존 기대연수 $e_{x,s}$
15~19	1,913,799	1,907,304	0.9894	2,090	0.0055	0.9860	4.9090	20.3925
20~24	2,028,035	1,976,811	0.9863	24,655	0.0605	0.9776	4.7304	15.5465
25~29	2,056,975	1,461,609	0.9821	160,142	0.4300	0.9146	3.5830	11.4456
30~34	2,067,600	580,315	0.9772	81,820	0.5212	0.5186	1.9132	13.2746
35~39	2,116,703	225,354	0.9706	15,394	0.2917	0.2466	1.0486	20.1571
40~44	2,028,536	98,926	0.9602	3,731	0.1723	0.1728	0.7833	22.7010
45~49	1,495,320	35,759	0.9432	1,000	0.1307	0.1405	0.6481	22.3455
50~54	1,184,656	15,078	0.9170	421	0.1305	0.1188	0.5448	20.981
55~59	959,199	7,783	0.8807	169	0.1030	0.0992	0.4570	19.6323
60+	2,123,045	7,675	0.8281	103	0.0133	0.0836	1.48972	17.8106

자료: 통계청, KOSIS(총조사인구와 미혼인구는 2000년 인구총조사에서, 초혼수는 2000년 혼인동태자료에서, 사망잔존율은 통계청이 발표한 2000년 생명표에 기초함).

〈표 6-6〉 한국 여성의 혼인 생명표

연령 (세)	총조사인구 $_5N_x$	미혼인구 $_5N_{x,s}$	사망 잔존율 l_x	초혼수 $_5D_{x,s}$	혼인확률 $_5q_{x,s}$	미혼 잔존율 $l_{x,s}$	구간 미혼연수 $_5L_{x,s}$	미혼잔존 기대연수 $e_{x,s}$
15~19	1,777,699	1,764,790	0.9907	8,180	0.0229	0.983546	4.85765	16.271
20~24	1,819,980	1,621,997	0.9892	84,621	0.2308	0.959514	4.24038	11.616
25~29	2,039,657	817,270	0.9872	157,371	0.6499	0.736637	2.48483	9.3746
30~34	2,025,026	217,555	0.9850	26,448	0.4662	0.257296	0.98556	17.182
35~39	2,069,461	88,354	0.9820	5,152	0.2545	0.136929	0.59644	25.088
40~44	1,966,923	51,040	0.9777	1,742	0.1572	0.101646	0.46695	27.928
45~49	1,455,919	25,373	0.9717	644	0.1193	0.085133	0.39856	27.861
50~54	1,165,011	12,336	0.9628	264	0.1016	0.074289	0.35029	26.563
55~59	1,008,792	7,054	0.9496	139	0.0939	0.065827	0.31052	24.656
60+	3,036,793	11,250	0.9294	117	0.0103	0.058379	1.3125	22.482

자료: 통계청, KOSIS(총조사인구와 미혼인구는 2000년 인구총조사에서, 초혼수는 2000년 혼인동태자료에서, 사망잔존율은 통계청이 발표한 2000년 생명표에 기초함).

〈식 6-4〉

$$N_{x,single} = \frac{{}_nN_{x,single}}{n} + \frac{1}{2}\,{}_nD_{x,single\rightarrow married}$$

$${}_nq_{x,s-m} = \frac{{}_nD_{x,single\rightarrow married}}{N_{x,single}}$$

$${}_5q_{15,s-m,male} = \frac{2,090}{1,907,304/5 + 2,090/2} = 0.0055$$

$${}_5q_{15,s-m,female} = \frac{8,180}{1,764,790/5 + 8,180/2} = 0.0229$$

각 구간 초기시점에서의 미혼잔존율(*lx,single*)은 이전 구간의 미혼잔존율에 구간 사이 발생한 사망률과 혼인율을 적용하여 구한다. 한편 15세의 미혼잔존율은 사망률과 혼인상태의 효과로서 2000년 기간 생명표에서 15세까지의 생존율에 15~19세 미혼율을 곱하여 구하였다. 20세 이후부터의 미혼잔존율은 이전 구간미혼잔존율에 생존율과 1에서 초혼이행확률을 뺀 값을 곱하여 구하였다(〈식 6-5〉).

〈식 6-5〉

$$l_{x+j,single} = l_{x,single}\,(1-{}_nq_{x,s-m})(1-{}_nq_{x,death})(1-{}_nq_{x+n,s-m})(1-{}_nq_{x+n,death})..(1-{}_nq_{x+j,s-m})(1-{}_nq_{x+j,death})$$

$$l_{15,single,male} = 0.9894 \times \frac{1,907,304}{1,913,799} = 0.9860$$

$$l_{20,single,male} = 0.9860 \times 0.9969 \times (1-0.0055) = 0.9776$$

$$l_{15,single,female} = 0.9907 \times \frac{1,764,790}{1,777,699} = 0.9835$$

$$l_{20,single,female} = 0.9835 \times 0.9984 \times (1-0.0299) = 0.9595$$

구간미혼잔존연수($_nL_{x,single}$)는 인접한 두 구간의 미혼잔존율의 산술평균(잔존율이 선형적으로 감소한다고 가정)을 구간크기로 곱하여 구한다. 예를 들어 20~24세 여성의 미혼잔존연수($_5L_{20}$)는 20세까지의 미혼잔존율(0.9595)과 25세까지의 미혼잔존율(0.7366)의 평균값에 5를 곱하여 구한다(〈식 6-6〉).

$$_nL_{x,single} = \frac{n}{2}(l_{x,single} + l_{x+n,single})$$

$$_5L_{20,single,male} = \frac{5}{2} \times (0.9776 + 0.9146) = 4.7303 \qquad \text{〈식 6-6〉}$$

$$_5L_{20,single,female} = \frac{5}{2} \times (0.9595 + 0.7366) = 4.2404$$

만일 60세 직전까지 미혼인 사람이 이후 초혼할 확률은 0이라 가정한다면, 60세 이상에서 미혼연수($_\infty L_{60,single}$)는 전체인구의 60세 이상에서의 생존연수($_\infty L_{60}$)에 60세 생존자 중 미혼자의 구성비($\frac{l_{60,single}}{l_{60}}$)를 곱하여 구할 수 있다. 전체인구의 생존연수와 잔존연수는 통계청의 생명표 추정값을 이용하여 계산하였다(〈식 6-7〉).

$$ {}_{\infty}L_{60,\,single} = {}_{\infty}L_{60}\,\frac{l_{60,\,single}}{l_{60}} = e_{60}l_{60,\,single} $$

〈식 6-7〉

$$ e_{x,\,single} = \frac{\sum_{x}^{\infty} {}_{n}L_{x,\,single}}{l_{x,\,single}} $$

마지막으로 각 연령구간의 미혼잔존연수를 합하여 초기잔존율로 나누면 연령구간 초기부터 계속 미혼으로 남아 있는 평균연령(미혼잔존기대연수)을 구할 수 있다. 앞의 〈표 6-5〉와 〈표 6-6〉에서 볼 수 있듯이 2000년 15세 남성이 미혼상태로 남아 있을 기대연수는 20.39년이고 15세 미혼여성이 미혼상태로 남아 있을 기대연수는 16.27년으로 계측된다. 앞에서 계산한 유배우자 평균초혼연령(*SMAM*)에 비해 15세에서의 미혼기대연수가 4~5년 더 긴 것은 50세 이후에도 미혼으로 남아 있는 인연수의 영향 때문이다. 각 연령에서 미혼잔존연수를 살펴보면 20대 후반까지는 감소하다가 이후 증가하여 안정화되는 경향을 볼 수 있다. 초혼확률은 어느 나이 이후에서는 나이가 들수록 떨어지는 경향을 반영한다.

혼인 생명표에서 보듯이 미혼잔존연수($e_{x,\,single}$)는 평균초혼연령과 차이가 난다(〈식 6-8〉). 두 값이 차이가 나는 것은 평균초혼연령에서는 생존율이 고려되지 않은 요인도 있지만 주된 요인은 평균초혼연령을 추정한 모집단이 다르기 때문이다. 생명표상에서 구한 미혼잔존기대연수는 x 연령에서 미혼인 사람($l_{x,single}$)이 앞으로 미혼으로 남는 평균연수가 얼마인가를 말해 준다. 혼인 생명표에 기초하여 추정한 미혼잔존연수($e_{x,single}$)의 기준집단(분모)은 해당시점에서 미혼자 혹은 미혼잔존율이 되고, 분자는 그 초기 미혼자가 앞으로 미혼으로 남아 있는 총연수(ΣL_x)가 된다. 반면 평균초혼연령은 어떤 시점까지 초혼한 사람($1-l_{x,single}$)이 평균 몇 세에 초혼을 하였는가를 말해 준다. 평균초혼연령의 식에서 분모는 누적유배우율이 되며 분자는 유배우자가 미혼으로 남아 있던 연수를 가리킨다.

$$SMAM \simeq \frac{(\sum_{1}^{7} {}_nL_{x \times 5 + 10,\, single} - 50 l_{50,\, single})}{1 - l_{50,\, single}}$$

〈식 6-8〉

$$e_{x,single} = \frac{\sum {}_nL_{x,single}}{l_{x,\, single}}$$

이처럼 미혼잔존연수와 유배우자 평균초혼연령은 모집단의 차이에 따라 평균초혼연령이 다르게 계산되는데, 혼인력 생명표를 이용하여 유배우자 평균초혼연령(*SMAM*)을 계산할 수도 있다. 앞의 〈표 6-5〉에서와 같이 남성의 혼인력 생명표에 기초할 때 15세에서 50세 직전까지의 미혼연수(${}_{35}L_{15}$)의 합(*RS*1)은 17.62이고, 50세 직전까지 미혼자의 미혼연수는 50세 미혼잔존율(0.1188)에 50을 곱하여 구할 수 있다(5.94년). 50세 유배우율은 1에서 50세 미혼잔존율을 뺀 값이다. 결국 50세 유배우율을 분모로 하여 유배우자의 50세 직전까지의 미혼연수를 나누면 유배우경험자의 평균초혼연령이 30.27세로 추정된다. 같은 방법으로 여성의 유배우경험자의 평균초혼연령을 구하면 27.35세로 추정된다(〈표 6-6〉). 이는 앞에서 연령별미혼율에 기초하여 추정한 평균초혼연령 값보다 약간 더 크지만 두 수치의 차이는 크지 않다.

남성 유배우경험자의 평균초혼연령(*SMAM*)

${}_{35}L_{15} \simeq RS1 = 4.9090 + 4.7304 + 3.5830 + 1.9113 + 1.0486 + 0.7833 + 0.6481 = 17.62$

${}_{50}L_0 \simeq RS2 = 17.62 + 15 = 32.62$

$l_{50,single} \simeq RN = 0.1188$

$1 - l_{50,single} \simeq RM = 1 - 0.1188 = 0.881$

$50 \times l_{50,single} \simeq RS3 = 0.1188 \times 50 = 5.94$

$SMAM \simeq ({}_{50}L_0 - 50 \times l_{50,single})/(1 - l_{50,single}) = (32.62 - 5.94)/0.881 = 30.27$

여성 유배우경험자의 평균초혼연령($SMAM$)

$_{35}L_{15} \simeq RS1 = 4.8577+4.2404+2.4848+0.9856+0.5964+0.4670+0.3986=14.03$

$_{50}L_{0} \simeq RS2 = 14.03+15=29.03$

$l_{50,single} \simeq RN = l_{50,single} = 0.07429$

$1\text{-}l_{50,single} \simeq RM = 1\text{-}0.07429 = 0.9257$

$50 \times l_{50,single} \simeq RS3 = 0.07429 \times 50 = 3.714$

$SMAM \simeq ({}_{50}L_{0}\text{-}50 \times l_{50,single})/(1\text{-}l_{50,single}) = (29.03\text{-}3.714)/0.9257 = 27.35$

4. 초혼 종료원인별 초혼지속기간

혼인이 중단되는 원인은 여러 가지일 수 있다. 자신이나 배우자의 사망으로 인해 초혼이 중단되기도 하고, 이혼으로 초혼이 중단되기도 한다. 또한 이혼이나 사별이 혼인종료에 미치는 영향은 시기에 따라 집단에 따라 다를 수 있다. 혼인중단 요인들의 시기적 변화나 집단 간 차이는 다중감소 생명표를 통해 분석할 수 있다.

다중감소 생명표는 상태중단의 원인이 하나 이상일 때 상태중단의 원인 혹은 결과별로 상태의 지속기간을 추정하는 방법이다. 다중감소 생명표를 구하는 일련의 함수는 〈식 6-9〉에서와 같이 정리된다. 상태가 종료된 결과나 요인이 j에서 k까지 구분된다고 할 때 각 요인에 따른 전환율의 합($\sum_{j}^{k} {}_{n}q_{x,s}$)은 전체 전환확률(${}_{n}q_{x}$)과 같다. 요인별 전환확률(${}_{n}q_{x,s}$)은 실제자료에서 원인별 혼인중단수(${}_{n}D_{x,s}$)에 기초하여 구한다. 요인별 초기 초혼잔존인수($l_{o,s}$)는 전 연령에 걸쳐 그 원인 때문에 혼인이 중단된 값의 총합($\sum_{i}^{\infty} {}_{n}d_{x,s}$)과 같게 정한다. 요인별 초혼잔존인연수(${}_{n}L_{x,s}$)는 인접한 잔존인수의 평균에 구간을 곱한 값과 같으며, 마지막 연령에서의 잔존인연수(${}_{\infty}L_{x}$)는 전체기대연수에 그 이행 원인에서의 잔존인수($l_{x,s}$)를 곱하여 계산한다. 초혼잔존인연수가 계산되면, 그 원인으로 혼인이 종결되기까지 대기기간($e_{x,s}$)을 구할 수 있다. 전체 혼인지속기간(e_x)은 각각 상태에서 지속된 혼인기간의 가중평균값과 같다.

〈식 6-9〉 다중감소 생명표의 함수들

$$ {}_n q_{x,s} = {}_n q_x \frac{{}_n D_{x,s}}{{}_n D_x} $$

$$ {}_n q_x = \sum_j^k {}_n q_{x,s} \ (s = j, \ldots.k) $$

$$ {}_n d_x = \sum_j^k {}_n d_{x,s} \ (s = j,..k) $$

$$ l_{0,s} = \sum_i^\infty {}_n d_{x,s} $$

$$ l_{x+n,s} = l_{x,s} - {}_n d_{x,s} $$

$$ l_x = \sum_j^k l_{x,s} \ (s = j, \ldots..k) $$

$$ {}_n L_{x,s} = n/2\,(l_{x,s} + l_{x+n,s}) $$

$$ {}_\infty L_{x,s} = e_x\, l_{x,s} $$

$$ e_{x,s} = \frac{\sum_x^\infty {}_n L_{x,s}}{l_{x,s}} $$

$$ e_x = \frac{\sum_j^k l_{x,s}\, e_{x,s}}{l_x} \ (s = j,..k) $$

〈표 6-7〉과 〈표 6-8〉은 저소득층 남성과 여성의 초혼지속기간과 초혼중단 사례분포를 기초로 초혼잔존연수를 측정한 예를 제시하고 있다. 사용한 자료는 2004년

〈표 6-7〉 저소득층 남성의 초혼기간별 초혼중단확률과 초혼잔존기대연수

기간	초혼 중단 ${}_5F_x$	초혼 지속 ${}_5C_x$	초기인구 N_x		${}_5q_x= {}_5F_x/N_x'$	$l_{x+5}= l_x(1-{}_5q_x)$	${}_5d_x= l_x\ {}_5q_x$	${}_5L_x= 5/2(l_x+l_{x+5})$	초혼잔존 기대연수 e_x
			$N_{x+5}= N_x - {}_5F_x - {}_5C_x$	$N_x'= N_x - {}_5C_x/2$					
0~4	20	3	289	287.5	0.0696	100,000	6,956	482,609	29.32
5~9	27	14	266	259	0.1042	93,043	9,700	440,969	26.33
10~14	29	22	225	214	0.1355	83,344	11,294	388,484	24.10
15~19	17	26	174	161	0.1056	72,050	7,608	341,229	22.48
20~24	8	30	131	116	0.0690	64,442	4,444	311,099	19.84
25~29	7	16	93	85	0.0824	59,998	4,941	287,636	16.13
30~34	6	17	70	61.5	0.0976	55,057	5,371	261,855	12.35
35~39	2	19	47	37.5	0.0533	49,685	2,650	241,802	8.42
40+	4	22	26	15	0.2667	47,035	47,035	176,381	3.75

자료: 박경숙 외(2005).

주: ${}_\infty L_{40} = l_{40\ \infty}N_{40}/{}_\infty D_{40} = 47,035 \times 15/4 = 176,381$

〈표 6-8〉 저소득층 여성의 초혼기간별 초혼중단확률과 초혼잔존기대연수

기간	초혼 중단 ${}_5F_x$	초혼 지속 ${}_5C_x$	초기인구 N_x		${}_5q_x= {}_5F_x/N_x'$	$l_{x+5}= l_x(1-{}_5q_x)$	${}_5d_x= l_x\ {}_5q_x$	${}_5L_x= 5/2(l_x+l_{x+5})$	초혼잔존 기대연수 e_x
			$N_{x+5}= N_x - {}_5F_x - {}_5C_x$	$N_x'= N_x - {}_5C_x/2$					
0~4	32	4	512	510	0.0627	100,000	6,275	484,314	22.03
5~9	89	12	476	470	0.1894	93,730	17,748	424,257	18.33
10~14	92	19	375	365.5	0.2517	75,980	19,124	332,077	17.03
15~19	73	9	264	259.5	0.2813	56,850	15,993	244,282	16.92
20~24	29	17	182	173.5	0.1671	40,860	6,830	187,225	17.56
25~29	21	10	136	131	0.1603	34,030	5,455	156,513	15.58
30~34	24	7	105	101.5	0.2365	28,570	6,756	125,983	13.08
35~39	17	9	74	69.5	0.2446	21,810	5,337	95,750	11.36
40~44	13	6	48	45	0.2889	16,480	4,761	70,504	9.23
45~49	8	6	29	26	0.3077	11,720	3,606	49,585	6.96
50~54	9	0	15	15	0.6	8,114	4,868	28,399	3.94
55+	5	1	6	5.5	0.9091	3,246	3,246	3,570	1.1

자료: 박경숙 외(2005).

주: ${}_\infty L_{55} = l_{55\ \infty}N_{55}/{}_\infty D_{55} = 3,246 \times 5.5/5 = 3,570$

도 부산, 울산, 경남 지역 저소득층의 생활조사이다(박경숙 외, 2005). 표에서 첫 번째 열은 혼인지속기간을 5년 간격으로 구분한 것이다. 두 번째 열과 세 번째 열은 초혼중단과 지속 사례를 나타낸다. 초혼지속상태는 조사기간 안에 초혼상태가 중단되지 않았으므로 관찰중지된(censored) 사례이다. 네 번째 열과 다섯 번째 열은 초혼지속기간별 초혼중단과 지속사례의 분포에 기초하여 가상 코호트의 초혼지속기간별 초기인구값을 추정한 것이다. 네 번째 열에서 초혼지속기간 0~4년에 기재된 사례 수(남 289, 여 512)는 기혼 남성 및 여성의 전체 사례수를 가리킨다. 이는 각 구간에서 초혼지속 사례와 초혼단절 사례를 합한 값과 같다. 이 남녀 전체 사례수는 초혼 직후 시점의 초기인구값으로 가정하였다. 다음으로 초혼기간 5~9년의 초기인구는 이전 구간초기인구값에서 이전 구간 동안의 초혼지속과 초혼중단 사례를 뺀 값으로 추정하였다. 같은 방식으로 이전 구간의 초기사례에서 이전 구간 동안의 초혼지속과 초혼중단사례를 빼어 초혼지속구간별 초기인구값을 구하였다. 네 번째 열의 구간별 초기인구에는 그 구간 동안 관찰중지된 사례가 포함되어 있기 때문에 관찰중지된 사례의 반을 다시 구간초기인구에서 제거하였다. 이렇게 계산한 값이 다섯 번째 열의 구간별 초기인구(N_x')가 된다. 이렇게 조정한 구간별 초기인구를 분모로 하여 초혼중단의 전환확률을 구한 값이 초혼중단확률(${}_5q_x$)이 된다. 이 값은 구간 초기시점에 초혼지속상태인 인구가 그 구간의 마지막 시점에서 초혼을 중단하는 확률을 가리킨다. 각 구간에서 초혼중단확률을 구하게 되면, 다음 열에 제시된 것처럼 가상의 초혼잔존인구(l_x)를 구할 수 있고, 또 구간잔존인연수(${}_5L_x$)도 구할 수 있다. 모든 구간에서 구간잔존인연수를 합하여 초기잔존인구로 나누면 이것이 초혼인구의 기대잔존연수 e_x가 된다. 이렇게 계산한 값이 여성은 22년, 남성은 34년으로 계산된다. 저소득층 여성의 초혼지속기간이 매우 짧은 것이 특징적이다.

다음에서는 초혼중단 원인별 초혼잔존기대연수를 추정해 보자. 이를 위해 필요한 자료는 사별자와 이혼자의 초혼기간 정보이다. 〈표 6-9〉와 〈표 6-10〉은 앞의 남녀 초혼중단건수(${}_5F_x$)를 사별건수와 이혼건수로 구분하여 중단원인별 생명표를 작성한 결과를 요약한 것이다. 사별자와 이혼자의 혼인중단확률(${}_5q_{x,widowed}$, ${}_5q_{x,divorced}$)은 전체

사례의 혼인중단확률($_5q_x$)에 중단사례 중 사별자와 이혼자의 구성비($_5D_{x,widowed}/_5D_x$, $_5D_{x,divorced}/_5D_x$)를 곱하여 계산한다. 정지인구의 혼인중단사례수($_5d_{x,widowed}$, $_5d_{x,divorced}$)는 전체전환사례수($_5d_x$)에 각 요인의 혼인중단확률의 구성비($_5q_{x,widowed}/_5q_x$, $_5q_{x,divorced}/_5q_x$)를 곱하여 계산하면 된다. 사별자와 이혼자의 혼인잔존수의 초기값($l_{o,widowed}$, $l_{o,divorced}$)은 전체초혼기간에 걸쳐 사별 혹은 이혼으로 전환한 사례수의 합($\sum_i^{\infty} {_5d_{x,w}}$, $\sum_i^{\infty} {_5d_{x,d}}$)과 같다. 잔존연수($_5L_{x,widowed}$, $_5L_{x,divorced}$)와 기대여명($e_{x,widowed}$, $e_{x,divorced}$)은 일반 생명표의 방법에 따라 구한다. 남성의 초혼지속기간을 분석해 본 결과 사별자의 초혼잔존기대연수는 39.12년이고 이혼자의 초혼잔존기대연수는 14.1년으로 추정된다. 한편 사별 여성의 초혼잔존기대연수는 26.5년이고 이혼 여성의 초혼잔존기대연수는 14.8년으로 추정된다. 여성에 비해 남성 사별자의 초혼기간이 훨씬 더 길게 나타난다. 이것은 저소득층 여성의 배우자 사별률이 매우 높으며 그 결과 혼인지속기간이 남성에 비해 크게 짧게 되었다는 것을 시사한다. 〈그림 6-4〉에서 살펴볼 수 있듯이 저소득층 남성과 여성의 초혼잔존율은 배우자 사별상태에서 차이가 크게 나타나고 있다. 여성 빈곤의 요인으로서 높은 배우자 사별률의 영향에 대해 심층적인 연구가 필요할 수 있다.

〈표 6-9〉 배우자 사별 남성과 이혼 남성의 초혼잔존인구와 초혼잔존기대연수, 2004

초혼기간	$_5D_x$		$_5q_x$		$_5d_x$		초혼잔존 l_x		초혼잔존기대연수 e_x		
(년)	사별	이혼	사별	이혼	사별	이혼	사별	이혼	사별	이혼	계
0~4	2	18	0.0070	0.06261	696	6261	60839	39160	39.12	14.10	29.32
5~9	4	23	0.01544	0.08880	1437	8263	60144	32899	34.54	11.30	26.33
10~14	4	25	0.01869	0.11682	1558	9736	58707	24637	30.33	9.25	24.10
15~19	4	13	0.02484	0.08075	1790	5818	57149	14900	26.09	8.67	22.48
20~24	2	6	0.01724	0.05172	1111	3333	55359	9083	21.85	7.62	19.84
25~29	2	5	0.02353	0.05882	1412	3529	54248	5749	17.25	5.58	16.13
30~34	5	1	0.08130	0.01626	4476	895	52836	2220	12.64	5.48	12.35
35~39	1	1	0.02667	0.02667	1325	1325	48360	1325	8.58	2.50	8.42
40+	4	0	0.2667	0	47035	0	47035	0	3.75	0.00	3.75

자료: 박경숙 외(2005).

$$ {}_5q_{0,\,widowed} = {}_5q_0 \frac{{}_5D_{0,\,widowed}}{{}_5D_0} = 0.0696 \times 2/20 = 0.0070 $$

$$ {}_5q_{0,\,divorced} = {}_5q_0 \frac{{}_5D_{0,\,divorced}}{{}_5D_0} = 0.0696 \times 18/20 = 0.06261 $$

$$ {}_5d_{0,widowed} = {}_5d_0 \frac{{}_5q_{0,\,widowed}}{{}_5q_0} = 6{,}956 \times 0.007/0.0696 = 696 $$

$$ {}_5d_{0,divorced} = {}_5d_0 \frac{{}_5q_{0,divorced}}{{}_5q_0} = 6{,}956 \times 0.0626/0.0696 = 6{,}261 $$

$$ l_{0,\,widowed} = \sum_i^{\infty} {}_5d_{x,\,widowed} = 60{,}839 $$

$$ l_{0,\,divorced} = \sum_i^{\infty} {}_5d_{x,\,divorced} = 39{,}160 $$

$$ {}_5L_{0,widowed} = 5/2\,(l_{0,\,widowed} + l_{5,\,widowed}) = 5/2(60{,}839 + 60{,}144) = 302{,}457.8 $$

$$ {}_\infty L_{40,\,widowed} = l_{40,widowed}\,e_{40} = 47{,}035 \times 3.75 = 176{,}385 $$

$$ e_{x,s} = \frac{\sum_x^{\infty} {}_nL_{x,s}}{l_{x,s}} $$

$$ e_x = \frac{l_{x,widowed}\,e_{x,widowed} + l_{x,divorced}\,e_{x,divorced}}{l_x} $$

〈표 6-10〉 배우자 사별 여성과 이혼 여성의 초혼잔존인구와 초혼잔존기대연수, 2004

초혼 기간 (년)	$_5D_x$		$_5q_x$		$_5d_x$		초혼잔존 l_x		초혼잔존기대연수 e_x		
	사별	이혼	사별	이혼	사별	이혼	사별	이혼	사별	이혼	계
0~4	14	18	0.02745	0.03529	2745	3529	61630	38370	26.52	14.80	22.03
5~9	29	60	0.06170	0.12766	5783	11965	58885	34841	22.64	11.04	18.33
10~14	42	50	0.11491	0.13680	8731	10394	53101	22876	19.84	10.51	17.03
15~19	49	24	0.18882	0.09249	10735	5258	44371	12482	18.25	12.18	16.92
20~24	18	11	0.10375	0.06340	4239	2591	33636	7224	18.28	14.23	17.56
25~29	16	5	0.12213	0.03817	4156	1299	29397	4634	15.55	15.79	15.58
30~34	22	2	0.21675	0.01970	6194	563	25240	3335	12.70	15.96	13.08
35~39	16	1	0.23022	0.01439	5023	314	19047	2772	11.02	13.70	11.36
40~44	12	1	0.26667	0.02222	4395	366	14024	2458	9.07	10.13	9.23
45~49	6	2	0.23077	0.07692	2705	902	9629	2092	7.07	6.46	6.96
50~54	8	1	0.53333	0.06667	4327	541	6294	1190	3.85	4.46	3.94
55+	4	1	0.72727	0.18182	2596	649	2596	649	1.10	1.10	1.10

$$_5q_{0,\,widowed} = {_5q_0}\frac{_5D_{0,\,widowed}}{_5D_0} = 0.0627 \times 14/32 = 0.027$$

$$_5q_{0,\,divorced} = {_5q_0}\frac{_5D_{0,\,divorced}}{_5D_0} = 0.0627 \times 18/32 = 0.035$$

$$_5d_{0,widowed} = {_5d_0}\frac{_5q_{0,\,widowed}}{_5q_0} = 6,275 \times 0.027/0.0627 = 2,745$$

$$_5d_{0,divorced} = {_5d_0}\frac{_5q_{0,divorced}}{_5q_0} = 6,275 \times 0.035/0.0627 = 3,529$$

$$l_{0,widowed} = \sum_i^{\infty} {_5d_{x,widowed}} = 61,630$$

$$l_{0,divorced} = \sum_i^{\infty} {_5d_{x,divorced}} = 38,370$$

$$_5L_{0,widowed} = 5/2\,(l_{0,\,widowed} + l_{5,\,widowed}) = 5/2(61,630 + 58,885) = 302,457.8$$

$$_\infty L_{55,\,widowed} = l_{55,widowed}\,e_{55} = 2,596 \times 1.10 = 2,856$$

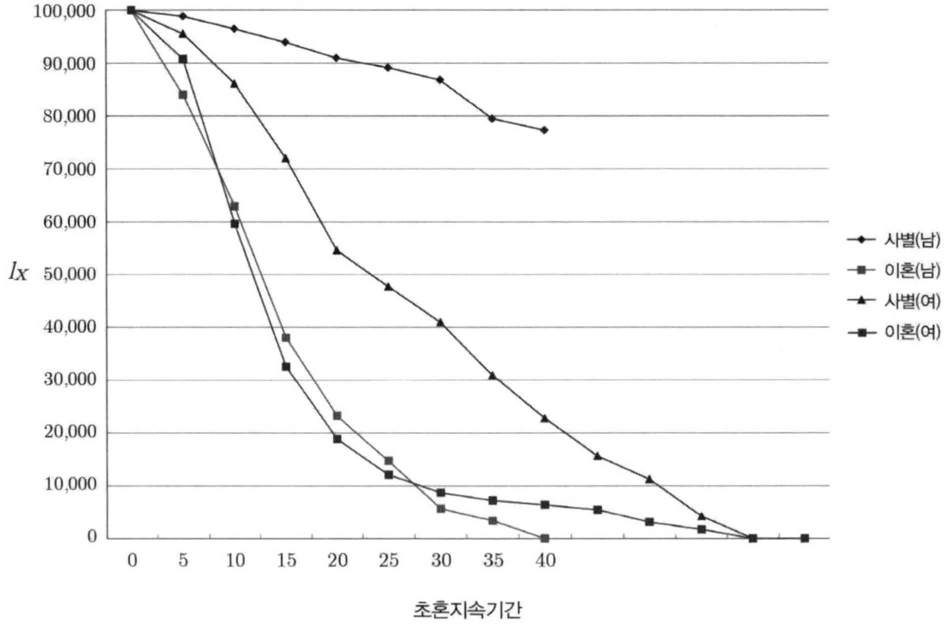

〈그림 6-4〉 저소득층 남녀의 초혼중단 원인과 초혼지속기간별 초혼잔존인구

5. 마르코브 전환확률을 이용한 혼인 생명표 구성

어느 시점에서 혼인상태의 분포는 다양한 혼인동학의 결과로 이루어진 결과이다. 한국인구의 혼인상태는 크게 변화되어 왔다(〈표 6-11〉). 유배우율은 1955년까지 감소하다가 그 이후 소폭의 증감을 보이고 있다. 배우자 사별률은 장기적으로 감소하여 왔다. 15세 이상 인구 중 이혼상태에 있는 인구구성은 매우 낮으며 1990년 이후 다소 상승한 경향이 나타난다. 미혼인구의 비중은 1955년 이후 크게 늘어난 것으로 나타난다. 1960년대와 1980년대에 걸쳐 미혼인구의 비중이 컸던 것은 전체 연령구조의 영향 때문이라고 여겨진다. 혼인상태의 변화를 좀 더 명확하게 살펴보기 위해서는 연령구조를 표준화하여 비교해 보는 것이 도움이 될 수 있다.

〈표 6-11〉 15세 이상 인구의 혼인상태별 구성비 추이, 1925~2010(단위: 천 명, %)

혼인상태	1925년	1930년	1955년	1960년	1970년	1980년	1990년	2000년	2010년
여성	5,754	6,219	7,606	8,077	9,266	12,542	16,266	18,366	20,403
유배우	76.0	77.4	54.0	56.5	59.1	57.4	58.8	60.0	56.9
사별	17.7	16.2	14.3	14.6	15.2	13.1	12.5	12.8	12.9
이혼	1.1	0.6	1.3	0.8	0.9	0.6	0.9	2.1	4.4
미혼	5.3	5.9	30.4	27.6	24.9	28.7	27.8	25.1	25.8
남성	6,066	6,494	7,347	7,868	8,927	12,209	15,991	17,981	19,800
유배우	72.1	72.1	53.1	55.4	59.8	57.4	59.3	61.2	58.6
사별	8.5	7.6	3.3	2.8	2.4	1.9	1.8	1.8	2.2
이혼	1.4	1.6	0.8	0.5	0.4	0.4	0.7	1.8	3.6
미혼	18.1	18.8	29.1	41.0	37.4	40.4	38.2	35.1	35.6

자료: 1925~2000년 혼인상태는 변화순(2002: 227)에서 원용하였고, 2010년 혼인상태는 통계청(KOSIS) 인구총조사에서 원용함.

〈표 6-12〉 2010년 연령구조로 표준화했을 때 혼인상태의 시기적 변화

	1970년	1980년	1990년	2000년	2010년
여성	100.00	100.00	100.00	100.00	100.00
유배우	63.52	65.05	65.37	64.28	56.89
사별	21.97	19.23	16.11	12.40	12.92
이혼	0.96	0.75	1.05	2.32	4.36
미혼	13.55	14.96	17.45	20.97	25.83
남성	100.00	100.00	100.00	100.00	100.00
유배우	73.70	74.02	71.66	66.96	58.61
사별	3.61	2.92	2.48	1.84	2.19
이혼	0.53	0.45	0.84	2.04	3.64
미혼	22.16	22.60	25.01	29.12	35.56

연령구조를 표준화하였을 때 혼인상태의 변화가 확연하게 보인다(〈표 6-12〉). 남녀 모두에서 유배우율은 1980년 이후 감소하여 왔다. 사별률은 여성에서 높았는데 최근으로 올수록 떨어지고 있는 추세이다. 이혼상태의 비율은 높다고 보기 어렵지만 2000년 이후 증가폭이 크게 나타난다. 가장 주목할 만한 변화는 미혼율인

데 남녀 모두 크게 증가하였다. 2010년 현재 여성인구의 1/4과 남성인구의 1/3 이상이 독신상태에 있다는 것은 어떤 의미일까? 심도 있는 연구가 필요한 현상이다.

관심을 돌려 다양한 혼인상태 사이의 전환과정에 주목해 보자. 혼인상태는 어떤 시점에서의 정적인 분포이지만, 혼인동학의 결과로 구성되는 것이다. 미혼상태의 비중이 커지고 있다는 것은 미혼에서 결혼에 진입하는 비율이 감소되었기 때문이다. 유배우율이 감소한 것은 미혼에서 초혼으로의 이행이 지체된 이유 외에도 재혼과정의 영향도 있을 수 있다. 사별율의 감소는 유배우 지속률에 긍정적으로 기여하였을 수 있다. 이혼율이 낮은 것은 실제 이혼사건이 적기 때문일 수도 있지만 많은 인구가 재혼으로 이동한 결과일 수 있다. 그 밖에 15세 이상 인구의 연령구조 변화도 혼인상태 구성변화에 주요한 원인이 될 수 있다. 미혼율이 1960년대에서 1970년대, 1980년대까지 다른 시기보다 높은 이유는 이 시기 청년인구가 크게 증가하였기 때문일 수 있다.

이처럼 복합적인 혼인동학의 특성과 인구구조의 변화가 혼인상태 변화에 어떻게 기여하였는가를 살펴보는 데 다중상태 생명표(multi-state life table)를 활용할 수 있다. 다중상태 생명표가 다른 생명표와 비교되는 가장 중요한 차이점은 전환사건의 특성에 있다. 단순 정지인구 생명표에서 상태 종료의 사건은 일회성을 띤다. 또한 한 번 사건을 경험한 사례는 이전 상태로 복귀하지 못한다. 그리고 다중감소 생명표에서 상태 종료의 원인은 하나 이상일 수 있지만, 사건발생의 일회성과 불가역성을 역시 전제한다. 한편 다중상태 생명표는 사건발생의 다중성과 가역성을 전제한다. 요컨대 서로 다른 상태 사이에 반복된 전환을 전제한다.

다중상태 생명표를 구성하기 위해서는 먼저 상태들 사이의 전환확률을 구하는 것이 중요하다. 요컨대 혼인상태의 다양한 동학을 구체화하여 전환확률을 구한다. 혼인상태의 가능한 전환은 〈그림 6-5〉처럼 표시될 수 있다. 유배우상태의 전환은 본인의 사망이나 배우자의 사망 혹은 이혼으로 중단될 수 있다. 역으로 이혼하거나 배우자와 사별한 뒤 다시 재혼할 수도 있다. 결국 유배우상태는 사망, 사별, 이혼의 유출크기와 재혼과 같은 유입크기의 종합적 결과일 수 있다. 이혼상태는 유배우에서의 이혼과 이혼상태에서의 재혼의 쌍방향의 변환의 결과이며, 사별상태는 유배우상태에서의 사별과 사별상태에서 재혼으로의 이행의 결과이다.

이런 혼인동학에 기초하여 이동이 이루어지지 않는 경로는 전환확률을 제로로 정하고, 이동이 가능한 경우의 전환확률을 구하면 된다. 예를 들어 미혼에서 유배우상태로의 전환확률은 구간 미혼인구의 초기값을 그 구간 중의 전환인구로 나누어 구한다. 다른 혼인상태 전환확률도 구간 초기값에 이행건수를 나누어 구하면 된다(〈식 6-10〉).

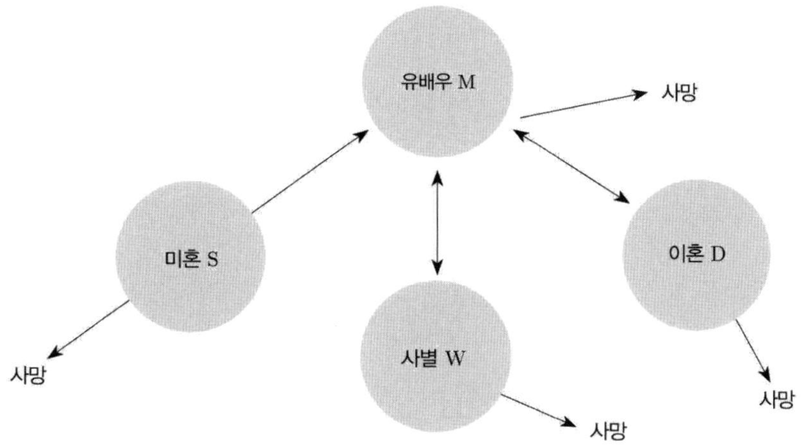

〈그림 6-5〉 혼인상태 변화의 경로

〈식 6-10〉 혼인상태 전환확률(π_{i-j})

$$
\begin{array}{ccccc}
 & s & m & d & w \\
s & 1-\pi_{s-m} & \pi_{s-m} & 0 & 0 \\
m & 0 & 1-(\pi_{m-d}+\pi_{m-w}) & \pi_{m-d} & \pi_{m-w} \\
d & 0 & \pi_{d-m} & 1-\pi_{d-m} & 0 \\
w & 0 & \pi_{w-m} & 0 & 1-\pi_{w-m}
\end{array}
$$

$$\pi_{s-m} = \frac{{}_nD_{s-m}}{({}_nN_{x,s}/n + {}_nD_{s-m}/2)}$$

$$\pi_{d-m} = \frac{{}_nD_{d-m}}{({}_nN_{x,d}/n + {}_nD_{d-m}/2)}$$

$$\pi_{w-m} = \frac{{}_nD_{w-m}}{({}_nN_{x,w}/n + {}_nD_{w-m}/2)}$$

$$\pi_{m-d} = \frac{{}_nD_{m-d}}{({}_nN_{x,m}/n + {}_nD_{m-d}/2)}$$

$$\pi_{m-w} = \frac{{}_nD_{m-w}}{({}_nN_{x,m}/n + {}_nD_{m-w}/2)}$$

주: m은 유배우, w는 배우자 사별, d는 이혼/별거, s는 미혼을 가리킴.

〈표 6-13〉과 〈표 6-14〉는 2000년도 한국 남성의 혼인상태와 혼인동태, 구간생존율 자료를 정리한 것이다. 혼인상태 자료는 인구총조사에서 구하였고, 혼인동태는 인구동향조사의 혼인신고 자료에서, 구간생존율($1-q_x$)은 통계청이 발표한 2000년 생명표에서 구하였다. 총조사에서 혼인상태는 유배우, 미혼, 이혼, 사별로 구분되었고, 혼인신고 자료는 당해연도 초혼, 재혼, 이혼 발생건수를 제공하고 있다. 배우자 사별건수는 직접 측정되지 않았는데 대안으로 〈사망신고자료〉에 나와 있는 유배우자 남녀의 사망자수에 기초하여 사별률을 구하였다. 〈표 6-13〉에서 15~29세의 혼인상태 분포와 동태 분포는 다소 불규칙하고 역동적인 특징을 보인다. 일반적으로 상태에 있는 인구수가 동태수보다 많은데, 15~29세에서는 이혼건수가 15~29세 이혼상태에 있는 사람수보다 더 많다. 또한 여성의 경우 15~19세 이혼상태에 있는 인구수가 이혼에서 재혼을 경험한 수보다 훨씬 작다(〈표 6-14〉). 자료가 정확하다면 이혼건수가 이혼상태보다 빈도가 높다는 것은 이혼상태에서의 재혼확률이 높기 때문일 수 있다. 특히 젊은 여성의 이혼에서 재혼상태로의 전환이 매우 클 수 있다. 이와 같은 경험적인 경향성을 고려하는 이외 총조사와 혼인동태자료

가 정확히 조응하지 않을 가능성도 유의해야 한다. 총조사의 혼인상태는 사실혼에서 조사되었고 혼인신고 동태는 법률적인 효력이 있는 혼인등록자료라는 점에서 두 자료에서 측정된 상태와 사건이 정확히 조응하지 않을 수 있다. 또한 실제 15~29세에서 이혼인구의 재혼확률이 매우 높을 수 있지만 사실혼 상태를 조사한 총조사에서 이혼 상태에 대한 응답이 기피되는 경향도 클 수 있다. 특히 여성응답자의 응답기피율이 클 수 있다. 여기서는 15~29세 이혼여성의 재혼확률을 남성과 동일하다고 가정하였다.

배우자 사별건수는 사망신고자료 정보에서 간접적으로 추정하였다. 사망신고자료에는 사망자의 혼인상태별 사망건수가 분류되어 있는데, 유배우자 남녀의 사망자수에 기초하여 유배우자 남성 중 사망자의 수를 여성 유배우자로 나누어 여성의 배우자 사별률로 간주하였다. 같은 논리로 유배우자 여성 사망자의 수를 남성 유배우자로 나누어 남성의 배우자 사별률로 간주하였다.

〈표 6-13〉 한국 남성의 혼인상태와 혼인동태, 2000(단위: 명)

연령(세)	총조사인구	혼인상태				구간 생존율	혼인동태			
		미혼자수	유배우	사별	이혼		미혼 → 초혼	이혼 → 재혼	사별 → 재혼	유배우 → 이혼
15~19	1,913,799	1,907,304	6,490	0.1	5	0.9969	2,090	1	0	60
20~24	2,028,035	1,976,811	49,612	495	1,117	0.9957	24,655	314	9	1,873
25~29	2,056,975	1,461,609	587,140	1,037	7,189	0.9950	160,142	2,653	73	11,590
30~34	2,067,600	580,315	1,459,798	2,700	24,787	0.9933	81,820	7,194	315	22,904
35~39	2,116,703	225,354	1,830,340	7,114	53,895	0.9892	15,394	9,396	593	27,684
40~44	2,028,536	98,926	1,835,487	15,180	78,943	0.9823	3,731	8,328	661	25,304
45~49	1,495,320	35,759	1,375,358	19,900	64,303	0.9722	1,000	5,052	649	14,845
50~54	1,184,656	15,078	1,098,547	25,867	45,164	0.9604	421	2,948	770	8,181
55~59	959,199	7,783	892,715	32,573	26,128	0.9404	169	1,591	831	4,172
60+	2,123,045	7,675	1,874,836	217,880	22,654	0	103	1,000	1,239	3,369

자료: 혼인상태는 인구총조사에서, 혼인동태는 인구동향조사에서, 구간생존율은 통계청(KOSIS) 자료를 원용함.

〈표 6-14〉 한국 여성의 혼인상태와 혼인동태, 2000(단위: 명)

연령(세)	총조사인구	혼인상태				구간 생존율	혼인동태			
		미혼자수	유배우	사별	이혼		미혼 → 초혼	이혼 → 재혼	사별 → 재혼	유배우 → 이혼
15~19	1,777,699	1,764,790	12,819	0.1	3	0.9984	8,180	53	3	409
20~24	1,819,980	1,621,997	195,276	710	1,828	0.9980	84,621	1,448	25	6,427
25~29	2,039,657	817,270	1,206,425	2,781	12,905	0.9978	157,371	6,808	341	21,231
30~34	2,025,026	217,555	1,759,443	10,725	36,799	0.9969	26,448	10,853	842	26,933
35~39	2,069,461	88,354	1,877,358	32,192	70,965	0.9957	5,152	10,566	1,109	27,134
40~44	1,966,923	51,040	1,747,774	73,928	93,549	0.9938	1,742	7,250	1,087	20,801
45~49	1,455,919	25,373	1,253,638	109,616	66,791	0.9909	644	3,418	829	9,463
50~54	1,165,011	12,336	949,090	160,540	42,657	0.9863	264	1,461	565	4,278
55~59	1,008,792	7,054	748,084	227,680	25,631	0.9788	139	632	371	2,049
60+	3,036,793	11,250	1,263,512	1,731,457	29,391	0	117	321	342	1,257

자료: 혼인상태는 인구총조사에서, 혼인동태는 인구동향조사에서, 구간생존율은 통계청(KOSIS) 자료를 원용함.

〈표 6-15〉와 〈표 6-16〉은 남성과 여성의 혼인상태 전환확률(π_{i-j})과 상태잔존율($l_{x,j}$)을 정리하고 있다. 구한 방식은 앞에서 제시한 전환확률식을 적용하여 구하였다. 예를 들어 25~29세 남녀의 혼인상태 전환확률을 계산한 방식을 다음과 같이 정리하고 있다.

25~29세 남성의 초혼이행확률은

$$\pi_{s-m} = \frac{160,142}{1,461,609/5 + 160,142/2} = 0.4300$$

25~29세 이혼 남성의 재혼확률은

$$\pi_{d-m} = \frac{2,653}{7,189/5 + 2,653/2} = 0.9597$$

25~29세 사별 남성의 재혼확률은

$$\pi_{w-m} = \frac{73}{1,037/5 + 73/2} = 0.2993$$

25~29세 유배우 남성의 이혼확률은

$$\pi_{m-d} = \frac{11,590}{587,140/5 + 11,590/2} = 0.0941$$

25~29세 여성의 초혼이행확률은

$$\pi_{s-m} = \frac{157,371}{817,270/5 + 157,371/2} = 0.6499$$

25~29세 이혼 여성의 재혼확률은

$$\pi_{d-m} = \frac{6,808}{12,905/5 + 6,808/2} = 0.9597$$

25~29세 사별 여성의 재혼확률은

$$\pi_{w-m} = \frac{341}{2,781/5 + 341/2} = 0.4692$$

25~29세 유배우 여성의 이혼확률은

$$\pi_{m-d} = \frac{21,231}{1,206,425/5 + 21,231/2} = 0.0843$$

〈표 6-15〉 남성의 혼인상태 전환확률과 상태잔존율, 2000

연령 (세)	전환확률 π_{ij}					누적잔존율 $l_{x,j}$				
	s-m	d-m	w-m	m-d	m-w	$l_{x,m}$	$l_{x,s}$	$l_{x,d}$	$l_{x,w}$	l_x
15~19	0.0055	0.6667	0.0000	0.0452	0.0061	0.0034	0.9860	0.0000	0.0000	0.9894
20~24	0.0605	0.8254	0.0870	0.1725	0.0065	0.0085	0.9776	0.0000	0.0000	0.9861
25~29	0.4300	0.9597	0.2993	0.0941	0.0034	0.0658	0.9144	0.0015	0.0001	0.9818
30~34	0.5212	0.8410	0.4516	0.0755	0.0031	0.4517	0.5185	0.0062	0.0003	0.9767
35~39	0.2917	0.6071	0.3449	0.0729	0.0037	0.6873	0.2466	0.0349	0.0015	0.9703
40~44	0.1723	0.4174	0.1963	0.0666	0.0050	0.7206	0.1728	0.0631	0.0035	0.9600
45~49	0.1307	0.3283	0.1508	0.0525	0.0066	0.7133	0.1406	0.0833	0.0063	0.9435
50~54	0.1305	0.2806	0.1385	0.0366	0.0102	0.6988	0.1190	0.0910	0.0098	0.9186
55~59	0.1030	0.2642	0.1199	0.0231	0.0170	0.6811	0.0994	0.0875	0.0150	0.8830
60+	0.0700	0.2257	0.2031	0.0191	0.0402	0.6475	0.0838	0.0753	0.0233	0.8298

주: s는 미혼, m은 유배우, d는 이혼, w는 사별. ${}_{\infty}\pi_x = \frac{{}_{\infty}D_x}{({}_nN_{x-n}/n + {}_nD_{x-n}/2 - {}_nD_{x-n})}$

〈표 6-16〉 여성의 혼인상태 전환확률과 상태잔존율, 2000

연령 (세)	전환율 π_{ij}					누적잔존율 $l_{x,j}$				
	s-m	d-m	w-m	m-d	m-w	$l_{x,m}$	$l_{x,s}$	$l_{x,d}$	$l_{x,w}$	l_x
15~19	0.0229	0.6667	0.0000	0.1477	0.0019	0.0071	0.9835	0.0000	0.0000	0.9907
20~24	0.2308	0.8254	0.1618	0.1521	0.0023	0.0286	0.9595	0.0011	0.0000	0.9891
25~29	0.6499	0.9597	0.4692	0.0843	0.0017	0.2459	0.7366	0.0045	0.0001	0.9872
30~34	0.4662	0.8488	0.3281	0.0737	0.0036	0.7063	0.2573	0.0209	0.0005	0.9849
35~39	0.2545	0.5425	0.1586	0.0697	0.0071	0.7870	0.1369	0.0550	0.0029	0.9818
40~44	0.1572	0.3246	0.0709	0.0578	0.0139	0.7882	0.1016	0.0797	0.0080	0.9776
45~49	0.1193	0.2269	0.0371	0.0370	0.0237	0.7694	0.0851	0.0988	0.0182	0.9715
50~54	0.1016	0.1577	0.0174	0.0223	0.0391	0.7495	0.0743	0.1040	0.0355	0.9633
55~59	0.0939	0.1161	0.0081	0.0136	0.0686	0.7184	0.0659	0.1029	0.0633	0.9505
60+	0.0872	0.0667	0.0075	0.0085	0.2191	0.6634	0.0584	0.0985	0.1096	0.9300

주: s는 미혼, m은 유배우, d는 이혼, w는 사별. 여성 15~29세 이혼 → 재혼 전환확률은 남성과 동일하다고 가정함.

혼인상태 전환확률을 구한 뒤에는 일련의 생명표 함수를 다음과 같이 구할 수 있다. 혼인상태 j에 남아 있는 인구 혹은 비율($l_{x+n,j}$)은 x까지의 누적잔존율(l_x)에서 x에서 $x+n$ 기간 동안 모든 위치에서 j상태로의 전환한 확률의 합으로 표현된다(〈식 6-11〉). p_x는 구간생존율로서 여기서는 사망률은 혼인상태에 중립적이라 가정한다. 예를 들어 유배우상태의 잔존인구 혹은 잔존율($l_{x+n,m}$)은 유배우상태에서 이혼이나 사별로 빠져나가지 않는 비율과 미혼, 이혼, 사별 상태에서 유배우로 들어온 비율의 합으로 구성된다. 이혼상태의 잔존인구 혹은 잔존율($l_{x+n,d}$)은 이혼에서 재혼으로 빠져나가지 않은 비율과 유배우상태에서 이혼한 비율의 합으로 구성된다. 배우자 사별 잔존인구 혹은 잔존율($l_{x+n,w}$)은 사별상태에서 재혼으로 빠져나가지 않은 비율과 유배우상태에서 사별한 비율의 합으로 구성된다. 마지막으로 미혼잔존율은 유배우로 빠져나가지 않은 비율로 구성된다.

〈식 6-11〉 다중상태 생명표의 함수들

$$l_{x+n,j} = \sum_{j}^{k} l_{x,i} p_x \pi_{ij}$$

$$l_{x+n,m} = l_{x,m} p_x (1 - \pi_{m-d} - \pi_{m-w}) + l_{x,s} p_x \pi_{s-m} + l_{x,d} p_x \pi_{d-m} + l_{x,w} p_x \pi_{w-m}$$

$$l_{x+n,d} = l_{x,d} p_x (1 - \pi_{d-m}) + l_{x,m} p_x \pi_{m-d}$$

$$l_{x+n,w} = l_{x,w} p_x (1 - \pi_{w-m}) + l_{x,m} p_x \pi_{m-w}$$

$$l_{x+n,s} = l_{x,s} p_x (1 - \pi_{s-m})$$

$${}_nL_{x,j} = \frac{n}{2}(l_{x,j} + l_{x+n,j})$$

$${}_\infty L_{x,j} = l_{x,j}\, e_x$$

$$e_{x,j} = \frac{\sum_{x}^{\infty} {}_nL_{x,j}}{l_x} \quad (j = s, m, d, w)$$
$$e_x = e_{x,s} + e_{x,m} + e_{x,d} + e_{x,w}$$

잔존인연수(${}_nL_{x,j}$)는 두 인접기간의 잔존율 혹은 잔존인구의 중간값에 구간을 곱하여 구하고, 상태별 잔존기대연수($e_{x,j}$)도 일반 생명표 함수를 그대로 적용하여 구한다. 상태별 잔존기대연수는 각 상태에서 남아 있는 기간을 가리키며 이를 산술 합하면 총기대연수(e_x)가 된다. 15세의 각 혼인상태는 래딕스값으로 15세의 생존율에 각 혼인상태의 구성비를 곱하여 구하였다.

남성의 15세 미혼잔존율은

$$l_{15,s} = l_{15} \times \frac{{}_5N_{15,\mathrm{single}}}{{}_5N_{15}} = 0.9894 \times \frac{1,907,304}{1,913,799} = 0.986$$

남성의 15세 유배우잔존율은

$$l_{15,m} = l_{15} \times \frac{{}_5N_{15,married}}{{}_5N_{15}} = 0.9894 \times \frac{6,490}{1,913,799} = 0.0034$$

남성의 15세 이혼잔존율은

$$l_{15,d} = l_{15} \times \frac{{}_5N_{15,divorced}}{{}_5N_{15}} = 0.9894 \times \frac{5}{1,913,799} = 0.00$$

남성의 15세 사별잔존율은

$$l_{15,w} = l_{15} \times \frac{{}_5N_{15,widowed}}{{}_5N_{15}} = 0.9894 \times \frac{0}{1,913,799} = 0.00$$

여성의 15세 미혼잔존율은

$$l_{15,s} = l_{15} \times \frac{{}_5N_{15,\text{single}}}{{}_5N_{15}} = 0.9907 \times \frac{1,764,790}{1,777,699} = 0.984$$

여성의 15세 유배우잔존율은

$$l_{15,m} = l_{15} \times \frac{{}_5N_{15,married}}{{}_5N_{15}} = 0.9907 \times \frac{12,819}{1,777,699} = 0.0071$$

여성의 15세 이혼잔존율은

$$l_{15,d} = l_{15} \times \frac{{}_5N_{15,divorced}}{{}_5N_{15}} = 0.9907 \times \frac{3}{1,777,699} = 0.00$$

여성의 15세 사별잔존율은

$$l_{15,w} = l_{15} \times \frac{{}_5N_{15,widowed}}{{}_5N_{15}} = 0.9907 \times \frac{0}{1,777,699} = 0.00$$

20세 이후 연령구간에서의 혼인상태별 잔존율은 이전 구간의 잔존율에 연령구간에서 이루어진 상태 유입확률과 유출확률의 합으로 구한다. 사망률(${}_nq_x$)은 통계청에서 발표한 생명표값을 원용하였다. 25세의 잔존율을 예로 들면 다음과 같이 구한다.

남성의 25세 유배우잔존율은

$$\begin{aligned} l_{25,m} &= l_{20,m}\,p_{20}(1-\pi_{20,m-d}-\pi_{20,m-w}) + l_{20,s}p_{20}\pi_{20,s-m} + l_{20,d}\,p_{20}\pi_{20,d-m} + l_{20,w}p_{20}\pi_{w-m} \\ &= 0.0085 \times 0.9957 \times (1-0.1725-0.0065) + 0.978 \times 0.9957 \times 0.0605 \\ &\quad + 0.0000 \times 0.9957 \times 0.8255 + 0.000 \times 0.9957 \times 0.0870 \\ &= 0.0658 \end{aligned}$$

남성의 25세 이혼잔존율은

$$
\begin{aligned}
l_{25,d} &= l_{20,d}p_{20}(1-\pi_{20,d-m}) + l_{20,m}p_{20}\pi_{20,m-d} \\
&= 0.000\times 0.9957\times(1-0.8254) + 0.0085\times 0.9957\times 0.1725 \\
&= 0.0015
\end{aligned}
$$

남성의 25세 사별잔존율은

$$
\begin{aligned}
l_{25,w} &= l_{20,w}p_{20}(1-\pi_{20,w-m}) + l_{20,m}p_{20}\pi_{20,m-w} \\
&= 0.000\times 0.9957\times(1-0.0870) + 0.0085\times 0.9957\times 0.0065 \\
&= 0.0001
\end{aligned}
$$

남성의 25세 미혼잔존율은

$$
\begin{aligned}
l_{25,s} &= l_{20,s}p_{20}(1-\pi_{20,s-m}) \\
&= 0.9776\times 0.9957\times(1-0.0605) \\
&= 0.9144
\end{aligned}
$$

여성의 25세 유배우잔존율은

$$
\begin{aligned}
l_{25,m} &= l_{20,m}p_{20}(1-\pi_{20,m-d}-\pi_{20,m-w}) + l_{20,s}p_{20}\pi_{20,s-m} \\
&\quad + l_{20,d}p_{20}\pi_{20,d-m} + l_{20,w}p_{20}\pi_{w-m} \\
&= 0.0286\times 0.9980\times(1-0.1521-0.0023) + 0.9595\times 0.9980\times 0.2308 \\
&\quad + 0.0011\times 0.9980\times 0.8254 + 0.000\times 0.9980\times 0.1618 \\
&= 0.2459
\end{aligned}
$$

여성의 25세 이혼잔존율은

$$
\begin{aligned}
l_{25,d} &= l_{20,d}p_{20}(1-\pi_{20,d-m}) + l_{20,m}p_{20}\pi_{20,m-d} \\
&= 0.0011\times 0.9980\times(1-0.8254) + 0.0286\times 0.9980\times 0.1521 \\
&= 0.0045
\end{aligned}
$$

여성의 25세 사별잔존율은

$$
\begin{aligned}
l_{25,w} &= l_{20,w}p_{20}(1-\pi_{20,w-m}) + l_{20,m}p_{20}\pi_{20,m-w} \\
&= 0.000\times 0.9980\times(1-0.1618) + 0.0286\times 0.9980\times 0.0023 \\
&= 0.0001
\end{aligned}
$$

여성의 25세 미혼잔존율은

$$\begin{aligned} l_{25,s} &= l_{20,s} p_{20} (1 - \pi_{20,s-m}) \\ &= 0.9595 \times 0.9980 \times (1 - 0.2308) \\ &= 0.7366 \end{aligned}$$

각 연령에서의 혼인상태 전환확률과 잔존율에 기초하여 구한 혼인상태별 지속기간($e_{x,j}$)은 〈표 6-17〉과 같이 요약된다. 15세 남성이 유배우상태에 머무는 기간은 33.6년, 미혼기간은 20.3년, 이혼기간은 3.4년, 사별기간은 0.6년으로 추정된다. 각 상태에서의 잔류기간을 합하면 총기대수명이 된다. 15세 여성이 유배우상태에 머무는 기간은 40.9년, 미혼기간은 16.2년, 이혼기간은 4.8년, 배우자 사별기간은 3.4년으로 추계된다.

〈표 6-18〉은 혼인생명표에서 각 상태별 잔존인연수($_nL_x$)의 분포에 기초하여 연령별 혼인상태를 추정한 결과를 보여 준다. 다중상태 생명표상의 인구는 출생과 사망률이 동일하고 항상적이고 연령구조가 안정적인 정지인구 상태에서 순전히 사망과 혼인동학에 의해 구성된 혼인상태를 추정한다. 요컨대 어떤 가상의 코호트가 15세 이상에서 2000년의 사망률 패턴과 혼인동태를 경험할 때 예상되는 혼인상태를 나타낸다. 15세 이상 남성의 혼인상태는 유배우가 58%, 미혼이 35%, 이혼이 5.9%, 사별이 1.1%로 나타난다. 15세 이상의 여성에서는 유배우상태가 62.7%, 미혼이 24.7%, 이혼이 7.4%, 사별이 5.2%로 추정되었다. 어떤 정지인구가 2000년의 혼인동태에 따르면 15세 이상 남성의 1/3 이상이, 15세 이상 여성의 1/4이 미혼상태로 추정되어, 현 혼인동학에 따른 인구구조의 영향과 사회적 영향이 매우 클 수 있음을 시사한다.

〈표 6-17〉 남녀 혼인상태별 지속기간, 2000

연령 (세)	남					여				
	혼인상태별 지속기간 $e_{x,j}$ (년)					혼인상태별 지속기간 $e_{x,j}$ (년)				
	유배우	미혼	이혼	사별	e_x	유배우	미혼	이혼	사별	e_x
15~19	33.63	20.32	3.40	0.66	58.01	40.93	16.15	4.84	3.41	65.33
20~24	33.70	15.41	3.41	0.66	53.19	40.90	11.27	4.84	3.42	60.43
25~29	33.66	10.66	3.42	0.67	48.41	40.29	7.00	4.84	3.42	55.55
30~34	32.51	7.05	3.42	0.67	43.65	37.96	4.49	4.79	3.43	50.67
35~39	29.79	5.13	3.34	0.67	38.92	34.28	3.50	4.61	3.43	45.82
40~44	26.45	4.09	3.12	0.66	34.32	30.40	2.90	4.28	3.42	41.01
45~49	23.11	3.33	2.78	0.65	29.87	26.58	2.44	3.85	3.37	36.25
50~54	19.89	2.71	2.38	0.62	25.61	22.87	2.05	3.36	3.26	31.54
55~59	16.79	2.21	1.98	0.58	21.55	19.31	1.71	2.86	3.05	26.93
60+	13.86	1.79	1.61	0.50	17.77	16.03	1.41	2.38	2.65	22.47

〈표 6-18〉 혼인 생명표에 기초한 혼인상태 구성비 추정, 2000

연령 (세)	남					여				
	유배우	미혼	이혼	사별	계	유배우	미혼	이혼	사별	계
15~19	0.60	99.40	0.00	0.00	100.00	1.80	98.20	0.00	0.00	100.00
20~24	3.78	96.14	0.07	0.00	100.00	13.89	85.82	0.28	0.00	100.00
25~29	26.43	73.16	0.39	0.02	100.00	48.29	50.40	1.29	0.03	100.00
30~34	58.50	39.30	2.11	0.09	100.00	75.93	20.04	3.86	0.17	100.00
35~39	72.94	21.73	5.07	0.26	100.00	80.39	12.17	6.88	0.55	100.00
40~44	75.33	16.46	7.69	0.52	100.00	79.91	9.58	9.16	1.35	100.00
45~49	75.83	13.94	9.36	0.87	100.00	78.50	8.24	10.48	2.78	100.00
50~54	76.60	12.12	9.91	1.38	100.00	76.70	7.33	10.81	5.16	100.00
55~59	77.57	10.70	9.50	2.23	100.00	73.48	6.61	10.71	9.20	100.00
60+	78.03	10.10	9.07	2.80	100.00	71.33	6.28	10.60	11.79	100.00
전체	57.97	35.04	5.86	1.14	100.00	62.65	24.73	7.40	5.22	100.00

〈표 6-19〉 2000년도 남녀 혼인상태 구성비(단위: %)

	남성		여성	
	관측치	다중상태 생명표	관측치	다중상태 생명표
유배우	61.2	57.97	60.0	62.65
사별	1.8	1.14	12.8	5.2
이혼	1.8	5.86	2.1	7.4
미혼	35.1	35.04	25.1	24.73
계	100.0	100.0	100.0	100.0

끝으로 다중상태 생명표로 추정한 혼인상태와 〈표 6-11〉의 2000년도 혼인상태를 비교해 보는데, 이는 혼인생명표의 원리와 추정결과를 이해하는 데 도움이 될 수 있다(〈표 6-19〉). 남성의 경우 인구총조사에서 집계된 혼인상태에 비해 생명표에 기초한 혼인상태에서는 유배우비율이 더 작고, 이혼율이 더 크게 추정되었다. 여성의 경우 인구총조사에서 집계된 혼인상태에 비해 생명표에 기초한 혼인상태에서는 유배우 비율이 더 높고, 사별률이 더 낮고, 이혼율은 더 높게 추정되었다. 여러 요인이 관측치와 생명표 추정치의 차이를 설명하는 데 고려될 수 있는데, 생명표에서의 동일 코호트 가정과 인구총조사에서의 연령별 상이한 코호트의 차이, 사실혼 상태와 법적 등록 상태 차이의 영향이 작용하였을 수 있다.

제7장

마르코브 전환확률을 이용한 노동 생명표 분석

1. 생명표를 이용한 고령층의 은퇴동학 분석

인구동태와 인구구조가 분리된 것이 아니라 서로 밀접히 연관되어 있다는 원리는 취업상태의 전환과 그 결과를 이해하는 데에도 중요하게 고려할 가치가 있다. 최근 한국인의 취업력은 집단 간 그리고 개인 생애 안에서도 크게 변화되고 있다. 안정된 노동경력을 가지는 여성도 증가하고 있지만, 많은 여성이 결혼이나 육아기에 일자리를 그만두고 자녀가 학교를 다닐 시점이 되어서 경제활동에 다시 참여하고 있다. 남성도 고용유연화가 강조되면서 전직과 이직 현상이 증가하고 있다. 실업률이 증가하고 일에 대한 가치가 변하면서 청년들이 노동시장에 진입하는 시기도 늦어지고 있다. 또한 정규직과 비정규직, 임금부문과 자영부문에서 은퇴과정이 많이 다르다고 논의되고 있다. 이런 복합적인 노동동학은 노동력 인구구조를 변화시킬 수 있다.

어떤 시점의 취업률은 노동 진입·지속·이탈 과정의 복합적인 동학의 결과로 구조화된다. 두 시기 사이 취업률의 차이는 생존율이 동일하다고 가정할 때 취업률의 코호트 효과, 노동 이탈률 및 재진입률 효과의 복합적인 영향으로서 각 요소의 다양한 조합의 결과로 나타날 수 있다. 여성의 경제활동 변화에서처럼 시기적으로 경제활동참여율이 크게 증가한 결과가 은퇴시기로 이어져 고령층의 노동참여가 변하지 않았다고 하더라도 고령층의 취업률이 증가하는 결과가 나타날 수 있다. 코호트 효과는 보다 짧은 기간에서도 나타날 수 있는데, 경제위기 전후 빈도 높은 노동이탈과 재진입현상이 고령층의 취업률에 영향을 미칠 수 있다. 이러한 예는 고령층의 취업상태 변화는 취업률의 시계열적 변화를 통해 파악하기 어려운 매우 복합적인 변화를 함축할 수 있음을 시사한다.

이 장에서는 고용유연화가 강화되었던 기간인 1998~2004년 동안 55세 이상 한국 남녀 고령층의 노동 진입 및 이탈 과정이 어떻게 변화되었으며 이것이 취업률 변화에 어떠한 영향을 미쳤는가를 분석하였다. 이를 위해 마르코브 전환확률에 기초한 생명표 추정의 원리(다중상태 생명표의 원리)를 이용하였다. 앞의 장에서 살펴보았듯이 다중상태 생명표는 상태변화가 다중적이고 반복적인 인구동태와 인구구조의 연관을 분석할 때 활용할 수 있다. 다중 전환확률에서 각 상태에서의 누적잔존율($l_{x,j}$)은 아래와 같은 식으로 추정할 수 있다. 식에서 정확히 $x+n$ 연령 초기시점에서 j 상태에 있는 인구 혹은 비율($l_{x+n,j}$)은 x에서 $x+n$ 연령에 있던 모든 위치에서 j 상태로의 전환확률의 합으로 표현된다. ${}_np_x$는 구간생존율이다.

$$l_{x+n,j} = \sum_{i}^{k} l_{x,i}\ {}_np_x\ {}_n\pi_{ij}$$

다중상태 생명표는 노동력 행위를 이해하는 데 중요하게 활용될 수 있다(김정근 외, 1977; 조진만, 1990; 박원란, 2001; 우해봉, 2011; Hayward et al., 1988; Hoem, 1977; Schoen and Woodrow, 1980). 다중상태 생명표는 노동력 구성을 결과하는 노동동학을 포착해 내는 방법으로서 노동력 이탈 및 진입 행동의 변화, 사망률의 변화, 노동참여 인구구성의 코호트 변화가 취업률의 분포에 어떻게 영향을 미쳤는가를 추정할 수 있다. 여기서는 55세 이상 고령층의 취업과 비취업 사이의 전환확률을 기초로 노동지속기간을 추정하고, 생명표의 래딕스, 노동전환확률(이탈률과 재진입률)의 변화가 고령층의 취업률 변화에 미친 영향을 추정해 보았다.

2. 한국 고령층의 취업률과 은퇴동학

먼저 〈인구총조사자료〉를 바탕으로 최근 몇 십 년간의 노동력 추이를 살펴보면 고령층의 취업률은 부문에 따라 그리고 시기와 성, 연령에 따라 다르게 변화되어 왔다(〈그림 7-1〉). 우선 1990년대 후반을 경계로 그 이전과 그 이후 고령의 취업 상태에 질적인 변화가 이루어졌다는 징후들이 보인다. 1995년까지의 관찰기간 동안 남녀 모두 고령층의 취업률은 거의 모든 연령구간에서 증가한 것으로 나타난다. 남성 고령자의 취업률은 도시부문에서는 주로 저연령층에서 크게 증가하였고, 농촌부문에서는 70대 이상의 고령에서 노동참여율이 크게 증가하였다. 여성 고령층의 노동참여는 도시와 농촌 부문 모두에서 크게 증가하였다. 그런데 1995년과 2000년 사이 남성의 경우 도시 부문 50대 후반의 취업률이 크게 떨어졌는데 이는 1998년 경제위기 상황에서 급작스럽게 발생하였던 노동이직의 강도를 반영할 수 있다. 한편 농촌부문에서는 1995년과 2000년 사이 취업률에 큰 변화가 보이지 않는다.

고령층 취업상태의 변화와 관련하여 또한 주목되는 현상은 여성 고령층의 노동참여율이 크게 증가한 것이다. 도시부문과 농촌부문 모두에서 고령 여성의 취업률은 크게 증가하였다. 예를 들어 도시부문 55세 여성의 취업률은 1980년 17.5%에서 2000년에는 30.4%로 증가하였고, 농촌부문에서는 같은 연령 여성의 취업률이 같은 기간 60.7%에서 70.2%로 증가하였다.

고령층의 취업률 변화에 초점을 둔 연구들은 일반적으로 고령층의 높은 노동참여율을 산업구조적 특성이나 고령층의 소득 욕구에서 설명하고 있다. 서구사회의 경험에 기초한 여러 연구들은 일반적으로 공업화에 따라 고령층의 노동에 대한 수요는 감소하고, 소득수준의 증가와 사회보장제도의 확대는 은퇴의 동기를 강화하였다고 논의한다. 한편 한국 고령층의 높은 경제활동 참여에 대해 공업화와 노년의 소득욕구의 한국적 특수성에 주목하는 연구들이 있다(이철희, 1999; 박경숙, 2003a; 장지연, 2002). 예를 들어 이철희(1999)는 공업화 과정의 한국적 특수성으로 대도시로의 급속한 인구이동에 따른 농촌 노동력의 고령화의 영향을 지적한다.

농촌지역에서 젊은 노동력 인구가 대량 빠져 나가면서 농업노동력이 고령노동으로 대체되었으며 그 결과 농업부문에서 고령층의 취업률이 크게 증가하게 되었고, 전체 고령자의 취업률도 증가하게 되었다고 설명한다. 그런데 전체 고령 취업자 중 농업 종사자의 비중이 상대적으로 큰 것이 사실이지만, 앞에서도 살펴보았듯이 비농업부문에 종사하는 고령 취업자의 비율도 증가하고 있다. 이는 농업부문의 노동력 대체 현상만으로 고령층의 높은 취업률을 설명하기 어려움을 뜻한다.

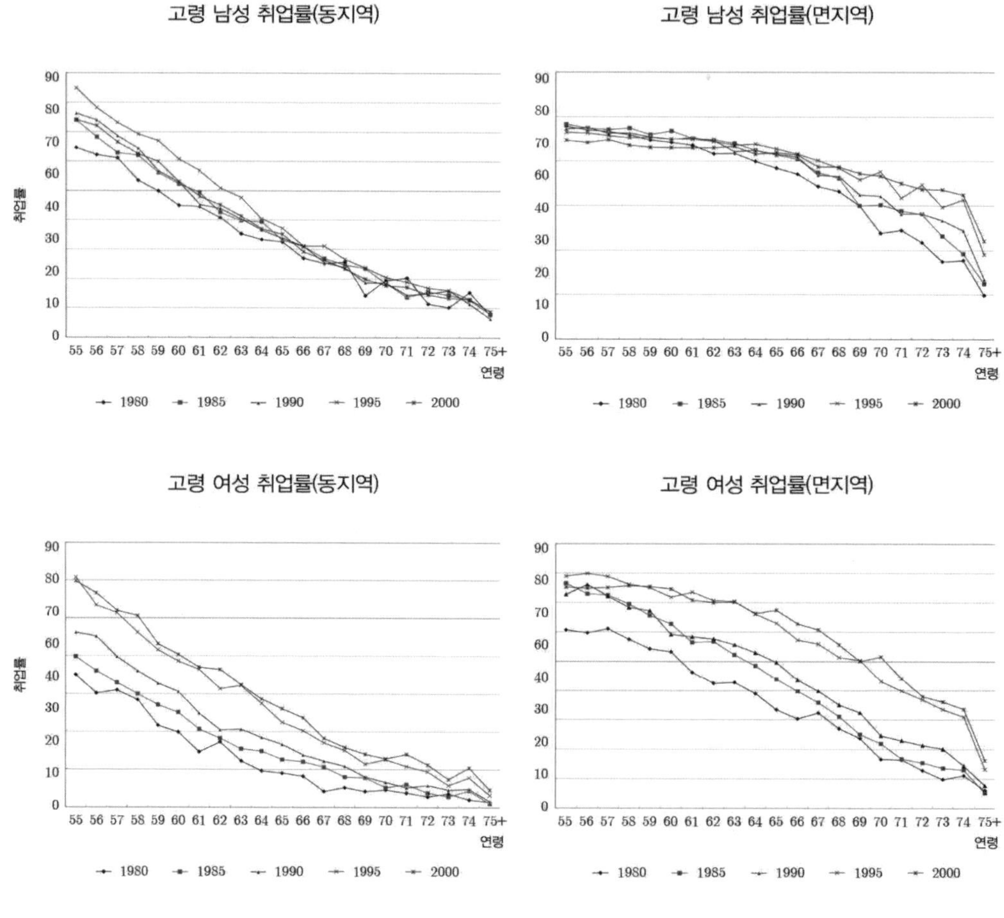

〈그림 7-1〉 55세 이상 고령층의 취업률

자료: 인구총조사 2% 표본 마이크로 데이터.

주: 취업률은 연령별 인구에 대한 조사 당시 1주일간 취업상태에 있는 인구의 비율로 측정함.

도시부문에서 고령층의 취업률이 높고 일부 연령에서는 증가하는 경향의 중요한 배경으로서 노년기의 주된 소득구성의 영향도 주목된다(박경숙, 2003a). 최근 20, 30여 년 동안 자녀와 함께 사는 노부모 비율이 크게 감소하였고, 노인 단독 혹은 노부부만 사는 비율은 크게 증가하였다. 이는 동거를 중심으로 가구 소득을 공유하던 과거의 노년 소득구성 방식이 약화되었음을 가리킨다. 또한 서구 여러 사회에서 사회보험이 노후의 중요한 소득원이 되는 데 비해 한국에서는 사회보험의 기회는 여전히 노후에 많이 제한된다. 이런 상황에서 노년의 소득활동의 욕구가 클 수 있다. 여러 국가의 노후생활을 비교한 해외 조사에서도 한국 노부모 중 자녀로부터의 소득이전이 크게 감소하고 근로소득이 노후에 중요한 소득원이 되는 경향이 강하게 나타났다(日本內閣府, 2002).

노년의 취업률은 또한 과거 경험한 취업력의 역사적 변화를 반영한다. 최근시기에 남녀 모두 고령층의 취업률이 높아진 것은 지난 한국의 고도 경제성장에서 많은 인구가 경제활동에 참여하였고 그 영향이 은퇴시기까지 이어진 결과일 수 있다. 특히 고령 여성의 취업률이 크게 증가한 것은 지난 몇 십 년간 여성의 경제활동참여율이 크게 증가한 효과의 연장일 수 있다.

노년의 경제활동은 또한 1990년대 후반 이후 본격화된 고용조정의 맥락에서 중요하게 변화되었다고 강조하는 연구들이 있다. 1990년대 후반 이후부터 많은 기업들이 인력감축과 고용조정을 강행하였고, 특히 1997년 경제위기 이후 조기퇴직이나 명예퇴직과 같이 고용감축을 통해 인력구조를 조정하는 분위기가 강해졌다(최강식 · 이규용, 1998). 또한 비정규직 노동자가 계속 증가하여 2000년대 초반까지 임금근로자 중 비정규직의 노동자의 비중이 정규직 노동자 비중을 웃돌았다. 그리고 고용유연화에 따라 고용안정성이나 소득조건에서 노동자 내부의 계층화가 심화되었다고 논의되었다(박찬용 외, 1999).

이와 같이 1990년대 후반부터 본격화된 일련의 고용유연화는 은퇴과정에도 중요한 영향을 미쳤을 수 있다. 1997~1998년까지 외환위기와 구조조정의 효과는 고령층의 취업률에도 잘 나타나는데 〈경제활동인구조사〉와 〈인구총조사〉에서 이 시기 고령층의 취업률은 그 전 시기에 비해 낮게 나타난다. 한편 〈경제활동인구조사〉 자료에 기초하면, 2000년 이후에는 고령층의 취업률이 다소 개선되는 경향이 나타나고 있다.

취업률 상태에서 드러나지 않지만 고령층의 고용조건이나 고령노동력의 인적구성이 상당히 변화되고 있다는 증거들이 있다. 그 하나가 조기퇴직과 명예퇴직의 강화 현상인데, 이는 부문별, 종사상 지위별 은퇴과정의 차이가 커지고 있다는 것을 시사한다. 조기퇴직의 대상은 임금부문의 노동자 중에서도 안정적인 노동경력을 지닌 경력 노동자였다고 강조되었다(장지연, 2002). 조기퇴직의 강화현상에 대해 연공급 임금구조의 영향이 강조되었다(전병유, 2002; 정이환·전병유, 2001). 한국의 많은 기업과 조직은 연공서열식 임금체계를 가지고 있기 때문에 고임금의 고령노동을 기피하게 된다고 논의되었다. 특히 경제위기 상황에서 고용과잉감이 크게 인지되어 많은 기업이 인력 감축을 선택하였고, 그 일차적 대상이 근속연수가 긴 노동자나 고령 노동자가 되었다고 한다. 정이환과 전병유(2001)는 연공급제가 지속되는 구조에서 고용규모가 계속 확대되어 왔기 때문에 많은 기업들은 과잉고용 문제를 안고 있었는데 정리해고제가 합법화되고 경기침체가 발생함에 따라 고용조정을 도모하였다고 지적하였다. 허재준은 근속기간을 통제한 뒤에도 순전히 연령에 따른 임금프리미엄이 존재한다고 주장하였다(허재준, 1998). 이규용 외(2001)는 경기가 회복된 상황에서도 고용조정이 강행되었으며, 이는 고임금 근로자를 저임금 근로자로 대체하려는 기업의 이해에 비롯한다고 주장하였다. 명예퇴직과 정리해고의 요인으로서 근속연수가 높을수록 감원비율이 높은 것으로 나타나 경기변동 요인 외에 기업의 인력구조를 변화시키려는 이해가 크게 작용했다고 주장하였다. 반면 장지연(2002)은 임금의 연령프리미엄이 그리 높지 않으며, 1990년대 이후부터 이미 연령별 임금분포는 연공급적 연령곡선에서 이탈하고 있다고 주장하였다. 박경숙(2003a)은 고령에 노동시장에 남아 있는 인구는 주로 주변적 노동자이며, 이러한 경향이 최근으로 올수록 심화되는 경향들이 보인다고 주장하였다. 이들 연구를 종합해 보면 조기퇴직제의 강화는 고령 노동자의 고임금에 대한 부담요인 이외에도 저임금 노동으로서 고령노동이 대체되는 노동시장 변화와 관련이 깊을 수 있다. 조기퇴직제의 강화가 고임금의 고령노동을 저임금의 젊은

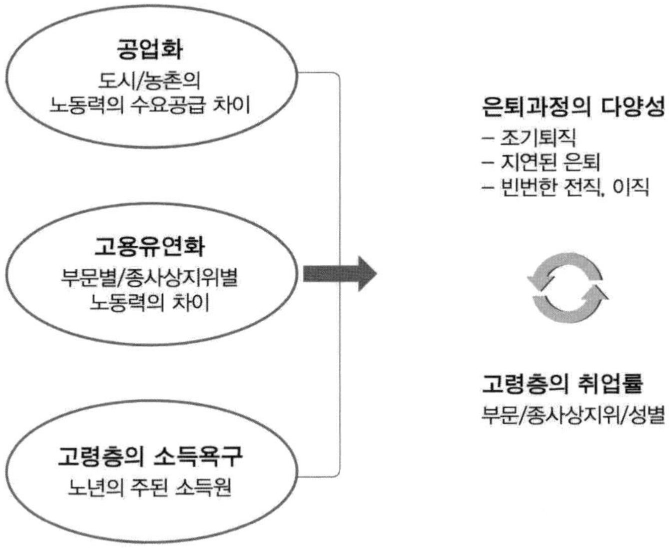

〈그림 7–2〉 고령층 취업률 결정 요인

노동으로 대체하는 것이라면 고령노동력 규모가 전반적으로 줄어들어야 할 것인데, 최근 젊은 노동보다 훨씬 저비용의 노동력으로서 고령 노동자 시장이 확대되고 있다.

정리해 보면 고령층의 취업력 변화는 취업률의 시계열적 변화를 통해 파악하기 힘든 매우 복합적인 변화를 함축하고 있다(〈그림 7-2〉). 고령층의 취업률은 고령층의 소득 및 활동에 대한 욕구, 사용자의 수요, 이를 구조화하는 경기, 노동시장 구조, 그리고 노년기 소득구조와 같은 조건들에 복합적으로 영향을 받는다. 조기퇴직이 강화되고 있으면서도 고령층의 취업률이 별로 감소하지 않고 성별·부문별 종사상 지위별 은퇴동학의 차이가 커진다는 증거들과 징후들을 종합해 보면 고령 취업률 분포를 노동에서 은퇴로의 일회적인 은퇴과정의 지표로 파악하는 것은 해석상의 오류가 클 수 있다. 은퇴과정은 취업률과 고용의 지속성(이탈률)과 노동시장에의 접근성(재진입률) 등의 다차원적 동학으로 전개된다. 정규직에서 조기 이탈 경향이 강화되고, 동시에 빈번한 이직과 전직 과정을 통한 은퇴가 일반화된다면 횡단적 시점에서는 고령층의 취업률이 높게 파악될 수도 있다. 요컨대 높은 취업률이 반드시 취업안정성을 의미하는 것은 아니다.

이런 문제의식에서 여기서는 고령층의 취업률과 은퇴동학 사이의 관계와 그 변화를 노동 생명표를 통해 보다 구체적으로 분석해 본다. 사용한 자료의 제약에 따른 시점 선택이기도 하지만, 1998~2004년 기간은 전체적으로 노동조직의 유연화가 강화되었던 시기로서 고령층의 은퇴과정에도 커다란 변화가 일어났다고 예상된다.

3. 마르코브 전환확률을 이용한 노동 생명표 작성

앞에서도 지적하였듯이 취업률은 인구집단 중 얼마만큼 경제적으로 활동하는가를 알 수 있는 간단하고 직관적인 지표이지만 은퇴과정의 복잡성과 다양성을 이해하는 데는 제한이 있다. 개인들의 은퇴과정에 영향을 미치는 조건들이 최근에 복잡해졌다는 가정이 타당하다면 단순 취업률만을 통해 은퇴동학의 다차원성을 파악하는 데는 더욱 제약이 클 수 있다.

취업률은 노동력의 전출과 전입을 포함한 복합적인 노동상태 전환과정의 결과이다. 또한 특정기간의 연령별취업률 분포는 여러 코호트가 경험한 고유한 노동력을 집약한 것이다. 기간별 노동조건이 크게 변화되면 취업률의 변화나 연령별취업률의 변화에 코호트 효과가 작용할 수 있다. 어떤 코호트가 생애를 통해 노동참여율이 높았다면 설령 고령의 노동조건이 바뀌지 않았을 때에도 고령취업률은 높아질 수 있다. 다시 말하여 고령기의 취업상태는 이전 생애의 취업상태와 밀접히 연관될 수 있다. 예를 들어 최근의 여성고령자의 취업률이 크게 증가한 것은 고령기 낮은 노동이탈률, 높은 노동재진입률, 이전 생애의 높은 취업률과 같은 요인들의 복합적 결과일 수 있다. 반면 상대적으로 변동이 적은 남성고령자의 취업률은 낮은 이탈률과 낮은 진입률 혹은 매우 높은 이탈률과 그를 상쇄하는 높은 진입률의 결과일 수 있다.

은퇴동학을 분석하기 위해서는 노동 상태의 변화를 추적할 수 있는 자료가 확보되어야 한다. 노동상태의 전환확률을 측정할 수 있는 대표적 표본자료는 한국노동연구원에서 1998년부터 매년 실시하고 있는 〈노동패널조사〉와 통계청이 실시하고 있는 〈경제활동조사〉를 뽑을 수 있다. 그런데 두 조사 자료도 은퇴동학을 분석하는 데 제한점이 있는데, 〈경제활동조사〉 자료는 표본수가 많지만 5인 미만의 노동자 가구에 대한 정보가 빠져 있다. 〈노동패널조사〉는 조사대상자가 도시지역 거주자에 한정되어 있고, 고령층 사례수가 많지 않다. 1998년 〈노동패널조사〉에서 55세 이상의 인구는 2,554명으로 집계된다(〈표 7-1〉). 조사시기가 늘어나면서 사례수는 약간의 증감이 있는데 이는 중간에 사례가 손실되거나 새로 들어온 가구원이 존재하기 때문이다. 사례수가 많지 않기 때문에 연령별 노동상태 전환확률을 분석하는 데 무리가 많았다. 특히 여성 사례 중에는 취업 사례수가 상대적으로 적었기 때문에 매 연령에서 전환확률을 구하는 데 어려움이 컸다. 그래서 5세 간격으로 연령구간을 묶은 뒤 취업률과 전환율을 구하여 생명표를 구성하였다. 마지막 연령구간은 75세 이상으로 정하였다. 취업상태의 변화를 관찰한 기간은 1998~2004년까지이다. 이 기간은 짧은 기간이지만 경제위기 충격 이후 대량실업, 고용조정 등 노동시장이 크게 변화된 시기로서 고령층의 노동이동도 상당히 크게 변화되었을 것이라고 예상된다. 생명표를 구하기 위해 사망확률은 통계청에서 추정한 1993~2003년의 인구동태(생명표) 자료를 활용하였다. 이렇게 1998년과 2004년에 걸친 7차 노동패널 조사자료에 기초하여 각 시기 마르코브 전환확률에 기초한 노동 생명표를 작성하여 취업잔존율과 노동기대여명, 그리고 정지인구상에서의 취업률 분포를 추정하였다.

취업상태는 조사 일주일 전 소득활동을 하고 있는 여부로 측정되었다. 노동패널 자료에서 측정한 고령층의 취업률은 인구총조사 자료와 비교해 볼 때 더 낮게 나타난다(〈표 7-2〉). 이는 기대한 결과인데 고령층 노동인구의 상당수가 농업부문에 종사하고 있는데, 패널조사 자료는 도시지역 가구 및 개인을 조사하였으므로 고령층 전체의 취업률보다 낮은 것이다.

〈표 7-1〉 조사대상자의 표본수(단위: 명)

연도	계	남			여		
		취업	비취업	계	취업	비취업	계
1998	2,554	499	625	1,124	326	1,104	1,430
1999	2,491	502	593	1,095	343	1,053	1,396
2000	2,414	491	584	1,075	308	1,071	1,379
2001	2,444	509	560	1,069	256	1,119	1,375
2002	2,554	555	567	1,122	333	1,099	1,432
2003	2,789	629	613	1,242	371	1,176	1,547
2004	2,863	649	618	1,267	390	1,206	1,596

자료: 한국노동패널(*KLIPS*).

〈표 7-2〉 55세 이상 고령층의 취업률, 1998~2004(단위: %)

남	1998년	1999년	2000년	2001년	2002년	2003년	2004년
55~59세	61.92	68.31	68.45	68.34	75.47	77.78	76.25
60~64세	49.66	55.02	50.17	51.70	54.84	56.52	57.70
65~69세	35.96	38.31	43.53	41.40	41.26	44.58	44.53
70~74세	22.31	22.50	23.58	27.78	27.86	27.11	31.36
75세 이상	12.30	8.94	11.11	15.04	10.69	9.74	10.76
70세 이상	17.30	15.60	17.30	20.80	19.60	18.80	21.40
여	1998년	1999년	2000년	2001년	2002년	2003년	2004년
55~59세	38.53	42.18	34.66	28.43	38.02	38.73	40.11
60~64세	30.80	29.01	30.77	26.50	33.43	35.61	34.17
65~69세	18.08	22.53	22.09	19.56	21.83	23.51	21.39
70~74세	10.05	12.11	9.84	7.29	13.11	12.24	15.04
75세 이상	3.33	3.00	3.64	2.82	2.20	2.39	3.99
70세 이상	6.60	7.10	6.40	4.80	6.90	6.80	8.50

자료: 한국노동패널(*KLIPS*).

1998년도의 남녀 취업률은 1997년 말 불어 닥친 경제위기의 충격의 여파로 이전 시기에 비해 크게 떨어진다. 이후 남성의 취업률은 대부분의 연령에서 계속 증가하고 있다. 이것이 경제위기로부터 서서히 회복하는 결과인지 아니면 그 이전과는 다른 변화를 함축하고 있는지를 판단하기가 어렵다. 여성의 취업률은 2001년까지는 불규칙하게 증감이 반복되다가 이후에는 증가세가 보인다.

1998년 갑작스럽게 낮아진 고령자의 취업률이 이후 시기에서는 증가하는데, 이는 다양한 은퇴동학의 결과일 수 있다. 취업인구는 계속해서 남아 있는 인구와 새로이 진입하는 인구로 구성된다. 어느 한 시점의 취업률이 다른 시점의 동일 연령대에 비해 높다라면 그 이유는 그 연령대의 보다 많은 사람이 취업에 남아 있는 경향이 더 높거나 비취업에 있다가 재진입하는 경향이 상대적으로 더 큰 결과일 수 있다. 또한 이탈률이 높아졌다 하더라도 그보다 재진입률이 더 크다면 결과적으로 취업률이 증가하는 결과로 나타난다. 또한 두 시점의 취업률 변화는 노동참여율의 코호트 차이와도 관련될 수 있다.

노동전환확률은 두 조사시점 사이의 취업상태의 변화에 기초하여 측정하였다(〈그림 7-3〉). 조사가 반복되는 과정에 손실된 사례도 많아 손실된 자료 때문에 발생할 수 있는 편의를 보정하는 것이 필요하였다. 여기서는 손실 사례의 반값을 기원지 사례에서 제외하여(분모조정) 이행건수로 나누어 전환확률값을 구하였다(Smith, 1992: 78-80). 〈표 7-3〉은 2003년에서 2004년 사이의 취업상태의 변화건수와 전환

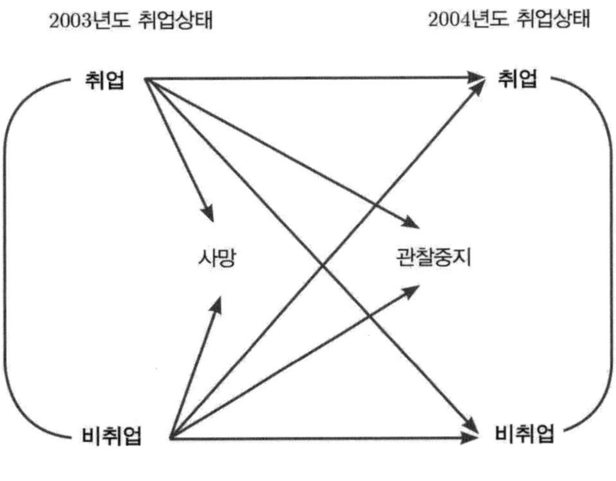

〈그림 7-3〉 취업상태의 전환

〈표 7-3〉 2003~2004년 취업상태 전환사례수와 전환확률

	2003년 취업상태	2003~2004년 전환사례수			2003~2004년 전환확률 π		
남성	취업(i)	i-i	i-o	관찰중지	i-i	i-o	i-i ADJ
55~59세	280	237	28	15	0.870	0.103	0.897
60~64세	182	142	31	9	0.800	0.175	0.825
65~69세	107	85	13	9	0.829	0.127	0.873
70~74세	45	39	5	1	0.876	0.112	0.888
75세 이상	15	10	4	1	0.690	0.276	0.724
	비취업(o)	o-i	o-o	관찰중지	o-i	o-o	o-o ADJ
55~59세	80	16	54	10	0.213	0.720	0.787
60~64세	140	18	106	16	0.136	0.803	0.864
65~69세	133	4	118	11	0.031	0.925	0.969
70~74세	121	5	106	10	0.043	0.914	0.957
75세 이상	139	3	112	24	0.024	0.882	0.976
여성	취업(i)	i-i	i-o	관찰중지	i-i	i-o	i-i ADJ
55~59세	134	112	17	5	0.852	0.129	0.871
60~64세	125	93	26	6	0.762	0.213	0.787
65~69세	75	60	14	1	0.805	0.188	0.812
70~74세	29	21	7	1	0.737	0.246	0.754
75세 이상	7	5	1	1	0.769	0.154	0.846
	비취업(o)	o-i	o-o	관찰중지	o-i	o-o	o-o ADJ
55~59세	212	9	187	16	0.044	0.917	0.083
60~64세	226	11	204	11	0.050	0.925	0.075
65~69세	244	10	213	21	0.043	0.912	0.088
70~74세	208	3	185	20	0.015	0.934	0.066
75세 이상	286	3	250	33	0.011	0.928	0.072

주: i는 취업상태를, o는 비취업상태를 가리킴. 전환확률은 초기상태에 관찰중지의 반값을 뺀 값을 분모로 하여 사건수를 분모로 하여 구함. 조정치는 1에서 전환확률을 뺀 값임.

확률을 구한 예를 정리하고 있다. 2003년의 취업상태는 취업과 비취업으로 구분하였다. 2003년 취업상태에서 1년 동안 이동이 없었던 경우와 이동이 있었던 경우 그리고 두 기간 중에 관찰중지된 사례를 집계하고 있다. 전환확률은 2003년 취업상태의 건수에서 관찰중지건수의 반값을 뺀 값을 분모로 하여 전환건수를 분자로 하여 구하였다.

마르코브 전환확률에 기초한 노동 생명표 구성의 주요 원리는 다음과 같이 정리해 볼 수 있다. 우선 생명표에서 연령집단 취업률(${}_nWR_x$)은 연령집단별 인연수(${}_nL_x$)에 대한 취업인연수(${}_nL_{x,i}$)의 비율로 구할 수 있다(〈식 7-1〉). 이는 정지인구에서 특정 연령구간에 취업상태에 있는 사람의 연앙비율로 해석할 수 있다.

$$ {}_nWR_x = \frac{{}_nL_{x,i}}{{}_nL_{x,i} + {}_nL_{x,o}} \qquad \text{〈식 7-1〉} $$

생명표의 취업인수($l_{x,i}$)의 선형성을 가정하면 취업인연수 ${}_nL_{x,i}$ 값은 두 인접시점의 취업인수($l_{x,i}$, $l_{x+n,i}$)의 평균값에 구간 값을 곱하여 구할 수 있다(〈식 7-2〉).

$$ {}_nL_{x,i} = \frac{n}{2}(l_{x,i} + l_{x+n,i}) \qquad \text{〈식 7-2〉} $$

취업인연수(혹은 취업연수) ${}_nL_{x,i}$는 기간 x와 $x+n$ 기간 사이에 어떤 가상의 코호트가 취업상태에 있는 인연수를 가리키고, $l_{x,i}$는 정확한 연령 x 초기시점에서 취업상태에 있는 사람의 수를 가리킨다. 한편 정확히 연령 $x+n$ 초기시점의 취업상태와 비취업상태에 있는 사람($l_{x+n,i}$, $l_{x+n,o}$)은 이전 구간의 초기시점의 상태인구에서 구간 사이 사망자와 상태전환자의 합으로 구성된다(〈식 7-3〉).

$$l_{x+n,o} = l_{x,o} + {}_{n}d_{x,i-o} - {}_{n}d_{x,o-i} - {}_{n}d_{x,o-death}$$

〈식 7-3〉

$$l_{x+n,i} = l_{x,i} + {}_{n}d_{x,o-i} - {}_{n}d_{x,i-o} - {}_{n}d_{x,i-death}$$

〈식 7-3〉에서 연령 $x+n$ 초기시점에서 비취업상태에 있는 사람수 $l_{x+n,o}$는 연령 x 초기시점에 비취업에 남아 있던 사람($l_{x,o}$)에 새롭게 비취업상태로 이동해 온 사람의 수 ${}_{n}d_{x,i-o}$를 합한 값에 n년 기간 동안 비취업에서 취업상태로 이동한 사람 ${}_{n}d_{x,o-i}$과 그 기간 동안 사망한 사람의 수 ${}_{n}d_{x,o-death}$를 뺀 값으로 구성된다. 마찬가지로 연령 $x+n$ 초기시점에서 취업상태에 있는 사람수 $l_{x+n,i}$는 연령 x 초기시점에 취업에 남아 있던 사람($l_{x,i}$)에 새롭게 취업상태로 이동해 온 사람의 수 ${}_{n}d_{x,o-i}$를 합한 값에 n년 기간 동안 취업에서 비취업상태로 이동한 사람 ${}_{n}d_{x,i-o}$과 그 기간 동안 사망한 사람의 수 ${}_{n}d_{x,i-death}$를 뺀 값으로 구성된다. 취업상태의 전환사례와 사망자수는 이 책 제6장 〈식 6-11〉을 이용하여 구할 수 있다.

이렇게 각 연령구간의 취업인수, 비취업인수, 취업인연수, 비취업인연수를 구하여 취업상태에서 머물거나 비취업상태에 머무는 기대여명($e_{x,i}$, $e_{x,o}$)을 구할 수 있다(〈식 7-4〉). 취업상태에 머무는 기대여명과 비취업상태에 머무는 기대여명의 합은 총기대여명과 동일하다.

$$e_{x,i} = \frac{\sum {}_{n}L_{x,i}}{l_x}$$

〈식 7-4〉

〈표 7-4〉는 2003~2004년 사이의 노동상태 전환확률에 기초하여 구한 노동 생명표의 주요 값들을 요약하고 있다. 사망확률(${}_{5}q_x$)은 통계청에서 추정한 2002년도 사망확률을 활용하였다. 사망확률에 기초하여 생존인연수(${}_{5}L_x$)와 기대여명을 구하였다. 55세 초기시점 취업상태에서의 래딕스값($l_{55,i}$)은 55세 초기시점에서의 생존율(l_{55})에 55세에서의 취업률을 곱한 값으로 추정하였다. 같은 논리로 55세 초

〈표 7-4〉 2003~2004년 마르코브 노동 전환확률에 기초한 노동 생명표

남성	${}_5q_x$	l_x	${}_5L_x$	T_x	e_x	π_{i-o}	π_{o-i}	$l_{x,i}$	$l_{x,o}$	${}_5L_{x,i}$	${}_5L_{x,o}$	생명표 취업률	실제 취업률	$e_{x,i}$	$e_{x,o}$
55~59세	0.05	0.89	4.34	19.91	22.31	0.10	0.21	0.69	0.20	3.31	1.04	0.76	0.78	14.17	8.14
60~64세	0.08	0.85	4.05	15.57	18.42	0.17	0.14	0.63	0.22	2.83	1.22	0.70	0.57	11.05	7.37
65~69세	0.13	0.78	3.64	11.51	14.84	0.13	0.03	0.50	0.27	2.24	1.40	0.62	0.45	8.38	6.46
70~74세	0.20	0.68	3.06	7.88	11.62	0.11	0.04	0.39	0.29	1.70	1.35	0.56	0.27	6.29	5.33
75세 이상	1.00	0.54	4.82	4.82	8.86	0.28	0.02	0.29	0.26	2.56	2.26	0.53	0.10	4.71	4.15
여성	${}_5q_x$	l_x	${}_5L_x$	T_x	e_x	π_{i-o}	π_{o-i}	$l_{x,i}$	$l_{x,o}$	${}_5L_{x,i}$	${}_5L_{x,o}$	생명표 취업률	실제 취업률	$e_{x,i}$	$e_{x,o}$
55~59세	0.02	0.95	4.73	26.28	27.53	0.13	0.04	0.49	0.47	2.32	2.41	0.49	0.39	9.96	17.58
60~64세	0.03	0.94	4.61	21.55	23.03	0.21	0.05	0.44	0.50	1.99	2.62	0.43	0.36	7.68	15.35
65~69세	0.06	0.91	4.41	16.95	18.69	0.19	0.04	0.36	0.55	1.64	2.77	0.37	0.24	5.73	12.95
70~74세	0.10	0.86	4.06	12.54	14.64	0.25	0.02	0.30	0.56	1.26	2.80	0.31	0.01	4.16	10.48
75세 이상	1.00	0.77	8.48	8.48	11.06	0.15	0.01	0.21	0.56	2.30	6.18	0.27	0.02	3.00	8.06

기시점 비취업상태에서의 래딕스값($l_{55,o}$)은 55세 초기시점에서의 생존율(l_{55})에 55세에서의 비취업률을 곱한 값으로 추정하였다. 이후 연령구간에서의 취업상태별 잔존율은 〈식 7-3〉에 기초하여 계산하였다. 취업상태별 구간취업인연수와 비취업인연수(${}_5L_{x,i}$, ${}_5L_{x,o}$)는 두 인접기간 취업상태별 잔존율의 평균에 구간을 곱한 값으로 측정하였고, 마지막 구간 취업인연수와 비취업인연수는 마지막 구간생존연수(${}_\infty L_x$)에 누적생존율에 대한 취업상태 혹은 비취업상태의 비($\frac{l_{x,i}}{l_x}$, $\frac{l_{x,o}}{l_x}$)를 곱하여 구하였다. 이렇게 노동 생명표를 작성한 뒤 취업상태별 인연수를 이용하여 생존인연수 중 취업상태에 있는 인연수의 비로 취업률을 추정하였다. 이것이 〈표 7-4〉에 제시된 다중전환확률(π_{i-o}, π_{o-i})이다. 취업상태와 비취업상태에서의 기대여명은 각 상태에서의 총생존인연수를 구간초기생존율(l_x)로 나눈 값으로 추정하였다. 추정결과에 따르면 55세 남성의 노동기대연수는 약 15년이고, 여성은 10년 정도로 추정된다.

〈표 7-5〉는 1998년, 2000년, 2003년 시기의 실제 취업률과 이동률에 기초하여 추

〈표 7-5〉 관측 취업률과 생명표 취업률의 차이

남성	관측치			생명표			차이		
	1998년	2000년	2003년	1998년	2000년	2003년	1998년	2000년	2003년
55~59세	0.6192	0.6845	0.778	0.6307	0.7920	0.761	-0.012	-0.108	0.017
60~64세	0.4966	0.5017	0.565	0.6067	0.7084	0.699	-0.110	-0.207	-0.134
65~69세	0.3596	0.4353	0.446	0.5353	0.6261	0.616	-0.176	-0.191	-0.170
70~74세	0.2231	0.2358	0.271	0.4299	0.5835	0.557	-0.207	-0.348	-0.286
75세 이상	0.1229	0.1111	0.097	0.3412	0.5604	0.531	-0.218	-0.449	-0.434
여성	관측치			생명표			차이		
	1998년	2000년	2003년	1998년	2000년	2003년	1998년	2000년	2003년
55~59세	0.3853	0.3466	0.387	0.4629	0.2544	0.490	-0.078	0.092	-0.103
60~64세	0.3079	0.3077	0.356	0.4689	0.2229	0.432	-0.161	0.085	-0.076
65~69세	0.1808	0.2209	0.235	0.4356	0.1908	0.371	-0.255	0.030	-0.136
70~74세	0.1005	0.0984	0.012	0.3668	0.1274	0.311	-0.266	-0.029	-0.299
75세 이상	0.0333	0.0364	0.024	0.2995	0.0745	0.271	-0.266	-0.038	-0.247

정한 취업률을 요약하고 있다. 실제취업률과 생명표의 취업률을 비교해 보면, 초기 연령군에서는 차이가 다소 작지만 연령이 증가할수록 차이가 크다. 자세한 분석은 여기서 어렵지만 현재의 기간 취업률 분포는 각 연령에 속한 코호트가 경험한 이동률과 인구구성의 영향을 반영하는데 생명표에서 구성된 취업률은 1998년 이후 노동력 변화를 반영하는 것으로, 이 시기 취업상태가 지속되거나 재진입하는 확률이 과거 코호트에 높았던 영향일 수 있다. 나이가 많을수록 취업률 차이가 커지는 것도 최근의 고령층에서 높은 경제활동참여율과 노동상태지속 경향을 반영할 수 있다. 이처럼 실제취업률과 생명표 취업률을 비교함으로써 취업전환율의 시기별 변화의 영향을 보다 분명하게 이해할 수 있다.

좀 더 자세히 살펴보면 남성의 경우 1998년 60~64세 남성의 취업률은 49.6%인데, 1998년 래딕스와 취업상태전환확률에 기초한 생명표에서는 60~64세 남성의 취업률은 60.7%로 추정된다. 이 차이는 노동이동률의 변화나 코호트의 취업률 변화나 아니면 두 가지 효과의 복합적인 결과일 수 있다. 만일 이동패턴이 변하지 않았다면, 모든 연령에서 실제보다 생명표상의 취업률이 높은 것은 젊은 코호트들의 취업률이 증가하여 온 영향일 수 있다. 시기적으로 볼 때 실제관측치와 생명표 추정치의 차이가 2000~2001년에 가장 크게 나타난다. 이것은 2000~2001년에 취업률의 구성요인이 크게 변하였음을 시사한다. 표에서 주목할 수 있는 또 다른 특성으로 생명표 취업률은 2000~2001년이 2003~2004년보다 높게 추정되는 점을 들 수 있다. 이것은 두 기간 사이 이탈률과 재진입률의 차이보다는 55세의 취업률 차이(래딕스)와 관련이 크다고 이해된다. 55세의 남성의 취업률은 2000년 81.8%인 반면 2003년에는 77.7%로 차이가 나고 있다.

여성의 경우 2000~2001년의 실제 관측된 취업률과 생명표 추정치는 차이가 크지 않고 생명표 취업률이 관측값보다 더 낮게 나타나고 있다. 이것은 2000년에 다소 급작스럽게 취업률이 감소한 효과가 코호트 변화의 효과(취업률 증가)를 상쇄한 때문이 아닌가 추측된다.

4. 래딕스와 은퇴동학이 취업률 변화에 미친 영향

다음에서는 시기별 이동률의 변화나 초기값의 차이가 어떻게 취업률 변화에 영향을 미치는가를 살펴보기 위해 일련의 모의 방법을 활용하였다. 우선 1998년을 기준연도로 하여 기준연도의 어떤 한 생명표 요인이 비교시점의 값으로 바뀔 때 1998년의 노동 생명표 결과가 어떻게 변화되는지를 추정하였다. 관심이 된 생명표 요인은 첫 번째, 생명표의 기준연령에서 취업률 구성의 값, 즉 래딕스인데, 이는 취업률 변화의 코호트 효과를 반영한다. 두 번째와 세 번째는 노동 이탈률 및 재진입률로서 비교연도의 값을 1998년의 값에 대체하였을 때 노동 생명표의 변화를 살펴보았다. 이렇게 일련의 모의 단계를 통해 구한 생명표 요인들의 변화에서 취업률이 어떻게 변하는가를 분석하였다. 고령자의 사망률 위험은 취업상태에 따라 다를 수 있지만, 여기서는 취업상태별 사망률 스케줄에 대한 정보는 매우 불완전하여 노동력 차이에 따른 사망률 위험은 동일하다고 가정한다. 이러한 가정 때문에 취업상태에서의 기대여명을 과소 추정할 가능성이 있음을 밝혀 둔다.

여기서 추정하는 노동 생명표는 흔히 기간 생명표로 일컬어지는 생명표이다. 즉 실제 코호트의 생애별 취업전환자료에 기초한 것이 아니라 동일시점에 관찰된 연령별 이행률이 변하지 않는다고 가정하였을 때 가상의 코호트가 경험하게 되는 취업상태 변화 특성을 추적한 것이다. 여기서 노동 생명표를 추정한 것은 실제 코호트의 은퇴 경험이나 취업상태를 추정하는 것이 목적이 아니라 구체적인 취업상태 전환확률과 래딕스의 효과가 취업률 변화에 어떤 영향을 미치는가를 분석하기 위해서이다. 기간 생명표 분석은 이 목적에 부합하는 방법이다.

〈표 7-6〉 생명표 요소에 대한 여러 가정 하에서 추정된 고령층 취업률, 1998, 2000

남성	1998년	2000년	래딕스 (2000) a	이탈률 (2000) b	재진입률 (2000) c	a+b	a+b+c
55~59세	0.631	0.792	0.786	0.642	0.616	0.799	0.792
60~64세	0.607	0.708	0.698	0.629	0.573	0.725	0.709
65~69세	0.535	0.626	0.601	0.567	0.509	0.639	0.626
70~74세	0.430	0.584	0.476	0.530	0.416	0.591	0.584
75세 이상	0.341	0.560	0.373	0.514	0.330	0.568	0.560
55세의 기대여명(년)	21.19	21.64	21.19	21.19	21.19	21.19	21.19
취업기간(년)	10.87	14.25	12.69	12.28	10.45	14.21	13.99
비취업기간(년)	10.32	7.39	8.66	8.91	10.74	6.98	7.20
여성	1998년	2000년	래딕스 (2000) a	이탈률 (2000) b	재진입률 (2000) c	a+b	a+b+c
55~59세	0.463	0.254	0.329	0.435	0.419	0.312	0.254
60~64세	0.469	0.223	0.381	0.392	0.382	0.328	0.223
65~69세	0.436	0.191	0.367	0.313	0.354	0.273	0.191
70~74세	0.367	0.127	0.315	0.210	0.294	0.188	0.128
75세 이상	0.299	0.075	0.262	0.135	0.231	0.124	0.075
55세의 기대여명(년)	26.60	27.11	26.60	26.60	26.60	26.60	26.60
취업기간(년)	10.49	4.38	8.57	7.42	8.62	6.15	4.33
비취업기간(년)	16.11	22.73	18.03	19.18	17.98	20.45	22.27

주: a+b+c와 2000년 생명표의 차이는 생존율의 변화에 기인함. 2000년 생명표는 2001년 생존율을 적용하였고, 앞의 생명표는 1998년 생명표와 마찬가지로 1999년의 생존율을 적용한 값이다.

노동 생명표 비교는 가장 취업상태의 변화가 크게 나타난 1998년, 2000년, 2003년 세 시기를 중심으로 이루어졌다. 생명표 기준기간은 1998년으로 정하였다. 생명표 요인 중 사망률은 변하지 않았다고 가정하고 1999년 사망률 분포를 모든 기간에 적용하였다. 그런 다음 두 비교연도의 래딕스, 이탈률, 재진입률에 각 각 차이를 두고 다른 조건은 기준연도의 요소와 같게 하였을 때 기준 생명표의 취업률 분포와의 차이를 비교하였다.

먼저 1998년과 2000년의 생명표를 비교해 보면, 남성의 경우 1998년 생명표에 비해 2000년 생명표 취업률이 더 높다(〈표 7-6〉). 55세 이후 노동참여기간은 1998년에는 10.87년, 2000년에는 14.25년으로 추정된다. 이러한 차이가 두 기간 래딕스 값의 차이나 두 기간의 이동률의 차이와 어떻게 연관되는가를 분석한 결과는 옆의 칸에 제시되어 있다. 먼저 1998년의 생명표 요소에 2000년의 래딕스를 적용한 결과(a) 취업률이 크게 증가하였다. 래딕스의 효과만을 가정하였을 때 총노동참여기간은 12.69년으로 추정된다. 특히 55~64세의 취업률 분포는 거의 2000년의 패턴에 근접하여, 이 연령구간의 취업률 증가는 상당부분 55세의 취업률 증가의 효과로 파악할 수 있다. 래딕스의 효과는 연령이 증가하면서 감소하는 것으로 나타난다.

다음으로 다른 생명표 요소는 1998년 조건과 동일하게 유지하면서 이탈률만 2000년의 값으로 대체하였을 때(b)를 살펴보면, 1998년에 비해 취업률이 크게 향상되었으며, 총취업기간도 12.28년으로 증가하였다. 래딕스효과와는 다르게 취업률의 변화는 연령이 증가할수록 커지는 것을 볼 수 있다. 이러한 변화는 1998년에 고령층에서 이탈률이 컸으며, 2000년에는 이탈률이 많이 완화된 경향을 반영한다.

재진입률은 1998년이 2000년에 비해 오히려 더 활발하였던 것이 확인된다. 1998년의 생명표 요소에 2000년의 재진입률을 적용하였을 때 추정된 취업률은 1998년의 모형취업률보다 낮게 나타나며, 55세의 총취업기간도 약간 더 낮게 추정된다.

이렇게 볼 때 두 기간 고령 남성의 취업률 변화의 가장 큰 요인은 래딕스와 이탈률로 파악된다. 1998년 55세 남성의 취업률은 70.5%이고 2000년은 81.8%로

10% 넘게 차이가 나타났다. 사례수가 제한되고 모수치를 반영하는가는 논란의 여지가 있지만, 경제위기 충격에 따라 보다 젊은 연령층의 취업률이 급격히 감소하였지만 다시 빠르게 회복된 것이 아닌가 하고 추측된다. 그리고 1998년에는 다른 연령에서와 마찬가지로 고령에서도 이탈률이 크게 높았는데 2000년에는 이탈률이 완화된 부분이 확인된다. 2000년과 1998년의 생명표 취업률의 차이는 이 두 요인(젊은 연령층과 고령에서의 이탈률 감소)에 의해 거의 설명되고 있다.

여성의 경우 사례수의 제약 때문에 비교하는 데 주의가 필요하다. 왜 2000년에 급작스럽게 취업률이 하락하였는가를 설명할 수 있는 적절한 요인을 찾기 어렵다. 적은 표본의 효과인지 아니면 이 시기 취업상태에 일어난 실제의 변화를 반영하는가를 판단하기 어렵다. 두 시기의 생존율, 55세의 취업률(래딕스), 이탈률과 재진입률에 기초하여 분석한 생명표 취업률 분포에 따르면 2000년 여성의 노동참여가 뚜렷이 낮다. 두 시기의 차이는 래딕스, 이탈률, 진입률의 복합적의 결과로 해석된다. 래딕스의 값에 따라 55세의 취업기간은 10.49년에서 8.57년으로 감소하고 있다. 이탈률의 차이의 효과는 래딕스의 값보다 크게 추정되는데, 이탈률만 차이를 두었을 때 55세의 취업기간이 7.42년으로 감소한다. 재진입률도 취업률 변화에 기여하였는데, 2000년의 재진입률을 적용하였을 때 총취업기간도 10.49년에서 8.62년으로 감소하였다.

이제 1998년과 2003년 생명표의 취업률 분포를 비교해 보자(〈표 7-7〉). 먼저 남성의 취업률 분포를 살펴보면, 1998년에 비해 2003년에 고령층의 노동참여가 활발하다. 55~59세의 노동참여율은 10% 넘게 증가하였다. 다른 연령층에서도 취업률이 크게 향상되었다. 두 기간 사이 55세의 기대여명은 1년 조금 더 연장되었는데, 취업기간은 3.3년 연장되었다. 취업률과 취업기간의 증가의 요인을 분해하여 보면, 래딕스와 이탈률의 변화효과가 가장 눈에 띈다. 다른 조건은 1998년의 조건과 같게 하고, 55세의 취업률만을 2003년의 수치에 적용한 결과 총취업기간은 1998년 기준모형에 비해 1.3년 정도 연장된다. 1998년과 2003년 사이 55세의 취업률이 70.5%에서 77.7%로 증가하였는데, 이러한 증가의 효과에 따라 총 1.3년 취업기간이 연장된 것이다. 두 기간 이탈률의 감소도 취업률과 취업기간을 크게 연장시키고 있다. 2003년의 이탈률을 적용하였을 때 1998년의 취업률은 1.5년 증가하는 것으로 나타난다. 재진입률 변화의 효과는 앞의 두 요인에 비해 작지만, 취업률을 더 제한하는 방향으로 작용하였다. 2003년의 재진입률을 적용한 결과 모든 연령에서 취업률이 더 낮아졌으며 총취업기간도 약간 감소한다. 결론적으로 1998~2003년 사이 남성 고령층의 노동참여는 이탈률이 감소되는 것처럼 회복되는 경향이 보이지만, 재진입률은 오히려 더 제한되었다고 해석할 수 있다.

〈표 7-7〉 생명표 요소에 대한 여러 가정 하에서 추정된 고령층 취업률, 1998, 2003

남성	1998년	2003년	래딕스 (2003) a	이탈률 (2003) b	재진입률 (2003) c	a+b	a+b+c
55~59세	0.631	0.761	0.753	0.646	0.612	0.772	0.761
60~64세	0.607	0.699	0.678	0.639	0.576	0.718	0.699
65~69세	0.535	0.616	0.587	0.573	0.510	0.632	0.616
70~74세	0.430	0.557	0.466	0.530	0.402	0.579	0.557
75세 이상	0.341	0.531	0.366	0.513	0.313	0.557	0.531
55세의 기대여명(년)	21.19	22.31	21.19	21.19	21.19	21.19	21.19
취업기간(년)	10.87	14.17	12.22	12.37	10.32	13.92	13.54
비취업기간(년)	10.32	8.14	8.97	8.82	10.87	7.26	7.65
여성	**1998년**	**2003년**	**래딕스 (2003) a**	**이탈률 (2003) b**	**재진입률 (2003) c**	**a+b**	**a+b+c**
55~59세	0.463	0.490	0.527	0.468	0.413	0.533	0.490
60~64세	0.469	0.432	0.511	0.474	0.369	0.517	0.432
65~69세	0.436	0.371	0.468	0.413	0.345	0.445	0.371
70~74세	0.367	0.311	0.391	0.350	0.290	0.374	0.311
75세 이상	0.299	0.271	0.317	0.316	0.230	0.335	0.271
55세의 기대여명(년)	26.6	27.53	26.6	26.6	26.6	26.6	26.6
취업기간(년)	10.49	9.96	11.40	10.50	8.47	11.43	9.69
비취업기간(년)	16.11	17.58	15.21	16.10	18.14	15.18	16.91

여성의 경우 1998년 고령층 여성의 노동참여가 어느 시기보다 활발하였다는 점이 다시 한 번 확인된다. 2000년의 매우 낮은 참여 이후 고령 여성의 노동참여율이 증가된 경향이 나타나지만 2003년의 패턴도 1998년에 비교해 볼 때 노동참여가 덜 활발한 편에 속한다. 모든 연령에서 1998년 취업률이 높으며, 총취업기간도 1998년에 약간 더 높다. 또한 강조하고 싶은 것은 1998년과 2003년의 취업률은 비슷하게 보이지만 취업률을 구성한 요인, 특히 노동이동 패턴은 상당히 달랐다는 점이다. 취업률이 비슷한 것은 상충된 변화의 효과가 서로 상쇄된 결과로 해석된다. 우선, 두 기간 동안 래딕스값이 크게 변하였다. 55세 여성의 취업률은 1998년 43.4%에서 2003년 51.3%로 증가하였다. 래딕스만이 증가하였다고 할 때 취업기간은 1년 정도 연장된다. 두 기간 동안 이탈률의 변화는 크지 않았다. 연령별취업률의 분포나 총취업기간에서 차이는 별로 두드러지지 않는다. 두 기간 동안 크게 변화된 또 하나의 요인이 재진입률이다. 1998년의 분포에 2003년의 재진입률을 적용하였을 때 취업률이 모든 연령에서 크게 감소하고, 총취업기간도 약 2년 정도 감소한다. 결국 여성의 경우, 55세의 취업률은 1998년에 비해 크게 향상되었지만 재진입률은 오히려 더 제한되었으며, 두 요인의 효과가 상쇄되어 두 기간의 취업률의 차이가 크지 않게 나타나고 있다.

결론적으로, 노동 생명표 분석을 통해서 외환위기 이후 6~7년 사이 고령층의 취업상태 전환이 복합적으로 이루어졌던 양상을 확인할 수 있다. 1998년의 경제위기와 실업대란 속에서 젊은 연령층에서와 마찬가지로 고령층의 이탈률이 매우 크게 증가하였고 그 결과 취업률이 크게 낮아진 것이 분명하지만, 이 시기에는 재진입률도 활발하게 이루어졌다. 1998년 이후 남성 고령층의 취업률이 증가한 것은 고령에서 노동이탈률이 감소한 이유 외에도 보다 젊은 연령에서 이탈률이 크게 감소한 효과(래딕스효과)가 크게 작용하고 있다.

생명표 분석은 노동시장의 구조조정이 활발하게 이루어진 1998년 이후의 고령층의 이탈률과 재진입률에 다양한 변화가 이루어졌음을 보여 준다. 남성의 경우 높은 이탈률과 높은 재진입률의 패턴을 보였던 1998년에 비교할 때 이후 시기는 이탈률은 완화되었지만, 재진입률은 오히려 경직되는 경향이 나타난다. 전체적으로 고령 남성의 취업률이 1998년이 이후 증가된 것은 보다 젊은 연령에서의 빠른 이탈률 감소와 고령에서의 이탈률 감소의 효과로 설명되는 것 같다.

고령 여성의 노동동학의 가장 흥미로운 특징은 관찰기간 중 1998년이 노동참여가 가장 활발하게 나타나는 점이다. 남성의 경우 1998년 이후 이탈률이 크게 개선된 것과는 달리 여성에서는 이탈률이 별로 개선되지 않았으며, 오히려 2000년에는 이탈률이 가장 높게 나타난다. 이후 이탈률은 감소하지만 2003~2004년의 이탈률도 1998년의 이탈률 수준에 비해 더 높은 수준이다. 재진입률은 최근으로 올수록 제약되고 있는 경향이 나타난다. 1998년과 2003년 사이 취업률에 큰 차이가 없지만, 그 이면에는 점차적으로 제약되는 재진입률과 이를 상쇄하는 코호트의 효과(보다 젊은 연령층의 취업률의 빠른 회복)가 복합적으로 작용한 결과이다.

분석기간과 사례의 제한으로 인해 좀 더 세분화한 취업상태 전환과 은퇴과정의 다양성은 분석하지 못하였다. 이는 향후 본격적인 연구에서 보완되기를 기대해 본다.

제8장

인구의 추계

1. 장래인구의 추계

과거, 현재, 그리고 미래의 인구구조와 크기가 어떻게 변하는가를 제대로 안다면 우리는 사회변화의 구조적 원인을 진단하고 미래 상황에 적응하기 위한 조건이나 구체적인 실행을 제대로 계획할 수 있다. 관건은 얼마나 우리의 추정이 정확한가인데 아쉽게도 장래인구를 추정하는 작업은 늘 불확실성과 편의를 가지고 있다.

미래를 예측하는 가장 간단한 방법은 과거와 현재의 경향이 유지될 것으로 가정하여 미래를 추정하는 방법일 수 있다. 만일 미래의 변화가 비교적 최근의 경향과 비슷하다면 최근의 경향은 미래를 측정하는 중요한 기준이 될 수 있다. 현재를 정확히 측정하면 미래도 더욱더 정확하게 예측할 수 있다. 그러나 미래의 현상은 현재의 패턴이나 현재의 인식의 범위를 벗어나 변화되고 발생하는 부분들이 많다. 그리고 현재의 패턴을 전제로 한 많은 예측들이 오히려 실제의 변화를 제대로 파악하지 못하게 하는 눈가리개가 되어 잘못된 대응을 이끄는 경우도 적지 않다. 이렇게 미래를 예측하는 일은 불확실하고 연구자가 지니고 있는 이해와 관점에 구속되지만, 수많은 시행착오 속에서 좀 더 통찰적인 추정의 방법이 개발되는 것일 수 있다.

장래인구추계는 가장 기본적인 인구학 방법과 연구에 속한다. 장래인구가 어떤 특징을 갖는가를 예측하는 것은 여러 정책을 만드는 데 중요한 기준이 될 수 있다. 또한 장래의 인구구조를 추계하는 작업이 의미가 있는 것은 인구변동의 요소들인 출산, 사망, 이동의 패턴을 예측할 수 있는 모형들이 발전되고 인구자료들이 보다 정확해지고 축적되고 있기 때문이다. 현상에 대한 종합적, 성찰적인 이해력과 정보를 처리할 수 있는 능력이 결합될 수 있다면 아마도 미래는 좀 더 편의를 줄이면서 전망될 수 있을 것이다.

이 장에서는 장래인구추계의 기본방법을 정리하고 있다. 인구추계방법은 크게 단일지역 인구추정과 다지역 인구추정방법(multi-regional population projection)으로 구분할 수 있다. 우선, 단일지역의 인구변화를 추정하는 방법으로 성장률을 이용하는 방법, 코호트의 인구변동요인에 따라 장래인구를 추정하는 방법, 소지역의 인구를 추정하는 방법의 기본원리를 살펴본다. 다음으로는 인구동태가 서로 연결된 두 지역 이상에서 인구분포를 추정하는 방법으로서 다지역 인구추정방법을 정리하고 있다. 단일지역과 다지역 분석은 인구의 속성과 흐름을 상이하게 정의한다. 단일지역의 인구추정은 다른 지역의 인구분포에 영향을 받지 않는다고 가정하면서 출산율과 사망률, 순이동률에 기초하여 각 지역의 인구를 추정하는 방법이라면, 다지역 인구추정은 출산, 사망, 이동률이 다른 지역의 인구분포에 영향을 받는 것을 고려하여 여러 지역의 인구를 추정하는 방법이다. 이 장에서는 서로 연결된 두 지역 이상에서 인구분포를 추정하는 방법으로 인구균형방정식에 기초하여 인구를 추정하는 방법과 생명표를 이용하여 지역인구를 추정하는 방법을 정리하고 있다.

2. 단일지역 인구추계방법

1) 단일지역의 인구성장

어떤 지역의 총인구(P)는 특정시점 혹은 특정기간 사이 생존한 각 연령의 인구나 모든 연령구간에 속한 사람의 전체 합이다(〈식 8-1〉).

$$P = \sum_{0}^{w-n} {}_nN_x = \sum_{x} {}_nN_x = {}_wN_0 \qquad \text{〈식 8-1〉}$$

어떤 지역의 1년 사이 인구의 증가는 1년 전의 인구(P_0)에서 1년 동안 태어난 출생아수(B)를 더하고 사망자수(D)를 뺀 후 전입자수(I)와 전출자수(E)의 차이를 의미하는 순이동자수($I-E$)의 합과 같다(〈식 8-2〉).

$$P_1 = P_0 + B - D + I - E \qquad \text{〈식 8-2〉}$$

따라서 1년간의 인구증가율(r)은 초기시점의 인구에 대한 1년간 자연증가와 순이입인구의 합의 비율로 측정한다. 그리고 인구증가율은 다시 조출생률과 조사망률, 순이동률의 합으로 정리할 수 있다(〈식 8-3〉).

$$\begin{aligned} r &= \frac{P_1 - P_0}{P_0} \qquad \text{〈식 8-3〉} \\ &= \frac{B - D + I - E}{P_0} \\ &= CBR - CDR + CMR \\ &= \frac{P_1}{P_0} - 1 \end{aligned}$$

그리고 매해 증가율, 조출생률, 조사망률, 순이동률을 구할 때는 일반적으로 그 해의 연앙인구를 분모로 하여 구한다(〈식 8-4〉).

$$CBR = B^{(t,t+1)} / {}_wN_0^{(t+1/2)} \qquad \text{〈식 8-4〉}$$

$$CDR = D^{(t,t+1)} / {}_wN_0^{(t+1/2)}$$

$$CMR = (I^{(t,t+1)} - E^{(t,t+1)}) / {}_wN_0^{(t+1/2)}$$

만일 인구가 해마다 증가율 r로 증가한다면 k년 뒤의 인구 P_k와 증가율은 〈식 8-5〉와 같이 정리된다.

$$P_k = P_0(1+r)^k \qquad \text{〈식 8-5〉}$$

$$r = \sqrt[k]{\frac{P_k}{P_0}} - 1$$

반면 인구가 매 순간 증가한다면 k년 뒤의 인구 P_k와 연평균증가율 r은 〈식 8-6〉과 같이 정리된다.

$$P_k = P_0 e^{rk} \qquad \text{〈식 8-6〉}$$

$$r = \frac{1}{k} ln(\frac{P_k}{P_0})$$

인구증가가 밑이 e인 지수함수(exponential function)로 표시될 수 있는 것은 인구증가가 매 순간 일어나기 때문이다. 무한증가 함수의 원리를 원리계산법으로 설명해 보자(Chiang, 1985: 274-281). 만일 초기자본이 1달러이고 연이율 100%라고 하자. 1년 뒤 이자를 포함한 자산은 2달러가 된다.

V(1)=1(1+100%)=2

만약 이자 100%가 반년마다 분할하여 50%씩 붙는다면 첫 반년에 원금의 1.5배, 그리고 후반기에는 그 자산에 다시 1.5배를 얻을 수 있다.

$$V(2) = (1+50\%)(1+50\%) = (1+\frac{1}{2})^2$$

마찬가지로 3기, 4기별로 이자가 균등하게 적용된다면, 총자산은 각각 $(1+\frac{1}{3})^3$, $(1+\frac{1}{4})^4$ 으로 증식된다.

$$V(3) = (1+\frac{1}{3})^3,\quad V(4) = (1+\frac{1}{4})^4$$

일반화하여, m기별로 이자가 적용된다면, 총자산은 $(1+\frac{1}{m})^m$ 배로 증식된다. m은 1년에 이자가 증식되는 빈도를 가리킨다.

$$V(m) = (1+\frac{1}{m})^m$$

만일 m이 무한히 확장한다면, 다시 말해 순간순간 이자가 적용된다면, 1년간의 자산증가는 원 자산의 e값, 2.718배로 증가한다.

$$\lim_{m\to\infty} V(m) = \lim_{m\to\infty}(1+\frac{1}{m})^m = e \approx 2.718$$

만일 자산을 저축한 기간이 1년이 아니라 t년이고, 이자율도 100%가 아니라 특정한 값 r이라고 한다면 t년, 연평균 이자율이 r인 무한복식금리(순간성장) 자산의 증가 정도는 $e^{rt}=\lim_{m\to 0}(1+\frac{r}{m})^{mt}$으로 증가한다. 따라서 원금이 W라고 할 때 t년의 총자산은 $V=W\epsilon^{rt}$와 같다.

자산과 마찬가지로 인구는 매 순간 증가하므로 e의 지수함수로 인구성장을 추정할 수 있다. 초기인구가 P_0이고 연평균 r로 증가할 때 t년 뒤의 인구 $P_t=P_0e^{rt}$가 되는 것이다.

인구증가율은 인구의 변화크기를 가리키는 지표이다. 증가율에 따라 인구크기의 변화 정도가 어떻게 달라지는지를 직관적으로 이해하기 위해 증가율에 따라 인구가 2배가 되는 데 걸리는 시기를 측정하기도 한다. 기하급수적 인구증가 함수에서 인구가 2배로 증가한 것은 $e^{rt}=2$가 되는 것 같다. 따라서 증가율이 양의 값을 가질 때 인구가 2배가 되는 데 소요되는 기간 t는 $\frac{\ln(2)}{r}$와 같다. 증가율이 클수록 배가 되는 시간은 줄어들고, 증가율이 작을수록 배가 되는 기간은 길어진다.

〈식 8-7〉 인구가 배가 되는 데 걸리는 시간

$$t=\frac{\ln(2)}{r} \qquad (\mathrm{r}>0)$$

예를 들어 연간 0.5%로 인구가 증가할 때 인구가 2배 되는 데 139년 정도 걸리고, 연간 1%로 인구가 증가할 때 인구가 2배 되는 데 약 70년이 걸리고, 연간 2%로 인구가 증가한다면 2배가 되는 시간은 23년밖에 걸리지 않는다. 만약 연간 0.5%로 인구가 감소한다면 인구크기는 약 140년 뒤에 절반으로 감소할 것으로 추정된다.

〈표 8-1〉 대륙별 인구(단위: 백만 명, %)

시기	아시아		유럽		구소련		아프리카		아메리카		오세아니아		세계	
	인구	증가율	인구	증가율	인구	증가율	인구	증가율	인구	증가율	인구	증가율	인구	증가율
기원전 400	95		19		13		17		8		1		153	
0	170		31		12		26		12		1		252	
200	158		44		13		30		11		1		257	
600	134		22		11		24		16		1		208	
1000	152		30		13		39		18		1		253	
1200	258		49		17		48		26		2		400	
1340	238		74		16		80		32		2		442	
1400	201		52		13		68		39		2		375	
1500	245	0.02	67	0.05	17	0.02	89	0.08	42	0.08	3	0.07	461	0.04
1600	338		89		22		113		13		3		578	
1700	433		95		30		107		12		3		680	
1750	500		111		35		104		18		3		771	
1800	631	0.31	146	0.25	49	0.40	102	-0.05	24	0.31	2	-0.20	954	0.25
1850	790	0.45	209	0.72	79	0.96	102	0.00	59	1.80	2	0.00	1,241	0.53
1900	903	0.27	295	0.69	127	0.95	138	0.60	165	2.06	6	2.20	1,634	0.55
1950	1,376	0.84	393	0.57	182	0.72	224	0.97	332	1.40	13	1.50	2,520	0.87
2000	3,611	1.93	510	0.52	291	0.94	784	2.51	829	1.83	30	1.67	6,055	1.75

자료: Livi-Bacci(2009: 40).

현존하는 인구기록에 따르면 기원후 16세기 초엽까지 세계의 인구증가율은 0.04%에 그쳤다고 추정된다(〈표 8-1〉). 17세기 이후부터 아시아, 유럽, 아메리카 지역에서 인구가 크게 증가하였던 것으로 추정된다. 인구증가율은 19세기 이후 대폭 커지는데 19세기 동안은 유럽, 아메리카, 오세아니아 지역에서 인구증가율이 컸다. 이는 유럽인의 지구의 발견과 대규모 이주의 영향과 연관된다. 20세기 중반에는 아메리카 지역에서 여전히 인구성장률이 높았고, 아시아와 아프리카에서 인구가 크게 증가하고 유럽 지역의 증가율은 감소하였다. 20세기 후반 이후에는 아시아와 아프리카, 아메리카 지역에서 인구가 매우 크게 증가하였다.

2) 장래인구추계와 코호트 요인 방법

과거, 현재, 그리고 장래인구의 구조와 크기가 어떻게 변하는가를 제대로 안다면 우리는 사회변화의 구조적 원인을 진단하고 미래 상황에 적응하기 위한 조건이나 구체적인 실행을 계획할 수 있다. 관건은 얼마나 우리의 추정이 정확한 것인가인데 아쉽게도 장래인구를 추정하는 작업은 늘 불확실성과 편의를 가지고 있다.

장래인구를 추계하는 가장 간단한 방법은 과거와 현재의 인구성장의 경향이 유지될 것으로 가정하여 추정하는 방법일 수 있다. 만일 미래의 인구성장이 비교적 최근의 경향과 비슷한 수준이라고 가정할 수 있다면 〈식 8-8〉에서와 같이 짧은 기간에 걸쳐 장래인구를 추정할 수 있다. 인구성장을 지수함수로 모형화하면 t 시점에서 n년 뒤의 인구크기는 t 시점의 인구에 과거 두 시점의 인구크기의 비를 밑으로 한 기간비의 지수함수의 곱으로 구할 수 있다. 인구성장을 선형함수로 모형화하면 초기인구에 과거인구변동의 크기에 기간비를 곱한 값을 더해 구할 수 있다.

〈식 8-8〉 증가율을 이용한 장래인구추계 방법

$$ {}_{\omega}N_{0,\,\exp}^{t+n} = {}_{\omega}N_{o}^{t}\,({}_{\omega}N_{o}^{(k+m)}/{}_{\omega}N_{o}^{k})^{(n/m)} $$

$$ {}_{\omega}N_{o,\,lin}^{t+n} = {}_{\omega}N_{o}^{t} + (n/m)({}_{\omega}N_{o}^{k+m} - {}_{\omega}N_{o}^{k}) $$

$$ {}_{\omega}N_{0,\,\exp}^{2000} = {}_{\omega}N_{o}^{1990}\,({}_{\omega}N_{o}^{1980}/{}_{\omega}N_{o}^{1970})^{(10/10)} $$

$$ {}_{\omega}N_{o,\,lin}^{2000} = {}_{\omega}N_{o}^{1990} + (10/10)({}_{\omega}N_{o}^{1980} - {}_{\omega}N_{o}^{1970}) $$

이처럼 과거와 현재에서 관찰된 인구증가 경향에 기초하여 인구를 추계하는 방법은 간단하지만 정확성과 정보가 제한되는 한계점이 있다. 무엇보다 연령집단별 사망, 출산, 이동 수준의 다양성을 고려하지 못하고 전체인구수 추계만 가능할 뿐 연령별 인구구조의 추계가 어렵다. 이에 반하여 코호트 요인 방법(cohort component method)은 인구변화의 구성요소인 출생, 사망, 이동, 연령집단의 구조를 고려하여 미래의 인구를 추정하는 방법이다. 인구변화를 추계하는 가장 기본적인 원리로 돌아가 보자.

$$P_1 = P_0 + B - D + I - E$$

인구변화($P_1 - P_0$)는 특정기간 동안의 출생(B), 사망(D), 이동(I-E)의 변화에 따른다. 그리고 출생과 사망, 이동의 수준은 연령과 성의 구조에서 추정될 수 있다. 요컨대 출생은 모의 연령별출생률에서 추정되고 사망크기는 연령별생존율에 의해 추정될 수 있다. 이동의 요소 또한 성과 연령집단별로 추정할 수 있다. 이것은 인구의 성별, 연령별 출생, 사망, 이동률에 의해 총인구의 변화양상이 결정되기 때문이다. 성별, 연령별 출생, 사망, 이동률은 총변화의 크기를 결과하는 요인들이다.

이렇게 연령, 성, 그리고 코호트의 동태율에 기초하여 인구의 변화를 추정하는 방법이 코호트 요인 방법이다. 코호트 요인 방법은 인구추계방법으로 가장 널리 활용되고 있으며, P. K. Whelpton에 의해 처음 그 모형이 발전되었다(Bogue, 1980).

코호트 요인 방법의 원리를 정리해 보면 다음과 같다. 원리를 쉽게 이해하기 위해 일단 인구변동에서 이동 요인을 제외한다. 인구이동이 매우 제한되고 인구변동이 자연성장(출생과 사망의 차이)에 의해 이루어진 상황을 전제한다. 이런 전제에서 어떤 t 시점에서 n년이 경과된 사이 생존인구와 새로 출생한 인구를 추정해 보자. 먼저 생존인구는 〈식 8-9〉와 같이 추정할 수 있다.

$${}_nN_{x+n}^{(t+n)} = ({}_nL_{x+n}/{}_nL_x)\,{}_nN_x^{(t)} \qquad \langle 식\ 8\text{-}9\rangle$$

식에서 ${}_nN_x^{(t)}$는 t 시점에 연령 x에서 $x+n$세인 인구를 의미하며, ${}_nN_{x+n}^{(t+n)}$은 시점 $t+n$에서 $x+n$세에서 $x+2n$세인 인구를 가리킨다. 이동이 없는 상태에서 두 인구 ${}_nN_{x+n}^{(t+n)}$과 ${}_nN_x^{(t)}$는 같은 코호트이다. t 시점에 x세에서 $x+n$세인 인구는 $t+n$ 시점에 $x+n$세에서 $x+2n$세의 인구가 된다. n 기간 동안 코호트의 크기가 변화된 것은 그 연령집단의 생존율에 따른다. 따라서 연령집단의 생존율이 변하지 않았다면 생존율에 기초하여 연령집단별 n년이 경과된 이후의 인구크기를 추정할 수 있다.

한편 $t+n$ 시점에 0-n세의 인구는 t 시점에서 $t+n$ 시점 사이 새로 출생하여 $t+n$ 시점까지 생존한 인구를 가리킨다. 이 인구를 추정하기 위해서는 세 가지 정보가 필요한데, 하나는 t 시점에서 $t+n$ 시점 동안의 모의 연령집단별생존율이고, 다음 하나는 모의 각 연령집단이 경험한 연령별출산율이고, 마지막으로 출생에서 $t+n$ 시점까지의 생존율의 정보가 필요하다. 요컨대 t 시점에서 $t+n$ 시점 동안 새로 진입한 인구(출생하여 $t+n$ 시점까지 생존한 인구)를 추정하기 위해 연령별출산율과 모와 출생아의 생존율을 고려해야 한다.

먼저 t년과 $t+n$년 사이 출생한 인구를 추정하기 위해 기간의 처음 시점과 마지막 시점에서 코호트의 평균출산율을 추정한다(〈식 8-10〉).

$${}_nf_{x+(1/2)n,f} = 1/2[{}_nf_{x,f} + ({}_nL_{x+n}/{}_nL_x){}_nf_{x+n,f}] \qquad \langle 식\ 8\text{-}10\rangle$$

${}_nf_{x+(1/2)n,f}$는 n년의 기간 시작 시점과 마지막 시점에서 여아출산율 ${}_nf_{x,f}$와 ${}_nf_{x+n,f}$의 평균값을 의미한다. 이는 연령 x세에서 $x+n$세 집단의 현재 출산율과 이 코호트가 $x+n$에서 $x+2n$ 연령에 생존하였을 때 예상되는 출산율의 평균값을 의미한다. ${}_nf_{x,f}$와 ${}_nf_{x+n,f}$는 실제는 연령 x에서 $x+n$세 연령집단과 $x+n$에서 $x+2n$세 연령집단의 기간출산율이지만 n년의 기간이 경과되었을 때 코호트의 초기 출산율과 마지막 시점의 출산율로 간주한다. 그리고 기간의 초기시점의 출산율

과 기간 동안 생존율을 고려하였을 때 마지막 시점의 출산율의 평균으로 n 기간 동안의 평균출산율을 구한다. ${}_nL_{x+n}/{}_nL_x$는 연령 x에서 $x+n$인 코호트가 연령 $x+n$에서 $x+2n$까지 생존할 확률을 나타낸다. 그리고 이렇게 코호트의 n 기간 동안의 평균출산율을 t 시점의 모의 인구에 곱하여 출생아수 ${}_nB_{x+(1/2)n}$을 구할 수 있다(〈식 8-11〉).

$$ {}_nB_{x+(1/2)n} = {}_nN_x^t \, {}_nf_{x+(1/2)n,f} \qquad \text{〈식 8-11〉} $$

n 기간 동안 태어난 인구를 추정한 다음에는 이 인구가 $t+n$ 시점까지 생존한 인구수를 추정한다(${}_nN_{0,f}^{(t+n)}$). 이를 위해 생명표에서 초기인구에 대한 0~n세 미만의 인연수의 비(${}_nL_0/l_0$)를 이용할 수 있다. 이 비는 출생아가 n년 기간까지 생존한 평균생존인연수가 된다. 여기에 평균출산율을 곱하면 출산아의 평균생존인연수 ${}_n\phi_{x+(1/2)n,f}$가 된다. ${}_n\phi_{x+(1/2)n,f}$,는 n년 기간 동안 출생하여 $t+n$ 시점까지 생존한 인연수로 이해할 수 있다. 여기에 모의 연령별 인구를 곱하여 합하면 $t+n$ 시점 0-n세의 인구를 추정할 수 있다(〈식 8-12〉. $t+n$ 시점에 0-n세 인구(여아) ${}_nN_{0,f}^{(t+n)}$는 n년 동안 출생하여 $t+n$ 시점에 생존한 인연수가 된다.

$$ {}_nN_{0,f}^{(t+n)} = \sum_0 {}_n\phi_{x+(1/2)n,f}\left({}_nN_x^{(t)}\right) $$

〈식 8-12〉

$$ \begin{aligned} {}_n\phi_{x+(1/2)n,f} &= \frac{1}{2}\left({}_nL_{0,f}/l_0\right)\left[{}_nf_{x,f} + \left({}_nL_{x+n}/{}_nL_x\right){}_nf_{x+n,f}\right] \\ &= \left({}_nL_{0,f}/l_0\right){}_nf_{x+(1/2)n,f} \end{aligned} $$

이렇게 n 기간 동안 생존한 인구와 새로 태어나 생존한 인구를 추계하는 식을 전환율과 인구분포의 행렬로 전환할 수 있다. 우선 연령집단별 새로 진입한 인구와 생존인구의 크기를 나타내는 식을 〈식 8-13〉과 같이 정리할 수 있다. 계산이 쉽도록 0~60세 연령구간을 15세로 묶었고 각 연령집단별 15년 뒤의 인구변화를 추정하는 식으로 정리하였다. 첫 번째 식은 15년 뒤 0~15세 인구를 추정하는 식으로서 각 연령집단에서 평균출산율과 15년 기간 동안의 생존율의 곱을 인구수에 곱하여 합한 값으로 정리된다. 두 번째 식 이하부터는 각 연령집단에서 15년 뒤의 생존한 인구수를 추정하기 위해 각 연령집단의 크기에 15년 동안의 생존율을 곱한 값으로 정리된다.

〈식 8-13〉 15년간 인구의 변화

$$
\begin{array}{lllll}
{}_{15}\phi_{7.5}\,{}_{15}N_0^{(t)} & +\ {}_{15}\phi_{22.5}\,{}_{15}N_{15}^{(t)} & +\ {}_{15}\phi_{37.5}\,{}_{15}N_{30}^{(t)} & +\ {}_{15}\phi_{52.5}\,{}_{15}N_{45}^{(t)} & = {}_{15}N_0^{(t+15)} \\
({}_{15}L_{15}/{}_{15}L_0)\,{}_{15}N_0^{(t)} & +\ 0 & +\ 0 & +\ 0 & = {}_{15}N_{15}^{(t+15)} \\
0 & +\ ({}_{15}L_{30}/{}_{15}L_{15})\,{}_{15}N_{15}^{(t)} & +\ 0 & +\ 0 & = {}_{15}N_{30}^{(t+15)} \\
0 & +\ 0 & +\ ({}_{15}L_{45}/{}_{15}L_{30})\,{}_{15}N_{30}^{(t)} & +\ 0 & = {}_{15}N_{45}^{(t+15)}
\end{array}
$$

위의 다중식을 행렬(row × column matrice)로 표현하면 〈식 8-14〉와 같다. 첫 번째 행렬은 n년이 경과되는 동안의 인구의 잔존율과 새로 유입된 비율의 전환행렬을 가리킨다. 두 번째 행렬은 기준이 되는 인구이다. 첫 번째 전환행렬과 기준인구 행렬을 곱하면 15년이 경과된 후의 인구가 추정된다.

〈식 8-14〉 15년간 인구변화의 메트리스

$$
\begin{bmatrix}
{}_{15}\phi_{7.5} & {}_{15}\phi_{22.5} & {}_{15}\phi_{37.5} & {}_{15}\phi_{52.5} \\
{}_{15}L_{15}/{}_{15}L_0 & 0 & 0 & 0 \\
0 & {}_{15}L_{30}/{}_{15}L_{15} & 0 & 0 \\
0 & 0 & {}_{15}L_{45}/{}_{15}L_{30} & 0
\end{bmatrix}
\begin{bmatrix}
{}_{15}N_0^{(t)} \\ {}_{15}N_{15}^{(t)} \\ {}_{15}N_{30}^{(t)} \\ {}_{15}N_{45}^{(t)}
\end{bmatrix}
=
\begin{bmatrix}
{}_{15}N_0^{(t+15)} \\ {}_{15}N_{15}^{(t+15)} \\ {}_{15}N_{30}^{(t+15)} \\ {}_{15}N_{45}^{(t+15)}
\end{bmatrix}
$$

$$\text{M(전환행렬)} \quad \times \quad N^{(t)} \quad = \quad N^{(t+15)}$$

〈표 8-2〉 2000년도 성별·연령별 인구와 출산 및 사망 수준

여성	주민등록인구	생명표 인구		여아 출산	남아 출산	연령집단별 출산율 (여아)	연령집단별 출산율 (남아)
	${}_nN_x$(명)	${}_nL_x$	${}_nL_{x+n}/{}_nL_x$	${}_nB_{x,f}$	${}_nB_{x,m}$	${}_nf_{x,f}$	$nf_{x,m}$
0~14세	4,706,174	1,488,686		0	0	0	0
15~29세	5,890,002	1,482,364	0.995753	213696.4	194459.6	0.036281	0.0330152
30~44세	6,365,191	1,469,244	0.991149	118432.6	107771.4	0.018606	0.0169314
45~59세	3,740,163	1,431,729	0.974466	152.8811	139.1189	4.09E-05	3.72E-05
60~74세	2,316,821	1,288,061	0.899654	0	0	0	0
75세 이상	752,116	799,922	0.621028	0	0	0	0
계	23,770,467			332281.9	302370.1	0.013979	0.0127204
남성	주민등록인구	생명표 인구		여아 출산	남아 출산	연령집단별 출산율 (여아)	연령집단별 출산율 (남아)
	${}_nN_x$(명)	${}_nL_x$	${}_nL_{x+n}/{}_nL_x$	${}_nB_{x,f}$	${}_nB_{x,m}$	${}_nf_{x,f}$	$nf_{x,m}$
0~14세	5,252,628	1,486,890					
15~29세	6,208,250	1,475,548	0.992372				
30~44세	6,670,823	1,445,290	0.979494				
45~59세	3,731,813	1,341,639	0.928284				
60~74세	1,746,228	1,036,915	0.772872				
75세 이상	352,346	439,128	0.423495				
계	23,962,088						

구체적으로 2000년도의 성별·연령별 인구구조와 출산과 사망 수준에 기초하여 2015년도의 인구를 추정하여 보자. 〈표 8-2〉에는 2000년도 연령별 인구와 생명표의 정지인구, 생존율, 모의 연령별출생아와 연령별출산율 자료가 정리되어 있다. 이 자료에 기초하여 모의 생존율을 고려한 여아와 남아의 평균출산율과 15년 동안 출생한 인구의 평균생존인연수를 추정한 결과가 〈표 8-3〉과 같이 정리된다.

〈표 8-3〉 코호트의 기간평균출산율과 15년 동안 출생아의 평균생존인연수

모의 연령 (세)	기간평균여아출산율	15년 동안 여아의 평균생존인연수	기간평균남아출산율	15년 동안 남아의 평균생존인연수
	${}_{15}f_{x+7.5,f}$	${}_{15}\phi_{x+7.5,f}$	${}_{15}f_{x+7.5,m}$	${}_{15}\phi_{x+7.5,m}$
15~29	0.018064	0.26891	0.016437	0.24441
30~44	0.027361	0.407326	0.024898	0.37021
45~59	0.009323	0.138791	0.008484	0.12614
60~74	2.04E-05	0.000304	1.86E-05	0.00028
		0.815331		

${}_{15}\phi_{x+7.5,f}$는 15년 동안 태어난 여아의 평균생존인연수로도 이해할 수 있고 부분적으로 사망률을 고려한 재생산비로도 해석할 수 있다. 출산아의 생존율을 고려하지 않고 구한 총재생산율(GRR)보다 더 정확할 수 있다. 모의 연령별 여아의 평균생존인연수를 합하면 재생산율이 0.815331로 측정된다. 이제 15년 동안 출생한 인구의 평균생존인연수와 기존 인구의 생존율의 전환행렬과 2000년 인구의 행렬을 곱하면 2015년의 인구를 다음과 같이 추정할 수 있다(〈식 8-15〉).

〈식 8-15〉 2015년 여성인구의 추정

$$\begin{bmatrix} .269 & .407 & .139 & .003 & 0 & 0 \\ .9958 & 0 & 0 & 0 & 0 & 0 \\ 0 & .9911 & 0 & 0 & 0 & 0 \\ 0 & 0 & .9745 & 0 & 0 & 0 \\ 0 & 0 & 0 & .8997 & 0 & 0 \\ 0 & 0 & 0 & 0 & .6210 & 0 \end{bmatrix} \begin{bmatrix} 4706174 \\ 5890002 \\ 6365191 \\ 3740163 \\ 2316821 \\ 752116 \end{bmatrix} = \begin{bmatrix} 4549256 \\ 4686187 \\ 5837869 \\ 6202662 \\ 3364853 \\ 1438810 \end{bmatrix}$$

$$\text{M(전환행렬)} \quad \times \quad \text{N(2000)} = \text{N(2015)}$$

남녀인구를 행렬로 동시에 추정할 수 있다. 추정기간 출생하여 생존한 남아수 $({}_{15}N_{0,m})$는 각 연령집단 모가 추정기간 동안 생존하면서 출산한 남아 중 추정기간 동안 생존한 인연수로 추정할 수 있다. 이는 모의 인구수와 남아의 평균생존 인연수의 곱으로 추정한다. 다른 연령구간의 남성인구는 구간생존율로 추정할 수 있다.

$${}_{15}N_{0,m}^{(t+15)} = \sum_{0} {}_{15}\phi_{x+(1/2)n} \, ({}_{15}N_{x,f}^{(t)})$$

$$\begin{aligned} {}_{n}\phi_{x+(1/2),m} &= \frac{1}{2} \, ({}_{n}L_{0,m}/l_{0})[{}_{n}f_{x,m} + ({}_{n}L_{x+n,f}/{}_{n}L_{x,f})_{n}f_{x+n,m}] \\ &= ({}_{n}L_{0,m}/l_{0})_{n}f_{x+(1/2)n,m} \end{aligned}$$

남녀인구 추정의 전환행렬은 12×12 행렬이다(〈식 8-16〉). 전환행렬은 다시 4개의 하위 행렬로 구성되어 있다. 행렬의 왼쪽 윗부분은 새로 출생하여 기간 동안 생존한 여아의 인연수와 기간 동안 생존한 여성인구크기에 대한 여성인구의 기여를 추정하는 행렬이다. 오른쪽 윗부분 행렬은 새로 출생하여 생존한 여아의 인연수와 생존한 여성인구에 남성인구의 기여를 추정하는 행렬로 모든 값이 0값으로 채워졌다. 왼쪽 하단 행렬의 첫 부분은 새로 출생하여 생존한 남아의 인연수에 대한 여성인구의 기여값을 추정하는 행렬이다. 왼쪽 하단 나머지 행에서는 남성인구의 생존크기에 여성인구의 기여값을 추정하는 행렬로 0값이 채워졌다. 오른쪽 하단 8행부터 12행까지는 남성인구의 생존크기에 남성인구가 기여한 값을 추정한다.

〈식 8-16〉 2015년 남녀 인구추정

0.26891	0.40732	0.13879	0.00030	0	0	0	0	0	0	0	0	4706174		4549256
0.99575	0	0	0	0	0	0	0	0	0	0	0	5890002		4686187
0	0.99114	0	0	0	0	0	0	0	0	0	0	6365191		5837870
0	0	0.97446	0	0	0	0	0	0	0	0	0	3740163		6202662
0	0	0	0.89965	0	0	0	0	0	0	0	0	2316821		3364853
0	0	0	0	0.62102	0	0	0	0	0	0	0	752116	=	1438811
0.24441	0.37021	0.12614	0.00028	0	0	0	0	0	0	0	0	5252628		4134726
0	0	0	0	0	0	0.99237	0	0	0	0	0	6208250		5212561
0	0	0	0	0	0	0	0.97949	0	0	0	0	6670823		6080944
0	0	0	0	0	0	0	0	0.92828	0	0	0	3731813		6192418
0	0	0	0	0	0	0	0	0	0.77287	0	0	1746228		2884213
0	0	0	0	0	0	0	0	0	0	0.42349	0	352346		739519
M(전환행렬)						×						N(2000)	=	N(2015)

3) 소지역 인구추정

코호트 요인 방법은 인구변동의 요소들, 즉 출생, 사망, 연령구조, 그리고 이동의 조건들을 고려하여 장래인구를 비교적 정확하게 추정할 수 있는 방법이다. 이것은 전체인구크기뿐만 아니라 성별·연령별 혹은 집단별 인구를 추계할 수 있는 방법이다. 그런데 이 방법을 이용하기 위해서는 인구동태 요소들에 대한 자료가 가용해야 한다. 그런데 전국단위에서는 비교적 정확한 인구동태 정보가 가용할 수 있지만 시·도 단위나 시·군·구와 같은 지자체 수준에서나 소지역 수준에서는 생명표와 같은 기본 인구동태 자료가 없거나 완전하지 못한 경우가 많다. 이런 경우 코호트 분해방법을 보다 단순화하여 소지역 인구를 추정할 수 있다(이상림·조영태, 2005). 이 방법은 기존 인구구조로부터 코호트별 인구변화비율(CCR, Cohort Change Ratios)을 측정하여 인구추계에 활용하는 방법이다(〈식 8-17〉).

$$ {}_{n}CCR_{x}^{t-n} = {}_{n}N_{x+n}^{t} / {}_{n}N_{x}^{t-n} \qquad 〈식\ 8\text{-}17〉 $$

여기서 ${}_{n}CCR_{x}^{t-n}$은 t 시점 $x+n$세에서 $x+2n$세의 인구와 t-n 시점 x세에서 $x+n$세의 인구의 비로서 가장 최근의 코호트별 인구변화비율을 가리킨다. 코호트별 인구변화비율은 기간 동안의 생존율과 이동률에 따른 인구의 변화비율을 의미한다. 이 비율이 단기간 지속된다고 가정할 때 t 시점에서 n년 뒤의 인구변화는 t 시점 인구에 인구변화비율을 곱하여 추정할 수 있다(〈식 8-18〉).

$$ {}_{n}N_{x+n}^{t+n} = {}_{n}N_{x}^{t}\,({}_{n}CCR_{x}^{t-n}) \qquad 〈식\ 8\text{-}18〉 $$

코호트 요인법에서 기간 동안 새로 출생하여 생존한 인구(${}_{n}N_{0}^{t+n}$)는 연령별출산율과 모와 출산아의 생존율에 기초하여 추정하였다. 한편 모와 출산아의 생존율을 알지 못하는 경우 n 시점의 0-n세 인구에 최근 출산크기의 변화를 곱하여 추정할 수 있다(〈식 8-19〉).

$$ {}_{n}N_{0}^{t+n} = {}_{n}N_{0}^{t}\,\left(\frac{B^{t+1} + B^{t+2}.. + B^{t+n}}{B^{t-n} + B^{t-n+1}..B^{t-1}}\right) \qquad 〈식\ 8\text{-}19〉 $$

t-n 시점에서 t-1 시점까지의 출생아는 출산동태자료를 통해 집계할 수 있고 t+1 시점에서 $t+n$년까지 출생한 인구는 t년과 $t+n$ 시점의 중간기간의 모의 인구와 t 시점의 연령별출산율의 n배 곱으로써 구할 수 있다(〈식 8-20〉).

$$B^{t+1} + .. + B^{t+n} = n\sum(ASFR_x N_x^{t+(1/2)n})$$

〈식 8-20〉

$${}_nN_x^{t+(1/2)n} = \frac{1}{2}[\frac{1}{2}({}_nN_{x,f}^t + {}_nN_{x,f}^{t+n}) + \frac{1}{2}({}_nN_{x+n,f}^t + {}_nN_{x+n,f}^{t+n})]$$

만일 연령별출산율 자료도 가용하지 않다면 5년 뒤 0~5세의 인구를 추정하려면 모아비에 모의 크기를 곱하여 새로 출생한 인구의 구간 생존크기를 추정할 수 있다(〈식 8-21〉).

$${}_5N_x^{t+5} = CWR\ {}_{35}N_{15,f}^t \qquad \text{〈식 8-21〉}$$

이렇게 과거 인접기간의 인구구조와 간단한 출산율 자료로 소지역의 미래인구를 추정할 수 있는 장점이 있지만 이 방법은 생존율, 이동, 출산율의 변화가 클 때 오차가 클 수 있다.

3. 다지역 인구추계방법

앞에서 살펴본 인구변화를 추정하는 방법들은 단일지역 수준에서 인구를 추정하는 방법이다. 여러 지역의 인구를 추정하는 경우에도 단일지역 관점은 각 지역의 인구변화는 서로 독립된 성, 연령구조와 출산, 사망동태, 그리고 순이동률에 의해 추정할 수 있다고 가정한다. 국가 간 이동처럼 지리적 이동이 제한되는 상황에서는 단일지역 관점에서 인구를 추정하는 것이 일반적이다. 한편 한 국가 내에 여러 지역의 인구분포는 서로 연결되어 있다. 한 지역의 유출이 다른 지역의 유입이 된다. 다지역 인구추정방법은 여러 지역은 서로 연관된 체계로 파악한다. 여기서는 다지역 인구 관점에서 인구를 추정하는 기본원리를 정리한다. 첫 번째 방법은 인구균형방정식과 인구변환율에 기초한 수학적 추정방법이고 두 번째 방법은 생명표를 활용한 방법이다.

1) 인구균형방정식과 인구변환율에 기초한 두 지역 인구추정

다지역 인구추정의 방법으로 로저스(Rogers)가 설명하고 있는 태평양의 한 섬, 모라보라의 섬의 인구동태를 예로 들어 보겠다(Rogers, 1995: 11). 모라보라 섬의 t 시점 도시인구는 1만 6,000명이고, 농촌인구는 3만 2,000명이다. 1년 동안 농촌인구의 반이 도시로 이동하였고(t_{ru}=1/2), 도시인구의 1/4이 농촌으로 이동하였다(t_{ur}=1/4). 그해 말 도시인구는 3/4배만큼 증가하였고(r_u=3/4), 농촌인구는 1/8배만큼 증가하였다(r_r=1/8). 도시와 농촌의 자연증가율과 이동률이 안정적으로 지속된다고 할 때 이 섬 내부의 도시와 농촌 인구의 인구분포를 추정할 수 있다.

도시와 농촌 인구가 연결되어 인구가 변하는 것을 모형화하면 〈식 8-22〉와 같이 정리된다. t 시점에서 1년 뒤 도시인구는 1년간의 도시인구의 자연성장과 도시에서 농촌으로의 인구유출과 농촌에서 도시로의 인구유출의 크기의 합으로 정리할 수 있다. 마찬가지로 t 시점에서 1년 뒤 농촌인구는 농촌인구의 자연성장과 농촌에서 도시로의 인구유출과 도시에서 농촌으로의 유출인구의 합으로 정리할 수 있다.

〈식 8-22〉

$$_{\omega}N_{0,u}^{t+1} = (1+r_u)\,_{\omega}N_{0,u}^{t} = (1+b_u-d_u-t_{ur})\,_{\omega}N_{0,u}^{t} + t_{ru}\,_{\omega}N_{0,r}^{t}$$

$$_{\omega}N_{0,r}^{t+1} = (1+r_r)\,_{\omega}N_{0,r}^{t} = (1+b_r-d_r-t_{ru})\,_{\omega}N_{0,r}^{t} + t_{ur}\,_{\omega}N_{0,u}^{t}$$

도시인구의 성장크기를 정리한 식에 초기인구, 증가율, 이동률의 값을 대입하면 자연성장률은 0과 같아진다.

$$(1+3/4)16 = (1+b_u-d_u-1/4)16+1/2(32)$$
$$b_u-d_u=0$$

마찬가지로 농촌인구의 성장크기를 정리한 식에 초기인구, 증가율, 이동률의 값을 대입하면 농촌인구의 자연성장률은 1/2이 된다.

$$(1+1/8)32 = (1+b_r-d_r-1/2)32+1/4(16)$$
$$b_r-d_r=1/2$$

도시와 농촌의 인구성장은 두 지역 간 인구변환율과 두 지역의 초기인구의 곱으로 다시 정리할 수 있다. 그 결과 1년 뒤 도시인구는 1만 6,000명에서 2만 8,000명으로 증가하였고, 농촌인구는 3만 2,000명에서 3만 6,000명으로 증가하는 것으로 추정된다.

$${}_{\omega}N_{0,u}^{t+1} = (3/4)\,{}_{\omega}N_{0,u}^{t} + (1/2)\,{}_{\omega}N_{0,r}^{t} = (3/4)16+(1/2)32=28$$
$${}_{\omega}N_{0,r}^{t+1} = (1/4)\,{}_{\omega}N_{0,u}^{t} + (1)\,{}_{\omega}N_{0,r}^{t} = (1/4)16+(1)32=36$$

위의 1년 동안 인구성장의 식을 행렬로 표시하면 〈식 8-23〉과 같다.

〈식 8-23〉 도시와 농촌의 인구추정 행렬

$$\begin{bmatrix} 1+b_u-d_u-t_{ur} & t_{ru} \\ t_{ur} & 1+b_r-d_r-t_{ru} \end{bmatrix} \begin{bmatrix} {}_{\omega}N_{0,u}^{t} \\ {}_{\omega}N_{0,r}^{t} \end{bmatrix} = \begin{bmatrix} {}_{\omega}N_{0,u}^{t+1} \\ {}_{\omega}N_{0,r}^{t+1} \end{bmatrix}$$

$$\begin{bmatrix} 3/4 & 1/2 \\ 1/4 & 1 \end{bmatrix} \begin{bmatrix} 16 \\ 32 \end{bmatrix} = \begin{bmatrix} 28 \\ 32 \end{bmatrix}$$

〈표 8-4〉는 도시와 농촌 간의 인구전환율이 장기적으로 지속된다고 가정할 때 10년 동안의 인구분포의 변화를 추정한 것이다. 표에서처럼 항상적인 전환율에 따른 인구분포는 초기인구분포에 독립되어 안정분포를 이룬다. 10년 뒤 인구분포는 초기인구에 비해 도시인구의 비중이 커진 상태에서 안정화되었다. 도시의 인구증가율은 3/4에서 0.25로 농촌의 인구증가율은 1/8에서 0.25로 안정화되었다. 도시의 순이동률은 0.25이고 농촌의 순이동률은 -0.25로 나타난다.

〈표 8-4〉 두 지역 모델로 추정한 도시와 농촌의 인구 1(단위: 천 명)

	t	t+1	t+2	t+3	t+4	t+5	t+6	t+7	t+8	t+9	t+10
도시	16.0	28.0	39.0	50.8	64.4	81.0	101.6	127.1	158.9	198.7	248.3
농촌	32.0	36.0	43.0	52.8	65.4	81.5	101.8	127.2	159.0	198.7	248.4

도시화로의 안정인구

초기 도시인구: 1/3, 농촌인구: 2/3

10년 뒤의 인구분포와 동태율

도시인구: 0.5, 농촌인구: 0.5

도시인구증가율: 0.25, 농촌인구증가율: 0.25

도시순이동률: 0.25, 농촌순이동률: -0.25

〈표 8-5〉 두 지역 모델로 추정한 도시와 농촌의 인구 2 (단위: 천 명)

	t	t+1	t+2	t+3	t+4	t+5	t+6	t+7	t+8	t+9	t+10
도시	32.0	32.0	36.0	43.0	52.8	65.4	81.5	101.8	127.2	159.0	198.7
농촌	16.0	24.0	32.0	41.0	51.8	64.9	81.3	101.7	127.1	158.9	198.7

농촌화로의 안정인구
초기 도시인구: 2/3, 농촌인구: 1/3
10년 뒤의 인구분포와 동태율
도시인구: 0.5, 농촌인구: 0.5
도시인구증가율: 0.25, 농촌인구증가율: 0.25
도시순이동률: 0.25, 농촌순이동률: -0.25

안정화된 인구분포가 어떤 특징을 띠는가는 전환율과 초기인구의 값에 따라 차이가 난다. 초기인구를 도시가 3만 2,000명, 농촌이 1만 6,000명이고 전환율은 동등하다고 가정할 때 10년 동안의 인구변화는 〈표 8-5〉와 같이 추정된다. 앞의 인구가 점차 도시인구가 커지는 방향(도시화)으로 안정화된 것과는 달리 농촌인구가 더 커지는 방향(농촌화)으로 안정화되고 있다.

앞의 모라보라 섬의 인구추정은 이동을 통해 연결된 도시와 농촌의 인구변화를 추정한 것이다. 두 지역은 이동으로 연결되어 있고 서로의 인구분포에 영향을 받는 것을 고려하여 추정한 것이다. 주목할 것은 두 지역 인구모델과 단일지역 인구모델은 인구변동과 이동의 성격이 상이하게 전제하는 점이다. 두 지역 모델은 각 지역의 인구변동이 서로 영향을 주고받는 것을 고려한다. 그리고 두 지역 모두에서 인구유출에 초점을 둔다. 유출의 크기는 매 시점 유출지역의 인구크기에 영향을 받는다. 반면 단일지역 관점에서 한 지역의 인구변동은 그 지역의 고유한 성장률에 따르며, 다른 지역의 인구변동에 독립적이라고 가정한다. 단일지역 모형에서는 인구변동에 대한 이동의 영향을 순이동의 효과로 파악한다. 단일지역 모형에서는 순이동률을 항상적인 것으로 가정하는데 실제 순이동률은 유출지역과 유입지역의 인구크기 변화에 따라 변하므로 추정의 오류가 클 수 있다. 요컨대 순이동률은 이전 인구분포에 따라 변하고 그에 따라 매해 인구성장률도 변화되는데, 단일지역 모형에서는 항상적인 순이동률과 인구증가율을 가정하므로 인구추정에 상당히 오류가 클 수 있다.

구체적으로 단일지역 모델로 도시와 농촌의 인구변화의 크기를 추정해 보자(〈식 8-24〉). 앞의 모라보라 섬의 예에서 전입률은 전출지의 인구를 분모로 하여 구한 값이므로 순이동률을 구하기 위해서는 전입률에 전입지에 대한 전출지의 비를 곱한 값에 전출률을 뺀다. 요컨대 도시로의 순이입률은 t년도의 도시인구와 농촌인구의 비에 농촌에서의 유입률을 곱한 값(i_u)에 전출률(t_{ur})을 빼어 구할 수 있다(〈식 8-24〉). 순이동률을 대입하면 도시의 인구증가율은 0.75, 농촌의 인구증가율은 0.125, 도시의 순이동률은 0.75, 농촌의 순이동률은 −0.375로 고정된다. 또한 장기 추정된 인구는 초기 분포에 따라 완전히 다른 분포로 수렴한다. 초기 도시인구가 1만 6,000명이고 농촌인구가 3만 2,000명일 때 장기적으로 추정한 인구는 거의 100% 도시화되고(〈표 8-6〉), 초기 도시인구가 3만 2,000명이고 농촌인구가 1만 6,000명일 때 장기적으로 추정한 인구는 100% 농촌화된 특성을 보인다(〈표 8-7〉).

〈식 8-24〉 단일지역 인구추정

$$
{}_{\omega}N_{0,u}^{t+1} = (1+r_u)\,{}_{\omega}N_{0,u}^{t} = (1+b_u-d_u-t_{ur})\,{}_{\omega}N_{0,u}^{t} + t_{ru}\,{}_{\omega}N_{0,r}^{t}
$$
$$
= (1+b_u-d_u-t_{ur}+i_u)\,{}_{\omega}N_{0,u}^{t}
$$

$$
i_u = t_{ru}\frac{{}_{\omega}N_{0,r}^{t}}{{}_{\omega}N_{0,u}^{t}}
$$

〈식 8-25〉 단일지역 모델로 추정한 도시화 전환율

$$\begin{bmatrix} 7/4 & 0 \\ 0 & 9/8 \end{bmatrix} \begin{bmatrix} 16 \\ 32 \end{bmatrix} = \begin{bmatrix} 28 \\ 36 \end{bmatrix}$$

〈표 8-6〉 단일지역 모델(〈식 8-25〉)로 추정한 도시와 농촌의 인구(단위: 천 명)

	t	t+1	t+2	t+3	t+4	t+5	t+6	t+7	t+8	t+9	t+10
도시	16.0	28.0	49.0	85.8	150.1	262.6	459.6	804.2	1407.4	2463.0	4310.2
농촌	32.0	36.0	40.5	45.6	51.3	57.7	64.9	73.0	82.1	92.4	103.9

〈식 8-26〉 단일지역 모델로 추정한 농촌화 전환율

$$\begin{bmatrix} 1 & 0 \\ 0 & 3/2 \end{bmatrix} \begin{bmatrix} 32 \\ 16 \end{bmatrix} = \begin{bmatrix} 32 \\ 24 \end{bmatrix}$$

〈표 8-7〉 단일지역 모델(〈식 8-26〉)로 추정한 도시와 농촌의 인구(단위: 천 명)

	t	t+1	3+2	t+3	t+4	t+5	t+6	t+7	t+8	t+9	t+10
도시	32.0	32.0	32.0	32.0	32.0	32.0	32.0	32.0	32.0	32.0	32.0
농촌	16.0	24.0	36.0	54.0	81.0	121.5	182.3	273.4	410.1	615.1	922.6

2) 다중상태 생명표를 이용한 두 지역 인구추정

인구동태가 서로 연결된 두 지역의 인구변화를 추정하는 데 생명표를 활용할 수 있다. 앞서 살펴보았듯이 생명표의 원리는 다양한 동태사건에 활용될 수 있다. 단순 정지인구 생명표의 원리는 일회적이고 비가역적인 사건의 이행에 활용할 수 있고, 다중감소 생명표는 이행의 원인이나 경로가 다양할 때 활용할 수 있고, 다중상태 생명표는 사건발생이 다중적이고 가역적인 경우에 활용할 수 있다. 두 지역 이상의 인구동태가 서로 연결되었을 때 한 지역의 인구동태는 다중적, 가역적인 전환의 사건들로 이루어진다. 각 연령집단은 생존율 이외 새로 나가고 들어오는 인구들에 의해 영향을 받는다. 이렇게 다중적인 변환을 고려할 수 있는 다중상태 생명표를 활용하여 지역 간 연령별 인구변화를 추정할 수 있다.

다중상태 생명표를 이용한 두 지역 인구추정방법의 예는 스미스(David Smith)와 타바(L. Tabah)가 설명한 예시 자료를 활용한다(Smith, 1992). 타바는 1960년 멕시코의 인구 중 도시와 농촌의 이동과 경제활동인구와 비활동인구의 분포에 기초하여 장래 도시와 농촌의 인구구성의 분포를 추정하는 방법을 제안하였다. 〈표 8-8〉은 도시와 농촌의 경제활동인구와 비경제활동인구를 집계하고 있다. 연령구간이 첫 구간과 마지막 구간을 제외하면 15세 간격이다. 전환율은 구간의 초기인구에서 구하므로 각 구간의 중앙값을 15세, 30세, 45세, 60세, 75세에 놓일 수 있도록 구간이 정해졌다. 자료는 또한 도시와 농촌의 순이동률과 생존율 정보를 포함하고 있다.

〈표 8-8〉 멕시코 지역별 경제활동상태별 남성인구, 1960

연령(세)	도시			농촌		
	비경제활동 $_nN_{x,u,i}$	경제활동 $_nN_{x,u,a}$	경제활동률 $_nv_{x,u,a}$	비경제활동 $_nN_{x,u,i}$	경제활동 $_nN_{x,u,a}$	경제활동률 $_nv_{x,r,a}$
0~7.5	2,373,800	0	0	2,446,150	0	0
7.5~22.5	1,993,450	951,650	0.323	1,745,250	1,367,000	0.439
22.5~37.5	119,400	1,622,650	0.931	114,150	1,602,550	0.934
37.5~52.5	44,850	988,100	0.957	49,550	942,350	0.950
52.5~67.5	61,150	495,050	0.890	39,400	533,000	0.931
67.5~82.5	135,950	94,350	0.410	97,800	123,800	0.559
82.5+	0	0	0	26,100	0	0

자료: Smith(1992: 160). $_n\nu_{x,u,a} = {_nN_{x,u,a}}/({_nN_{x,u,i}} + {_nN_{x,u,a}})$

〈표 8-8〉과 같은 도시와 농촌의 경제활동 인구구성 비율을 가지고 장래 도시와 농촌의 경제활동인구 구성을 추정하기 위해서는 도시와 농촌 사이의 인구이동, 도시인구와 농촌인구의 생존율, 두 지역 인구의 경제활동 상태전환확률, 이동한 인구의 경제활동 상태 전환확률과 같은 전환확률을 추정할 수 있어야 한다. 타바는 횡단시점의 인구구성과 경제활동률 분포의 경험적 패턴을 고려하여 전환확률을 추정하였다. 경제활동전환확률(${}_nt_{x,i\to a}$)은 다음과 같은 가정에서 구하였다(〈식 8-27〉).

〈식 8-27〉

$$ {}_nt_{x,i\to a} = \left\{\begin{matrix} 0 & |{}_n\nu_{x+(1/2)n,a} \le {}_n\nu_{x-(1/2)n,a} \\ ({}_n\nu_{x+(1/2)n,a} - {}_n\nu_{x-(1/2)n,a})/(1-{}_n\nu_{x-(1/2)n,a}) & |{}_n\nu_{x+(1/2)n,a} > {}_n\nu_{x-(1/2)n,a} \end{matrix}\right\} $$

$$ {}_nt_{x,a\to i} = \left\{\begin{matrix} 0 & |{}_n\nu_{x+(1/2)n,a} \ge {}_n\nu_{x-(1/2)n,a} \\ ({}_n\nu_{x-(1/2)n,a} - {}_n\nu_{x+(1/2)n,a})/({}_n\nu_{x-(1/2)n,a}) & |{}_n\nu_{x+(1/2)n,a} < {}_n\nu_{x-(1/2)n,a} \end{matrix}\right\} $$

$$ {}_nt_{x,\,i\to i} = 1 - {}_nt_{x,\,i\to a} $$

$$ {}_nt_{x,\,a\to a} = 1 - {}_nt_{x,\,a\to i} $$

우선 두 인접시점의 경제활동비율의 관계에서 비경제활동인구에서 경제활동인구로의 전환확률의 조건을 정하였다. 요컨대 만일 이전 시점의 경제활동참여율이 이후 연령에서의 경제활동참여율보다 크면 비경제활동에서 경제활동으로의 전환율은 0으로 가정하였다. 이것은 어느 나이까지는 경제활동참여율이 연령에 따라 증가하고, 어느 시점부터는 일관되게 감소하는 경향에 기초한 가정이다. 경제활동참여율이 증가하는 구간에서 비경제활동에서 경제활동으로의 전환확률(${}_nt_{x,i\to a}$)은 이전 시점 비경제활동인구의 비율($1-{}_nv_{x-(1/2)n,a}$)에 대한 두 인접시점의 경제활동참여율의 차이(${}_nv_{x+(1/2)n,a} - {}_nv_{x-(1/2)n,a}$)의 비로 구하였다. 반면 경제활동참여율이 감소하는 구간에서 경제활동에서 비경제활동으로의 전환확률(${}_nt_{x,\,a\to i}$)은 이전 시점의 경제활동참여율(${}_nv_{x-(1/2)n,a}$)에 대한 인접시점의 경제활동참여율의 차이(${}_nv_{x-(1/2)n,a} - {}_nv_{x+(1/2)n,a}$)의 비로 측정하였다. 경제활동참여율이 증가하는 구간에서 경제활동에서 비경제활동으로의 전환확률을 0으로 전제하였다. 같은 상태에 남아 있는 비율(${}_nt_{x,\,i\to i}$, ${}_nt_{x,\,a\to a}$)은 1에서 전환율을 빼서 구할 수 있다. 〈표 8-9〉는 도시인구과 농촌인구의 생존율(${}_np_x$)과 경제활동전환확률(${}_nt_x$)을 정리한 것이다. 그리고 〈표 8-10〉은 도시에서 농촌으로의 순이동률을 정리한 것이다. 스미스와 타바는 이동자의 생존율을 도시, 농촌인구의 생존율의 기하평균으로 추정하였다.

〈표 8-9〉 15년 구간의 생존율(${}_np_x$)과 전환확률(${}_nt_x$)

도시					
연령(세)	${}_np_x$	${}_nt_{x,i\to a}$	${}_nt_{x,a\to i}$	${}_nt_{x,i\to i}$	${}_nt_{x,a\to a}$
0~14	0.9582	0.32313	0	0.67687	1
15~29	0.9479	0.89874	0	0.10126	1
30~44	0.9007	0.36651	0	0.63349	1
45~59	0.7584	0	0.069543	1	0.930457
60~74	0.4	0	0.539712	1	0.460288
75+	0	0	1	1	0
농촌					
연령(세)	${}_np_x$	${}_nt_{x,i\to a}$	${}_nt_{x,a\to i}$	${}_nt_{x,i\to i}$	${}_nt_{x,a\to a}$
0~14	0.9056	0.439232	0	0.560768	1
15~29	0.9138	0.881424	0	0.118576	1
30~44	0.8408	0.248733	0	0.751267	1
45~59	0.7125	0	0.019871	1	0.980129
60~74	0.4101	0	0.400039	1	0.599961
75+	0	0	1	1	0

자료: 구간생존율(${}_np_x$) 자료는 Smith(1992: 151)에서 인용함.

〈표 8-10〉 농촌에서 도시로의 순이동률과 이동자의 생존율

연령(세)	순이동률	$_np_{x,r\to u}$
0~14	0.217	0.931529
15~29	0.239	0.930694
30~44	0.2137	0.870235
45~59	0.1835	0.735092
60~74	0.1619	0.405019
75+	0.0279	0

주: $_np_{x,r\to u,\exp} = ({}_np_{x,r}\ {}_np_{x,u})^{1/2}$

이제 도시와 농촌 인구의 생존율, 이동, 경제활동전환확률을 이용하여 두 지역의 인구분포에 대한 다중상태 생명표를 구성할 수 있다. 다중상태 생명표에서 j 속성에서 연령 $x+n$세에서 생존할 인구는 〈식 8-28〉과 같이 정리할 수 있다.

$$l_{x+n,j} = \sum_i l_{x,i}\,{}_np_{x,i\to j}\,{}_nt_{x,i\to j} \qquad \text{〈식 8-28〉}$$

여기서 $_nt_{x,i\to j}$는 모든 상태 i에서 j 상태로의 전환확률을 나타낸다. $_np_{x,i\to j}$는 i에서 j로 이행한 모든 경우의 구간생존율을 나타낸다. 새롭게 유입되는 인구가 있기 때문에 $l_{x+n,j}$는 $l_{x,j}$보다 클 수 있다. 위 식에 기초하여 생존인구를 구하면 〈표 8-11〉과 〈표 8-12〉와 같이 정리된다. 0~14세 비경제활동인구의 초기값은 10,000으로 정하였다. 〈표 8-11〉은 비이동자의 분포이고 〈표 8-12〉는 이동자의 분포이다. 그리고 〈식 8-29〉와 〈식 8-30〉은 비이동자와 이동자의 누적잔존율 $l_{x,j}$의 예들을 제시한다.

〈표 8-11〉 다중상태 생명표, 비이동인구

연령 (세)	도시거주 인구						농촌거주 인구					
	$l_{x,i}$	i-i	a-i	$l_{x,a}$	a-a	i-a	$l_{x,i}$	i-i	a-i	$l_{x,a}$	a-a	i-a
0~14	10,000	6,486	0	0	0	3,096	10,000	3,975	0	0	0	3,114
15~29	6,486	623	0	3,096	2,935	5,525	3,975	328	0	3,114	2,165	,2437
30~44	623	355	0	8,460	7,620	206	328	163	0	4,602	3,042	54
45~59	355	269	413	7,826	5,522	0	163	95	36	3,096	1,766	0
60~74	682	273	1,192	5,522	1,017	0	131	45	243	1,766	364	0
75+	1,465	0	0	1,017	0	0	288	0	0	364	0	0

〈식 8-29〉 비이동인구의 누적잔존율($l_{x,j}$)

$$l_{o,i} = 10,000$$

$$\begin{aligned} l_{x+15,r,a} &= l_{x,r,a}\ {}_{15}p_{x,r}\ {}_{15}t_{x,r,a\to a_{15}}\ t_{x,r\to r} \\ &\quad + l_{x,r,i}\ {}_{15}p_{x,r}\ {}_{15}t_{x,r,i\to a_{15}} t_{x,r\to r} \end{aligned}$$

$$\begin{aligned} l_{30,r,a} &= l_{15,r,a}\ {}_{15}p_{15,r}\ {}_{15}t_{15,r,a\to a_{15}}\ t_{15,r\to r} \\ &\quad + l_{15,r,i}\ {}_{15}p_{15,r}\ {}_{15}t_{15,r,i\to a_{15}} t_{15,r\to r} \\ &= (3,114)(0.9138)(1)(0.7610) \\ &\quad + (3,975)(0.9138)(0.8814)(0.7610) = 4,602 \end{aligned}$$

$$\begin{aligned} l_{x+15,u,i} &= l_{x,u,i}\ {}_{15}p_{x,u}\ {}_{15}t_{x,u,i\to i_{15}} \\ &\quad + l_{x,u,a}\ {}_{15}p_{x,u}\ {}_{15}t_{x,u,a\to i} \end{aligned}$$

$$\begin{aligned} l_{45,u,i} &= l_{30,u,i}\ {}_{15}p_{30,u}\ {}_{15}t_{30,u,i\to i_{15}} \\ &\quad + l_{30,u,a}\ {}_{15}p_{30,u}\ {}_{15}t_{30,u,a\to i} \\ &= (623)(0.9007)(0.6335) \\ &\quad + (8,460)(0.9007)(0) = 355 \end{aligned}$$

<표 8-12> 다중상태 생명표, 이동인구

연령 (세)	도시로 이주한 인구									
	$l_{x,i}$	i-i	r, i -u, i	r, a-u, i	u, a-u, i	$l_{x,a}$	a-a	r, i-u, a	r, a-u, a	u, i-u, a
0~14	0	0	1,135	0	0	0	0	889	0	0
15~29	1,135	109	105	0	0	889	842	779	693	967
30~44	214	122	46	0	0	3,281	2,955	15	856	71
45~59	168	127	22	8	206	3,897	2,750	0	409	0
60~74	363	145	9	46	682	3,159	582	0	69	0
75+	882	0	0	0	0	651	0	0	0	0

<식 8-30> 이동인구의 누적잔존율($l_{x,j}$)

$$\begin{aligned} l_{x+15,u,i} = {} & l_{x,u,i}\ {}_{15}p_{x,u}\ {}_{15}t_{x,u,i\to i_{15}} \\ & + l_{x,r,i}\ {}_{15}p_{x,r\to u}\ {}_{15}t_{x,r,i\to i}\ {}_{15}t_{x,r\to u} \\ & + l_{x,r,a}\ {}_{15}p_{x,r\to u}\ {}_{15}t_{x,r,a\to i}\ {}_{15}t_{x,r\to u} \\ & + l_{x,u,a}\ {}_{15}p_{x,u}\ {}_{15}t_{x,u,a\to i} \end{aligned}$$

$$\begin{aligned} l_{45,u,i} = {} & l_{30,u,i}\ {}_{15}p_{30,u}\ {}_{15}t_{30,u,i\to i_{15}} \\ & + l_{30,r,i}\ {}_{15}p_{30,r\to u}\ {}_{15}t_{30,r,i\to i}\ {}_{15}t_{30,r\to u} \\ & + l_{30,r,a}\ {}_{15}p_{30,r\to u}\ {}_{15}t_{30,r,a\to i}\ {}_{15}t_{30,r\to u} \\ & + l_{30,u,a}\ {}_{15}p_{30,u}\ {}_{15}t_{30,u,a\to i} \\ = {} & (214)(0.9007)(0.6335) \\ & + (328)(0.8702)(0.7513)(0.2137) \\ & + (4,602)(0.8702)(0)(0.2137) \\ & + (3,096)(0.9007)(0) = 168 \end{aligned}$$

이제 일련의 l_x로부터 생명표인구 ${}_nL_x$를 구할 수 있다. 생명표 인구 ${}_nL_x$는 앞의 장에서 정리하였듯이 생존인구의 선형관계를 가정하여 구하거나, 센서스의 분포를 대입하여 구할 수 있다(<식 8-31>).

$${}_nL_{x,j} \simeq {}_nL_x\left({}_nN_{x,j}/{}_nN_x\right) \simeq n\,l_{x+(1/2)n,j} \qquad \text{<식 8-31>}$$

제9장

인구의 지리적 분포의 추이와 모형

1. 인구의 지리적 분포와 이동

지리적 공간의 변화와 인구동태는 서로 밀접히 연관되어 있다. 지리적 인구분포와 인구이동은 사람들의 상호작용을 변화시키고 공간을 변화시킨다. 그리고 어느 한 지역의 인구분포는 다른 지역의 인구동태와 상호 연결되어 변화된다.

폐쇄적인 단일지역이나 국가수준에서 인구규모와 분포의 변화는 주로 이동보다는 출산과 사망수준에 영향을 많이 받는 것으로 이해된다. 국가수준의 장래인구추계에서는 이동의 효과를 항상적이거나 제한된 것으로 가정하는 경우가 많다. 그러나 국가 내 여러 지역의 인구동태는 이동과 자연성장률 영향이 모두 크며 지역 간 인구동태가 서로 밀접히 연결되어 있다. 앞으로 국제적 인구이동이 점점 활발해질 것을 기대할 때 국가수준의 인구동태에도 점차 이동의 영향이 커지고 국가 간 인구동태가 서로 영향을 주고받는 정도가 커질 수 있다. 따라서 지역 간 인구동태의 상호 영향을 고려하여 인구의 지리적 분포의 변화를 추정하는 것이 점점 중요해질 수 있다.

이 장에서는 인구의 지리적 분포의 변화를 설명하는 개념적 모형들을 정리하고 있다. 먼저 한국사회의 급격한 도시화와 인구이동의 특성을 정리한다. 도시화란 인구규모, 밀집, 이질성의 증가, 공간의 행정단위와 산업구조의 변화, 주민들의 상호작용 방식과 상징적 유대 등의 변화를 포함하는 도시공간과 도시에 거주하는 인구가 확대되는 과정으로 정의할 수 있다. 한국사회의 도시화는 급속한 산업화와 연관되어 수도권 중심과 대도시 중심의 인구집중이 특징적이었다.

인구의 지리적 분포와 인구이동을 설명하는 개념적 모형은 다양하지만 여러 이질적인 요소들의 상호작용과 기능적 분화와 조정과정을 자연적 생태과정으로 파악하는 관점과 지역 간 경제적 불평등의 영향과 도시정책의 영향을 강조하는 입장이 대표적이다. 한편 최근에는 인구이동에 영향을 미치는 요인들이 다변화되고 복잡해지면서 지역의 경제, 노동시장, 도시개발과 도시정책, 생애주기와 가족관계 및 주거형태의 변화 등 다양한 요인들의 영향을 종합적으로 고려할 필요가 커지고 있다. 또한 다양한 정보통신기술의 발달에 따라 이동과 교류에 장애가 크게 축소되고 지리적 거리를 넘어 생활과 사람이 연결되어 생활권이 다양한 수준에서 형성되고 있다. 이런 변화 속에서 지역의 인구분포가 한층 다원화될 수 있다. 이렇게 경제, 정보기술, 자연, 정치 환경의 변화 속에서 보다 유동적이고 다원화된 인구현상을 설명하고 추정할 수 있는 개념과 모형의 개발이 중요해지고 있다. 인구와 공간의 다양한 변화를 분석하는 데 주택자료, 노동자료, 생애자료들을 연계하는 방법들이 개발되어 인구동태를 추정하는 새로운 방법들이 발전될 것으로 기대된다.

2. 한국의 도시화와 인구이동의 장기 추이

한국사회의 인구크기와 인구구조가 크게 변한 것은 자연성장률의 급격한 변천의 영향이 크다. 한편 인구의 지리적 분포도 매우 급속하게 변화되어 왔다. 지리적 분포가 변화된 주요 특성은 무엇보다 급속한 도시화를 꼽을 것이다. 도시화에 대한 정의는 생태, 정치, 경제, 상징적 관점에서 다양하게 시도되지만, 상당한 수의 인구(인구크기)가 밀집된(인구밀도), 이질성을 가진 주민들의 공간이 확산되는 과정으로 정의할 수 있다(강대기, 1987: 78).

한국의 인구는 빠르게 도시화되었다. 도시화는 그 시대의 정치 · 경제 · 사회 · 문화 상황과 밀접히 연결되어 전개되었고, 격변의 정치·경제·사회·문화적 상황이 다시 도시의 성격에도 큰 영향을 미쳤다. 윤종주(1991)는 해방 전후부터 1960년까지 도시인구와 도시공간이 확대된 것은 산업발전에 따른 공업화의 영향이 아니라 높은 자연증가율과 빈곤으로 인한 농촌의 과잉인구의 배출효과가 컸고 탈식민지와 전쟁 상황을 거치면서 양산된 여러 난민의 유입이 컸으며 서울중심의 급속한 인구집중 도시화 특성을 가진다고 파악하였다. 한편 1960년대 이후에는 산업구조와 노동력 구조가 급속히 비농업 중심으로 변화되는, 이른바 산업화에 수반한 도시로의 인구집중현상이 본격화되고 가속화된다. 이촌향도의 흐름 속에서 1960년대부터 농촌인구의 구성은 상대적으로 감소하기 시작하였고 1970년대부터는 농촌인구가 절대적으로 감소하였다. 그렇게 급속한 도시화 과정을 통해 총인구 중 도시에 거주하는 인구의 비율이 1960년에는 28%에서 2005년에는 81.5%로 증가하였다.

한국의 도시화의 또 다른 특징은 수도권과 대도시 중심의 인구집중현상이 컸다는 점이다. 1960년대에서 1980년대까지 압축적으로 진행된 이농인구의 주된 목적지는 서울과 경기와 지방의 대표적 산업도시였다. 특히 가장 인구가 집중된 서울의 인구는 1960년 244만 5,402명에서 1990년 1,060만 3,250명으로 증가하였다. 서울의 인구증가율은 1955년에서 1970년까지 연평균 8.4%로 폭발적으로 증가하였다. 서울로의 순이동률은 1980년까지 매우 높은 수준을 유지하였고 이후 서서히 둔화되다가 1990년 이후부터는 오히려 전출 초과 경향이 나타나고 인구성장률이 서서히 줄어들면서 인구가 조금씩 감소하고 있다.

1990년 이후 서울의 인구가 감소한 것은 생태학적 관점에서 보면 수도권 중심의 인구과잉화가 자연적으로 조정되는 과정으로 설명될 수 있다. 서울로의 인구의 과잉집중이 야기한 빈곤, 일자리 기회의 제약, 열악한 주거환경이 집중된 인구를 다시 분산시킬 수 있는 것이다. 그러나 집중된 인구가 다시 분산되는 과정은 자연스럽게 조정되었기보다는 복잡한 정치·경제적 이해와 도시정책의 맥락에서 이루어졌다(윤종주, 1991; 김영정, 1993; 최진호·고성호, 1996). 경기지역은 1975년 이후 순이동률이 가장 높았던 지역이다. 비록 서울 인구는 1990년 이후 감소하고 있지만 경기 및 인천 지역 인구의 지속적인 성장으로 수도권의 인구는 계속해서 증가하여 2005년 전체 도시인구의 59%와 전체인구의 48.1%를 차지하고 있다(〈그림 9-1〉).

한편 산업기반의 분산화와 지방도시의 육성정책과 함께 1980년대 이후에는 지방의 주요 대도시가 성장하였다. 그런데 1980년대 이후 지방 주요 대도시가 성장하면서 근처의 도·군지역의 인구 유출은 더욱 심화되었다. 또한 지방의 대표적인 산업도시였던 부산과 대구도 1990년 이후 전입인구보다 전출인구의 초과현상이

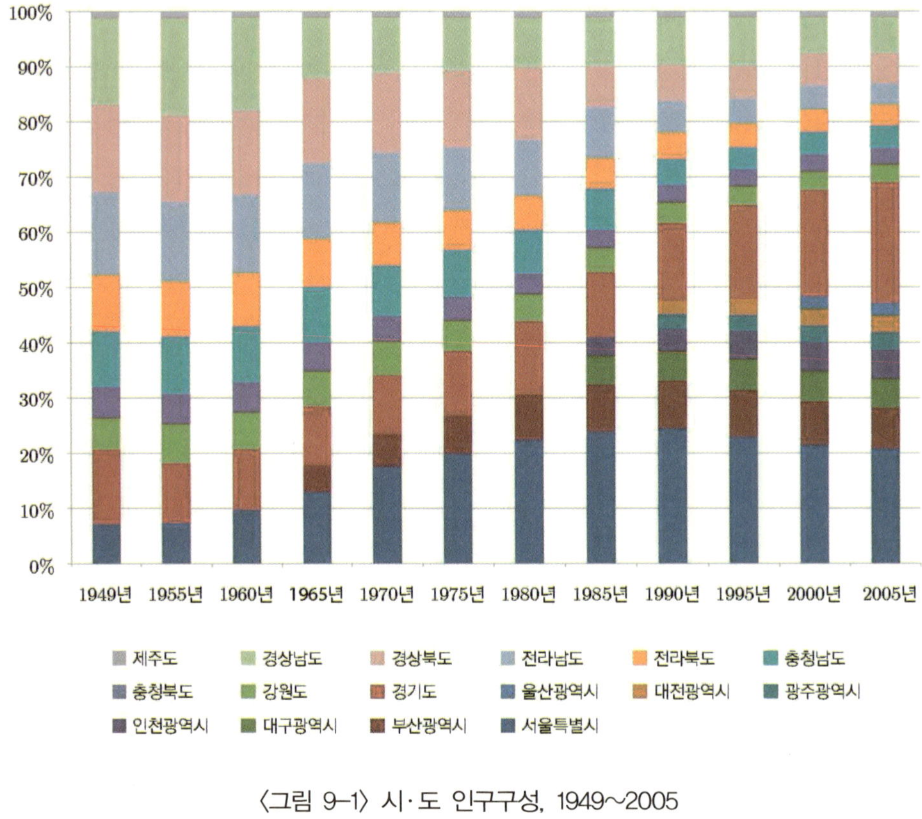

〈그림 9-1〉 시·도 인구구성, 1949~2005

자료: 통계청, KOSIS(인구총조사).

나타났다. 한편 창원과 울산과 같은 신흥공업지역으로 인구가 유입되고 양산과 김해 등 신도시 주거지가 개발되면서 이들 지역으로의 인구유입이 진행되었다(〈그림 9-2〉).

이와 같은 급속한 도시화와 수도권과 대도시 중심의 인구이동현상의 결과 지역별 인구분포의 불균형 문제가 상당히 심각하게 되었다. 경기도를 제외한 대부분 도지역의 인구는 1970년대 이후 절대적 수치에서 크게 감소하였다. 1960~2005년에 서울, 경기의 인구가 거의 4배로 증가한 것과는 대조적으로 전라남도, 경상북도, 경상남도, 전라북도, 충청남도는 1960년 인구의 50~74%로 줄어들었다. 강원도와 전라남도에서는 1970년부터 인구가 감소하였고, 충청북도와 전라북도에서는 1975년 이후부터, 경상북도에서는 대구가 광역시로 승격된 1985년 이후 인구가 감

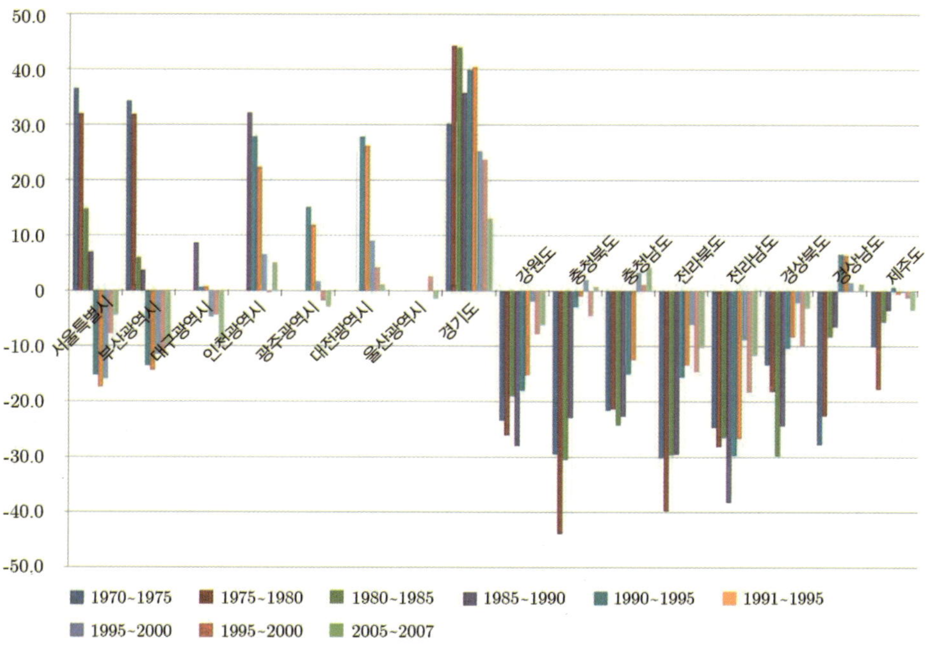

〈그림 9-2〉 시·도별 순이동률, 1970~2007

자료: 통계청, KOSIS(주민등록인구).

소하였다. 1990년대에도 대부분의 도지역 인구의 초과전출현상은 지속되었지만 이미 농촌인구와 중소도시 인구가 과소화된 상태이므로 전출인구의 규모는 크게 줄어들었다. 지리적 인구분포의 불균형은 비단 인구규모에서만 나타난 것이 아니다. 대도시를 향한 대규모의 이동흐름은 주로 젊은 연령층을 중심으로 이루어졌으며 그 결과 농촌지역의 고령화가 빠르게 전개되었다. 대부분의 도지역에서 65세 이상 인구의 비율이 1990년에 이미 7%를 넘어섰으며 이후 매우 급속하게 그 비중이 증가하고 있다.

이처럼 1960~1980년대까지 농촌으로부터의 인구유출이 지속되었고 그에 따라 도지역 인구가 급격히 감소하고 대도시 중심으로 인구가 이동하였다. 1990년대 이후에는 서울과 부산 등 대도시에서 인구감소와 인구유출현상이 전개되었고, 인근 위성도시와 새로운 산업도시로 인구가 분산되었다.

한편 2000년대 후반부터 지리적 인구 분포와 인구구조가 새롭게 다양화되는 특징이 나타난다. 〈그림 9-3〉에서 보듯이 고령화는 인구가 감소하거나 인구증가율이 매우 낮은 지역에서 급속하게 전개되는 것을 볼 수 있다. 고령화가 많이 진행된 지역은 1960년대부터 인구유출이 지속되고 그에 따라 인구가 감소하고 자연성장률이 급격하게 떨어진 지역이다. 전반적으로 군이나 중소도시가 해당되는데 앞으로 이들 지역의 인구 과소 문제는 더욱 심각해질 수 있다. 인구가 감소하고 고령화가 심한 지역에는 부산과 같이 상대적으로 오래된 산업도시도 포함되어 있다. 한편 인구증가율이 다소 높은 지역은 경기 일부 산업지역과 울산과 제주이다. 지방의 일부 도시 중에서도 인구가 증가하고 순유입도 증가한 지역이 있는데 이들 지역은 그 지방에서 소수 거점지역의 특성을 가진다. 이렇게 소수 거점도시로 인구가 몰리면서 인근 중소도시와 농촌지역의 인구공동화현상이 심해지고 있다(이희연·한수경, 2014).[1]

1 이희연과 한수경은 2000년에서 2010년 동안 연평균인구변화율이 음(-)의 값을 나타내고, 같은 기간 재정자립도 변화가 음(-)의 값을 나타내는 중소도시 29개 도시(강릉시, 동해시, 태백시, 속초시, 삼척시, 충주시, 제천시, 공주시, 보령시, 논산시, 군산시, 익산시, 정읍시, 남원시, 김제시,

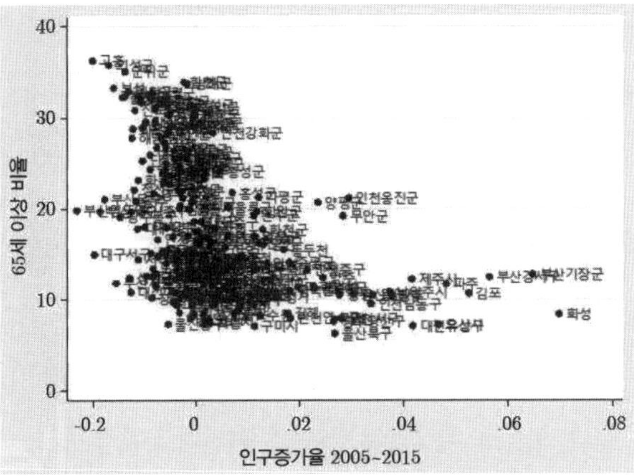

〈그림 9-3〉 시·구·군 단위 65세 이상 인구비율(2015년 기준)과 인구증가율 사이의 관계

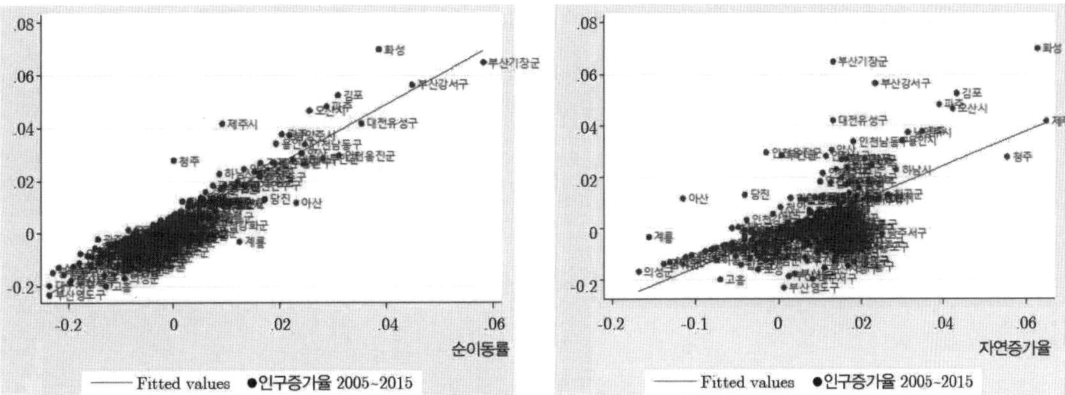

〈그림 9-4〉 시·군·구 단위 인구증가율과 순이동, 자연증가율의 관계, 2005~2015

자료: 통계청, KOSIS(주민등록인구).

목포시, 여수시, 순천시, 나주시, 경주시, 김천시, 안동시, 영주시, 염천시, 상주시, 문경시, 진주시, 사천시, 밀양시)를 축소 도시로 선정하여 여러 사회 환경 조건들을 비교하였다(이희연·한수경, 2014: 134-149).

이렇게 2000년대 이후 지역마다 인구증가율과 인구증가의 요인이 다양하게 나타나는 것과 연관되어 이동의 영향이 상대적으로 크다는 것도 특징적이다. 전반적으로 인구증가율이 낮은 조건에서 인구증가율에 순이동의 크기가 미치는 영향이 자연성장률이 미치는 영향보다 더 뚜렷하게 나타나고 있다. 앞의 〈그림 9-4〉에서 보듯이 화성, 김포, 파주, 제주, 청주 등은 순이동 수준에 비해 인구증가율이 높은 지역으로 나타난다. 상대적으로 자연증가율이 높은 지역으로 이해된다. 반면 아산, 계룡, 당진, 대전유성, 김포, 오산, 부산 강서구 등은 자연증가율 수준에 비해 인구증가율이 높게 나타나 순이동이 상대적으로 큰 지역으로 이해된다. 이렇게 시·군·구 단위에서 인구증가 양상이 다른 것은 지역주민의 가치관, 산업구조, 일자리기회, 경제기회, 교육환경, 부동산시장, 도시개발정책, 이웃관계나 주거환경 등의 조건이 다양한 데서 비롯하였을 수 있다. 또한 2000년대 후반 이후 주로 중장년층을 중심으로 힐링, 귀농, 생활편리 등의 목적으로 수도권에서 중소도시와 농어촌 지역으로 이주하는 현상이 나타나고 있듯이 생활양식의 변화와 다양성도 인구이동과 지리적 분포의 변화에 중요한 영향을 미칠 것으로 기대된다(이동우, 2012).

3. 도시화와 인구이동의 요인과 모형

도시화와 도시의 성격은 생태, 정치, 경제, 상징의 차원들이 복합적으로 작용한다. 행정단위로 볼 때 우리나라는 5만 명 이상이 거주하는 공간을 도시로 정의하고 있다. 미국의 경우는 2,500명 이상 거주하는 공간을 도시로 정의한다. 서구사회에서 도시화 과정은 오랜 시간을 통해 이루어지고 다변화되었다. 1950~1980년 사이 서유럽과 북미에서는 대도시 인구가 감소하고 탈중심화와 역도시화 현상이 나타났다(Rogers, 1995; Condgdon and Batey, 1989). 이 시기 주요한 특징은 지역의 인구규모와 순이동 사이의 관계가 부의 관계로 변화되었다. 요컨대 인구가 집중된 공간에서 인구유출현상이 두드러졌다. 그런데 1980년대 이후 다시 도심재개발과 관련되어 재도시화 현상이 나타났다. 이런 인구의 집중, 분산, 재집중화

과정은 자본축적 양식, 삶의 양식과 가족구조, 노동조건, 인구학적 조건의 변화와 밀접히 연관된다고 논의된다(Rose, 2010; Davidson and Lees, 2010).

신흥개발국 사회의 도시화 과정은 식민지, 탈식민지주의, 냉전, 개발주의로 이어진 압축적인 정치·경제·사회 변동 과정에서 이루어졌고 이런 역사적 맥락에서 도시의 성격이 독특하게 구성되었다. 한국사회의 인구이동과 도시화의 성격은 1960년대 이전까지만 해도 공업화와 경제성장의 영향과는 관계가 별로 없었다고 논의된다(윤종주, 1991; 권태환 외, 2006). 1960년대 이후에는 공업화와 관련되어 수도권과 대도시 중심의 급격한 인구집중과 지역 간의 인구불균형 현상이 심화되었다. 그 결과 1970년대 이후 일부 대도시 지역을 제외한 시·도 지역에서 절대적 인구가 감소하는 현상이 가속화되었다. 이런 수도권 중심의 인구집중 현상은 도시와 농촌 지역 모두에 여러 문제를 파생하였는데, 도시에는 소외, 일탈, 주택문제, 일자리 등의 문제들이 농촌에는 노동력의 상실과 경제활력의 저하, 공동체 쇠퇴 등의 문제들이 양산되었다. 2000년대 이후 재도시화, 귀촌, 귀농 등 지리적 인구분포의 다양한 흐름이 보이는데, 이런 과정이 균형과 안정으로의 변화인지 또 다른 불균형과 위험의 징후인지에 대한 연구와 정책적 관심이 중요하다.

여기서는 도시화와 인구이동의 요인과 영향을 설명하는 기존의 모형과 관점들을 정리하고, 나아가 새로운 인구 분포 및 이동 현상과 관련된 개념적 쟁점과 연구방법의 과제에 대해 고찰한다.

1) 중력모형

중력모형(gravity model)은 이동의 원인을 거리와 인구크기의 함수로 파악한다(Ravenstein, 1885). 이동은 인구크기가 클수록 증가한다. 중력의 원리처럼 인구크기가 클수록 다른 지역에서 인구를 끌어당기는 힘이 크기 때문이다. 〈식 9-1〉은 두 지역의 인구가 클수록 두 지역 사이의 이동량은 크다고 정의하고 있다. 두 지역의 이동량은 또한 두 지역의 거리에 반비례하여 줄어든다. 실제 한국의 지리적

이동추이도 인근 권역에서의 이동이 활발한 형태로 나타났다. 1990년 이후 서울로부터의 인구유출의 목적지는 주로 경기도와 인천 지역이 되었고, 부산으로부터의 인구유출의 목적지는 양산과 김해가 되고, 각 도내에서도 소수 거점도시로의 이동이 다른 권역으로의 원거리 이동보다 두드러졌다. 그렇지만 지리적 거리의 비용이나 장애가 교통통신수단의 발달에 따라 크게 감소한 것도 사실이다. 교통 네트워크가 발달되면 물자와 인구의 이동이 활발해지고 직주분리와 교외화 현상이 촉진된다. 한국의 급속한 도시화와 수도권의 인구집중현상도 교통통신의 발달의 영향이 클 수 있다(송예나, 2015).

〈식 9-1〉

$$M_{ij} = \frac{N_i^{\beta_i} N_j^{\beta_j}}{D_{ij}^{\beta_{ij}}}, \quad i = 1,2,3,\cdots n,\ j = 1,2,3,\cdots n$$

M_{ij} : 지역 i에서 j로 인구이동량
N_i, N_j : 지역 i 및 j의 인구
D_{ij} : 지역 i 및 j 간의 거리

중력모형은 인간의 이동현상뿐만 아니라 물자와 사건들의 이동과 전파 현상을 분석하는데도 중요한 함의를 가질 수 있다. 전염질환이 얼마나 빠르게 확장되는가는 보균자의 이동성에 비례한다. 항공기, 대중교통, 자동차, 선박들이 인구와 물류의 이동에 혁명을 일으킨 통신수단이라면 인터넷과 휴대전화, SNS 등은 정보의 흐름에 혁명을 일으킨 정보통신기술이다. 이렇게 다양한 통신기술이 확장된 영향으로 최근 지방정부에서 주목하고 있는 개념의 하나가 서비스인구(service population)이다(염돈민, 2012; UN, 2008; ABS, 2001). UN에서는 국가의 상황과 필요에 따라 상주인구와 서비스인구를 모두 파악하여 보완적으로 사용할 수 있다고 권고한다. 호주 통계청에서는 상주인구(야간인구)와 서비스인구(주간인구)를 모두 파악하거나, 상주인구를 기본으로 하되 직장의 소재지를 파악하는 것의 유용

함을 강조한다. 서비스인구는 거주지역과 직업공간의 분리, 음식점, 백화점, 영화관, 공원, 휴양지 등 소비 및 오락 장소와 거주 장소의 분리, 국내외 여행의 확대 등으로 인하여 발생하는 서비스 수요를 파악하고 관리하기 위한 개념으로 특정시점에 서비스 수요를 발생시키는 인구로 이해할 수 있을 것이다. 한국의 경우 통계청에서는 〈인구 및 주택 총조사〉를 활용하여 주간인구 지표를 생산하고 있고, 서울시에서도 〈유동인구조사〉에 기초하여 주간인구를 작성한 바 있으며(변미리·서우석, 2011), 부산시에서는 모바일 빅데이터를 활용하여 서비스인구 통계를 작성하였다. 이에 더해 한국문화관광연구원에서 진행하고 있는 〈국민여행실태조사〉도 서비스인구에 대한 수요 및 실태를 파악하고자 하는 노력으로 이해할 수 있다(한국문화관광연구원, 2015).

이처럼 급속히 발전하는 교통수단과 다양한 생활양식과 다양한 서비스 이용에 대한 욕구의 증가와 인구유동의 증가를 고려하여 생활권의 개념을 새롭게 정의하고 측정하는 것이 중요해질 수 있다. 이와 관련하여 중력모형은 서비스에 대한 인구의 접근성을 설계하여 권역을 새롭게 구분하는 데 활용할 수 있다(허우긍, 2015). 예를 들어 〈식 9-2〉에서와 같이 어떤 권역에 공공시설을 설치할 것인가는 권역 내의 지역과 그 지역에 속한 주민들의 공공시설에의 접근성을 최대화하는 곳에 선정할 수 있다. 효율성을 최대화하기 위해 권역 내에 속한 지역의 인구크기와 거리를 곱한 값이 최소값을 갖는 지점에 입지지역을 선정하거나, 형평성을 최적하기 위해 지역 내에 사용하는 사람들의 수를 최대로 할 수 있는 지역에 입지 지역을 선정할 수 있다.

〈식 9-2〉 접근성

$$A = \sum_i p_i d_{ij}$$

A : 권역 내의 접근성
p_i : i의 인구
d_{ij} : i와 j의 거리

2) 지역의 경제적 불평등과 인구이동 모형

근대화 이론과 신고전경제학의 다양한 관점들은 도시화를 지역 간 인구와 자원의 분포가 불균형에서 균형 상태로 조정되는 과정으로 파악한다. 이런 관점에서 보면 한국사회의 이촌향도의 원인은 도시에 비해 농촌이 상대적으로 소득수준이 낮고 일자리 기회가 제한되고, 노동력이 과잉 공급되었기 때문에 발생하였고, 이동에 의해서 궁극적으로 도시와 농촌의 경제적 기회구조가 균형상태에 이를 것으로 기대할 수 있다. 한편 국내외 많은 논의는 이동으로 인해 도시와 농촌이 상호

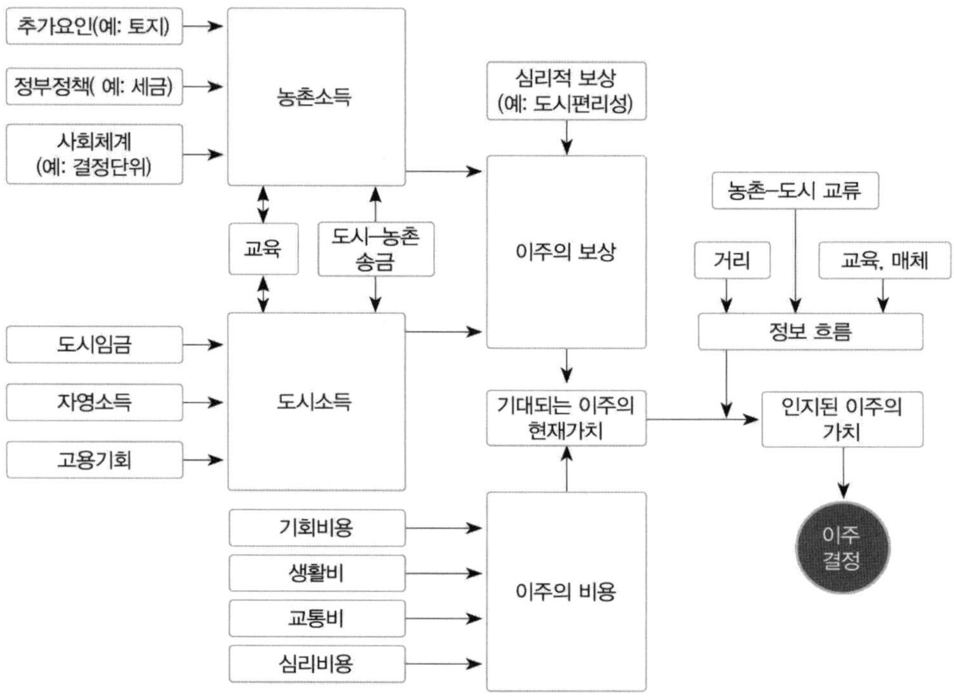

〈그림 9-5〉 이주결정에 대한 의사결정과정 분석

자료: Todaro(1981: 259).

균형적 상태에 도달되거나 자연적인 인구조절 메커니즘으로 인구가 집중되고 분산되는 과정으로 이해하는 데 비판적인 입장을 갖고 있다. 토다로(Todaro, 1981)는 저개발국가에서 이주민의 복합적인 이주의사결정과정을 분석하였다(〈그림 9-5〉). 그는 도시의 높은 실업률에도 불구하고 이촌향도가 지속되는 것은 현재시점의 임금소득 격차보다 미래에 기대되는 평생소득의 차이가 이동원인이라고 강조하고 있다.

국내에서도 수도권 중심의 인구집중현상에 대해 근대화론과 마르크스주의 관점 사이에 상당한 입장 차이가 있다. 김영정은 한국의 지역 간 경제적 불평등을 설명하면서, 도시의 상대적 발전상태가 인구이동을 유인하였다기보다 도시로의 인구유입에 의해 도시의 경제발전이 컸다고 해석하면서, 도시로의 인구유입의 결과 도시의 경제성장과 농촌과 중소도시의 경제퇴행이 동시적으로 발생하였다는 관점을 피력한다(김영정, 1993). 급격한 도시화가 지역 간 불균형과 발전에 어떤 영향을 미쳤는가에 대한 본격적인 분석은 여기서는 할 수 없지만 최근 인구감소를 겪고 있는 지역의 지역경제의 쇠퇴에 대한 우려는 지리적 인구불균형의 장기적인 악순환 가능성을 우려하게 한다.

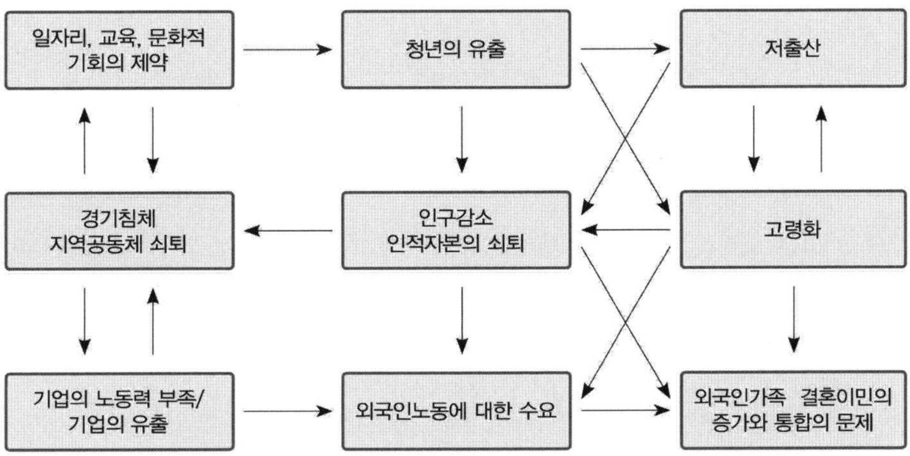

〈그림 9-6〉 청년인구의 유출에 따른 지역경제의 쇠퇴에 대한 우려

예를 들어 인구감소현상이 나타나고 있는 지역에서 청년층의 유출은 산업 낙후와 교육·문화적 환경의 침체와 연관되어 일어나고 있다(〈그림 9-6〉). 젊은 인재들이 지역에서 유출된 결과 가임인구의 규모도 감소하고, 혼인연령이 높아지고, 출산력이 떨어지는 것이다. 그리고 젊은 인구가 줄고 출산력이 떨어지게 되니 고령화도 더 빠르게 진행될 수밖에 없다. 유수한 젊은 노동력 인구가 유출됨으로써 기업에서는 노동력을 구하지 못하여 다른 지역으로 생산기반을 옮기거나 외국인 노동자를 고용하게 된다. 외국인 노동자의 수요가 늘지만 다른 한편으로 외국인 노동자의 사회통합의 문제가 새롭게 제기된다. 이처럼 청년층의 인구유출현상은 지역의 산업·문화 경쟁력의 약화와 밀접히 연관되고, 다시 인구구조와 산업·문화 조건에 부정적으로 영향을 미칠 수 있다고 고민되고 있다.

3) 지리적 계층 분리의 측정

인구의 집중, 분산 과정은 계층적 공간의 분리현상도 포함된다. 공간은 중요한 자본이다. 상점, 학교, 관공서, 백화점, 상가, 공원, 교통 등 등 물적 자본이 분포되고, 자본의 가치가 지역에 따라 차이가 난다. 물적 자본과 사회적 자본을 이용하는 사람들, 특히 거주자들은 계층적 특성이 차이가 난다. 자본축적이 고도화된 지역일수록 계층적 특성이 강할 수 있다. 혹은 그 지역에 어떤 이유로 특정계급이 집중하게 되면 다양한 사회적 자본을 활용하면서 주거공간이 계층화될 수 있다. 계층과 인종에 따른 거주지의 분리 정도를 측정하는 지수로 상이성 지수와 불평등 지수 등이 있다(윤인진, 1998).

〈식 9-3〉 상이성 지수

$$D = \sum_i \left[\frac{t_i |p_i - P|}{2TP(1-P)} \right]$$

상이성 지수에서 t_i와 p_i는 i 지역의 인구수와 특정집단 성원의 인구비이고, T와 P는 전체지역의 총인구수와 특정집단 성원의 인구비율이다(〈식 9-3〉). 이 지수에서 $(t_i|p_i - P|)$는 한 지역에서 균등분포로부터 벗어난 특정집단 성원의 수이고, TP(1-P)는 문제 도시에서 최대한의 불균등분포를 가정하였을 때 균등분포를 이루기 위해 거주지를 옮겨야 하는 특정집단 성원의 수이다. 두 집단 거주지 격리를 가리키는 차이 지수는 다음과 같이 측정할 수 있다(〈식 9-4〉).

〈식 9-4〉 차이 지수

$$D_{xy} = \frac{1}{2}\sum|(x_i/X) - (y_i/Y)|$$

여기서 x와 y는 전체 지역에서의 x 집단과 y 집단의 인구수이고, x_i, y_i 는 i 지역에 거주하는 x 집단과 y 집단의 인구수이다.

인구분포의 불평등 정도를 지니 지수로도 측정할 수 있다(〈식 9-5〉).

〈식 9-5〉 불평등 지수

$$D = \sum\sum[\frac{t_i t_j|p_i - p_j|}{2T^2 P(1-P)}]$$

여기서 t_i와 t_j는 i 지역과 j 지역의 특정집단의 인구수이고, p_i와 p_j는 두 지역에서의 이 집단의 인구비율이고 T와 P는 전체지역의 총인구수와 특정집단의 인구비율이다. 분자는 지역의 모든 짝들에서 나타날 수 있는 특정집단 성원 비율들 간의 차이를 인구수로 가중화한 평균값이고, 분모는 특정집단의 비율을 P라고 할 때 특정집단과 다른 집단이 공유하는 지역이 없는 것을 가정할 때의 거주지 격리의 최대값을 의미한다.

4) 네트워크 모형

인구연구에서는 공간과 인구의 경계의 폐쇄성을 암묵적으로 전제하였다. 한편 점점 공간과 인구의 경계가 유동화되고 있다. 어떤 한 지역 안에도 상당한 이질성과 다양한 관계가 발생하고 쇠퇴한다. 네트워크 관점은 개방성과 이질적 요소의 결합에 주목하면서 연결, 흐름, 이동, 혼성적 정체성, 역동적이고 탈영역화된 속성을 강조한다(박배균, 2015: 271). 이런 네트워크적 속성은 변화되고 있는 인구동태, 구조, 분포를 이해하는 데에도 중요한 관점과 방법이 될 수 있다.

인구는 지정학적 경계를 가진다. 그런데 기존의 인구 패러다임은 공간과 인구동태의 경계에서 국가 단위의 폐쇄성을 암묵적으로 전제하였다. 그러나 실제인구동태의 경계는 정치·문화적 영향에서 국가경계를 넘을 수도 있고 국가보다 작은 경계에서 구성될 수 있다. 네트워크 관점은 인구경계의 단위를 국가수준에 국한하지 않고 글로벌·로컬한 수준으로 확장하고 다양한 층위들 간의 연계 속에서 인구동태를 파악하게 한다. 또한 앞서 소개한 중력 모형, 지역 간 불평등 모형이 한정된 지리적 관계에 초점을 두었다면, 네트워크 관점은 다양한 층위에서 다양한 지역 간의 인구이동과 교류현상을 측정하고 설명하는 방법으로 개발될 수 있다.

아직 네트워크 관점을 활용한 인구분석의 예는 찾기 어렵지만 지역 간 상호작용과 이동과 교류의 패턴을 이해하고, 인구이동의 전체적 구조를 파악하는 데 네트워크 방법이 널리 활용될 수 있다. 또한 지구적인 수준에서 인구현상이 상호연결되어 있고, 통신기술이 발달하고, 유동성이 커지고 있는 현재 폐쇄적이고 안정된 인구모형을 적용하는 한계를 보완할 수 있는 유용한 방법들이 개발되는 것이 필요하다.

5) 도시정책과 도시개발

도시정책과 도시개발의 영향은 간단하게 모형화하기는 어렵지만 이동과 지리적 분포의 구조적 요인을 이해하는 데 매우 중요한 요소이다. 국가는 세금제도, 장기대출, 부동산정책, 교통건설 등의 다양한 도시정책으로 도시공간과 인구동태에 중요한 영향을 미친다. 자본의 확대재생산을 위한 정책, 주택시장정책, 임대사업 등에 의해 주택소유구조가 변화되고 공간의 계급문제가 나타나고 이것이 다시 인구동태에 영향을 미친다. 1990년대 이후 신자유주의 개발이 활발해지면서 대자본과 투자자들에 의한 대규모의 공간개발이 이루어지고 있다. 이런 공간의 자본축적과 탈소유화 현상과 연관되어 인구분포의 변화를 설명하는 개념으로서 젠트리피케이션 논의가 국내외에도 다양하게 전개되고 있다.

젠트리피케이션(gentrification)은 부동산과 주거지 환경이 자본에 의해서 축적되면서 원거주민들이 거주지에서 쫓겨나는 현상으로 이해되기도 하고, 새로운 자본가가 들어와서 땅과 주택을 점차적으로 잠식해 가는 과정으로 이해하기도 하고, 부동산 소유주가 임대료를 통제하는 과정으로 이해되기도 한다. 이렇게 부동산이 소수에게 축적되고 부동산 자산의 가치가 상승되는 것은 지역재생정책과 자본유치를 활성화하는 도시개발정책과 밀접히 연관되어 있다. 젠트리피케이션 현상을 강조하는 논의들은 부동산과 주택이 상품화되고, 탈소유화되고, 소수에게 축적되는 현상에 주목한다(Smith, 2002; Harvey, 1982). 공간의 상품화와 탈소유화는 지구적 전략이 되고 있는 자본축적의 중요한 논리라고 강조한다. 한편으로 서구사회에서는 1980년대 이후 도시공간의 자본축적 현상과 취약계층의 탈소유화와 사회적 배제 현상이 심화되었지만 다른 한편에서 자본축적과 탈소유화의 심화현상을 견제할 수 있는 정책적 관심과 시민사회의 적극적인 대응도 활발해지고 있다. 소득보장 중심의 복지국가 모형에서 경제, 정치, 서비스 차원에서 포괄적으로 시민권을 보장하기 위한 민관협력 거버넌스의 강조, 주민들의 자치활동, 국가와 시장을 보완, 대체하는 제3섹터의 다양한 활동과 연계가 지역의 성격을 변화시키는 중요한 요소로 주목되고 있다.

한국사회의 급격한 도시화 과정도 공간의 상품화, 자본축적의 고도화, 취약층의 주거와 부동산의 탈소유화, 거주지의 계층적 분화 현상과 밀접히 연관되어 전개되었다. 1980년대 본격화된 도시재개발은 소유주, 공권력, 건설업체의 이해와 주민들의 이해가 길항작용을 하면서 변해 왔다(유혜정, 1996; 김수현, 1999). 부동산 시장은 인구이동의 중요한 요소가 되었다. 끊임없는 도시개발정책은 원거주민의 거주권 보다는 개발의 이익에 초점을 두었다. 부동산 자산을 높이는 데 중간계급, 건설자, 자본가, 정부가 이해를 같이하면서 부동산의 불패신화가 지속되었고, 주택의 주요 자산화와 집값 상승과 계층의 지리적 분화 현상이 초래되었다. 한국사회와 비슷하게 아시아 여러 사회에서 생산, 금융, 부동산, 그리고 모든 일상생활 영역에서 자본의 축적이 투기적으로 이루어지는 데 도시개발은 매우 중요한 역할을 하였다(Shin, 2016; He, 2010).

6) 도시성과 생활양식

도시는 생활양식, 가치관, 상호작용의 상징적 특성을 가진다고 인식되었다(강대기, 1987). 워즈는 생활양식으로서의 도시성을 강조하면서 인구증가, 인구밀도의 증가, 이질성의 증가에 따라 도시생활에서는 사회적 관계의 분절화, 격리, 불안정, 유대의 상실 문제가 크다고 지적하였다. 한편 도시생활에서 공동체 유대의 소멸에 대해 경험적 연구들은 도시의 발전단계에 따라 그리고 도시 내부에서도 다양한 관계와 상호작용이 존재함을 강조한다.

한국에서는 식민지, 귀향이동, 다양한 난민이동, 농촌지역의 잉여인구의 배출효과, 급속한 공업화 요인이 시기적으로 복합적으로 연결되어 도시인구의 생활과 도시 문화가 독특하게 형성되었다. 윤종주(1991)는 식민지와 전쟁시기 난민의 주된 정착지였던 도시지역에는 생존주의와 발전주의 의식이 강하였고 이것이 이후의 급속한 도시화 과정과 무관하지 않다고 주장한다. 고영복(1964)과 이해영 외(1966)의 연구에서는 도시지역 내부에 농촌, 가족, 친족 공동체가 재구성되는 현상에 주목하였다. 강대기(1987)의 연구는 아파트 지역과 일반주택지의 근린관계를 비교하면서 주거형태가 근린관계에 중요한 영향을 미치는 것을 경험적으로 확인하였다. 정창수와 문용갑(1989)의 연구는 거주기간이 길수록 이웃관계가 좋고, 소득수준이 높을수록 이웃관계가 유지되는 것을 밝히고 있다. 소득수준이 높을수록 이웃의 교류와 유대가 활성화되는 것은 문화적 자본 현상으로 이해할 수 있다(윤인진, 1998; 홍두승, 1991). 홍두승(1991)은 1990년대 이후 서울지역에 중간계급이 지리적으로 집중되는 현상을 밝혔다.

최근 들어 가족형태, 세대구성, 거주형태의 변화가 근린관계에 미치는 영향이 새롭게 주목되고 있다. 인구구성이 연령, 혼인상태, 인종구성, 이민배경 등에서 다양화되고 있다. 홀로 사는 사람들, 자녀가 없는 세대, 노인 세대가 선호하는 거주형태가 다를 수 있고 이는 주택시장의 수요와 공급 구조를 변화시킬 수 있다. 또한 역으로 토지와 지가 상승이 혼인상태와 인구구성에 영향을 미칠 수 있다. 베이비부머 세대가 은퇴하면서 노동시장에서 대거 빠져나가면서 지역의 경제와 생활환경에 어떤 변화가 일어날지도 주목할 필요가 있다.

제10장

안정인구 모형을 이용한 연령구조 변화의 요인분석

1. 인구동태의 다양성과 안정인구

출산율이 감소하면 연령구조는 고령화되는가? 만일 출산율이 0에 가깝다면 그 사회의 인구는 어떻게 될까? 모두가 오래 살면 그 사회의 인구는 어떻게 될까? 연령구조가 고령화되면 인구가 감소하는가? 혹은 인구가 감소하면 연령구조는 반드시 고령화되는가? 지구상에서 가장 젊은 인구와 가장 나이 든 인구는 어떤 출산력과 사망력 특성을 가지고 있는가?

현존하는 국가들의 인구변천과정은 매우 다양하다. 출산율과 사망률, 이동률이 변화된 양상과 고령화의 속도, 그리고 연령구조가 차이가 크다. 유럽사회는 지난 18~20세기 초중반 약 2세기에 걸쳐 출산율과 사망률이 크게 변하였고 인구이동이 매우 광범위하게 이루어졌다. 아시아 대륙의 여러 나라는 20세기 중반 이후 출산율과 사망률이 급속하게 감소하면서 고령화가 매우 빠르게 진행되고 있다. 그리고 점점 활발해지고 있는 국제·국내 이동이 출산, 사망, 인구구조에 미치는 영향도 복잡해지고 있다. 이렇게 출산율과 사망률의 변화, 그리고 인구이동의 확대와 더불어 인구증가율과 연령구조도 사회마다 다양하게 나타나고 있다.

다양한 인구변천이 구체적으로 어떻게 진행되었는지, 그 과정에서 출산율, 사망률, 인구이동, 인구증가율이 인구구조 변화에 어떤 영향을 미치고, 인구구조는 또한 인구동태에 어떤 영향을 미치는가를 이해하는 것은 사회와 인구현상의 변화를 전망하고 설명하는 데 매우 중요한 주제가 된다. 출산율, 사망률, 이동률, 증가율과 같은 인구의 동태적 특성과 연령구조와 같은 정태적 특성은 서로 분리되어 있는 현상이 아니다. 현재의 출산과 사망사건의 발생 정도는 현재의 인구구조에서 조건 지워지며 현재의 인구구조는 현재의 동태사건과 과거로부터 축적된 동태사건의 배열과 관계에서 구조화된다. 인구이동과 출생률 및 사망률 변화가 제한적이었던 조건에서 형성된 인구구조와는 대비되어 오늘날 인구구조는 인구이동이 활발하고 출생률과 사망률의 다양한 조합에서 형성되고 있다. 이처럼 인구동태의 시공간적 변이와 다양성이 커지는 결과가 인구구조와 사회제반의 변화에 미치는 영향을 이해하는 것은 매우 중요하다.

이 장에서는 인구동태의 변화가 인구구조에 미치는 영향을 분석하는 중요한 방법으로서 안정인구 모형의 원리를 이해하고 안정인구 모형을 통해 출산율, 사망률, 인구증가, 연령구조 사이의 관계를 이해하고자 한다. 안정인구는 항상적인 출산율과 사망률의 특정한 조합 상태에서 이루어진 인구구조를 가리킨다. 오랜 기간 출산율과 사망률이 변하지 않고 인구이동이 없다고 가정할 때 인구는 연령구조와 증가율이 변하지 않는데 이러한 특성을 띤 인구를 안정인구라 정의한다. 이렇게 출산율과 사망률의 특정한 조합상태에서 구성되는 안정인구의 특성을 비교함으로써 인구동학과 인구구조의 관계를 파악할 수 있다.

여기서는 안정인구 모형에 기초하여 연령구성과 인구동태요인(출산율, 사망률, 증가율) 사이의 관계를 이론적으로 정리하고 실제 한국사회에서 진행된 출산, 사망, 증가율의 변화가 연령구조 변화에 미친 영향을 경험적으로 분석하고 있다. 안정인구 모형을 통해 출산율 및 사망률의 변화가 연령구성을 어떻게 나이 들게 혹은 젊게 만드는가를 수리적으로 설명하고, 실제 한국사회에서 1960~2000년까지 진행된 출산율과 사망률의 패턴에 기초하여 안정인구 모형을 추정하고 이를 통해 출산율과 사망률, 증가율이 연령구조에 미치는 영향을 추정하였다.

이 장에서 초점을 두는 두 번째 주제는 어떻게 안정인구의 항상성 가정을 완화하면서 현재와 과거의 인구동태율의 영향을 파악할 수 있는가의 질문과 관련된다. 안정인구는 어떤 조건의 출산율과 사망률이 항상적으로 유지될 것이라고 가정될 때 추정되는 인구이다. 따라서 상이한 수준의 출산율과 사망률에서 추정한 안정인구들을 서로 비교함으로써 출산율과 사망률 변화의 영향을 분석할 수 있다. 한편 이런 논리는 계속해서 변하고 있는 인구동태의 영향을 파악하는 데 한계가 있을 수 있다. 현재의 인구구조는 현재의 동태뿐만 아니라 과거의 인구동태에 영향을 받는다. 과거의 인구동태가 현재의 인구구조와 인구동태에 영향을 미치는 현상은 인구모멘텀 현상이라고 정의된다. 한편 안정인구 모형은 동태율의 항상성을 가정하므로 인구모멘텀과 같이 과거 동태의 영향을 파악하는 데 제한점이 있다. 이렇게 계속해서 변화될 수 있는 출생률과 사망률의 영향을 파악할 수 있는 방법의 하나가 연령별증가율의 차이를 고려하여 안정인구 모형을 보완하는 방법이다. 연령별증가율은 과거의 출산율과 사망률, 증가율의 함수이므로 연령별증가율을 고려하면 지속적으로 변화되는 인구동태의 영향을 추정할 수 있다. 여기서는 과거의 동태를 반영한 연령별증가율과 현재의 출산율과 사망률을 함께 고려하여 인구구조의 변화를 추정하는 방법을 소개하고 있다.

2. 연령구조와 인구동태요인 사이의 관계

한 지역 인구의 연령구성은 출산율, 사망률, 이동률에 의해 결정된다. 국가 내에서 볼 때 지역 간 연령구조의 차이에는 지역 간 이동의 영향이 크게 작용한다. 예를 들어 도시와 농촌의 연령구조 차이는 출산율이나 사망률의 차이만큼 혹은 그보다 더 이동의 영향이 클 수 있다. 대체로 인구이동은 생산활동인구에 의해 주도되는 경향이 있으므로 인구유출은 가임인구를 감소시켜 유출지역 인구의 출산율을 낮추는 영향을 줄 수 있다. 그리고 생산활동인구와 가임인구의 축소의 결과 출생자수가 지속적으로 감소하여 인구가 고령화될 수 있다. 한편 국가단위에서 보면 인구의 연령구조 변화는 이동보다는 출산율과 사망률의 변화에 더 큰 영향을 받는 것으로 이해된다. 그러나 국제인구이동이 점점 활발해지고 있어 이동이 국가수준의 인구구조와 출산율과 사망률 패턴에 미치는 영향이 점점 커질 것으로

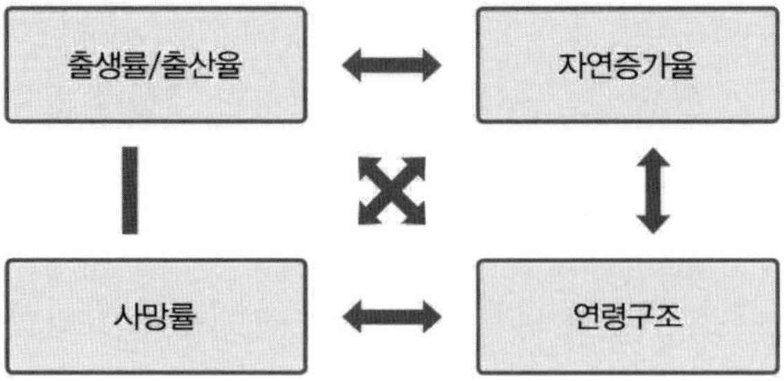

〈그림 10-1〉 출생률/출산율, 사망률, 자연증가율, 연령구조의 상호관계

예상된다.

잠정적으로 여기서는 이동의 효과를 접어 두고 출생률/출산율, 사망률, 자연증가율, 연령구조 사이의 복합적인 관계에 주목하고자 한다(〈그림 10-1〉). 한편으로 출산율과 사망률은 연령구조에 영향을 미친다. 새로 태어나는 인구가 줄어든다면 연령구조는 점차적으로 고령화된다. 한편 사망률이 연령구조에 미치는 영향은 사망률 개선이 연령에 따라 얼마나 고른가에 따라 연령구조를 다르게 바꿀 수 있다. 그리고 현실에서는 출산율과 사망률의 변화가 동시적으로 이루어져 연령구조에 미치는 영향이 복합적으로 나타날 수 있다. 출산율과 사망률의 변화는 또한 인구증가율에 직접적으로 영향을 미친다.

그런데 출산율이나 사망률이 연령구조나 증가율에 미치는 효과가 동시적으로만 나타나는 것이 아니다. 출산율이 대체수준 이하로 낮다고 하더라도 가임인구가 크게 증가하였다면 조출생률과 인구증가율이 커질 수 있다. 출산율이 대체수준 이하인데도 조출생률과 증가율이 커질 수 있는 것은 과거의 출산력 때문에 가임인구가 계속해서 증가할 수 있기 때문이다. 실제출산율이 급격하게 떨어진 사회에서 출산수준이 대체수준 이하로 떨어져도 어느 기간 동안 계속해서 절대적 인구크기도 증가하고 인구증가율도 커진 경우가 많다. 한국에서도 1980년대 초중반에 출산율이 대체수준 이하로 떨어졌지만 2015년 현재까지 인구가 성장하고 있고, 2020년 이후에 인구감소가 추정된다. 대체수준 이하의 출산율에 따라 인구가 감소하는 시기가 40여 년 유예기를 가진 것은 과거 출생률이 높았던 코호트가 가임인구를 구성하고 있는 영향이 남아 있기 때문이다.

이처럼 과거 출산율과 사망률의 결과로서 구성된 현재의 연령구조는 다시 현재의 인구크기, 출생률, 사망률, 증가율에 영향을 미친다. 이렇게 증가율, 출생률, 사망률이 연령구조에 영향을 받으므로 조비율(crude rates)이라고 인식된다. 조출생률과 조사망률은 연령별 출생률 및 사망률의 가중 평균값인데 출산율과 사망률은 연령에 따라 다르므로 연령구성이 어떻게 되어 있느냐에 따라 차이가 클 수 있다.

연령구조의 변화와 인구의 증가는 현재와 과거의 출산율과 사망률 변화의 복합적인 결과이고 다시 출산과 사망 동태에 영향을 미친다. 출생률, 사망률, 그리고 그것의 차이를 나타내는 자연증가율과 연령구조는 매 순간 그리고 과거의 누적된 조합의 영향 속에서 복합적으로 상호작용하고 있다.

3. 안정인구의 원리

안정인구의 원리는 이처럼 복합적인 인구동태의 상호 영향을 이해하는 중요한 모형이고 방법이 될 수 있다. 안정인구란 연령구조, 출생률, 출산율, 사망률, 증가율이 변하지 않는 인구를 가리킨다. 이는 출산율과 사망률의 특정한 조합이 장기적으로 지속될 때 나타나는 인구 특성이다. 안정인구에서 인구크기와 연령구조는 출산율과 사망률 패턴에 의해 완전하게 결정된다.[1]

안정인구에서 출생률, 사망률, 연령구조, 증가율, 재생산율은 서로 밀접하게 관

1 안정인구와 정지인구의 차이와 유사점을 분명하게 이해하는 것이 중요하다. 정지인구는 장기간 이동이 제로상태이고 조출생률과 조사망률이 동일하고 사망률 패턴이 항상적인 조건에서 추정된 인구로서 인구크기와 연령구조가 변하지 않고 성장률이 제로인 특성을 가진다. 반면 안정인구는 장기간 연령별출산율과 사망률이 변하지 않았을 때 기대되는 인구구조로서 인구크기는 변할 수 있지만 연령구조는 변하지 않으며, 연령별증가율도 항상적인 특성을 가진다. 단순감소 생명표의 인구 특성은 정지인구의 특성을 가진다.

계된다. 로트카와 샤프(Lotka and Sharpe, 1911)는 순이동이 제로이고 연령별사망률과 출산율이 변하지 않는 인구가 있다면 그 인구는 출생률, 사망률, 연령분포가 변하지 않음을 증명하였다. 로트카와 샤프는 물리학에서 사용되는 개념을 빌려와 이러한 인구의 특성을 안정인구(stable population)라고 정의하였다. 안정인구의 중요한 속성은 일시적으로 출산율과 사망률이 동요되더라도 시간이 지나면 출생률, 사망률, 연령구조가 안정적인 상태로 돌아간다는 것이다. 이러한 특징을 강한 자기회귀 성향(strong ergodicity)이라고 정의한다(Coale, 1987).

한편 인구동태와 연령구조가 오랜 기간 변하지 않고 안정화된 인구가 사실상 존재하는가는 중요한 질문이 될 수 있다. 아마도 인구동태율이 안정화된 정도는 인구변천 단계에 따라 상이할 수 있다. 출생률과 사망률이 높았던 시기에는 상대적으로 인구동태율의 변동수준도 제한되고 인구구조도 장기간 안정화되었을 수 있다. 한편 인구변천이 진행된 단계에서는 출산율과 사망률이 지속적으로 변하고 있고 연령집단별 증가율의 차이에 따라 연령구조가 다양하게 변한다. 한편 이렇게 인구동태가 계속해서 변하고 있는 경우에도 안정인구 모형이 유효하다고 논의된다. 이는 약한 자기회귀 성향(weak ergodicity)으로 일컬어지는 특성 때문인데, 어떤 인구가 안정적이든지 그렇지 않든지 현재의 연령구조는 먼 과거에는 독립적이라는 것이다(Coale, 1987; Lopez, 1961).

1) 안정인구에서 출산율, 사망률, 증가율, 연령구조

그렇다면 안정인구에서 출산율, 출생률, 사망률, 증가율, 연령구조는 어떻게 서로 연관되는가? 인구가 항상적인 출산율과 사망률 패턴을 가지며 외부와 인구 유입과 전출이 없는 상태(폐쇄인구)를 가정해 보자. 인구이동이 없는 상태에서 현재의 연령구조 $c(a)$는 출산력과 사망력에 의해 결정된다.

$$c(a)=N(a,\ t)/N(t) \qquad \langle 식\ 10\text{-}1\rangle$$

$$N(a,\ t)=B(t\text{-}a)p(a,\ t) \qquad \langle 식\ 10\text{-}2\rangle$$

$$B(t\text{-}a)=b\ N(t\text{-}a) \qquad \langle 식\ 10\text{-}3\rangle$$

$$N(t\text{-}a)=N(t)\ e^{-ra} \qquad \langle 식\ 10\text{-}4\rangle$$

$$c(a)=be^{-ra}p(a)da \qquad \langle 식\ 10\text{-}5\rangle$$

시점 t에 a 연령에 있는 인구의 비율 $c(a)$는 해당 시점 전체인구인 $N(t)$에 대한 a 연령 인구 $N(a,t)$의 비율이다(〈식 10-1〉). 그리고 〈식 10-2〉에 표현되었듯이 시점 t에 연령 a인 인구 $N(a,t)$는 a년 전의 출생자인 $B(t\text{-}a)$ 중 a 시점까지 살아있는 인구로 표현할 수 있다. 다시 a년 전 출생자인 $B(t\text{-}a)$는 $t\text{-}a$ 시점의 전체인구인 $N(t\text{-}a)$에 출생률(b)을 곱하여 구할 수 있다(〈식 10-3〉). 그리고 안정인구에서 항상적인 증가율을 r이라고 가정한다면 $t\text{-}a$ 시점의 전체인구 $N(t\text{-}a)$는 t 시점의 전체인구 $N(t)$에 성장률의 역수를 지수로 곱하여 구할 수 있다(〈식 10-4〉). 이러한 일련의 가정에서 연령 a인 인구의 구성비는 항상적인 출생률, 사망률, 증가율의 곱으로 〈식 10-5〉와 같이 재정의할 수 있다. 연령구성 $c(a)$는 항상적 출생률에 증가율크기의 역수 e^{-ra}를 곱하여 출생 당시의 비중을 구한 뒤 이 코호트가 기존의 생존율 스케줄을 따른다고 가정하여 적용하여 구할 수 있다.

그리고 출생률 b는 가임기간인구의 연령구성과 모의 여아출산율을 곱한 값을 합하여 구할 수 있다(〈식 10-6〉). 한편 〈식 10-5〉에서 모든 연령구성의 합은 1이 되므로 〈식 10-5〉를 모든 연령에 적분하면 출산율은 〈식 10-7〉처럼 정의된다. 그리고 〈식 10-5〉의 우측 값을 〈식 10-6〉의 $c(a)$에 대입하면 〈식 10-8〉과 〈식 10-9〉와 같은 관계가 정리된다.

$$b = \int_a^b c(a)m(a)da$$ 〈식 10-6〉

$$b = 1/\int_0^\omega e^{-ra}p(a)da$$ 〈식 10-7〉

$$b = \int_a^b be^{-ra}p(a)m(a)da$$ 〈식 10-8〉

$$1 = \int_a^b e^{-ra}p(a)m(a)da$$ 〈식 10-9〉

위와 같은 일련의 함수관계에서 현재의 재생산율과 사망률의 항상성을 가정하여 안정인구의 증가율 r, 연령구조 $c(a)$, 출생률 b, 그리고 사망률을 추정할 수 있다. 〈표 10-1〉은 2000년도의 모의 출산율과 연령별사망률이 항상적으로 유지된다고 가정할 때 추정된 안정인구의 비율들을 정리한 것이다. 첫 번째 칼럼은 모의 연령구간으로 15~54세까지를 가임연령으로 잡았다. 두 번째 칼럼은 각 구간의 중간연령을 가리킨다. 세 번째 칼럼은 통계청에서 추계한 2000년도 모의 인구수이다. 네 번째 칼럼은 모의 연령별 여아출산율로서 연령별출산율에 출생 시 여아의 성비를 곱하여 구하였다. 가임기간 동안 연령별 여아출산율을 합한 값이 총재생산율(GRR)로서 구간여아출산율을 합한 값은 0.7304로 계산된다. 그리고 연령구간별 생존기간을 출산율에 곱한 값을 가임연령기간을 통해 합하면 순재생산율(NRR)이 구해진다. 이어지는 칼럼에는 해당 연령구간까지의 생존기간인데 이를 여아출산율에 곱하여 합한 값이 순재생산율로서 0.7168로 계산된다. 순재생산율이 구해지면 안정인구의 성장률을 구할 수 있다. 안정인구의 성장률은 $r = \frac{1}{t} ln(NRR)$의 관계에서 구할 수 있다.[2] t는 한세대에 의해서 다른 세대가 대체되는 데 걸리는 시간으로 여성의 평균출산연령으로 간접 추정할 수 있다. 평균출산연령은 재생산율에

〈표 10-1〉 재생산율, 평균출산연령, 증가율, 안정인구의 관계

모의 연령 (세)	a	모의 인구수 2000(추계인구) (명)	연령별 여아출산율 (ma)	구간생존연수 $({}_5L_x/l_0,\ pa\times da)$	Net fertility $(ma\times pa\times da)$	$e(-ra)\times pa\times ma\times da$
15~19	17.5	1,855,411	0.0011857	4.94483	0.005863	0.0071744
20~24	22.5	1,864,530	0.0192987	4.93099	0.095162	0.1233560
25~29	27.5	2,120,755	0.07458	4.9141	0.366494	0.5032791
30~34	32.5	2,071,079	0.0416406	4.89345	0.203766	0.2964276
35~39	37.5	2,092,507	0.0080779	4.86337	0.039286	0.0605431
40~44	42.5	1,975,280	0.0011968	4.8161	0.005764	0.0094099
45~49	47.5	1,438,321	0.0001015	4.74325	0.000481	0.0008237
50~54	52.5	1,171,759	0.0000137	4.63612	0.0000633	0.0001159
안정인구의 동태율						
		$GRR=\Sigma ma\times 5$	0.7304745	$NRR=\Sigma ma\times pa\times da$	0.716879	1.0011388
			평균출생연령$=\Sigma a\times ma\times pa/NRR$		28.859	
				증가율(r)	-0.01153	
2000년 실제인구의 동태율						
출생률(b)	0.0134	사망률(d)	0.0052	증가율(r)	0.0082	

자료: 통계청, KOSIS(추계인구, 인구동향조사, 생명표).

대한 각 연령의 상대적 구성의 평균값으로서, 여기서는 순재생산율에 각 연령의 상대적 기여도의 평균값으로 측정하였다. 결과 평균여아출산연령은 28.86세로 추정되었다. 평균출산연령을 대입하면 안정인구의 증가율(r)은 -0.01153으로 추정된다. 추정의 정확성을 제고하기 위해 반복추정을 할 수 있는데 $\int_a^b e^{-ra}p(a)m(a)da=1$이

2 순재생산율(NRR)은 안정인구(stable population)의 주요한 비율이다. 현재의 출산율과 사망률에 기초하여 추정한 어머니에 대한 딸의 비는 한 여성 세대의 그 앞 세대에 대한 상대적 규모비로서, 이는 한 세대가 지난 뒤 안정인구크기가 변화된 비를 나타낸다. 예를 들어 연평균 증가율이 r인 안정인구는 n년 뒤에 e^{rn}비만큼 커진다. 따라서 여성 세대의 평균대체연수(평균출산연령)가 t라면, t년 뒤 인구크기는 e^{rt}비만큼 증가하는데, 이 세대의 증가비가 NRR과 같다. 이 관계를 이용하여, 안정인구의 증가율 $\frac{1}{t}ln(NRR)$을 구할 수 있게 된다.

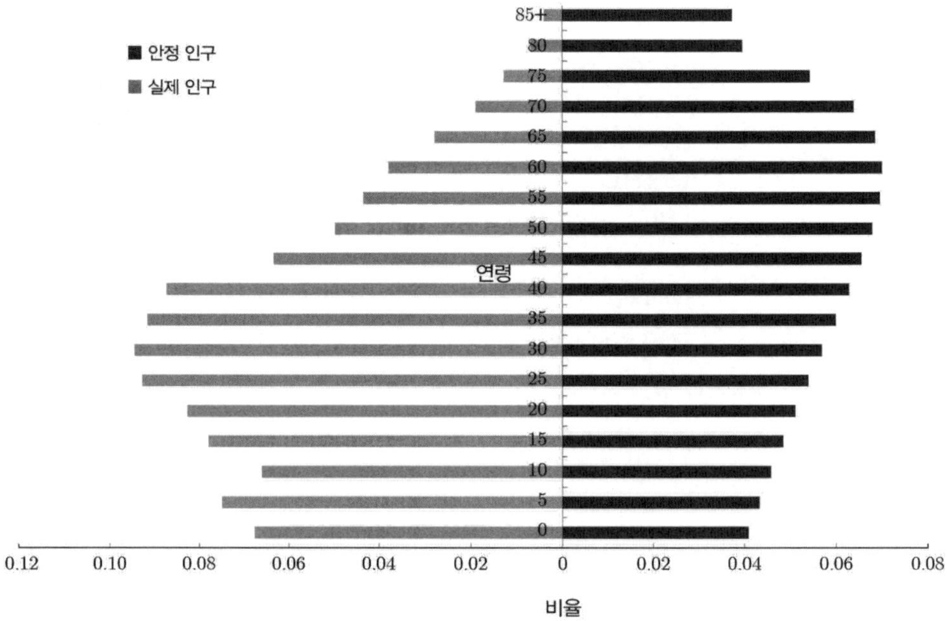

〈그림 10-2〉 안정인구와 실제인구의 연령분포, 2000

주: 안정인구는 2000년도의 출산율과 사망률이 항상적이라는 가정에서 추정된 분포이다.

되는 증가율을 구하면 된다. $p(a)$는 관측된 사망률 패턴에 따를 때 출생에서 연령 a까지 생존할 비율을 가리키며 $m(a)$는 연령 a의 여성이 여아를 출산할 비율을 가리킨다.

일단 증가율이 구해지면 안정인구의 출생률(b), 사망률(d), 연령분포 $c(a)$를 추정할 수 있다. 안정인구에서 출생률(b)은 〈식 10-7〉에 제시된 것처럼 $b=1/\int_0^{\omega} e^{-ra}p(a)da$의 관계를 대입하여 구한다. 식에 대입하면 안정인구의 출생률은 0.007985(1,000명당 7.8명), 사망률은 0.0195(1,000명당 19.5명)로 추정된다. 이렇게 구한 안정인구의 연령구성은 〈그림 10-2〉에서 보듯이 매우 고령화된 특성을 나타낸다. 5세 미만의 인구는 전체인구 3.9%를 차지하고, 65세 이상 인구는 전체인구 26.49%로 추정된다. 평균연령은 46.38세로 추정된다.

〈그림 10-2〉에서 볼 수 있듯이 2000년도의 출산율과 사망률에 기초하여 추정된 안정인구의 특성과 2000년도 시점에 실제 관측된 인구의 연령구성, 사망률, 출생률, 증가율의 패턴은 차이가 크다. 안정인구의 조출생률은 1,000명당 7.98명, 조사망률은 1,000명당 19.51명, 연평균증가율은 1,000명당 -11.5명으로 인구가 감소하는 특성을 지닌다. 이와는 대조적으로 실제 2000년도의 조출생률은 1,000명당 13.4명이며 조사망률은 1,000명당 5.2명이고, 자연증가율은 1,000명당 8.2명(1,000명)으로 매년 인구가 약간씩 성장하고 있다.[3] 연령구조도 두 인구구조에 차이가 큰데 실제인구는 안정인구보다 훨씬 젊은 모양을 띤다. 2000년도 65세 이상 인구는 전체인구의 7.1%이며 평균연령은 33.26세로 집계된다. 그림에서 보듯이 40대 이전에는 실제인구의 구성비가 더 크며, 이후 연령대의 구성비는 안정인구에 비해 훨씬 작은 특성을 나타낸다.

2) 증가율, 출산율과 사망률 변화에 따른 연령구성의 변화

(1) 증가율 변화에 따른 연령구성의 변화

이렇게 안정인구는 오랜 기간 출산율과 사망률이 변하지 않고 인구이동이 제로라고 가정할 때 연령구조와 증가율이 변하지 않는 특징을 가진다. 따라서 출산율과 사망률의 상이한 조합 상태에서 구성되는 안정인구의 특성을 비교함으로써 출산율과 사망률과 증가율의 변화가 인구구조에 미치는 영향을 추정할 수 있다.

안정인구의 연령구조는 생존율과 증가율, 그리고 출산율에 의해 결정된다. 그렇다면 증가율, 생존율, 출산율의 변화는 각각 연령구조를 어떻게 변화시키는가를 살펴보자. 우선 증가율이 변하면 연령구성이 어떻게 변하는가를 정리해 본다. 연령구성비 $c(a)$의 로그값을 증가율로 미분하면 〈식 10-10〉처럼 정리된다. 〈식 10-11〉

3 실제인구와 안정인구의 차이는 이 책 〈표 10-5〉에 자세히 정리되어 있다.

우변에서 비는 평균연령을 가리키는데, 안정인구의 평균연령은 생존율과 증가율의 함수임을 보여 준다.

$$c(a) = \frac{e^{-ra}p(a)}{\int_0^{\omega} e^{-ra}p(a)da} \qquad \langle 식\ 10\text{-}10 \rangle$$

$$\frac{d(\ln c(a))}{dr} = \frac{d(-ra + \ln p(a) - \ln \int_0^{\omega} e^{-ra}p(a)da)}{dr} \qquad \langle 식\ 10\text{-}11 \rangle$$

$$= -a + \frac{\int_0^{\omega} ae^{-ra}p(a)da}{\int_0^{\omega} e^{-ra}p(a)da}$$

〈식 10-11〉에서 표현하듯이 연령구성 $c(a)$의 자연로그값을 증가율로 미분하면 증가율의 변화에 따른 연령구성의 변화는 평균연령과의 관계에서 살펴질 수 있다. 만일 연령 a가 평균연령보다 적으면 미분값은 양수가 되므로, 그 연령의 구성비는 성장률에 따라 증가한다. 반면 연령이 평균연령보다 크면 미분값이 음수가 되어 성장률에 따라 그 연령의 구성비는 감소하게 된다. 증가율이 커지면 평균연령보다 나이가 적은 인구의 비중은 늘어나고 평균연령보다 나이가 많은 인구의 비중은 줄어든다면 인구의 연령구조가 젊어진다고 정리할 수 있다.

〈그림 10-3〉은 1965~2000년에 관측된 출산율과 사망률 패턴에 기초하여 추정된 안정인구들의 연평균증가율과 연령구성의 관계를 정리한 것이다. 가로축은 연평균증가율을 나타내고 세로축은 15세 미만과 65세 이상 인구의 백분율과 평균연령을 나타낸다. 그림에서 보듯이 증가율에 따라 연령구조에 차이가 크게 나타난다. 증가율의 최대값과 최소값 범위(-0.015에서 0.02)에서 평균연령은 40대 후반 연령에서 20대 초반 연령으로 크게 변하고 있다.

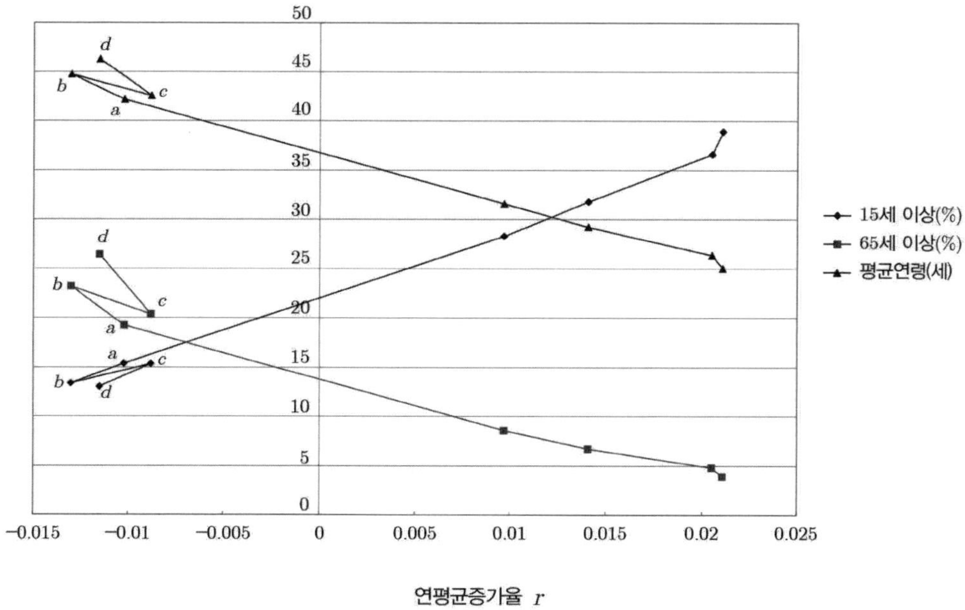

〈그림 10-3〉 증가율 변화에 따른 연령구성의 변화

주: 위 관계는 1965~2000년의 연령별 출산율 및 사망률 패턴을 가정하여 추정한 안정인구의 분포들을 비교한 것이다. *a*, *b*, *c*, *d*는 1985, 1990, 1995, 2000년의 출산율과 사망률에 기초한 안정인구의 특성을 가리킨다.

흥미로운 점은 증가율이 음일 때 증가율과 연령구성의 관계에 소폭의 불규칙한 변동이 나타난다. 예를 들어 1995년의 출산율과 사망률 수준에서 추정된 안정인구의 경우 증가율이 −0.0088로서, 1985년의 출산율과 사망률 수준에서 추정된 인구의 감소율보다 적은 값을 보인다. 그런데 평균연령은 1985년의 비율에 기초하였을 때에 비교하여 약간 높게 추정된다. 이것은 두 시기의 사망률 패턴의 차이를 반영할 수 있는데 1985년에 비해 1995년에는 사망률 감소가 고령층에 더 유리하게 진행되었다. 결과 인구감소율은 적지만 고령층의 사망률 개선의 효과가 커서 인구의 연령구조는 좀 더 고령화되었을 수 있다. 1990년과 2000년의 인구요인의 특성에서도 이러한 불규칙한 변이가 나타난다. 1990년 출산율과 사망률에 기초할 때 안정인구증가율은 −0.013이고 2000년 출산율과 사망률에 기초할 때 안정인구증가율은 -0.011인데 평균연령은 2000년에서 더 높게 나타난다. 이런 차이도 1990년에 비해 2000년에 고령층에서 사망률이 더 크게 개선된 때문으로 판단된다. 인구감소 수준의 둔화가 출산율 개선보다는 사망률의 개선(특히 고령층)에 따른다면 인구감소가 둔화되더라도 연령구성은 더 고령화될 수 있는 것이다. 이렇게 인구가 감소하는 경우 출산율과 사망률의 패턴과 연령구성의 영향은 다양하게 나타날 수 있다.

인구감소 경우에 보이는 약간의 불규칙한 변이를 제외하면 증가율과 연령구성의 관계는 대체로 명확하다. 증가율이 감소할수록 고령의 비중이 증가하고 유소년 비중은 감소한다. 또한 주목할 것은 유소년 부양비와 고령층 부양비가 거의 일치하는 수준에서의 증가율은 -0.01에서 -0.005 사이에 놓이고 있으며, 이때 평균연령은 40대 초반이 되고 있다. 이러한 분포에 가까운 출산율 분포는 1985년(*NRR*, 0.7642)과 1995년(0.7822)이다.

(2) 사망률 변화에 따른 연령구성의 변화

다음으로 사망률 변화가 연령구성에 미치는 영향을 살펴보자. 모든 연령에서 사망률이 k만큼 감소하였다고 할 때, 사망률 감소만큼 증가율은 상승한다. 연령별 사망률이 $u(a)$이고 모든 연령층에서 사망률이 k만큼 감소하였다고 가정해 보자. $1=\int_a^b e^{-ra}p(a)m(a)da$ 관계를 전제할 때, a연령까지의 생존율 $p(a)$는 $p(a)e^{-\int_0^x u(x)dx}$의 관계가 성립한다. 만일 새로운 생존율을 $\bar{p}(a)$라고 하면, $\bar{p}(a)=e^{-\int_0^x (u(x)-k)dx}=e^{ka}p(a)$이다.

따라서 새로운 성장률 $\bar{r}$은 다음의 조건을 만족한다(〈식 10-12〉).

$$1=\int_a^b e^{-\bar{r}a}\bar{p}(a)m(a)da=\int_a^b e^{-(\bar{r}-k)a}p(a)m(a)da \qquad \text{〈식 10-12〉}$$

결국 사망률 감소만큼 성장률이 증가하게 된다($\bar{r}=r+k$).

한편 사망률 감소에 따른 증가율 상승은 연령구조에는 영향을 미치지 않는다. 새로운 증가율에서 a에서 $a+da$의 연령구성은 정확히 처음 연령구성과 일치한다 (〈식 10-13〉).

$$\bar{c}(a)=be^{-\bar{r}a}\bar{p}(a)da=be^{-(r+k)a}e^{ka}p(a)da=be^{-ra}p(a)da=c(a) \qquad \text{〈식 10-13〉}$$

사망률 변화가 모든 연령에 동일할 때 연령분포는 사망률 변화에 영향을 받지 않는데 이런 상태를 중립적 변화로 이해할 수 있다. 그러나 만일 사망률의 개선이 젊은 연령에서 주로 이루어졌다면 연령분포는 젊어진다. 경험적으로 사망률 변화가 어느 때 중립적인지 아닌지를 확인하기 위해 상이한 사망률 수준에서 추정한 안정인구의 연령구성을 비교할 수 있다.

〈표 10-2〉는 1965년에서 2000년 기간 사망률 변화를 반영하여 추정한 안정인구들의 연령구성 차이를 정리하고 있다. 출생 시 기대여명은 1965년 50.7세에서

〈표 10-2〉 사망률 변화에 따른 연령구성 변화

연도(년)	출생 시 기대수명(세)	사망률 변화에 따른 연령구성 변화		
		15세 미만(%)	65세 이상(%)	평균연령(세)
1965	50.7			
1971	62.3	2.7	0.4	-1.3
1975	63.8	0	0.1	0
1980	65.7	0	0.2	0.1
1985	68.4	0	0.4	0.1
1990	71.3	-0.22	1.66	0.67
1995	73.5	0.1	-0.3	-0.1
2000	76.2	-0.3	1.2	0.6

2000년 76.2세로 크게 증가하였다. 이어지는 칸에 제시된 값은 인접기간 출산율은 변하지 않고 사망률만 변하였다고 가정하였을 때 추정된 두 안정인구에서 15세 미만 인구의 비중과 65세 이상 인구의 비중, 그리고 평균연령의 변화를 정리한 것이다. 1965년과 1971년 사이에는 사망률이 크게 개선되었는데, 1965년 사망률에 기초하였을 때에 비해 1971년 사망률에 기초하였을 때 안정인구에서 15세 미만 인구의 비중이 2.7%로 더 증가하였듯이 1965~1971년에 사망률 개선 정도는 유소년 인구에서 상대적으로 더 컸던 것으로 추정된다. 사망률 개선에 따라 15세 이하 인구의 연령비가 2.7% 증가한 반면 65세 이상 인구비중은 0.4% 증가에 그친다. 젊은 연령에서 사망률 개선효과가 컸던 결과 안정인구의 평균연령도 1.3세 적어졌다. 그런데 1971~1985년에는 사망률 개선이 모든 연령에 다소 중립적으로 나타나 연령구성의 변화가 별로 크지 않다. 한편 1990년 이후의 사망률 개선의 효과는 주로 고령층에서 진행되고 있다. 1995년의 다소 불규칙적인 상황을 제외하면 사망률 개선에 따라 유소년 비중이 감소하는 반면 65세 이상 비율은 증가하고 있다. 앞으로도 사망률 개선이 고령층을 중심으로 진행되는 것을 고려할 때 사망률 개선에 따라 고령화의 효과가 지속되리라 판단된다.

그렇다면 사망률이 0인 경우 연령구성은 어떻게 될까. 인간수명이 무한정 연장될 때 안정인구의 연령구조는 어떤 모습을 보일까. 사망률이 제로라고 가정하면 $p(a)=1$이므로 연령구성과 평균연령은 〈식 10-14〉, 〈식 10-15〉와 같이 정의된다. 사망률이 0이라고 하면 평균연령은 증가율의 역수($1/r$)와 같다. 가상으로 2000년의 출산율 수준에 100세까지 모두가 산다고 하였을 때 평균연령은 57.7세로 추계되었다.

$$c(a)da = \frac{e^{-ra}da}{\int_a^{\omega} e^{-ra}da} = re^{-ra}da \qquad \langle 식\ 10\text{-}14 \rangle$$

$$\overline{A}=\frac{\int_0^{\omega} ae^{-ra}da}{\int_0^{\omega} e^{-ra}da}=\frac{1}{r}$$ 〈식 10-15〉

(3) 출산율 변화에 따른 연령구성의 변화

사망률의 감소가 연령구조를 젊거나 혹은 나이 들게 만들 수 있는 것과는 달리 출산율의 감소는 연령구조를 고령화하는 쪽으로만 반응한다. 출산율의 감소는 연령에 중립적일 수 없기 때문이다. 출산율의 감소는 인구의 연령을 나이 들게 하고 반대로 출산율의 증가는 연령구조를 젊게 만든다. 만일 출산율이 기하증가하였다고 할 때 새로운 출산율 함수 $\overline{m}(x)$는 〈식 10-16〉과 같다.

$$\overline{m}(a)=e^{ka}m(a)$$ 〈식 10-16〉

따라서 〈식 10-9〉의 새로운 등식은

$1=\int_a^b e^{-\bar{r}a}p(a)\overline{m}(a)da$ 혹은 $1=\int_a^b e^{-(\bar{r}-k)a}p(a)m(a)da$로 정의될 수 있다.

따라서 출산율이 k만큼 증가하였다고 할 때, 성장률 역시 k만큼 증가한다. 그리고 a에서 $a+da$의 연령구성 $\bar{c}(a)da$는 〈식 10-17〉과 같이 정리할 수 있다.

$$\bar{c}(a)da=\bar{b}e^{-\bar{r}a}p(a)da=\bar{b}e^{-ka}e^{-ra}p(a)da$$ 〈식 10-17〉

〈표 10-3〉 출산율만 변했다고 가정했을 때 연령구성 변화

연도 (년)	출산율만 변했다고 가정했을 때 연령구성 변화			
	NRR	15세 미만(%)	65세 이상(%)	평균연령(세)
1965	1.87			
1971	1.86	-0.1	0.02	0.1
1975	1.47	-4.9	1.8	2.9
1980	1.29	-3.53	1.7	3.1
1985	0.75	-12.84	9.78	10.2
1990	0.69	-1.73	2.16	1.7
1995	0.77	1.99	-2.58	-2.0
2000	0.71	-1.57	1.97	1.6

따라서 기하함수의 지수가 r일 때와 $k+r$일 때를 비교해 보면 연령구성의 분포가 변하는 방향을 가늠할 수 있다. K가 0보다 크면(출산율이 증가하면) 인구는 젊어지고 K가 0보다 작으면(출산율이 감소하면) 인구는 고령화된다.

〈표 10-3〉은 1965년에서 2000년 동안 연령별출산율의 변화를 반영하여 추정한 안정인구의 연령구성 차이를 정리한 것이다. 순재생산율을 계산할 때 생존율은 인접한 전 기간의 생존율을 대입하였다. 예를 들어 1971년의 순재생산율은 1971년 연령별출산율에 1965년 생존율을 대입하여 계산한 값이다. 이렇게 비교기간 사이 생존율을 동일하게 가정함으로써 두 안정인구의 연령구성의 차이에 대한 출산율의 영향을 추정할 수 있다. 표를 보면 출산율이 감소하면서 유소년 인구의 비중이 감소하고 고령자의 연령구성은 증가하는 양상이 뚜렷하다. 특히 안정인구의 재생산율이 처음으로 1 이하로 떨어진 1985년 출산율에 기초한 안정인구는 그 이전 시기에 비해 고령화 정도가 큰 것으로 추정된다.

종합해 보면 출산율과 사망률, 인구증가율이 연령구조에 미친 효과를 다음과 같이 정리해 볼 수 있다. 일반적으로 증가율이 커지면 연령구조는 젊어지고 증가율이 감소하면 연령구조가 나이가 들어가는 패턴을 확인할 수 있다. 그러나 증가율이 음의 값을 가질 때 불규칙한 변이가 보이듯이 증가율은 출산율과 사망률이 어떻게 조합되었는가에 따라 그리고 증가율의 변화가 주로 어떤 요인에 의해서 이

루어졌는가에 따라 연령구조를 다르게 변화시킬 수 있다. 증가율의 감소가 주로 출산율의 하락에 비롯한다면 연령구조가 고령화되지만, 젊은 인구의 사망률 개선의 효과가 크다면 연령구조를 젊게 만들 수 있다. 노년층의 사망률 개선이 상당히 크다면 비록 증가율이 더 큰 인구라고 하더라도 증가율이 더 적은 인구보다 고령화될 수 있다. 요컨대 증가율에 따른 연령구조의 변화는 사망률이 중립적인가, 그렇지 않다면 유소년인구와 고령인구 중 어디에서 사망률이 더 많이 개선되었는가에 따라 다르게 영향을 미칠 수 있다. 사망률이 중립적이거나 사망률의 효과가 상대적으로 작다면 증가율은 출산율의 관계에서 보다 잘 설명할 수 있다. 출산율 감소에 기인한 증가율 감소는 연령구조를 나이 들게 한다.

이미 지적하였듯이 사망률의 영향은 연령구조에 중립적일 수도 있고 연령구조를 젊거나 고령화시킬 수 있다. 한국에서 진행된 사망력 변화의 경우 1970년대 초반까지는 사망률 개선에 따라 젊은 인구의 구성이 늘어났고, 1980년대에는 모든 연령층에서 사망률 개선이 중립적인 특성을 보이다가 1990년 이후에는 고령층에서 사망률 개선이 더 두드러진다.

출산율의 감소는 분명하게 연령구조를 고령화시킨다. 1985년 인구 대체수준 이하로 출산율이 감소하면서 안정인구의 연령구성은 그 이전 모형과는 단절적으로 고령화된 구조를 보인다. 안정인구의 연령분포에 비해 현재도 연령구성이 다소 젊고 증가율도 양의 수준에 머무는 것은 과거 높은 출산율과 증가율의 영향에 기인한 것이다. 연령구성과 인구증가율의 관측값과 안정인구의 차이가 1985년에 가장 크게 보이는 것이 이러한 이유이다. 이런 현상을 인구모멘텀(population momentum)이라고 일컫는다. 인구모멘텀은 인구변천이 급속히 이루어진 사회에서 일반적으로 나타나는 현상으로서 과거 인구동태의 영향이 연령구조를 통해 어느 기간 동안 현재의 인구동태와 인구구조에 작용하는 현상을 가리킨다. 현재출산율이 대체수준 이하로 떨어지더라도 과거의 높은 출산율의 영향으로 크게 증가된 가임인구의 크기 때문에 인구가 계속해서 성장하는 현상도 그 예이다.

〈표 10-4〉는 1965~2000년까지 출산율과 사망률의 변화를 반영하여 추정한 안정인구들의 연령구성 차이를 평균연령으로 비교하고, 출산율과 사망률의 변화가 평

균연령의 변화에 미친 효과를 정리하고 있다. 각 요인의 효과를 분해한 절차는 다음과 같다. 우선 기준시점의 출산율과 사망률 패턴에 기초하여 추정한 안정인구의 평균 연령을 측정하였다. 다음으로 비교시점 출산율과 사망률 패턴을 다르게 가정하여 안정인구의 평균연령을 측정하였는데, 이때 발생한 차이의 효과는 〈식 10-18〉과 같이 정리할 수 있다. 사망률에 따른 차이는 출산율은 변하지 않고 사망률만 변화하였을 때 추정된 두 안정인구의 평균연령 차이를 가리킨다. 출산율 변화에 따른 차이는 사망률은 변하지 않고 출산율만 변화시켰을 때 추정된 두 안정인구의 평균연령 차이를 나타낸다. 상호작용은 사망률 차이와 출산율 차이가 혼재된 효과로서, 출산율을 앞 시점으로 표준화하였을 때 사망률의 효과와 출산율을 뒤 시점으로 표준화하였을 때 사망률의 효과의 차이로 정리된다.

〈식 10-18〉

사망률에 따른 차이: $\overline{A}(\overline{p},m)-\overline{A}(p,m)$

출산율에 따른 차이: $\overline{A}(p,\overline{m})-\overline{A}(p,m)$

상호작용에 따른 차이: $(\overline{A}(\overline{p},\overline{m})-\overline{A}(p,\overline{m}))-(\overline{A}(\overline{p},m)-\overline{A}(p,m)))$

〈표 10-4〉에 제시된 재생산율과 기대수명의 차이에서 볼 수 있듯이 1965년과 1971년 인구동태 수준에 기초하여 추정한 두 안정인구의 평균연령 차이는 출산율보다 사망률의 영향이 더 크게 나타난다. 또한 상호작용의 효과가 큰데 어느 시점의 출산율 수준에서도 사망률 변화의 효과가 큼을 가리킨다.[4]

---

4 출산율은 1965년 수준으로 표준화하고 사망률이 1961년 수준에서 1971년 수준으로 개선된다고 가정하였을 때 평균연령이 1965년 안정인구에 비해 1.3세 적어지고, 출산율을 1971년 수준으로 표준화하고 사망률이 1961년 수준에서 1971년 수준으로 개선된다고 가정하였을 때 평균연령이 1.2세 늘어나는 것으로 추정되었다.

〈표 10-4〉 사망률 및 출산율 변화에 따른 평균연령 변화

연도	*NRR*	출생 시 기대여명 (년)	안정인구 평균연령 (세)	평균연령 변화		
				사망률 변화	출산율 변화	상호작용
1965	1.87	50.7	25.0			
				-1.3	0.1	2.5
1971	1.83	62.3	26.3			
				0	2.9	0
1975	1.50	63.8	29.2			
				0.1	3.1	-0.8
1980	1.32	65.7	31.6			
				0.1	10.2	0.3
1985	0.76	68.4	42.2			
				0.7	1.7	0.1
1990	0.70	71.3	44.8			
				-0.1	-2.0	-0.1
1995	0.78	73.5	42.5			
				0.6	1.6	1.6
2000	0.72	76.2	46.3			

자료: 통계청, KOSIS(추계인구, 인구동향조사, 생명표).

1971년과 1975년 사이와 1975년과 1980년 사이에는 사망률보다 출산율의 변화가 더 두드러지며 안정인구의 평균연령의 상승은 출산율 감소의 효과에 의해 대부분 설명이 된다. 출산율 감소의 효과가 특히 두드러지는 시점은 1980년과 1985년 사이에서 관찰된다. 출산율이 대체수준 이상과 이하에서 안정인구의 연령구조는 크게 변화되는 것을 확인할 있다. 또한 사망률이 점차적으로 인구구조의 고령화에 기여하는 정도가 커지고 있다.

4. 인구구조의 모멘텀과 연령별증가율

1) 실제인구와 안정인구의 차이와 인구모멘텀 현상

실제 출산율과 사망률과 증가율은 지속적으로 변화된다. 과거로부터 현재에 이르기까지 출산율과 사망률, 그리고 증가율은 현재의 연령구조에 작용하고, 다시 연령구조는 출산율과 사망률, 증가율에 영향을 미친다. 이렇게 과거의 출산, 사망, 증가율이 현재의 연령구조에 영향을 미치고, 연령구조가 다시 출산, 사망, 증가율에 영향을 미치는 현상을 인구모멘텀 현상이라고 이해할 수 있다. 인구모멘텀 현상은 실제인구의 비율과 안정인구의 비율의 차이를 통해서 보다 구체적으로 이해할 수 있다. 〈표 10-5〉는 1965~2000년까지 실제인구비율들과 이 기간 동안의 출산율과 사망률 패턴에 기초하여 추정한 안정인구의 비율들의 값을 비교하고 있다. 표에서 살펴볼 수 있듯이 실제 관측인구와 안정인구의 출산율은 1980년까지 별로 차이가 나타나지 않다가 1985년 이후부터 크게 차이가 나기 시작하여 2000년 이후 줄어드는 경향이 나타난다.

〈표 10-5〉 안정인구와 실제인구의 비교

연도	조출생률(‰)		조사망률(‰)		자연증가율(‰)		0~14세(%)		65세 이상(%)		평균연령(세)	
	관측치	안정인구	관측치	안정인구	관측치	안정인구	관측치	안정인구	관측치	안정인구	관측치	안정인구
1965	37	36.6	14	15.5	23	21.1	43.9	38.9	3.2	3.9	23.1	25.0
1971	31.2	30.1	7.2	9.6	24.0	20.3	41.8	36.7	3.2	4.8	23.8	26.3
1975	24.8	24.8	7.7	10.7	17.1	14.1	38.6	31.8	3.4	6.7	24.5	29.2
1980	22.7	21.4	7.3	11.5	15.4	9.6	34.0	28.3	3.8	8.6	26.1	31.6
1985	16.2	9.7	6.0	20.0	10.2	-10.2	24.0	15.4	4.2	19.3	27.6	42.2
1990	15.4	8.2	5.8	21.2	9.6	-13.1	25.7	13.3	5.1	23.2	29.6	44.7
1995	16.0	9.7	5.4	18.5	10.6	-8.8	23.4	15.4	5.1	20.3	30.6	42.5
2000	13.4	8.0	5.2	19.5	8.2	-11.5	20.8	13.0	7.1	26.4	33.3	46.3

주: 1965년 인구동태 관측치는 이흥탁(1994: 185쪽)에서 재인용함. 그 밖에 관측치는 인구동향조사(통계청, KOSIS)에 기초함.

실제인구와 안정인구의 조출생률이 차이가 나는 것은 실제인구는 과거 높은 출산력에 따른 가임인구의 증가 영향이 어느 기간 동안 작용하여 출산율이 감소함에도 불구하고 전체 출생률이 증가하고 인구증가율이 커질 수 있기 때문이다. 과거의 높은 출산율과 인구증가율의 결과 출산인구가 증가되어 모의 출산율 감소 정도가 상당 부분 상쇄되는 것이다.

또한 안정인구와 정지인구의 사망률의 차이도 연령구성 효과에 기인한 것으로 이해할 수 있다. 안정인구의 사망률이 실제인구보다 훨씬 높은 것은 실제인구의 연령구조에서 사망률 위험이 적은 인구(젊은 연령층)의 비중이 크기 때문이고, 젊은 인구구성은 과거의 높은 출산율의 영향이 작용한다.

인구모멘텀 현상은 실제인구의 증가율과 안정인구의 증가율의 차이에서도 확인된다. 안정인구의 증가율은 1985년 이후 음의 방향을 유지한다. 음의 증가율은 순재생산율(*NRR*)이 1보다 작은 상태에서 나타나는 변화이다. 그런데 실제인구의 증가율은 2000년까지 양의 수준을 유지하고 있다. 이렇게 출산율이 감소하는 시점에서도 새롭게 대체되는 코호트의 크기가 오히려 증가하는 양상이 나타날 수 있다. 한국에서 1980년 이후 출산율이 대체수준 이하임에도 인구증가가 지속된 것은 과거 인구동태와 연령구조의 영향을 반영한다.

안정인구와 실제인구의 연령구조도 차이가 크다. 이는 현 인구의 연령구조는 과거와 현재의 출산율과 사망률의 종합적인 결과이기 때문이다. 안정인구와 실제인구에서 연령분포의 차이는 1985년 이후에서 분명하게 드러난다. 또한 유소년 인구비중의 차이보다 고령층 인구의 비중의 차이가 훨씬 크다. 이는 인접한 연령집단보다는 멀리 떨어진 연령집단들 사이에서 변동률 차이가 크다는 것을 생각하면 이해가 된다. 젊은 연령층의 구성비는 가까운 과거의 변동률에 영향을 받았으므로 현재의 출산율과 사망률에 기초하여 추정한 값과 차이가 적을 수 있다. 한편 고령 인구의 구성비는 훨씬 먼 과거의 변동률의 결과이므로 인구동태에 변화가 컸다면 현재의 비율에 기초하여 추정된 인구구성비와 차이가 큰 것이다. 예를 들어 2000년 실제인구의 연령구성과 비교할 때 안정인구에서 65세 이상의 비율이 매우 높게 나타나는 것을 볼 수 있다. 안정인구에서 65세 이상 인구가 출생에서

65세에 이르기까지 경험한 사망력($u(60,\ 2000)$)은 2000년도의 각 연령에서 관찰된 사망률($u(0,\ 2000)$, $u(10,\ 2000)$, $u(20,\ 2000)$, ⋯ $u(65,\ 2000)$)에 따른다고 가정한다. 한편 65세 이상 인구의 실제 사망력은 과거시점에서의 사망력($u(0,\ 1935)$, $u(10,\ 1945)$, $u(20,\ 1955)$, ⋯ $u(50,\ 1985)$, $u(65,\ 2000)$)에서 도출된다. 2000년의 10세에서의 사망률과 1945년 10세에서의 사망률은 크게 차이가 난다. 결국 65세 이상 인구의 비중이 실제인구와 안정인구에서 차이가 큰 것은 사망률이 크게 개선된 영향이 크다.

또한 2000년의 실제인구와 안정인구를 비교할 때, 15세 미만의 인구의 비중은 안정인구에 비해 실제인구에서 더 많다. 안정인구에서의 연령 $c(a,t)$는 t년의 출생률을 가지는 코호트인데 코호트 $n(a,t)$는 t-a년의 출생률 $b(t$-$a)$ 특성을 가진다. 지난 몇 십 년 동안 출산율이 급격히 하락하였으므로 $b(t)$가 $b(t$-$a)$에 비해 적으며, 그 결과 안정인구의 15세 미만의 연령구성이 더 작아진 것으로 해석할 수 있다. 이처럼 실제인구에서는 출산율과 사망률의 지속적인 변화로 연령별증가율이 달라지고 그 결과 연령구성이 변하게 되는 것이다.

2) 연령별증가율과 연령구조의 변화

이처럼 안정인구는 인구동태를 설명하는 데 유용한 모형이지만 모형이 가정한 인구동태의 항상성이 실제인구동태의 지속적인 변화 특성과 차이가 클 수 있다는 점이 한계로 지적될 수 있다. 인구동태의 영향을 잘 설명할 수 있기 위해서는 지속적으로 변화된 인구동태의 특성을 잘 반영하는 모형이 필요할 수 있다. 이런 문제의식에서 인구동태의 지속적 변화와 그것의 영향을 보다 현실적합하게 설명할 수 있는 모형을 개발하기 위한 연구들이 지속되고 있다. 그중에는 현재의 연령구조에는 먼 과거보다는 가까운 과거의 영향이 중요함을 증명하는 연구들이 있다(Coale, 1957; Coale and Trussel, 1981; Kim, 1985, 1987; Kim and Sykes, 1976, 1987; Lopez, 1961, 1967; McFarland, 1969). 또한 현재의 연령구조를 현재의 비율로써 파악할 수 있는 방법들을 제시하는 연구성과들이 있다. 예를 들어 베네트와 호리우치(Bennett and Horiuchi, 1981)의 연구와 프레스턴과 콜(Preston and Coale, 1982)의 연구는 연령별증가율을 고려한다면 과거의 출생률과 사망률의 영향도 현재의 성장률, 사망률, 출산율의 함수로 파악할 수 있다고 증명하였다. 즉 과거의 출산율, 사망률, 성장률의 영향을 현재의 연령별증가율로 고려하여 현재의 출산율, 사망률과 연령별증가율의 함수로 현재의 인구구조를 보다 현실적합하게 추정할 수 있다. 구체적으로 연령별증가율을 고려하여 새로운 함수 조정이 다음과 같이 이루어질 수 있다. 안정인구의 연령구성이 $c(a)=be^{-ra}p(a)$라면, 과거의 출산율과 사망률 동학을 반영하여 연령분포 $n(a)$는 〈식 10-19〉에서와 같이 현재의 출생률과 사망률과 연령별증가율의 곱으로 정리할 수 있다.

$$n(a)=be^{-\int_0^a r(x,t)dx}p(a,t) \qquad \text{〈식 10-19〉}$$

따라서 안정인구의 연령구성 $c(a)$와 과거 출산율과 사망률 동학을 반영한 연령구성 $n(a)$의 로그값의 차이는 〈식 10-20〉에서와 같이 현재의 성장률과 그 이전 성장률의 변화의 합의 차이와 같다. 그리고 정지인구는 증가율이 0이므로, 정지인구와 과거 동학을 반영한 연령구성의 로그값의 차이는 연령별증가율의 합과 같다. 결국 안정인구 $c(a)$와 과거 동학을 반영한 인구 $n(a)$의 연령구성이 차이가 나는 것은 안정인구에서는 연령별증가율이 동일한데, 실제 연령구성에서는 연령별증가율이 연령별로 다르게 변화되기 때문이다. 그리고 연령별증가율이 가변적인 것은 각 연령집단의 출산력과 사망력의 고유한 조합 때문에 나타나는 현상이다.

$$\ln\frac{c(a)}{n(a,t)}=\int_0^a r(x,t)dx-ra \qquad \text{〈식 10-20〉}$$

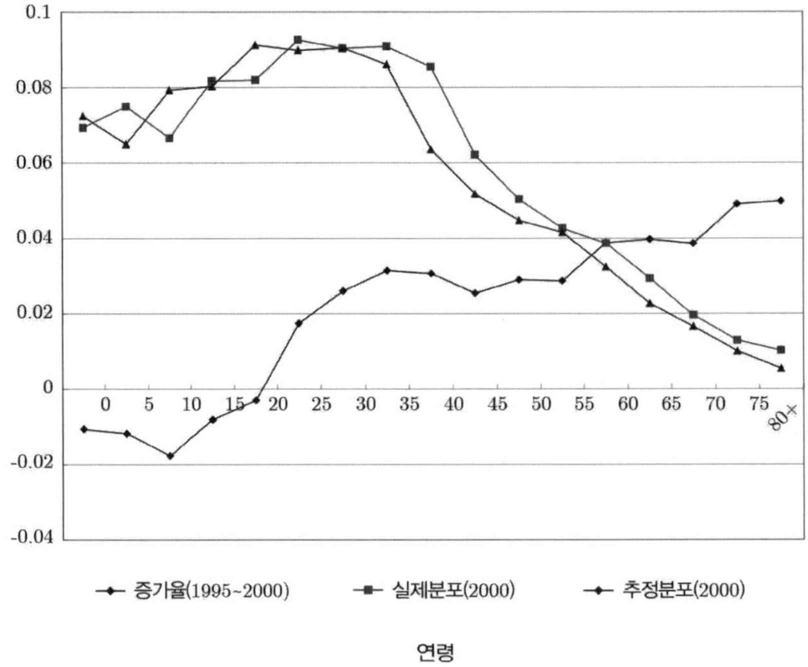

〈그림 10-4〉 연령별증가율과 현재의 출생률 및 사망률에 기초한 인구추정

이처럼 안정인구의 항상적인 출생률과 사망률과 항상적인 증가율 가정을 풀면서 최근의 연령별증가율과 현재의 출생률과 사망률에 기초하여 보다 실제와 근접한 인구구조를 추정할 수 있다. 〈그림 10-4〉는 1995년과 2000년 사이 5년간 연령별증가율에 기초하여 추정한 인구의 연령분포와 실제 2000년 인구의 연령분포를 비교하고 있다. 연령별증가율은 1995년과 2000년 사이의 연령집단별 인구수를 비교하여 측정하였다. 두 시기 연령집단별 증가율을 정확하게 추정하기 위해서는 이동에 의한 인구변화 요인을 통제하는 것이 타당하다. 여기서는 이동 부분을 통제하지 않고 연령별증가율을 계산하였다. 연령별증가율에 기초하여 추정한 2000년 인구분포는 실제 2000년 인구와 약간의 차이가 있지만 근접하게 추정되었다고 판단된다.

3) 연령별증가율을 통해 본 한국 인구의 장기추이

다음에서는 연령별증가율을 통해 실제 한국사회에서 어떻게 연령구성이 변하였고 앞으로는 어떻게 변화될 것인지를 살펴보고자 한다. 우선 연령별증가율이 연령구조 변화를 파악하는 유용한 지표가 될 수 있음을 강조하고 싶다. 일반적으로 연령구조의 지표로서는 노인인구가 전체인구에서 차지하는 비율(7%, 14%, 20% 등)이나 생산활동인구와 유소년인구와의 상대적 구성비를 고려하고 있다. 이들 지표는 연령구성의 특징을 요약하는 지표들이지만, 연령구성의 변화를 예측할 수 있는 지표는 아니다. 한편 이 장에서 살펴보았듯이 출산율과 사망률 조건이 다양하게 조합되었을 때 연령구조가 다양하게 구성되는 양상을 예측할 수 있다. 따라서 연령구조의 변화의 지표로서 재생산율, 연령별사망률, 연령별증가율이 유용할 수 있다. 특히 연령별증가율은 지금까지 잘 활용되지 않았지만 국가 단위와 소지역 단위 모두에서 연령구조의 변화를 직접적으로 예측할 수 있는 중요한 지표로 활용될 수 있다.

한국 인구의 연령별증가율의 추이를 살펴보면 1960년대 이후 그야말로 매우 역동적인 변화가 있었음을 확인할 수 있다(〈그림 10-5〉). 1960~1980년 사이 연령별 증가율과 연령구성비의 변화를 살펴보면, 0~4세의 연평균증가율은 음의 값을 보이지만 다른 연령층에서는 모두 증가하였다. 증가율은 80세 이상을 제외하면 소폭의 차이로 비슷한 수준을 보인다. 연령구성의 변화는 증가율 패턴과 조응하는데, 20년 기간 중 10세 미만의 연령층의 구성비가 크게 감소하였지만 10~24세의 인구구성비는 증가하였고 40~44세의 구성비도 약간 증가한 것으로 나타난다.

1960~1980년에는 연령구성은 크게 변하지 않았지만 인구증가가 매우 큰 시기였다. 0~4세를 제외하면 모든 연령구간에서 인구가 크게 증가하였다. 5세 이상 인구의 코호트가 크게 증가한 이유는 과거 높은 출산율과 사망률 개선의 영향이 큰 것으로 이해된다. 한편 0~4세 인구의 연간성장률이 감소한 것은 출산율 감소가 급격히 진행된 결과를 반영한다.

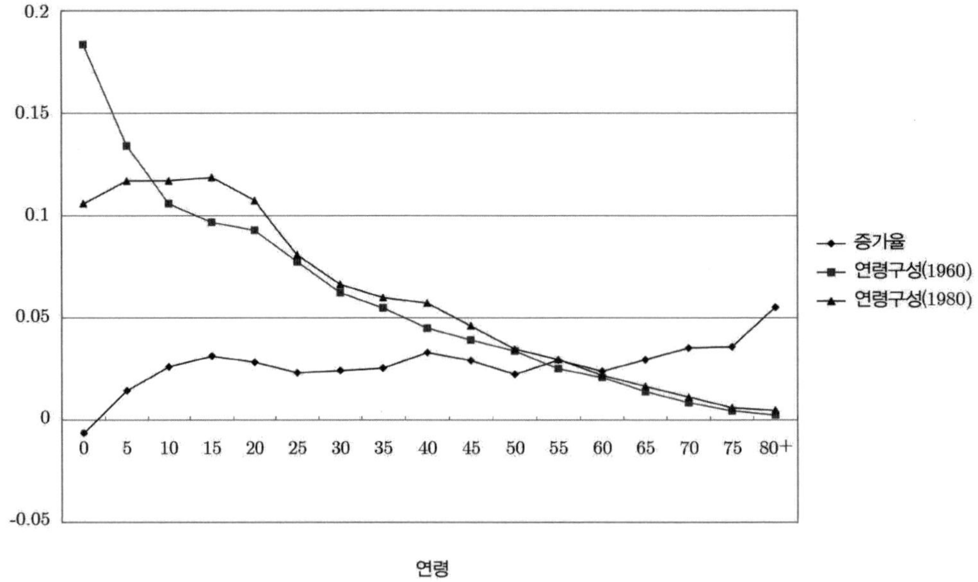

〈그림 10–5〉 연령구성의 변화, 1960~1980

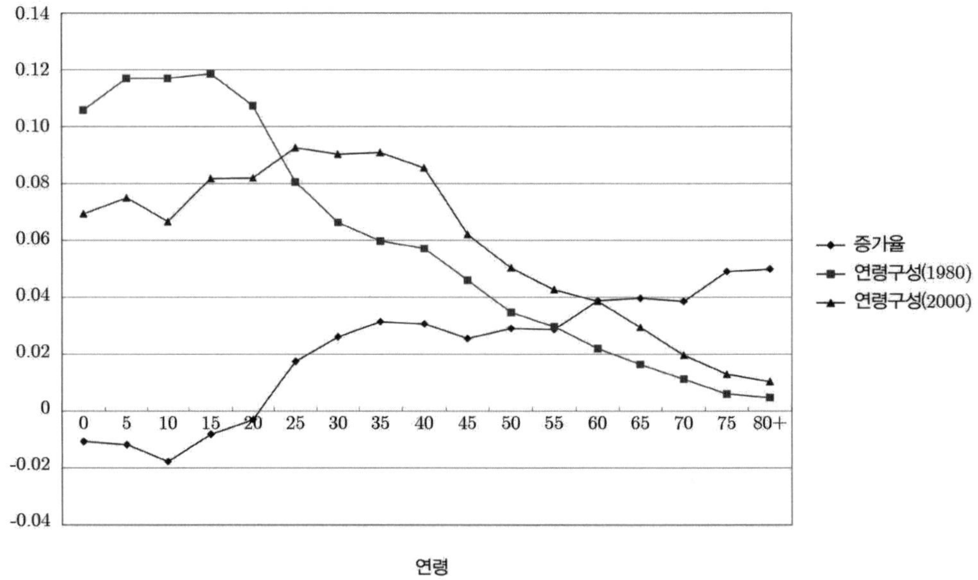

〈그림 10–6〉 연령구성의 변화, 1980~2000

출산율이 인구대체 수준 이하로 급속히 떨어진 1980~2000년 동안 연령별증가율은 매우 변이가 큰 양상을 나타낸다(〈그림 10-6〉). 20세 이하의 연평균의 증가율은 음의 값을 보이고, 그 이상의 연령집단은 연평균증가율이 매우 높게 나타난다. 그 결과 연령구성은 20년 동안 상당한 변형이 진행되었는데, 20대 초반까지의 연령구성비는 크게 줄어든 반면 이후 연령집단에서의 구성비는 증가하였다. 1980~2000년까지 20년 동안 지속된 출산율 감소는 청소년인구를 크게 감소시켰다. 그렇지만 1980~2000년 동안 20대 중반 이후 생산력 인구가 크게 증가하였다. 또한 노인인구의 증가율도 컸다.

2000년 이후의 인구추계는 통계청에서 발표한 생존율 추이와 2000년 출산율이 항상적으로 유지된다는 가정에서 이루어졌다. 추계결과를 보면 2000~2020년에도 연령별증가율의 차이가 크게 나타난다. 40세 이전 연령층은 증가율이 음의 값을 가져 인구크기가 절대적으로 감소하고 40세 이후의 연령층에서는 나이가 들수록 증가율도 커지고 있다. 이러한 연령별증가율의 차이의 결과 40세 이전의 구성비는 감소하고 이후 연령의 구성비는 크게 증가하는 분포를 보인다(〈그림 10-7〉).

2020~2040년에는 이전 20년 기간에 비해 연령구성의 변화 정도는 적지만 60세 이상의 예외적인 증가율의 결과 고령층의 구성비가 매우 커지는 양상을 전망할 수 있다(〈그림 10-8〉). 또한 대부분의 연령집단에서 인구증가율이 음의 값을 가지고 있어 인구감소가 본격화되는 것을 예상할 수 있다. 그리고 2040~2060년에는 대부분 연령에서 인구가 감소하는 것으로 추정된다(〈그림 10-9〉). 출산율이 큰 변화가 없다고 할 때 한국의 인구는 2040~2060년에 안정화된 특성을 띨 수 있다. 〈그림 10-10〉에서와 같이 2000년 비율에 기초한 안정인구의 분포와 2040년과 2060년 시점의 추계인구의 모습이 수렴되고 있다.

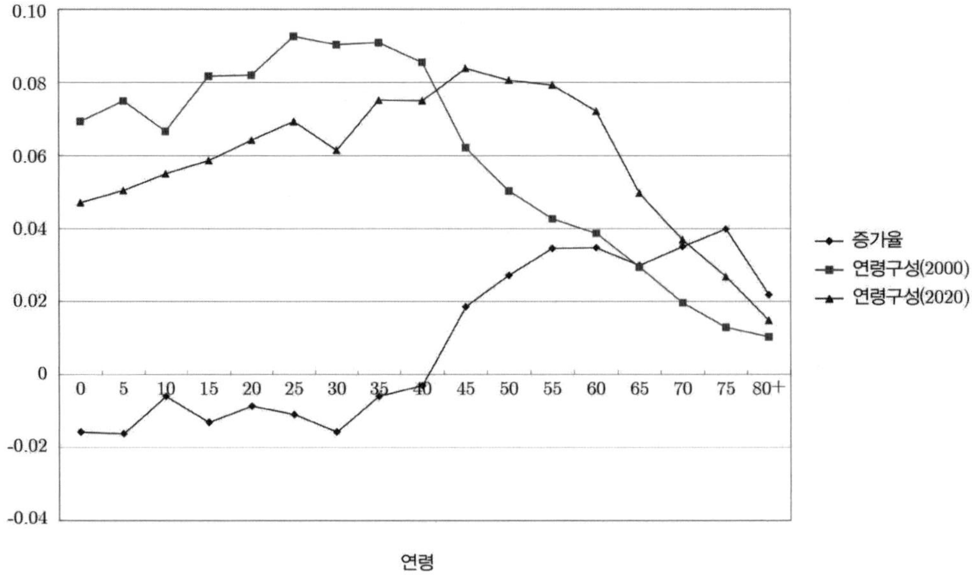

〈그림 10-7〉 연령구성의 변화, 2000~2020

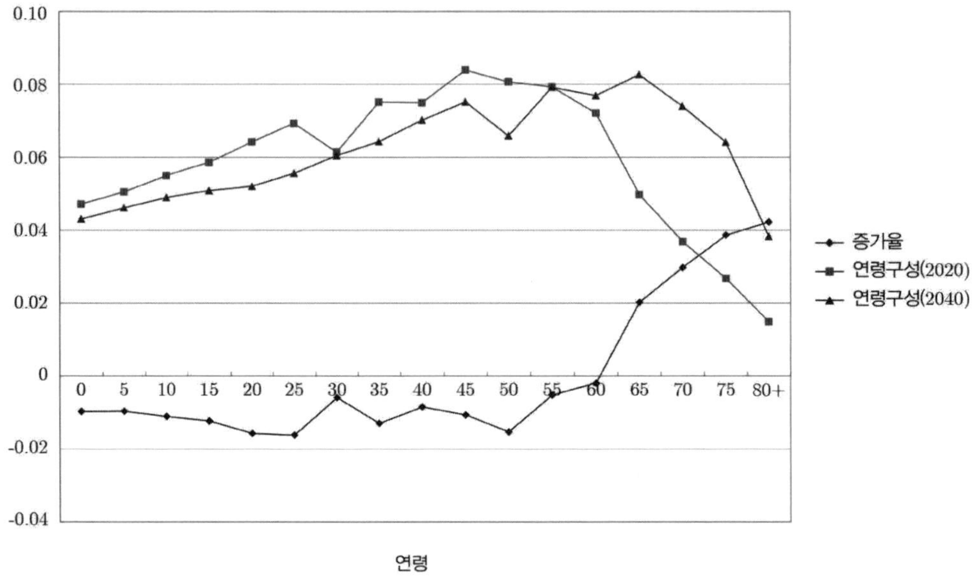

〈그림 10-8〉 연령구성의 변화, 2020~2040

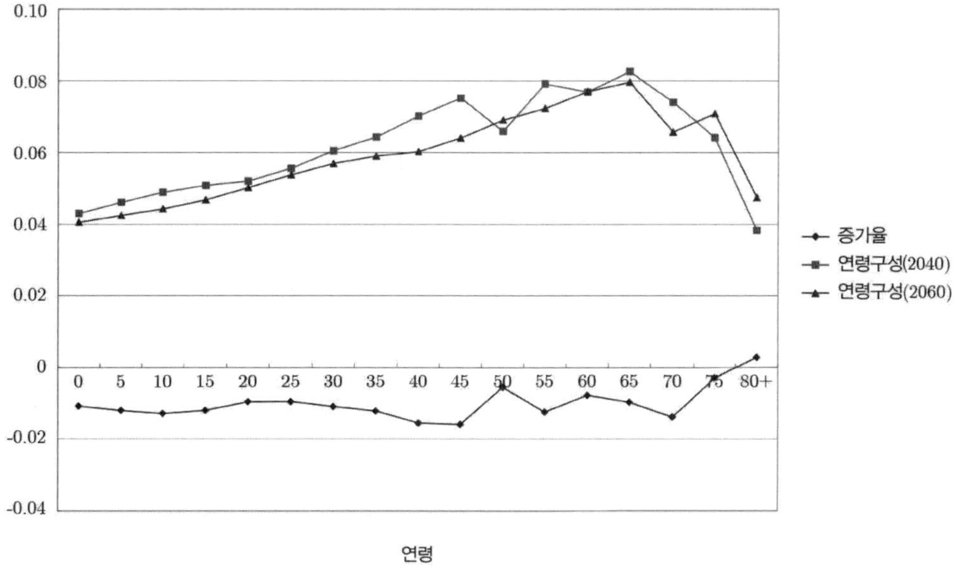

〈그림 10-9〉 연령구성의 변화, 2040~2060

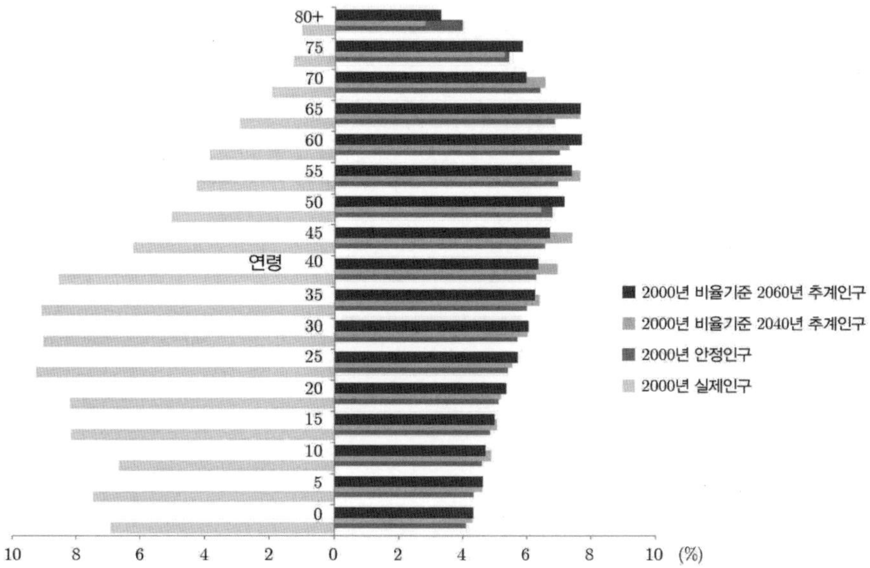

〈그림 10-10〉 실제인구, 안정인구, 추계인구

자료: 실제인구는 통계청(KOSIS), 2000년 추계인구임.

연령구조 변화의 경제적 효과와 관련되어 인구보너스란 개념이 회자되고 있다. 인구변천의 경제적 영향에서 연령구조의 변화를 크게 세 단계 혹은 두 단계로 구분하곤 한다. 첫 단계는 유아인구가 증가하여 연령구조가 소년화되는 단계이다. 한국에서 이 시기는 1960년 이전 시기로 추정된다. 두 번째 단계는 출산율 감소에 의해 유아의 비율은 감소하지만 성인과 고령층의 비중은 증가한다. 이 시기는 노동력 인구가 크게 확장되는 시기인데 경제성장에 기여할 가능성이 큰 인구학적 배당(demographic dividend), 인구학적 보너스(demographic bonus), 인구학적 기회의 창(demographic window of opportunity) 등으로 표현된다. 마지막 단계는 출산율과 사망률이 계속 감소하면서 유아와 성인 인구는 감소하는 반면 노인인구의 비율이 증가한다고 파악된다.

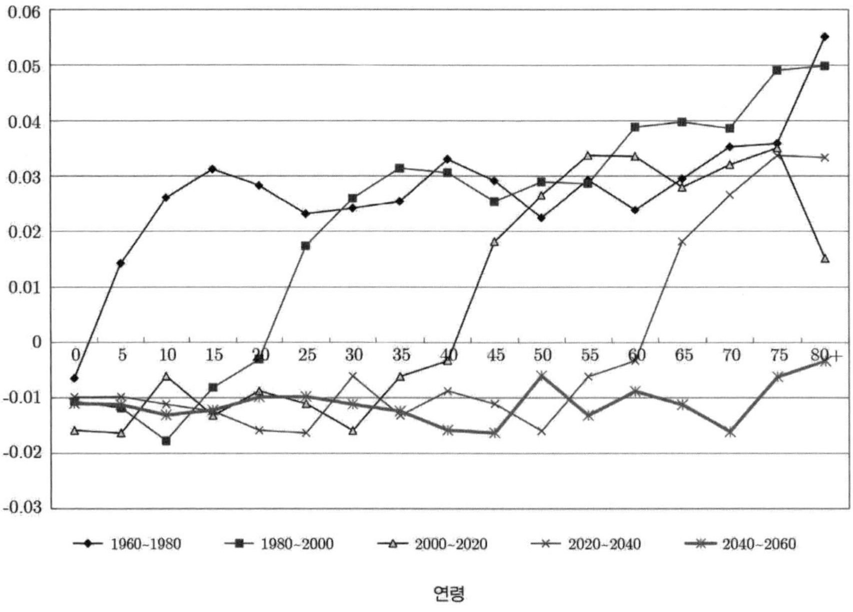

〈그림 10-11〉 연령별증가율의 변화, 1960~2060

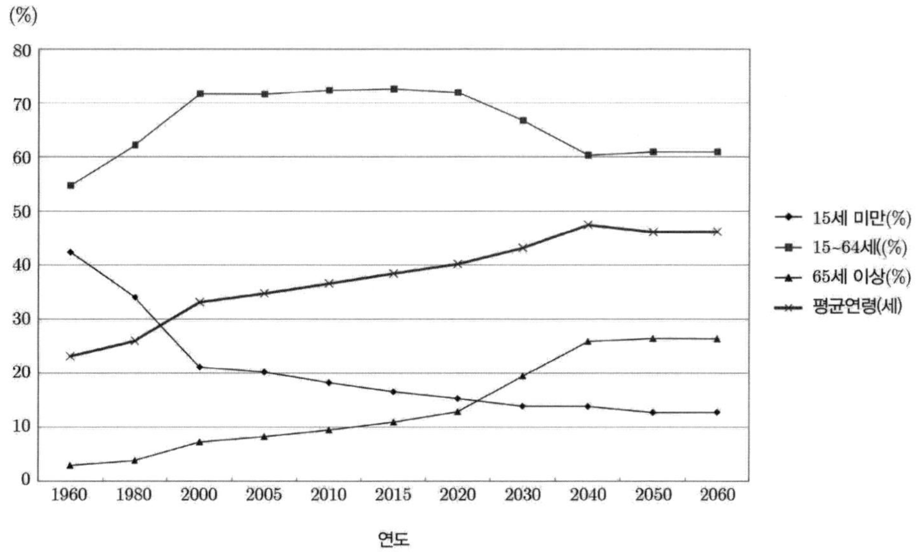

〈그림 10-12〉 연령구조의 변화, 1960~2060

한국사회에서 연령별증가율과 연령구조의 변화를 살펴보면 출산율이 감소하기 시작하였던 1960~1980년에는 5세 이상 유소년 아동인구와 성인인구가 크게 증가하였다(〈그림 10-11〉, 〈그림 10-12〉). 1980~2000년에는 20대와 30대의 청장년층의 증가율이 지속된 시기이다. 2000~2020년에는 40대 이상의 인구가 지속적으로 증가하고, 2020~2040년에는 60대 이상의 인구가 크게 증가할 것으로 보인다. 인구보너스론에 따르면 한국의 인구는 1960~2020년 시기가 경제활동인구가 크게 확장된 시기였다고 볼 수 있다. 한편 이 시기 안에도 인구구조가 급속하게 변하여 1960~2000년까지는 20, 30대의 청년층이 크게 확장된 시기이고, 2000~2020년에는 40대 이상 중장년층이 크게 확장되어 연령구조와 생산구조 관계가 다를 수 있다.

참고문헌

강대기, 『현대도시론』, 민음사, 1987.

강대기 · 홍동식, 「대도시의 주거환경과 근린관계형성에 관한 연구」, 『한국사회학』 16: 123-140, 1982.

고성호, 「한국 도시의 성장, 1960~1980: 생태학적 접근」, 『한국사회학』 28: 65-84, 1994.

고영복, 「도시민의 사회적 태도 연구」, 『사회학논총』 1: 70-71, 1964.

권태환 · 김태헌, 『한국인의 생명표』, 서울대학교출판부, 1990.

권태환 · 김태헌 · 김두섭 · 전광희 · 은기수, 『한국 출산력 변천의 이해』, 일신사, 1997.

권태환 · 김두섭, 『인구의 이해』, 서울대학교출판부, 2002.

권태환 · 윤일성 · 장세훈, 『한국의 도시화와 도시문제』, 다해, 2006.

김수현, 「서울시 철거민운동사 연구-철거민의 입장을 중심으로」, 『서울학연구』 13: 213-243, 1999.

김승권 · 조애저 · 이삼식 · 김유경 · 송인주, 『전국출산력 및 가족보건실태조사』, 한국보건사회연구원, 2000.

김승권 · 김유경 · 조애저 · 김혜련 · 임성은, 『전국출산력 및 가족보건복지실태조사』, 한국보건사회연구원, 2009.

김영정, 「한국 도시 지역 경제성장의 영향 요인 분석, 1968~1985」, 『한국사회학』 27: 189-218, 1993.

김정근 · 김동희 · 이광실, 「1970년도 한국인 남자 노동력 생명표」, 『한국인구학』 1: 5-13, 1977.

김준우, 『국가와 도시』, 전남대학교출판부, 2007.

김현미, 「국제결혼의 전 지구적 젠더 정치학: 한국남성과 베트남 여성의 사례를 중심으로」, 『경제와 사회』 70: 10-37, 2006.

도경선, 「서울시의 사회계층별 주거지분화에 관한 연구」, 『지리학논총』 23: 25-48, 1994.

박경숙, 「연령구조의 변화와 고연령층 취업률의 변화」, 『고령화 사회 이미 진행된 미래』, 의암출판, 69-88쪽, 2003a.

박경숙, 「55세 이상 고령자의 노동시장 이탈과정: 은퇴의 유형화에 대한 함의」, 『노동정책연구』

3(1): 103-140, 2003b.

박경숙, 「노인가구 변화의 인구 · 사회요인」, 『통계연구』 8(1): 1-32, 2003c.

박경숙, 「출산력변천과 사회적 요인」, 『북한사회와 굴절된 근대: 인구, 국가, 북한주민의 삶』, 서울대학교출판문화원, 2013, 93-133쪽.

박경숙, 「노동에서의 연령 차이와 연령 불평등」, 방하남 · 남춘호 · 신광영 · 장지연 · 박경숙 · 이성균, 『현대 한국사회의 불평등』, 한울, 2004, 172-225쪽.

박경숙 · 김남줄 · 김수영 · 김진수 · 나금실 · 박병철 · 손태홍 · 이상문 · 최희경, 『빈곤의 순환고리들: 부산, 울산, 경남지역 빈곤층의 생활과 의식』, 동아대학교출판부, 2005.

박경숙 · 김현식 · 송유진 · 이희길 · 심수진, 『인구 통계 프레임워크 작성』, 통계개발원 용역보고서, 2015.

박경애, 「한일 사망원인별 사망력 비교」, 『한국인구학』 22(1): 37-64, 1999.

박배균, 「도시-지역 연구에서 관계론적 사고를 둘러싼 논쟁: 네트워크적 영역성에 대한 소고」, 허우긍 · 손정렬 · 박배균 편, 『네트워크의 지리학』, 푸른길, 2015, 261-279쪽.

박원란, 「생명표에 의한 한국 남성의 노동기간 변화」, 『통계연구』 6(1): 1-17, 2001.

박찬용 · 김진욱 · 김태완, 『경제위기에 따른 빈곤수준 및 소득 불평등 변화와 정책 방향』, 한국보건사회연구원, 1999.

변미리 · 서우석, 「도시 거리의 주간활동인구 측정과 해석: 서울시 유동인구 조사 사례」, 『조사연구』 12(2): 27-50, 2011.

변용찬, 「무장애 기대여명의 수준과 정책과제」, 2001년 한국인구학회 전기학술대회 발표논문, 2001.

변화순, 「혼인상태」, 김두섭 · 박상태 · 은기수 편, 『한국의 인구』, 통계청, 2002, 219-246쪽.

보건사회부 편, 『전국가족계획실태조사보고』, 보건사회부, 1965~1966.

서이종 편, 『고령사회의 노년기 만성질환과 호스피스의 생명정치』, 박영사, 2015.

송예나, 「교통네트워크」, 허우긍 · 손정렬 · 박배균 편, 『네트워크의 지리학』, 푸른길, 2015, 69-90쪽.

신영호, 『가족관계등록법』, 세창출판사, 2009.

염돈민, 『강원도 인구 늘리기 시책 발전방안 연구』, 강원발전연구원, 2012.

오재호, 「지구온난화와 기후변화 시나리오」, 최재천 · 최용상 편, 『기후변화 교과서』, 환경재단 도요새, 2011, 493-523쪽.

우해봉, 「다중상태 생명표 모형을 활용한 중고령층의 근로 및 은퇴 생애과정 연구」, 『조사연구』 12(1): 65-88, 2011.

유혜정, 「서울시 불량주택 재개발 사업의 변천에 관한 연구」, 『서울학연구』 7: 225-262, 1996.

윤인진, 「서울시의 사회계층별 거주지 분화 형태와 사회적 함의」, 『서울학연구』 10: 228-269, 1998.

윤종주, 「해방 후의 인구이동과 도시화」, 『한국의 사회와 문화』 15: 1-67, 1991.

이규용 · 노용진 · 전병유, 「고용구조와 정리해고, 명예퇴직의 비율」, 『노동경제논집』 24(3): 39-62, 2001.

이동우, 「연령대별 · 권역별 수도권 전출 · 입 인구 동향과 시사점」, 『국토정책 Brief』 362: 1-8, 2012.

이상림 · 조영태, 「H-P 기법을 이용한 기초자치단체의 장래인구추계」, 『한국인구학』 28(1): 149-172, 2005.

이종원 · 노용진, 『출입국자통계 품질개선 컨설팅 최종결과보고서: 국제비교성 제고』, 통계청, 2013.

이철희, 「한국의 노인노동: 노년남성의 경제활동 참가, 1955~1995」, 『경제논집』 38(4): 339-368, 서울대학교 경제연구소, 1999.

이해영 · 김진균 · 권태환, 「한국중간도시에서의 가족의 크기에 관한 가치 태도」, 『한국사회학』 2: 9-20, 1966.

이흥탁, 『인구학: 이론과 실제』, 법문사, 1994.

이희연 · 한수경, 『길 잃은 축소도시 어디로 가야 하나』, 국토연구원, 2014.

장지연, 『고령화시대의 노동시장과 고용정책 I』, 한국노동연구원, 2002.

전광희, 「출산력 변화의 메커니즘」, 권태환 · 김태헌 · 김두섭 · 전광희 · 은기수, 『한국 출산력 변천의 이해』, 일신사, 1997, 57-98쪽.

전광희, 「출산력」, 김두섭 · 박상태 · 은기수 편, 『한국의 인구』, 통계청, 2002, 81-114쪽.

전광희, 「조정합계출산율」, 한국인구학회 편, 『인구대사전』, 통계청, 2006, 605-609쪽.

전병유, 『경제위기 전후 노동시장 유연화의 변화』, 한국노동연구원, 2002.

전중환, 「기후변화와 생물의 진화」, 최재천 · 최용상 편, 『기후변화 교과서』, 환경재단 도요새, 2011, 79-89쪽.

정기선 · 김혜진, 「이주민통계 국제비교 현황과 시사점」, 『IOM이민정책연구원 통계브리프 시리즈』, IOM이민정책연구원, 2015.

정남철, 「개인정보보호법제의 법적 문제점과 개선과제」, 『法曹』 700: 135-174, 2015.

정이환 · 전병유, 「1990년대 한국 임금구조의 변화: 내부노동시장은 약화되고 있는가」, 『경제와 사회』 52: 156-183, 2001.

정창수 · 문용갑, 「대도시 주민들의 이웃관계와 그 관련 변인들에 관한 연구: 서울의 8개 주거지역 가정주부들을 대상으로」, 『한국사회학』 23: 171-189, 1989.

조진만, 「우리나라 노동력 생명표에 의한 노동력 추이 분석」, 『한국인구학』 13(2): 1-18, 1990.

최강식 · 이규용, 『우리나라 기업의 고용조정 실태』, 한국노동연구원, 1998.

최봉호, 「렉시스 다이어그램」, 한국인구학회 편, 『인구대사전』, 통계청, 2006, 90-92쪽.

최진호 · 고성호, 「대도시지배와 한국의 도시체계」, 『한국사회학』 30: 703-730, 1996.

한국문화관광연구원, 『2014 국민여행 실태조사』, 문화체육관광부, 2015.

한국인구학회 편, 『인구대사전』, 통계청, 2006.

한준, 「사건사분석」, 이재열 외, 『사회과학의 고급계량분석: 원리와 실제』, 서울대학교출판부, 2005, 220-268쪽.

허우긍, 「접근성」, 허우긍 · 손정렬 · 박배균 편, 『네트워크의 지리학』, 푸른길, 2015, 45-66쪽.

허재준, 「우리나라 임금의 연령프리미엄 구조」, 『노동경제논집』 21(1): 61-88, 1998.

홍두승, 「계층의 공간적 분화 1975-1985: 서울시의 경우」, 『사회계층: 이론과 실제』, 다산출판, 1991, 567-583쪽.

대만 국가통계((National Statistics, R.O.C(Taiwan), http://eng.stat.gov.tw)

일본 총무성 통계국 e-stat(http://www.stat.go.jp)

통계청, KOSIS 국가통계포털(https://www.kosis.kr)

Australian Bureau of Statistics, *Measuring Wellbeing: Frameworks for Australian Social Statistics*, Canberra: ABS, 2001. (정창수 번역, 『웰빙의 측정: 호주의 사회통계를 위한 분석틀』, 통계개발원, 2009)

Becker, G. S., "An Economic Analysis of Fertility," *Demographic and Economic Change in Developed Countries*, New York: Columbia University Press, 1960, pp. 209-240.

Bennett, N. G. and S. Horiuchi, "Estimating the Completeness of Death Registration in a Closed Population," *Population Index* 47: 207-221, 1981.

Bilsborrow, R. E., *International Migration Statistics: Guidelines for Improving Data Collection Systems*, International Labour Organization, 1997.

Bogue, Donald, *Techniques for Making Population Projections Age-Sex Projections*, Chicago: University of Chicago, 1980, pp. 8-15.

Bogue, Donald, Eduardo Arriaga, and Douglas Anderton (eds.), *Readings in Population Research Methodology*, UN, 1993.

Bongaarts, John, "A Framework for Analyzing the Proximate Determinants of Fertility," *Population and Development Review* 4: 105-132, 1978.

Bongaarts, John and Griffith Feeney, "On the Quantum and Tempo of Fertility," *Population and Development Review* 24(2): 271-291, 1998.

Bongaarts, John and Griffith Feeney, "On the Quantum and Tempo of Fertility: Reply," *Population and Development Review* 26(3): 560-563, 2000.

Cain, M., "Perspectives on Family and Fertility in Developing Countries," *Population Studies* 36: 159-175, 1982.

Cain, M. and J. Kaufmann, "Patriarchal Structure and Demographic Change," *Population* 49(4-5):

19-41, 1994.

Caldwell, J. C., "The Wealth Flows Theory of Fertility Decline," C. Hohn and R. Mackensen (eds.), *Determinants of Fertility Trends: Theories Re-examined,* Liege, Belgium, Ordina Editions, 1982, pp. 169-188.

Chiang, A., *Fundamental Methods of Mathematical Economics*, McGraw-Hill Book Company, 1985.

Clogg, Clifford, "Standardization and Decomposition of Group Differences," Donald Bogue, Eduardo Arriaga, and Douglas Anderson (eds.), *Readings in Population Research Methodology*, Vol 1, Basic Tools, UN, 1993, pp. 6/1-6/9.

Coale, Ansley, "How the Distribution of Human Population is Determined," *Old Spring Harber Symposium on Quantitative Biology* 22: 83-89, 1957.

Coale, Ansley, "Stable Population," *The New Palgrave: A Dictionary of Economics*, London: MacMillan Press, 1987, pp. 466-469.

Coale, Ansley and T. J. Trussel, "Roots or How a Population Forgets its Past," *Canadian Studies in Population* 8: 1-25, 1981.

Coale, Ansley and Paul Demeny, *Regional Model Life Tables and Stable Populations*, New York: Academic Press, 1983.

Condgdon, P. and P. Batey, *Advances in Regional Demography: Information, Forecasts, Models*, London and New York: Belhaven Press, 1989.

Das Gupta, Prithwis, *Standardization and Decomposition of Rates: A User's Manual, US Department of Commerce*, Bureau of the Census, 1993.

Davidson, Mark and Loretta Lees, "New-Build Gentrification: Its Histories, Trajectories, and Critical Geographies," *Population, Space and Place* 16: 395-411, 2010.

Davis, Kingsley and Judith Blake, "Social Structure and Cultural Fertility: An Analytic Framework," *Economic Development and Cultural Change* 4(3): 211-235, 1956.

De Jong, Gordon F., "Expectations, Gender, and Norms in Migration Decision-Making," *Population Studies* 54(3): 307-319, 2000.

De Koning, A., R. Jaffe, and M. Koster, "Citizenship Agendas in and beyond the Nation-State: (En)countering Framings of the Good Citizen," *Citizenship Studies* 19(2): 1-7, 2015.

Easterlin, R. A., "Towards a Socioeconomic Theory of Fertility: A Survey of Recent Research on Economic Factors in American Fertility," S. J. Behrman, Corsa, Jr., and R. Freedman (eds.), *Fertility and Family Planning: A World View*, Ann Arbor: University of Michigan Press, 1969.

Foucault, M., *The Birth of Biopolitics: Lectures at the Collège de France, 1978-1979*, M. Senellart (ed.), New York: Palgrave Macmillan, 2010.

Goldstein, J. R. and K. W. Wachter, "Relationships between Period and Cohort Life Expectancy: Gaps and Lags," *Population Studies* 60(3): 257-269, 2006.

Gordon, A. and T. Stack, "Citizenship beyond the State: Thinking with Early Modern Citizenship in the Contemporary world," *Citizenship Studies* 11(2): 117-133, 2007.

Graunt, J., *Natural and Political Observations Mentioned in a Following Index, and Made upon the Bills of Mortality*, Springer Berlin Heidelberg, 1676[1977].

Guillot, M., "The Cross-Sectional Average Length of Life (CAL): A Cross-Secional Mortality Measure that Reflects the Experience of Cohorts," *Population Studies* 57(1): 41-54, 2003.

Guilmoto, C. Z., "The Sex Ratio Transition in Asia," *Population and Development Review* 35(3): 519-549, 2009.

Hajnal, John, "Age at Marriage and Proportion Marrying," *Population Studies* 7: 111-136, 1953.

Hansen, T. B., "Citizenship as Horizon," *Citizenship Studies* 19(2): 1-4, 2015.

Harvey, D. *The Limits to Capital*, 1982. (최병두 옮김, 『자본의 한계: 공간의 정치경제학』, 한울, 1999)

Hayward, M. D., W. R. Grady, and S. D. McLaughlin, "Changes in the Retirement Process among Older Men in the United States: 1972-1980," *Demography* 25: 271-286, 1988.

Hayward, Mark, Eileen Crimmins, and Linda Wray, "The Relationship between Retirement Life Cycle Changes and Older Men's Labor Force Participation Rates," *Journal of Gerontology: Social Sciences* 49(5): s219-s230, 1994.

He, Shenjing, "New Build Gentrification in Central Shanghai: Demographic Changes and Socioeconomic Implication," *Space and Place* 16(5): 345-361, 2010.

Hicks, J., *The Theory of Wage*, London: MacMillan, 1957.

Hinde, Andrew, *Demographic Methods*, London: Arnold, 1998.

Hobcraft, J. and R. Little, "Fertility Exposure Analysis: A New Method for Assessing the Contribution of Proximate Determinants to Fertility Differentials," *Population Studies* 38: 21-45, 1984.

Hoem, Jan, "A Markov Chain Model of Working Life Tables," *Scandinavian Actuarial Journal* 1: 1-20, 1977.

Horuiuchi, Shiro and Samuel Preston, "Age-Specific Growth Rates: The Legacy of Past Population Dynamics," *Demography* 25(3): 429-441, 1988.

Imhoff, Evert and Nico Keilman, "On the Quantum and Tempo of Fertility: Comment," *Population and Development Review* 26(3): 549-553, 2000.

Keyfitz, Nathan, *Introduction to the Mathematics of Population*, Massachusetts: Addison-Wesley, 1977, pp. 185-194.

Kim, Y. J., "On the Dynamics of Populations with Two Age Groups," *Demography* 22: 455-468, 1985.

Kim, Y. J., "Dynamics of Population with Changing Vital Rates: Generalization of the Stable Population Theory," *Theoretical Population Biology* 31: 306-322, 1987.

Kim, Y. J. and Z. M. Sykes, "An Experimental Study of Weak Ergodicity in Human Populations," *Theoretical Population Biology* 10: 150-172, 1976.

Kim, Y. J. and Z. M. Sykes, "Dynamics of Some Special Population with NRR=1," *Demography* 15: 559-570, 1987.

Kim, Young and Robert Schoen, "On the Quantum and Tempo of Fertility: Limits to the Bongaarts-Feeney Adjustment," *Population and Development Review* 26(3): 554-559, 2000.

Kitagawa, Evelyn, "Components of a Difference between Two Rates," *Journal of the American Statistical Association* 50: 1168-1194, 1955.

Kohli, Martin Rein, Anne-Marier Guillemard, and Herman Van Gunsteren (eds.), *Time for Retirement*, New York: Cambridge University Press, 1991.

Kwon, Tai Hwan, *Demography of Korea*, Seoul: Seoul National University, 1977.

Kye, Bongoh, "Cohort Effects or Period Effects? Fertility Decline in South Korea in the Twentieth Century," *Population Research and Policy Review* 31(3): 387-415, 2012.

Kye, Bongoh, "Cross-Sectional Average Fertility (CAF): Properties and Comparison with Other Measure," *Korea Journal of Population Studies* 38(3): 113-139, 2015.

Lee, E. S., "A Theory of Migration," Demography 3(1): 47-57, 1966.

Livi-Bacci, Massimo, *A Concise History of World Population*, 1989. (송병건 · 허은경 옮김, 『세계인구의 역사』, 해남, 2009)

Lopez, A. J., *Some Problems in Stable Population Theory*, Princeton: Office of Population

Research, 1961.

Lopez, A. J., "Asymptotic Properties of a Human Age Distribution under a Continuous Net Fertility Function," *Demography* 4: 680-687, 1967.

Lotka, A. J. and F. R. Sharpe, "A Problem in Age Distribution," *Philosophical Magazine* 21(124), April 435-438, 1911.

Malthus, T. R., *First Essay on Population*, Macmillan, 1798[1966].

MacFarland, D., "On the Theory of Stable Populations: A New and Elementary Proof of the Theorums under Weaker Assumptions," *Demography* 6: 301-322, 1969.

Mason, K. O., "The Impact of Women's Social Position on Fertility in Developing Countries," *Sociological Forum* 2(4): 718-745, 1987.

Myers, Dowell, *Housing Demography: Linking Demographic Structure and Housing Markets, Madison*, Wis.: University of Wisconsin Press, 1990.

Palmore, James and Robert Gardner, *Measuring Mortality, Fertility, and Natural Increase: A Self-Teaching Guide to Elementary Measure*, Honolulu: East-West Center, 1996.

Pressat, Roland, *Demographic Analysis: Methods, Results, Applications*, Chicago and New York: Aldine Atherton, 1972.

Preston, S. and A. Coale, "Age Structure, Growth, Attrition and Accession: A New Synthesis," *Population Index* 48: 217-259, 1982.

Preston, Samuel, Patrick Heuveline, and Michel Guillot, *Demography: Measuring and Modelling Population Processes*, Blackwell Publishers, 2001.

Ravenstein, E. G., "The Laws of Migration," *Journal of the Statistical Society of London* 48(2): 167-235, 1885.

Rogers, Andrei, *Multiregional Demography: Principles, Methods, and Extensions*, New York: John Wiley & Sons, 1995.

Rose, Damaris, "Local State Policy and New Build Gentrification in Montreal: The Role of the Population Factor in a Fragmented Governance Context," *Population, Space, and Place* 16: 413-428, 2010.

Ruhm, C. J., "Career Jobs, Bridge Employment, and Retirement," P. B. Doeringer (ed.), *Bridges to Retirement: Older Workers in a Changing Labor Market,* Ithaca, NY: Industrial Labor Relations Press, 1990.

Ryder, N., "Notes on the Concept of a Population," *American Journal of Sociology* 69(5): 447-463, 1964a.

Ryder, N., "The Process of Demographic Translation," *Demography* 1(1): 74-82, 1964b.

Ryder, N., "The Cohort as a Concept in the Study of Social Change," *American Sociological Review* 30(6): 843-861, 1965.

Schoen, Robert, *Modeling Multigroup Populations*, New York: Plenum Press, 1988.

Schoen, Robert and Karen Woodrow, "Labor Force Status Life Tables for the United States, 1972," *Demography* 17: 297-322, 1980.

Shin, Hyun Bang, "Economic Transition and Speculative Urbanization in China: Gentrification versus Dispossession," *Urban Studies* 53(3): 471-489, 2016.

Smith, David, *Formal Demography*, New York and London: Plenum Press, 1992.

Smith, N., "New Globalism, New Urbanism: Gentrification as Global Urban Strategy," *Antipode* 34: 427-450, 2002.

Sobotka, T., "Re-Emerging Diversity: Rapid Fertility Changes in Central and Eastern Europe after the Collapse of the Communist Regimes," *Population* 58(4): 451-485, 2003.

Statistics New Zealand, *Population Domain Plan 2012: Draft for Public Consultation*, Wellington: Statitics New Zealand, 2012.

Todaro, M. P., "Income Expections, Rural-Urban Migration and Employment in Africa," *International Labour Review* 104(5): 387-413, 1971.

Todaro, M. P., *Economic Development in the Third World*, New York: Longman Press, 1981.

United Nations, "The Singulate Mean Age at Marriage," *Indirect Techniques for Demographic Estimation*, New York: United Nations, 1983, pp. 225-229.

United Nations, *Principles and Recommendations for Population and Housing Censuses, Revision 1*, New York: United Nations, 2007.

United Nations, *Principles and Recommendations for Population and Housing Censuses, Revision 2*, New York: United Nations, 2008.

United Nations, *International Recommendations for Tourism Statistics 2008*, New York: United Nations, 2010.

United Nations, *Principles and Recommendations for a Vital Statistics System, Revision 3*, New York: United Nations, 2014.

Vallin, J., "Europe's Demographic Transition 1740-1940," G. Caselli, J. Vallin, and G. Wunsch (eds.), *Demography: Analysis and Synthesis* Vol. 3, Academic Press, 2006.

van de Kaa, D. J., "Europe's Second Demographic Transition," *Population Bulletin* 42: 1-59, 1987.

Zeng, Yi and Kenneth Land, "A Sensitivity Analysis of the Bongaarts-Feeney Method for Adjusting Bias in Observed Period Total Fertility Rate," *Demography* 38(1): 17-28, 2001.

Zipf, G. K., "The P_1 P_2/D Hypothesis: On the Intercity Movement of Persons," *American Sociological Review* 11(6): 677-686, 1946.

陸益龍,『戶籍制度-控制與社會差別』, 北京: 商務印書館, 2003.

日本內閣府,『高齢者の生活と意識』, ぎょうせい, 2002.

蔡宏政,「臺灣人口政策的歷史形構」,『臺灣社會學刊』39: 65-106, 2007.

찾아보기

ㄱ

ㅂ

ㅅ

ㅈ

ㅊ

ㅋ

Methods of Demography

Measurement and Modelling of Population Dynamics

Park, Keong-Suk

This book introduces methods and principles of measuring and explaining population process. The book explains how demographic process such as fertility, mortality, migration, and age composition are measured and how population dynamics are translated into various rates. The book also introduces how the measures and models of demographic process are used to study diverse social dynamics. For make methods understood, the book includes many data and examples that help students and readers use them to understand and apply empirically to research.

Chapter 1 examines main concepts and measures in demographic studies. The main definition and measurement of population, population transitions, relationship between various demographic rates and probabilities, diverse measures of population structure, fertility, mortality, and internal and international migration are summarized.

Chapter 2 summarizes main data sources in demographic studies. Census and registered data are two main data sources of vital statistics and population structures. Population Census and register of fertility, mortality, marriage have developed for Korean citizens. In addition, currently types and quality of international migration statistics are drawn to attention. It is noted that increasing Big data and technical development makes change the environment of demographic data collection.

Chapter 3 explains the standardization decomposition methods and how to apply the method to group difference and social change. Standardization decomposition method is widely used to explain relative effects of interested factors in demographic changes as well as in diverse social dynamics. Explaining the principles of the decomposition method, examples for practice are introduced in the analysis of changing economically active population, household change, and fertility change.

Chapter 4 examines diverse measures and models for fertility process. It is examined in the chapter how measures of fertility are related to population growth and reproduction and how fertility is measured directly on the basis of vital statistics but also indirectly on the information of population structure.

Chapter 5 exmaines the principle of life table. Main definitions of life table such as death probability q_x, Lexis diagram, difference between cohort rates and periods rates, stationary population are explained and examples how life table is constructed are included.

Subsequent three chapters examine the application of life tables into studies of dynamics of marriage, labor, regional population distribution. Chapter 6 examines the methods of marriage dynamics. In the chapter, the methods of measuring Singulate Mean Age at Marrage (SMAM) is explained and compared it with the principle of life table method. The chapter also explains how simple stationary life table methods extends to those of multi-decremental life table and multi-state life table and to measure and analysis of the transition to first marriage, transition to divorce and widowhood. The difference and relationship among simple life table of stationary population, multi-decremental life table, multi-state life tables are explained.

Chapter 7 introduces the application of life table methods into studies of labor transition. Work rate in the certain cross sectional periods is the consequence of labor dynamics of entry, survival, and exit. Using Markov transition probability, the chapter explains how survival rate, cohort effects, entry and reentry of labor influence work rate and its change.

Chapter 8 introduces population projection methods. It is examined how single region projection and multi regional population projections differently assumes population property and flow. Population projection methods using population equation, cohort component, and small region estimation are introduced. In chapter

9, urbanization in Korea and long term trend of regional migration are summarized and diverse theoretical models for geographic distribution are introduced.

Chapter 10 examines the principle of stable population and how stable population is used to analyze the population dynamics and structure. Stable population is theoretical population with constant fertility and mortality rate and no inter migration. Using stable population, it is explained mathematically how fertility, mortality, and growth rate influence age structure and population momentum. Relaxing the assumption of constant rate, current rate based population projection is also introduced.

박경숙

서울대학교 사회학과 졸업(1990)

서울대학교 대학원 사회학 석사(1993)

미국 브라운대학교 사회학 박사(1998)

한양대학교 아태지역연구센터 연구교수(2000~2001)

동아대학교 사회학과 교수(2001~2006)

서울대학교 사회과학대학 사회학과 교수(2006~현재)

논저

『고령화 사회 이미 진행된 미래』(의암출판, 2003)

『빈곤의 순환고리들』(공저)(동아대학교출판부, 2005)

『삶의 기회』(편저)(동아대학교출판부, 2006)

『북한사회와 굴절된 근대: 인구, 국가, 주민의 삶』(서울대학교출판문화원, 2013)

(2014년도 대한민국학술원 우수학술도서 선정)

『세대갈등의 소용돌이: 가족, 경제, 문화, 정치적 메커니즘』(공저)(다산, 2013)

「식민지 시기(1910~1945년) 조선의 인구동태와 구조」, 『한국인구학』(2009)

「임종기 노인의 고통에 대한 사회학적 고찰」, 『한국사회학』(2015)

「연명의료 결정의 딜레마와 그 사회적 매락」, 『사회와 이론』(공저)(2015)

「노인가구형태의 변화가 노인 빈곤율 변화에 미친 영향」, 『한국사회학』(공저)(2016)